昭和戦前期の綴り方教育にみる「形式」「内容」一元論

——田中豊太郎の綴り方教育論を軸として——

大内 善一

Zenichi Ouchi

溪水社

まえがき

国語科教育界では、明治期から今日に至るまで教科内容における「形式」重視の立場、「内容」重視の立場と両者の乖離・偏重という思潮が続いてきている。この傾向は国語科の全分野において出現している。こうした現象は国語科教育学研究と国語科教育実践の両面から見過ごすことのできない極めて重大な問題である。しかし、この問題は国語科教育界において研究面でも実践面でもほとんど等閑にされてきたといってよい。

この問題に筆者が最初に気づいたのは、大学院での修士論文研究に取り組んでいた時であった。この時の研究テーマは昭和戦後期の作文教育史研究であった。この研究の中心として取り上げたのが昭和二十年代後半から三十年代初頭にかけて繰り広げられたいわゆる「作文・生活綴り方教育論争」である。この論争の主な争点は「表現指導か生活指導か」であった。「表現」というものを「形式」面と見なし、「生活」なるものを「内容」と見なして、どちらを重視する立場に立つかという論点である。要するに、この論争では作文・綴り方教育の教育内容・教科内容が問われていたのである。

この争点・論点に筆者はその当時大きな疑問を抱いた。「表現」なるものは子どもが書き綴った作文・綴り方の単なる「形式」なのだろうか。また、子どもが書き綴った作文・綴り方の「内容」は子どもの現実の「生活」そのものなのだろうか。そして、子どもが書き綴った作文・綴り方の「内容」をもって子どもの現実の「生活」をより望ましい方向に改めていくことができるのだろうか。そもそも、「表現」なるものと「生活」なるものとは、相対立する概念なのだろうか。両者の間に相互に関わり合う関係はないのだろうか。

このような疑問の解明に向かったのが大学院での修士論文研究であった。この研究の中で右のような疑問の一端は解明し得たと考えている。しかし、これらの疑問を完全に解明するには研究課題としてはあまりにも巨大であり奥深いものであった。そこで、筆者はこの研究課題を修士論文研究をまとめた後に、自らの国語科教育学研究の課題として持続的・継続的に追究していこうと心に決めたのである。

その研究成果の一端は、読みの領域においては、『国語科教材分析の観点と方法』（平成二年二月、明治図書）、この研究の応用・実践として『「白いぼうし」の教材研究と全授業記録』（『実践国語研究』別冊、一一九号、平成四年八月、明治図書）の中で明らかにした。作文の領域では、『思考を鍛える作文授業づくり――作文授業改革への提言――』（平成六年六月、明治図書）、『「見たこと作文」の徹底研究』（平成六年八月、学事出版）、『作文授業づくりの到達点と課題』（平成八年十月、東京書籍）の中で明らかにしてきた。さらに、国語科教育の全領域に亘る追究の成果を『国語科教育学への道』（平成十六年三月、溪水社）にまとめて明らかにした。

こうした研究活動の傍ら、全国大学国語教育学会においても、主に昭和戦前期の綴り方教育論を横断的・縦断的に取り上げて、綴り方教育にみる「表現」概念の位相、教育内容に関する「形式」「内容」一元論に関する考察を行ってきた。本書はこうした一連の研究成果を中心にまとめたものである。

なお、昭和戦前期の綴り方教育にみる「表現」概念の位相を辿り、その内実を究明しなければならないと思い立ったのは、やはりかつての修士論文研究の途次においてであった。「表現指導か生活指導か」等といった論点がなぜ昭和の戦前期においても戦後期においても繰り返し教育現場において蒸し返されなければならなかったのか。「表現」と「生活」という概念は、本来相対立するものではなかったはずである。「表現」という用語を単なる叙述・記述形式であるとする捉え方がいかに矮小化されたものであるか。一方、「生活」という用語がいかに茫洋とした意味で使われてきていたか。

これらの問題は、つまるところ教育実践用語の用法を巡る問題に帰せられる。教育界における教育実践用語がいかに無自覚に曖昧なままに使用されてきているか。その事例を挙げれば枚挙にいとまがない。作文・綴り方教育界にあっては、この「表現」と「生活」という用語の使用実態がその好例である。これらの用語も研究者や実践家が努めて自覚的に使用していけば、昭和戦前期の綴り方教育界における「生活教育論争」も綴り方教育における「形式」「内容」という二元論的な論議ももっと生産的なものとなったのではないかと思われてならない。

「生活」や「表現」といった巨大用語（＝ビックワード）を実践用語として無自覚に、しかも誤れる意義の下で使用している実態が問題なのである。筆者は、機会ある毎にこうした幅広く奥深い概念を有した用語を実践用語として安易に使用していくことに対して警鐘を鳴らし続けてきた。

こうした問題意識は、本書で取り上げた研究の課題意識にそのまま重なっている。

それと、筆者のもう一つの問題意識についても述べておきたい。

それは、教育現場の大方の教育実践が時流に便乗し、その時々の教育現象に目を奪われることが多く、より本質的な部分に目を向けそこから自らの実践課題を取り出して、その課題の究明に向けて営々として持続的・継続的な研究的実践に取り組んでいこうとする教師が稀であるということである。本書の第Ⅱ部（Ⅰ章〜Ⅴ章）で取り上げた東京高等師範学校附属小学校訓導として活躍した田中豊太郎という人物はその極めて稀有な教師の一人であった。

田中豊太郎という人物は、小学校の一教師でありながらほぼ二十数年間の長きにわたって、綴り方教育の実践を通してその教育内容としての「生活」の指導と「表現」の指導との二元的な考え方を統一止揚していくべく、営々と実践研究に取り組んでいったのである。

本書では、この田中豊太郎の二十年間に及ぶ綴り方教育論を克明に辿りつつ、彼が究明していった「表現」という用語の概念を明らかにしたつもりである。

勿論、一人の綴り方教師の綴り方教育論は同時代の綴り方教育思潮と無関係に生成していったわけではない。そこで、綴り方教育における「表現」という用語の概念を究明することで、綴り方の「形式」面と「内容」面との統一止揚を目指していった田中豊太郎の歩みを縦軸として、同時に田中が歩んできた同時代の綴り方教育思潮を横軸に取って、綴り方教育における「形式」「内容」二元論の展開に関して考察を加えていくことにしたのである。本書の第Ⅰ部（第Ⅰ章〜第Ⅹ章）においてこれを取り上げている。

なお、第Ⅰ部では、昭和戦前期の綴り方教育における教育内容に係る「内容か形式か」という二元的な対立の論議を八種類の国語教育・綴り方教育関係の雑誌に出現した関係論文を精査しつつ考察を加えている。この「内容か形式か」という二元的な論議の中にも、「表現」概念に係る本質的な考察も数多く出現していて、その中から、「表現」概念が「生活」概念をも包み込んでいくものであるとする見解が現れてきていたのである。

本書における考察・研究の姿勢として、筆者はどこまでも史料をして語らしめるという方法を固持した。性急に結論に導くという姿勢だけは取らないように努めたつもりである。

本書の内容に関して、先学同友諸兄からの忌憚のないご批判とご教示を賜ることができれば幸いである。

二〇一二（平成二四）年九月六日

大内善一

目　次

凡例

1　引用に際しては、仮名遣い・送り仮名等は原文を尊重し明らかな誤りと目される箇所にはママと付した。
2　本文中の人名に対しては、敬称を全て省略した。
3　引用文中の旧字体は、全て新字体に改めた。
4　本文中の「綴り方」という用語は、引用文の中では著作者によって「綴方」と表記したり、「綴り方」と混用している場合もある。統一はせずに原文のままとした。
5　著書名や雑誌名は『　』、論文名は「　」で表した。
6　〔注〕は、各章末に示した。

昭和戦前期の綴り方教育にみる「形式」「内容」一元論

——田中豊太郎の綴り方教育論を軸として——

序章　綴り方・作文教育論における「形式」「内容」一元論に関する先行研究史の概観

第一節　研究の目的・課題及び方法

この研究に向かうことになった直接の動機は、筆者が大学院の修士論文としてまとめた「戦後作文教育史研究――昭和三十五年までを中心に――」（後に『戦後作文教育史研究』として、昭和五十九年六月に教育出版センターから公刊）にあった。この修士論文の中では、昭和二十年代後半から三十年代初頭にかけて繰り広げられたいわゆる「作文・生活綴り方教育論争」が取り上げられている。この論争の主な争点は「表現指導か生活指導か」にあった。すなわち、「表現指導」（＝形式面）を重視する立場か、「生活指導」（＝内容面）を重視する立場かという二元的な対立が主な争点であった。

実は、これとよく似た論争が昭和の戦前期にも起こっている。いわゆる「生活教育論争」である。そして、これら二つの論争はどちらも最終的な結論を見ないままに終息している。

したがって、今日の作文教育においても、その教育内容が「内容」重視の立場に立つか、「形式」重視の立場に立つかで、その在り方が二極に引き裂かれるという緊張を内包していると見なすことができる。「内容か形式か」という対立・矛盾の構図は消え去ったわけではないのである。

このような考え方に立って、筆者の綴り方・作文教育研究への課題意識は、その教育内容・教科内容に係る

「内容か形式か」という二元的な対立の図式を統一止揚する理論の究明に向けられてきた。勿論、筆者のこうした課題意識は綴り方・作文教育の分野にのみ止まるものではない。

例えば、読むことの教育の分野においては、垣内松三が『国語の力』の中で、「エルチエ式研究法」と呼ばれる文学研究法に関する批判的考察を行いながら、「文の研究に於て、内容の無い形式といふことが考へられるものでもなく、形式を具へざる内容といふものも見られるものでないのであるから、これを対立せしむるのみならず、その一に偏するのは過まつた考へ方であるのはいふまでもないことである」と述べている。そして、垣内はエルチエが立てた「内容と形式の区別」「内容主義と形式主義の対立」という考え方に対して、「純一なる作品に於ては内容から形式に連なる過程も考へられないほど純化されたものでなければならぬので、そこにはもう内容と形式の区別も無ければ、内容主義・形式主義といふ対立も無い[1]」と断じている。

また、石山脩平も『教育的解釈学』の中で、「形式主義と内容主義」の対立という問題について、それぞれの立場の根拠と弊害について述べている。そして、石山は「内容主義は解釈の深さを求めて客観性を失ひ易く、形式主義は解釈の客観性を求めて深さを失ひ易い」と指摘し、「吾々の求める所は、深くして而も客観的なる解釈でなければならない」と述べて、「この要求に応ずる立場こそ、内容主義と形式主義との弁証的止揚である[2]」と主張している。

なお、「内容主義」と「形式主義」を巡る問題に関しては、例えば、輿水実著『国語科基本用語辞典』（昭和四十五年、明治図書）、井上尚美著『国語の授業方法論』（昭和五十八年、一光社）、国語教育研究所編『国語教育研究大辞典』（平成三年、明治図書）、田近洵一・井上尚美編『国語教育指導用語辞典』（昭和五十九年、教育出版）、大槻和夫編『国語科重要用語300の基礎知識』（平成十三年、明治図書）等においても取り上げられている。

したがって、筆者もこの問題が、国語科教育学全体に関わる研究課題であると考えて、一貫して国語科の教科内容の捉え方に関する「内容か形式か」という二元的対立を統一止揚する理論の究明に取り組んできている。その研究成果の一端については、拙著『国語科教育学への道』（平成十六年、溪水社）に集録されている。

ところで、本来、綴り方・作文教育が「内容（生活）」面のみの指導で、「形式（文章）」面の指導抜きということはあり得ないし、その逆もまたあり得ないことである。そこで、問題となってくるのが、「表現指導」という時の「表現」という用語の概念である。「表現」という用語が単なる叙述・記述形式だけを指すものなのか、叙述・記述内容までをも含むものと考えるべきなのか、ということが問われてくるのである。

ここに、本研究において、「表現」概念の究明という課題が浮上してくるのである。

ちなみに、ここで、「表現」という用語の概念に関する主な知見について見ておこう。

本論考でいう「表現」は言うまでもなく「言語表現」に限定されている。この「表現」概念に関しては、垣内松三が「純形式的規定として『表現せられるもの』『表現』『表現するといふ作用』の三つの項が考へられる」[3]と述べている。垣内が言う「表現せられるもの」は叙述・記述された内容のことである。二つめの「表現」は叙述・記述された言語形式面を、三つ目の「表現するといふ作用」は言語行動としての働きのことを指していると見なすことができよう。

昭和戦後期においては、学習指導要領において、国語科の領域が「表現」と「理解」という二領域で示されていたことがある。昭和五十一年十二月に文部省に提出された教育課程審議会の答申において、国語科の領域が「表現」と「理解」の二領域で示された。すなわち、この時には、「表現」という用語が領域概念として用いられていたのである。この時点で「表現」という用語は、領域概念をも含んだより広範な概念として用いられることになったことになる。

こうした状況を倉澤栄吉は、「『表現』の範囲の拡大」として捉えている。つまり、国語科に「表現」という領域が設定されて、従来の「作文教育（書くことの教育）」と「話すことの教育」とを併せて「表現教育」と呼ぶようになった状況を捉えて、「『表現』という意味内容がいまだ不安定なのが現状のようである[4]」との見解を披瀝していたのである。

このように、「表現」という用語はかなり広範な概念を内包していることと理解される。

筆者が所属している研究組織に「表現学会」という学会がある。この学会が研究の対象分野として視野に入れているのは、機関誌『表現研究』に掲載された次のような十の柱である[5]。

(1) 言語 ―― 表現の基底としての言語の論
(2) 視点 ―― 表現の機能としての視点の論
(3) 文芸 ―― 表現の味わいとしての文芸の論
(4) 認識 ―― 認識の型としての意味の論
(5) 意味 ―― 表現の支えとしての意味の論
(6) 文章表現法 ―― 文章の構造と叙述方法の論
(7) 文体 ―― 表現の姿としての文体の論
(8) 解釈 ―― 表現過程の再構成としての解釈の論
(9) 文章史 ―― 文章の成立の史的考察およびその方法の論
(10) 表現論史 ―― 表現についての論説の史的考察およびその方法の論

これらの柱を一瞥すれば表現学全体の射程の巨大さに驚かされることであろう。「表現」という用語は「文章史」や「表現論史」はおくとしても、その他の「言語」「視点」「文芸」「認識」「意味」「文章表現法」「文体」「解釈」等の概念をすっぽりと包み込んでいるのである。それに比べて、我々が平素「表現」と呼んでいるのは、右の概念の中のせいぜい「文章表現法」程度のものを指しているに過ぎない。それでは、「表現」という用語があまりにも狭く貧弱である。

このような現状認識に基づいて、筆者は本研究に取り組むに当たり、研究への仮説として、広義の「表現」概念の中にその対立概念と目されてきた「生活」概念が包含されていくはずであるという立場を取っている。この仮説は、筆者が長く取り組んできた綴り方・作文教育史研究の中で考察を加えてきた、「生活指導か表現指導か」という教育内容を巡る論議の中から取り出してきたものである。

さて、従来の綴り方・作文教育史研究においては、この問題に関して「生活綴り方」運動論の立場からの考察や「生活綴り方」成立史という立場からの考察に軸足が置かれてきた。勿論、これらの研究の意義を否定するつもりは毛頭ない。ただ、その主たる立脚点は「内容」面に傾斜する面が強かったと見なすことができる。

こうしたいき方に対して、筆者は、綴り方・作文の教育内容であるところの「内容」面と「形式」面とを切り離さない統一的な視点から捉えようとしてきた。そこで本研究においても、従来、「内容」面に傾斜して捉えられてきた綴り方・作文教育の歩みを「内容」「形式」一元論の展開という視点から捉え直していくことを課題としたのである。

なお、以上の考え方に立てば、「生活指導か表現指導か」という論議におけるこの論点自体に矛盾が含まれることになる。また、「生活指導」を「内容」面の指導、「表現指導」を「形式」面の指導と見なすこと自体にも問題があることになる。しかし、これも歴史的な事実であるから、これからの考察においては、この歴史的な事実を踏まえながら論述していかざるを得ないことを予め断っておきたい。

本研究で主要に取り上げた対象は、大正から昭和戦前期にかけて東京高等師範学校の訓導として活躍した田中豊太郎（明治二十八年〜昭和五十二年）という人物の綴り方教育論において展開されてきた「形式」「内容」一元論の構築に向けた軌跡である。田中豊太郎は、その綴り方教育論において一貫して「生活指導」と「表現指導」、すなわち「内容」面と「形式」面との統一止揚を目指していた数少ない人物である。そこで、田中の綴り方教育論における「内容」「形式」一元論への軌跡を、田中が歩んできた同時代の綴り方教育思潮と照らし合わせながら考察を加えていくことにする。

考察の主な対象時期は昭和戦前期となる。ただし、田中豊太郎が東京高等師範学校の訓導として赴任した大正十年からの五年間は、田中の初期綴り方教育論が胚胎する時期であり、田中のその後における綴り方教育論の方向が定まっていく時期となっている。そこで、この五年間も含めて昭和十六年までのほぼ二十年間を本研究における考察の射程に置いていくことにする。考察の対象文献としては、この間に公にされた田中の綴り方教育論に関する著書・論文を可能な限り取り上げていくことにする。

小学校の一教師でありながら、ほぼ二十年間の長きにわたって、綴り方教育の実践を通して一貫してその教育内容としての「生活」の指導と「表現」の指導、すなわち「内容」面と「形式」面との統一止揚を目指していった人物は管見によれば田中豊太郎ただ一人と目される。

大方の教育実践においては、ともすると流行に目を奪われることが多く、より本質的な部分に目を向けてそこから自らの実践研究の課題を取り出し、その究明に向けて営々として息の長い研究に取り組んでいこうとする教師は極めて稀である。田中豊太郎はその極めて稀な教師の一人でもあった。

ところで、言うまでもないことであるが、田中豊太郎の綴り方教育論は田中と同時代に繰り広げられていた綴り方教育思潮と無関係に生成していったわけではない。そこで、本研究ではまず第Ⅰ部で、田中が歩んできた同時代の綴り方教育思潮における「生活指導」と「表現指導」との一元化への模索を、「表現」という用語の概念に関わる変遷を中心に辿りながらみていくことにする。「表現」概念の変遷を中心に辿るのは、この用語がともすれば、当時からも綴り方における「形式」的な側面を意味するものと受けとめられる傾向が強かったからである。しかし、こうした傾向の中でも、心ある実践家の中には、「生活指導」といった時の「生活」(＝内容)概念を「表現」という用語の概念に一体的に包含されているものとする捉え方が存在し得たからである。

その際に考察の対象とするのは、この時期に刊行されてきた主要な国語教育・綴り方教育関係の教育書及び諸雑誌である。取り上げる雑誌は、保科孝一編『国語教育』(大正期と昭和戦前期との二期分)、鈴木三重吉編『赤い鳥』、菊池知勇編『綴方教育』、小砂丘忠義編『綴方生活』、成田忠久編『北方教育』、千葉春雄編『教育・国語教育』、西原慶一編『実践国語教育』、百田宗治編『工程・綴方学校』等の創刊号から終刊号までの全てである。なお、昭和戦前期においては、右に掲げた諸雑誌だけを考察の対象に据えて、敢えて綴り方教育関係の教育書については取り上げないことにした。当時、綴り方教育書を執筆していた実践家や研究者はことごとく右の諸雑誌においても数多くの論考を執筆していたからである。そして、当時の綴り方教育思潮における綴り方の「形式」「内容」一元論を辿るに際しては、当時の国語・綴り方教育関係の諸雑誌を隈無く渉猟することで十分であると判断したからである。

第二節　綴り方・作文教育論における「生活」「表現」一元論に関する先行研究

1　峰地光重・川口半平による考察

峰地光重は『綴方教育発達史』(昭和十四年六月、啓文社)において、『小学作文書』(明治十年一月、雄風社)を取り上げ、同書に述べられている文章観について、それが「一般文章原理としての真であり、大人の文章としての原理であるにすぎないのであつて、これを子供の作文教授上、如何に適用するかといふことになると、これといふ概念が絶無なのであつて、つまり文章原理が、子供の生活と遊離してゐることが目につくのである[6]」と指摘している。

また、峰地自身の著書『最新小学綴方教授細目』（大正十年八月、児童研究社）と『文化中心綴方新教授法』（大正十一年十月、東京教育研究会）の二著を取り上げ、この中で「生活指導の教材」と「表現指導の教材[7]」に分けて教材組織を立てたことに言及している。

峰地は同書において綴り方における「生活指導の方法」を「表現以前の生活指導」と「表現後の生活指導」とに分けている。前者を「よりよき表現をなさしむる生活指導」、後者を「その生活を反省してよりよき表現を希求することが主眼となつて」いたとして、「綴方に於て生活指導」と言われていたものは、要するに「表現指導として一括されるべきものであつた」と述べている。そして、もう一方に「綴方に書くとか書かぬとか云ふことを超越して、生活そのものをしつかり充実させるところの指導」があるとして、これを「生活のための生活指導[8]」であると規定している。

峰地は以上のような考え方を次のように図式化して表している[9]。

一、表現指導
　生活指導→表現→生活指導
二、生活指導
　生活事実→生活指導

この図式と先に引用した峰地の「よりよき表現をなさしむるための生活指導」「その生活を反省してよりよき表現を希求することが主眼」といった考え方によれば、峰地が綴り方指導における「生活」と「表現」を一元的に捉える立場に立っていたように見なすこともできよう。ただ峰地の場合は、なお「綴方が単なる表現指導のみに偏局して、大切な人間教養としての生活的部面を忘れてしまふ[10]」ことを警戒して、「生活」を第一義としつつ「表現」との一元化の立場に立っていたと判断される。

さらに、峰地光重は今井誉次郎との共著『学習指導の歩み作文教育』（昭和三十二年五月、東洋館出版社）において、昭和戦前期の綴り方教育の歩みを「生活綴方」への発展の歴史と捉え、菊池知勇が主幹として大正十四年四月に創刊した『綴方教育』誌の性格についても、「表現技術の面を丹念に研究した、といってもそこには『生活綴方』への前駆的な足踏みが見られる[11]」と位置づけている。さらに、滑川道夫による『綴方教育』誌の性格に関する批判として、「これは結局『表現のための生活指導』以上のものではなかった」という文言を引用している。この部分にはなお、峰地の「生活」優位の姿勢が窺える。

そして、峰地はその後の「生活綴方」の様々な展開を踏まえつつ、「文章技術というものは、生活技術と密着しつつ、生活を切りひらく一つの耕耘機とみる」と述べ、「文章は、生活を言語によって行う、確実な文字表現、あるいは再経験である」とし、「表現もまた生活[12]」であるとも述べている。

なお、この後で峰地は次のように述べている[13]。

文章が構成的に出来ているか、どうか、題材のあつかいに作者の感情がよく行きとどいているか、どうか、ということは、文章表現の技術のみの問題ではなく、生活技術、生活実践と密接なつながりの上に立っている。極端にいえば、個々の語法のまちがい、用語の不適当なども、現実の生活と対照して、その不自然さを指摘することもできる。しかし文は現実の生活にしばられるものではない。現実の生活の秩序とは別に、題材を自由に再構成し、改変を試み、実験することも、文においては可能である。そうした自由さにおいて、作品は現実の生活とは独立した世界をもち、人間の意欲と夢を託する、第二現実の場所ともいえる。したがって、よい文章を綴るための綴方指導は、生活指導と完全に併行している。

右の文言に見られる峰地の考え方は極めて重要である。ここでは、先の峰地の指摘に見られる「生活」を第一義として「表現」を二義的に随伴させる考え方から、「生活」に対する「表現」の独自性・自立性を認める考え方への転換が見られるからである。文章表現を「第二現実の場所」とまで指摘して、文章表現指導が「生活指導」と完全に併行していると述べている。「生活」と「表現」とをほぼ同列の立場から一元的に捉える考え方が窺えるのである。

これは戦前期の峰地の考え方からの大きな前進と言える。峰地のこうした考え方の変化の背景には戦後の昭和二十年代から三十年代にかけて行われた「表現指導か生活指導か」という論点をめぐる「作文・生活綴り方教育論争」からの影響があったと考えられる。

川口半平は、その著書『作文教育変遷史』(昭和三十三年十月、岐阜県国語教育研究会)の中で「綴方教育」の変遷をその時々の「文学思潮」と関係づけて論述しつつ、田中豊太郎が著した『生活創造綴方の教育』(大正十三年九月、目黒書店)に関して、「生活重視において丸山と説を同じくしているが、表現を内省する態度の洗練と見て、生活と表現の一元化を力説しているところに、彼の新しい行き方がうかがわれる」[14]と評価を下している。

2　飛田多喜雄による考察

飛田多喜雄はその著書『国語教育方法論史』（昭和四十年三月、明治図書）の中で明治後期の国語科教育思潮を①「内容偏重の教授法」（明治三十三年の「小学校令」改正の頃から）、②「形式偏重の教授法」（明治四十一年頃から）、③「内容・形式折衷の教授法」（明治後期を通しての一部の傾向）とに分けてその変遷について言及している。③の「内容・形式折衷」の立場の一例として森岡常蔵著『各科教授法精義』（明治三十八年、同文館）の中の「形式と内容とは物の表裏の如く相須つべきものである[15]」といった考え方を紹介している。

また、大正期の教育思潮に言及する中で、飛田は芦田恵之助著『綴り方教授』（大正二年、香芸館）の「自作主義による指導過程」を取り上げ、「形式面と内容面にわたって注意深く指導法をくふうしている点も、その後の亜流や誤解に基づく非難とは別に、行き届いた指導法であると思う[16]」と評価を下している。

なお、飛田はこの時期に芦田恵之助と友納友次郎の間で行われた「小倉立会講演」（大正十年一月、小倉市教育会主催）を取り上げている。飛田はこの中で、友納が「樋口勘次郎の自由発表主義から形式・内容の折衷主義、新形式主義に至る経過と批判を序論として述べた」後に、「私の文章観」と題して「私は表現の至醇といふことを重んずる。表現の至醇を期するために、個性の如実な躍動を尊しと見る。従って発表形式も、語句も、個人の特質の表はれであることを欲する[17]」と主張したことを取り上げている。友納のこの主張の中には、明らかに「表現」という概念を「形式」「内容」一元論の立場から捉えようとする考え方が窺えて注目しておいてよいだろう。

飛田はまた、大正十一年から昭和十年頃までに興隆した「生活主義の綴方」に言及している。この中で大正十二年に東京高等師範学校附属小学校で開催された「全国訓導協議会（綴り方）」の席上、当時の東京高師附属小の国語研究部員全員の一致した意見として発表された「綴方教育の根本方針十箇条」を取り上げている。この十箇条中の「(8)形式の指導は内容に即して行ふ」「(10)内容・形式とも多方面に導くことを本体とする」という項目はなお二元論的ではあるが、「内容」面としての児童の「生活」に即して「表現」の指導を行っていくという考え方が示されている。当時、「生活表現の綴方指導」と呼ばれていた考え方である。

飛田はさらに、大正期の思潮として垣内松三著『国語の力』(大正十一年)によって国語教育界に浸透していった「形象理論に立つ綴方の指導過程」に言及している。

飛田はまず垣内著『国語教授の批判と内省』(昭和二年、不老閣)を取り上げて次のように述べている。[18]

「叙述面の修整を主とする指導と、所謂、構想の開発を主とする指導との間に立って、その両方面を絶縁せしめることなく、これを統一する作用を鍛錬することを目的とする……。」

とあるが、これは言表と対象、形式と内容、ことばと心をつなぐ形象作用を重視する考え方である。形象作用は、言表と内実とをつなぐ結晶の力であるが、それは読むことの「再現」においても、書くことの「表現」においても主要な作用であって、直観をいかに如実に……「そのまま」「ありのまま」でなく、「あるがまま」……に、全人的に表現させるか、いわば直観の完全なる表現をめがけ、その展開過程における想の動き、内面的構成のはたらきを重視しなければならないと説く。そのためには、できあがった作品の論評よりも、無言の領域にある記述作業の指導に意を用うべきだとする。

飛田がここで垣内の「形象理論に立つ綴方の指導過程」を取り上げたのは、そこに綴り方指導における「形式」と「内容」とが一元的に捉えられていたからである。

ここで飛田が、形象理論に立つ綴り方指導では、「できあがった作品の論評よりも、無言の領域にある記述作業の指導に意を用うべき」と考えられていると指摘している点に注目しておくべきである。

また、飛田は西原慶一著『綴方新教授原論』(昭和四年、教育研究会)を取り上げ、西原が「構想の本質」に関して「意味と言表」とを「統率するものとしての表現作用」と捉え「形象――構想作用」と述べていることに触れて、西原による「内面的形式と外面的形式の止揚から統一的・機能的な構想作用への着目[19]」について言及している。ここに見られるのはやはり、形象理論に基づく「形式」「内容」一元論である。

さらに飛田は滑川道夫著『文学形象の綴方教育』（昭和六年、人文書房）を取り上げている。同書の〈序〉で滑川が「生活――表現の内面に聯なる形象作用に立って生動する表現作用の究明と綴方生活の新分野の開拓を意図」したと述べていると紹介している。飛田は滑川が「当時の綴方教育の実情に飽き足らず、生活と表現との関連の意味を見出すこと」を目指していたと指摘する。飛田はまた、滑川が「生活主義の綴方」における功績と同時に「生活と表現、心とことばを二元的対立としてしまったこと」の欠陥についても指摘し、「表現作用」を「いわゆる形式（表現自体・言表）と内容（意識内容・意味）を一つの生に統一する形象の展開[20]」（一七一頁）であると表明していることにも言及している。

飛田が昭和初期に出現したこれらの「形象理論に立つ綴方指導」論を詳しく取り上げたのは、そこに綴り方教育における「形式」「内容」一元論の大きな意義を認めていたからである。

3　中内敏夫による考察

中内敏夫はその著書『生活綴方成立史研究[21]』（昭和四十五年十一月、明治図書）の中で大正十年に行われた芦田恵之助と友納友次郎による「小倉立会講演」の頃から、全国の高等師範・府県師範附属小学校周辺の国語科訓導の発表する綴り方教育論の中に、芦田恵之助の提起した問題を受けて「表現のための生活指導」という主張が展開されるようになった事実を指摘している。

これらの主張の中で、田中豊太郎が『生活創造綴方の教育』（大正十三年、目黒書店）において主張した「表現することによって促進させられる自己成長を目的とする」とし、「よりよき表現」「より高きより深き表現をしようとする時、より深き生活より純な生活をしなければならぬ」という考え方を取り上げて批判を加えている。

田中のこの主張には、不完全ながら「生活」「表現」一元観への志向が窺えるのであるが、中内はその不完全さを「芦田における『自己』の確立」というテーマが「よりよき表現」という目的に従属せしめられてしまったと批判しているのである。

また中内は、芦田恵之助の「恵雨会の文章表現指導運動」の展開を辿る中で、芦田の「自己をつづるもの」という考え方とは別にそこに恵雨会教師達の「文章表現指導過程」が「こころ」と「かた」とに分裂していったと指摘している。[22]

中内は菊池知勇が主宰していた「日本綴方教育研究会」の文章表現指導運動の性格について、「まだ表現固有の世界を知らない、各科の知育と文章表現の教育との未分化な伝統的教育方法に対する批判運動として発展していくことになった」と述べて、その本質が「表現のための生活指導」にあったと規定している。ここで中内が菊池知勇らの文章表現指導運動を「まだ表現固有の世界を知らな」かった当時の「伝統的教育方法」に対する「批判運動」と捉えているのは、「表現」指導独自の意義を認めている見解として注目しておいてよいであろう。[23]

一方、中内は「表現のための生活指導」を克服するために主張されてきた「生活指導のための表現指導」の方式を生み出していった『綴方生活』誌創刊の頃の史的構造を辿る中で峰地光重が行った「1表現指導」と「2生活指導」という指導構造の区別を取り上げている。峰地は前者を「生活指導→表現→生活指導」とし、後者を「生活事実→生活指導」としている。峰地のこの考え方に関する意義付けについては、本節の1で行ったのでここでは省略に従う。

中内は『綴方生活』第二次宣言（昭和五年十月号掲載）以降の生活綴り方教師たちの動向を探りつつ、国分一太郎等の転生過程について言及している。国分は宮城県の菊池譲主宰による『国語教育研究』に「私の描く綴方指導系統案」(昭和十年四月)を発表する。この系統案は「生活勉強・綴方教室進行過程案」と命名されている。この命名通りにこの系統案は学年の発達段階に従って、「生活研究」を目的として「生活探究のため」という指導段階を設定し、その下に「文の研究」を目的とした「表現技術のため」という指導段階を設定している。この系統案は一見して分かるように、「生活指導のための表現指導」という学年系統、すなわち中内の言葉で言えば「〈書くこと〉によって全教育を遂行しようとする論法」に立っての教育系統案であった。

ところが、国分は昭和十四年に綴った「綴方教師の内省」の中で「いよいよわれわれは綴方教育を文章表現技術の指導とする」という考え方を披瀝するようになる。

参考までに、中内が取り上げている国分の考えの一節を次に示しておこう。(24)

　しかしその裏面に置《マヽ》いて、上のような(生活指導のための表現指導という——引用者注)仕事に自己反省をすべき機がしばしばあった。

一、綴方に現はれてくる題材で、すべてのことを教育されない。(こゝに他教科をどんなに生活的に取扱ふべきかが考へられ出した。)

二、綴り方技術の貧困な子供が学校には多数ゐて、つねに生活勉強になるやうな綴方を提出する子供ばかりではなかった。

三、よし『生活の観方』や『味ひ方』『批判し方』を研究するとしても、その力は直接に生活経験からのみ養はれるものか。読みの力も、算術の力も、歴史の力も、家事の力も皆一しょになって活用されるのではないか。

四、入学試験や工場の試験等々、村から離れていく子供が多くなったのに、それらの受ける試験は『教科書中心』ではないか。それに正しい的確な答案が書けるのか。

五、昔から今までできあがった文化を伝達し、新しい文化を創造してもらひたい――これは師範を出る時に教育の機能として学んだ、若々しい意味をもつ言葉であったが、それはこゝではどうなるのか。

六、(以下略)

中内は国分のこのような考え方を取り上げて、国分がそれまでの「生活指導のための表現指導」から「表現指導のための生活指導」の「教科」、つまり「国語科綴方」[25]に戻すという立場に転生していると見なしている。確かに先の国分の手になる系統案に見られる「生活指導のための表現指導」からの大きな転換ではある。しかし、中内はここで国分が生活綴り方による生活指導から国語科文章表現指導の立場へ転生したことが、綴り方指導における「生活」と「表現」の一体化、すなわち「内容」と「形式」の一元化を企図したものであったか否かという問題にまでは言及していない。

4　滑川道夫による考察

滑川道夫はその著書①『日本作文綴方教育史1明治篇』(昭和五十二年八月、国土社)及び②『同2大正篇』(昭和五十三年十一月)、③『同3昭和篇』(昭和五十八年二月)において、明治期・大正期と昭和戦前期に出現した「生活」と「表現」の一元化に関する考え方を取り上げ考察を加えている。

まず滑川は①『日本作文綴方教育史1明治篇』の中で、明治期の作文教授が「言文一致体」の進展により従来の「文章表現技術主義に対して、内容主義が台頭していく推移」を辿っている。この中で滑川は上田萬年著『作文教授法』(明治三十年、冨山房)を取り上げ、上田が作文教授の要を「思想を達者に書き表す」と同時に「思想を健全に書き表す」ことで両者を兼備させることが作文教授の「大趣意」[26]であると力説している点を紹介している。作文の「内容」と「形式」を一元的に捉える考え方が窺えるところである。

滑川は明治三十五年に刊行された佐々木吉三郎著『国語教授撮要』(育成会)を取り上げてそこに述べられている四分類法を紹介している。佐々木は綴り方の発表しようとする「内容」を「思想」として捉え、その思想を発表する「形式」(文字・語句・文章)と二分類し、これをその立場から次のように四分類した。[27]

第一類　内容と形式と二つながら与ふるもの

(一)　読本その他の文字、文句、文章等をそのままに写し取る方法(視写法)

第二類　内容のみを考へて、形式を工夫せしむるもの

(一)　他人の談話を聞きて、そのままに書き取らしむる方法(聴写法)

(二)　改作法

(三)　他人の談話を聞き、直ちにこれを文語体に綴らしむる方法

(四)　填充法

(五)　縮約法

(六)　敷衍法

(七)　修辞法文法等の練習を主とする諸方法

(八)　絵画又は実物等によつて説述せしむる方法

(九)　共作法

(十)　連接法

第三類　形式のみ与へて、内容を工夫せしむること

(一)　範文法

(二)　文段のみを与ふる方法

第四類　形式も内容も二つながら与へざるもの

(一)　文題を与ふるもの

(二)　各自をして文題を定めしむる方法

この四分類法は「形式」「内容」一元化の方法として極めて示唆に富んでいる。「第一類」から「第三類」までの方法にその手掛かりが含まれていると見なすことができる。佐々木のこの四分類法は上田萬年の『作文教授法』にも取り上げられている。上田がドイツのベネケFriedrich Eduard Benekeの『教育学および教授法』の中の「四階級」説を拠り所として取り出したものである。この「四階級」説は豊田八十代・小関源助・酒井不二雄共著『実験綴方新教授法』（明治四十五年、広文堂書店）にも取り上げられていて滑川も紹介している。

なお、滑川は明治四十五年の『文章世界』五月号に「自己の文章は自己の生活の表現である[28]」という主張が現れて、従来の修辞作文から脱却して新しい「生活の表現」時代への夜明けを告知していると指摘している。

また滑川は、②『日本作文綴方教育史2大正篇』の中で駒村徳寿・五味義武共著『写生を主としたる綴方新教授細案』（大正四年、目黒書店）に「明治形式主義作文に対する内容主義としての『思想主義』的立場」が主張されているとする。さらに滑川は桂田金造著『尋常一年の綴方』（大正六年、成蹊学園刊）を取り上げて、桂田がその中で綴り方の内容は「自己の生活、若くは自己の生活に必要なる事柄」であり、その形式は「既に自分の所有

となつてゐる形式が、その内容と全く一致して自然に流れ出づるものでなくてはならない」と述べていると指摘している。不十分ながら、「内容」「形式」一元論の立場が窺える考え方として注目しておいてよいだろう。なお、滑川はこの本の中で初めて「生活」概念が自覚的に導入されていると指摘している。

滑川は第二期『赤い鳥』綴り方の動向を辿る中で、鈴木三重吉の「綴方の研究㈡」に「形式上の解放と経験の充実・内容主義の台頭」を見出している。滑川は『赤い鳥』（大正八年十二月号）に寄せられた長野県の小学校訓導横山正名の「内容さへあれば形式は自然と出て来るものだ。形式の方をいくら突ついても内容的には寸分も延びるものではない」といった意見を引用し、この意見に賛同した三重吉の姿勢も取り上げながら、そこに「明治作文の形式主義に対する反動としての内容主義の強調」が見られると指摘している。

飛田多喜雄の考察にもあったが、滑川も東京高等師範学校附属小の訓導等が発表した「綴り方教育の根本方針十箇条」に言及して次のように考察を加えている。[29]

国語研究部員が協議し、決定した綴方の目的観は、影響力をもってひろがるが、批判も起こる。「自己の生活を文にあらはし」と「自己を生長せしめる」が、二元的であるという指摘、表現とは、内容と形式をふくめた語であるのに、内容と形式を区分している、という批判が、丸山の耳にはいる。それに対して、丸山は、「けれども『題材的価値』と『あらはし方の価値』とは全然別個の標準である。指導者は、題材的価値を発見せしめる指導と、あらはし方の価値に到達せしめる指導とを行はなくてはならぬ。それを、わたくしは『内容』と『形式』といつて来たのである。『表現主義』とはそれをさしていふのに他ならぬ。」（三二ページ）と、題材的価値（内容）と、あらはし方の価値（形式）を主張している。以降昭和戦前期におよんでも内容形式論議が続けられる。垣内松三の、内容形式の止揚的統一体としての「形象理論」が、国語教育界に勢力をもってくることと無関係とは見られない。

ここで滑川が「綴り方教育の根本方針十箇条」における綴り方教育の目的観を巡って「内容形式論議」が昭和戦前期まで続けられていき、やがて垣内松三の「形象理論」が国語教育界に広く迎えられるようになったこととの関係に言及している点に注目しておきたい。

なお、滑川は川口半平が『作文教育変遷史』において田中豊太郎著『生活創造綴方の教育』を「生活と表現との一元化を力説している」と評価していた点に言及して、そこまで言い切るには疑問の余地があると否定的な見解を披瀝している。

この点に関して筆者はかつて、田中豊太郎がその綴り方教育論の展開において「生活」と「表現」の一元化を目指していった事実について考察を加えている。この中で筆者は、田中が大正十三年に刊行した『生活創造綴方の教育』において「『体験』『内省的態度』『表現』の三者を循環的にとらえ」て、「『表現』が『内省的態度』の洗練を媒介として、生活形成・人間形成に機能していくものであると規定している[30]」と述べて、田中の中にこの時点ですでに不十分ながら「生活」と「表現」の一元化への志向が芽生えていた事実を明らかにしている。

さらに滑川は、③『日本作文綴方教育史3昭和篇Ⅰ』の中で、昭和五年に開催された第三四回全国訓導国語協議会において、田中豊太郎が「綴り方の生活化」という発表の中で、「生活を綴り方化」することと「綴り方を生活化する」二つがあることを主張したことを取り上げ、この考え方が当時の高師附属小系譜の「平均的生活指導論と見られるし、同時にその限界を示すもの[31]」と見なしている。

滑川は垣内松三著『国語教授の批判と内省』(昭和二年、不老閣書房)を取り上げ、垣内が「綴る対象(内容)と言表(表現)とが心の中でとけあって生い立つ、有機的な創造作用の展開」を「人格的生命の表現[32]」と見なければならないと主張したと紹介している。垣内が文章における「形式」と「内容」とを「有機的に統一的にとらえ」るためにこれを「綴る作用」と「綴る心理[33]」の両面から解明しようとしたとする。

滑川は当時、「国語教育界における形式主義と内容主義の揚棄に問題意識を感じている人々がすくなくなかった[34]」とし、垣内の「形象理論」が魅力的であり得たと指摘している。滑川はその理論を受けて著された西原慶一著『綴方新教授原論』を取り上げて西原が「生活的意味とその言表を結びつける表現作用を内面的統一するものを『構想作用』と呼んでいる」とし「この構想作用の対象化されたもの」を「形象[35]」と見なしていると指摘している。

滑川は垣内松三の還暦記念に出版された西原慶一編『形象理論と国語教育』（昭和十三年、啓文社）を取り上げ、「第二部（読み方教育）」に比べて「第三部（綴り方教育）」への「形象理論」の取り込み方の密度が薄いことを指摘している。そして、その要因を「垣内形象理論」が「解釈学」との結びつきの割には「表現学と結ぶ表現の論理究明があとまわし」になっているところにあるとする。滑川は「表現の論理としての形象理論は適応に困難さがあった」が、「綴り方においては、児童作品を、内容・形式を一元的に観ようとする立場から、子どもがその綴方作品を生みだす過程や『文の形』を通して『想の形』を看取しようとする傾向を見たことは、まぎれもない変化の事実であって形象理論の影響と考えられる[36]」と一定の評価を下している。

滑川は同書の第九章「生活綴方の発展過程」の中で、「表現指導のなかの『生活』と生活指導のなかの『表現』」と題して、高師附属小系の「教科としての国語科の一分科である『綴方』というフレームを前提」とした「表現のための生活指導」論と対比させながら、「生活指導に主力をおく表現指導」としての「生活綴方」の発展過程について言及している。

滑川は小砂丘忠義編『綴方生活』創刊（昭和四年十月、文園社）の一年後の同誌十月号に発表された『綴方生活』（郷土社）「第二次同人宣言」の段階における立場を整理して次のように述べている。[37]

この段階で文章表現技能指導としての綴方や、表現指導のなかの生活という捉えかたと、袂別する方向がうちだされるのである。全体的な生活教育を前提としての「生活綴方」が成立し、以降発展を続けることになる。象徴的に言えば表現のなかの生活指導を主体とする考え方から、生活指導のなかに表現指導を見据えようとする転換とも見ることができよう。

この考察からも窺えるように、これ以降、昭和戦前期の綴り方教育のいき方は「生活」指導に大きく軸足が置かれるようになり、一時的には「生活」と「表現」との乖離が進んだと見なすことができよう。その結果として、やがて「生活教育論争」が闘わされ、「綴方教師解消論」も登場してくることになるのである。

5　高森邦明による考察

高森邦明はその著書①『近代国語教育史』（昭和五十四年十月、鳩の森書房）、②『大正昭和期における生活表現の綴り方の研究』（平成十四年十一月、高文堂出版社）において、明治期から大正・昭和期に出現した綴り方・作文教育論における「生活」と「表現」の一元化に関する考え方を取り上げて考察を加えている。

まず高森は、①『近代国語教育史』の中で明治期の「自由発表主義に疑問をもった実践」として「形式・内容対応観に立っている実践例」を取り上げている。高森は富山県の吉岡某という訓導の実践を取り上げ、そこに「形式と内容とをはっきりと区別して取り扱っている点」を問題点として指摘している。さらに、高森はこの「形式と内容という問題が国語教育において広く対立的にとられ始めたのは、おそらく、明治三十三年小学校令改正後、その施行規則に準拠した国語科教授法解説書が続出して、それらのほとんどが近代言語学の成果に立っていたことに由来するであろう[38]」と指摘している。

また高森の②『大正昭和初期における生活表現の綴り方の研究』における研究の目的は、副題にあるように、「東京高師付属小学校教師の実践と理論」を究明するところにあり、「生活表現の綴り方の研究」ではあっても、綴り方教育における「生活」と「表現」との二元的対立や一元化への志向を究明するものではない。むしろどちらかと言えば、東京高等師範学校附属小学校訓導における「生活指導」観の究明に軸足がおかれていると見なすことができる。

高森は同書の第三章「丸山林平の綴り方の実践と理論」の中で、丸山が「生活指導を第一とする綴り方教育観から、表現指導を第一とし、その他にはないという考え方に変った[39]」と指摘している。丸山の中には、「生活表現」という用語を使用しながらも「生活」と「表現」とを一元的に捉えようとする志向が見られなかったことを証明する指摘としても注目させられる。

高森は本書の第四章「田中豊太郎の綴り方の実践と理論」の中で、田中の「生活観」及び「生活指導観」について考察を加えている。田中の「生活観」及び「生活指導観」に対する高森の評価は「生活指導といっても子供の人間としての在り方でなくて表現の条件や要求を中心位置」におくものというところにある。高森は田中の「生活指導観」が「子供の生活の多様性、児童の本性から導かれたものではなく、綴り方の本性から出された観念的なもの[40]」と結論付けている。

高森の研究の目的は先に述べたように、東京高等師範学校附属小学校訓導の「生活指導観」の究明にあった。そのため、田中豊太郎の綴り方教育論における「生活」と「表現」とを一元化していこうとした一貫した歩みについては考察の外にあった。

田中は昭和十六年に刊行した『綴り方教育の指導過程』（晃文社）の中で、それまでのような「生活の指導」と「表現の指導」という区別は一切していない。これらの用語を「見方の指導」と「表現の指導」と言い換えている。そして、これらの両面の指導を「綴り方生活の過程の指導」と一元的に捉えているのである。勿論、ここで言うところの「綴り方生活」の「生活」は高森が取り出している「生活」概念とは次元を異にするものとなっている。

田中の「生活」観は生活主義の綴り方観におけるような「現実的な生活性」ではない。田中は自らの綴り方教育論の出発点において、その「生活」概念に明確な限定づけを行っている。それは、綴り方教育における「生活」なるものを生の生活としての「現実生活」「素材生活」とは峻別して「観照生活」あるいは「綴ることにかかわる生活」つまり「綴り方生活」と限定的に規定していたのである。田中はこの限定された「生活」概念、つまり「生活の指導」をいかにして「表現の指導」すなわち「表現」概念と一元化していくかということを一貫して追究していたのである。

以上の問題に関する筆者の見解は拙稿「田中豊太郎綴り方教育論における『表現』概念の考察」（全国大学国語教育学会編『国語科教育』第三六集、平成元年三月）に述べられている。参照して戴ければ幸いである。

第三節　綴り方・作文教育史における「内容か形式か」の対立図式、及び「生活」と「表現」概念を巡る問題に関する大内善一による考察

綴り方・作文教育史における「内容か形式か」の対立図式、及び「生活」と「表現」概念を巡る問題に関する先行研究については、筆者自身がこれまでの研究において取り上げてきている。そこでここでは、筆者がこの方

面に関してこれまで行ってきた研究だけを掲げてその概要を紹介しておくことにする。

① 拙著『戦後作文教育史研究』（昭和五十九年六月、教育出版センター）
　昭和二十年代後半から三十年代初頭にかけて「表現指導か生活指導か」という争点を巡って展開されたいわゆる「作文・生活綴り方教育論争」について考察を加えた。この論争の根底に、「生活観」を巡る対立と、「表現指導か生活指導か」つまり「形式か内容か」という二元的な対立の問題点が含まれていたことを明らかにした。また、この論争は最終的な決着を見ることなく終息したが、やがて、この論争の争点である「表現指導か生活指導か」という二元的な論議を統一止揚する一つの見解が示されたことも明らかにした。

② 拙稿「波多野完治『文章心理学』の研究――作文教育基礎理論研究――」（全国大学国語教育学会編『国語科教育』第三三集、昭和六十一年三月）
　波多野完治が構築してきた「文章心理学」という学問体系の生成・発展の過程を概観し、この中で一貫して基本概念となり、独創的な理論となってきた「緊張体系」という概念に、波多野が言うところの「生の感情」と「形式感情」、すなわち文章表現における「内容」面と「形式」面とを同一の次元で捉えていくことを可能にする考え方が見出されることを明らかにした。

③ 拙稿「田中豊太郎綴り方教育論における『表現』概念の考察」（全国大学国語教育学会『国語科教育』第三六集、平成元年三月）
　東京高等師範学校訓導であった田中豊太郎が大正十年から昭和十六年までのほぼ二十年間に及ぶ綴り方教育実践の過程で、「生活」概念（＝「生活の指導」）をいかにして「表現の指導」（＝「表現」概念）と一体化させていこうとしていたかという事実を明らかにした。

④　拙著『戦後作文・生活綴り方教育論争』（平成五年九月、明治図書）
前掲書①を特に論争史に視点を当てて書き改めたものである。
⑤　拙稿「綴り方教育史における文章表現指導論の系譜――菊池知勇の初期綴り方教育論を中心に――」（『秋田大学教育学部研究紀要・教育科学』第四七集、平成七年一月）
従来の「生活主義綴り方教育論」を中心とした綴り方教育研究に対置させる形で、菊池知勇の初期綴り方教育論に視点を当てつつ、昭和戦前期における文章表現指導論の一系譜を明らかにした。この研究の主たる動機は、従来の綴り方教育研究が「〈書くこと〉による教育の系譜」を辿ることに中心がおかれていて、「〈書くこと〉本位の立場」を二義的にしか捉えていないことに対するアンチテーゼを提起するところにあった。
⑥　拙稿「昭和戦前期綴り方教育の到達点とその継承を巡る問題」（『学芸国語国文学』第二八号、平成八年三月）
昭和戦前期における平野婦美子の綴り方教育実践に視点を当てつつ、戦後の作文教育が戦前の平野達によって切り開かれた綴り方教育実践の到達点（＝「綴る生活の指導」）をなぜ継承することにつながらなかったのか、その原因と問題点について論述した。

なお、この論考は、第七九回全国大学国語教育学会・和歌山大会（平成二年十月十二日）において発表した「国民学校国民科綴り方の教則に関する考察――昭和綴り方・作文教育史研究（1）――」と第八一回同学会・群馬大会（平成三年十月十八日）において発表した「昭和戦前期と戦後期の綴り方・作文実践の異同に関する考察――平野婦美子著『新しい学級経営綴る生活』を中心に――」という二つの口頭発表を基にしてまとめたものである。前者の発表では、国民学校国民科綴り方における「生活」観を巡る問題について考察を加え、国民学校の「教則」に見られる「生活」観がそれ以前の「民間的綴方教育運動」が主張してきた「生活」観の見事な換骨奪胎となっていることを明らかにしている。

⑦　拙稿「菊池知勇の綴り方教育論における『生活』と『表現』の一元化への志向」（『茨城大学教育学部紀要（教育科学）』第五二号、平成十五年三月）

前掲稿④で考察した菊池知勇の初期綴り方教育論に加えて、菊池の充実期における綴り方教育論を取り上げて、菊池が慶應義塾幼稚舎の訓導として在職する傍ら自ら主幹として編集に当たった『綴方教育』誌に連載した「佳い綴り方と拙い綴り方」及び「児童作品の鑑識と指導」とを主たる対象に据えて、そこに見られる綴り方教育論に「生活」と「表現」の一元化への志向が存在し得たという事実を実証した。

⑧　拙稿「『工程』・『綴方学校』誌における『表現』概念の位相」（『茨城大学教育学部紀要（教育科学）』第五二号、平成十五年三月）

昭和戦前期に詩人の百田宗治が主幹を務めた『工程・綴方学校』誌全体を貫く綴り方教育論を対象に据えて、その論調の中に次第に、「表現」概念の中にいわゆる「生活指導」が目指していた人間形成・生活形成という機能が内包されているとする考え方、及び「生活指導」と「表現指導」との結合を図ろうとする志向が出現してきた事実を解明した。

⑨　拙著『国語科教育学への道』（平成十六年三月、溪水社）

国語科教育と綴り方・作文教育における教科内容・教育内容を巡る「形式」「内容」二元論を克服するための理論の究明に向けて継続的に行ってきた論考を収録している。本書には、前掲の拙稿②・③・⑤・⑥が一部手直しを加えて収録されている。

⑩　拙稿「『実践国語教育』誌における『表現』概念の位相」（『茨城大学教育学部紀要（教育科学）』第五三号、平成十六年三月）

西原慶一が主幹を務め、垣内松三の「形象理論」を中核として国語教育の振興に寄与すべく刊行された『実践国語教育』誌において、表現学的な綴り方の研究を踏まえ、「生活」概念と「表現」概念との二元的な対立を統一止揚していくための理論的な手掛かりが見られてきた事実を明らかにした。

⑪　拙稿「『綴方生活』誌における『表現』概念の位相」（『茨城大学教育学部紀要（教育科学）』第五四号、平成十七年三月）

小砂丘忠義が主幹を務め、子どもの「生活事実」を重視し、「綴方が生活教育の中心教科」であるとする方針の下で刊行された『綴方生活』誌において、その論調の中に「生活」と「表現」との関わりについての言説が出現し、やがて綴り方の「表現」面に力点をおいた考察が見られるようになってきた事実を明らかにした。

⑫　拙稿「『教育・国語教育』誌における『表現』概念の位相」（『茨城大学教育学部紀要（教育科学）』第五五号、平成十七年三月）

千葉春雄が主幹を務め多くの読者を獲得していた『教育・国語教育』誌において、綴り方教育に対する「表現学」的な考察が行われる中で、「表現指導」論及び「表現技術指導」論が頻繁に論じられ、「表現」概念に対する関心が大きな高まりを見せてきた状況を実証した。

⑬　拙稿「大正期『国語教育』誌における『表現』概念の位相」（『茨城大学教育学部紀要（教育科学）』第五六号、平成十八年三月）

保科孝一が主幹を務め大正五年から昭和十六年まで四半世紀にわたって刊行された『国語教育』誌のうち大正期に刊行された部分を対象に据えて考察を加えた。そして、掲載されている論考の中に「表現」概念に関わる考察、とりわけ綴り方・作文における「形式」面と「内容」面の扱いを巡って両者を一元的に取り上げていこうとする考え方が頻繁に現れるようになってきた事実を明らかにした。

⑭　拙稿「昭和戦前期の『国語教育』誌における『表現』概念の位相」（『茨城大学教育学部紀要（教育科学）』第五

七号、平成十九年三月）

大正五年に保科孝一によって創刊され昭和十六年三月まで刊行を続けた『国語教育』誌のうち昭和期に刊行された部分を対象に据えて考察を加えた。昭和期に入ってからの本誌では、国語教育・綴り方教育関係の実践・研究誌が相次いで創刊されていたため、綴り方教育関係の考察に関しては大正期におけるほどの盛り上がりには欠けていたものの、「表現」を「作用」「はたらき」と捉え、生活経験が「思想」や「文章」として定着形成されるまでの過程であるとする考え方等が明らかにされたりして、「表現」概念に関する本質的な考察を踏まえた綴り方の「内容」「形式」一元論が強く打ち出されていた状況を解明した。

第四節　綴り方・作文教育論における「生活」「表現」概念を巡る先行研究に関する検討

さて、ここで本研究で考察を加えようとしている綴り方・作文教育史における「生活」概念と「表現」概念を巡る問題について触れておかなければならない。

1　大田堯稿「生活綴方の根本問題としての『生活と表現』」が示唆するもの

筆者は前節で取り上げた文献①『戦後作文教育史研究』において、昭和二十年代後半から三十年代初頭にかけて「表現指導か生活指導か」という争点を中心に展開されたいわゆる「作文・生活綴り方教育論争」について詳細な考察を加えた。その中でこの論争の問題史的意義に関して論及している。結論的に言えば、この論争の問題点はその中心的な争点となった「表現指導か生活指導か」という論点自体にあったということである。すなわち、「表現指導」と「生活指導」とが別個に切り離されて、文字通り「形式か内容か」という古典的な二元論に終始していたところにあったのである。ただ、この論争を経てその中から、この「表現指導（＝形式）か生活指導（＝内容）か」という二元論を統一止揚する可能性を孕んだ考え方が不十分な形ながら出現してきている。大田堯による「生活綴方の根本問題としての『生活と表現』[41]」と題した論文（講演の筆記）である。この論文に関しては、筆者が前掲の文献①において詳細な考察を加えている。そこで以下には、文献①における筆者の考察を紹介する形で取り上げておくことにする。

この大田論文は、戦前生活綴り方教育運動の推進者の一人佐々木昂が昭和五年に雑誌『北方教育』第三号に執筆した「感覚形態」という論文に触れつつ、「生活と表現」の関係について考察したものである。この論文は「作文・生活綴り方教育論争」に直接触れたものではない。しかし、そこにはこの論争の最も基本的な問題である「生活と表現」の関係について、極めて重要な示唆が含まれている。

大田は佐々木の「綴方の問題は生活と表現だ」という言を引いて、「これはつまり生活の中から表現にまで持ちきたされたもの、あるいは、持ちきたされようとするもの、そういうものと、文章として表現されてあるものとのかかわり方というものが綴方にとっては根本の問題であるという意味」だと捉えて、さらに次のように述べている。[42]

私はこの「生活と表現」というとらえ方はとくに大事だと思うわけです。この「生活と表現」のとで結ばれているものの関係は、生活か表現かというい方とはむろんちがいます。つまり表現されてあるものの形成を問題にするか、それともその背後にある生活を問題にするのかという、あれかこれかの関係をいうのではありません。また文章表現も大切にするが生活の方も大切にするという意味のとでもありません。それが正しく意味するのは激動する生活の波動と、それを表現したものとの間の緊張――心の中に起っている生活の波動、それを文字に表わす表現、それと胸の中に起っている緊張をしめすとである。張りつめた生活と表現との緊張である。この張りつめた生活と表現との緊張というもの、これを人間がつくられていく契機として考えるということ、これこそ生活綴方の根本問題である。

これは、生活綴り方における人間形成的機能を「生活と表現」との緊張関係に求めるという考え方である。この考え方の中には、「生活指導か表現指導か」という二元論を一元化する極めて重要な契機が含まれている。しかし、残念なことに大田はこの問題に直接触れないで、従来からの「文章表現指導」と「文章による教育」（＝生活綴り方的教育方法）という対比を繰り返すにとどまっている。すなわち、後者を「子どもの心とその表現との緊張を子どもの中に見つけ、ここを足場として質の高い表現へとみちびき、これがついに子どもの認識や価値判断を高める」ものとして、その意義を肯定し、前者を「文章の技術・表現の在り方・やり方に重点をおいて教えていく方法」であるとして、これに否定的な判断を加えている。この論法に従うと、「文章表現指導」は表現技術指導一辺倒で、そこには「生活と表現との緊張関係」が全く存在しないとでもいうようなことになってしまう。

この時期にはすでに、生活綴り方運動内部で繰り返し「国語科としての生活綴り方」の在り方が取り上げられ、その実践的な展開も幅広く進められていた。したがって、大田の考察には当然、生活綴り方の仕事としての「文章表現指導」における「生活と表現との緊張関係」に基づく人間形成的機能の可能性への言及が含まれていなければならなかったはずである。この点が大変惜しまれるところである。

とは言え、大田が取り出したこの「生活と表現との緊張関係」という考え方には、昭和戦前期からの綴り方・作文教育史においてしばしば論議されてきた「形式か内容か」という二元論に傾斜しがちであった議論を理論的に統一止揚する可能性が確かに存在すると判断されるのである。

2　波多野完治の「緊張体系」論が示唆するもの

ところで、大田堯によるこの「生活と表現の緊張関係」という考え方を原理的に裏付けている理論がある。波多野完治の文章心理学理論の中でも最も基本的な概念と見なせる「緊張体系」論である。「緊張体系」という用語は、心理学用語であり、ゲシュタルト心理学者でグループ・ダイナミックスの創始者となったクルト・レヴィンの基本的な概念の一つと言われている。

この「緊張体系」論について、筆者はかつて、「波多野完治『文章心理学』の研究――作文教育基礎理論研究――」(『国語科教育』第三三集、昭和六十一年三月)において考察を加えたことがある。以下に、この「緊張体系」論に関して、筆者による考察を紹介する形で取り上げておこう。

波多野完治は、その著『文章心理学』初版(昭和十年十月、三省堂)の中で、近代心理学では「具体的環境(作者の側から見たもの)を、作者の緊張体系」と呼んでいると述べ、この用語の概念に対して次のように言及している。[43]

文章には文章の意味の持つ緊張体系と、それ以外の文章の言語的構造から来る緊張体系との二つが重ね合さる可能性があり、これが適当に、上手に重なり合へば、非常に大きな緊張体系の成立を期し得るのである。それは意味としての緊張体系と言語構造としての緊張体系との和ではない。むしろ「積」であり、非常に大きな効果である。

ここに述べられている「文章の意味の持つ緊張体系」とは、文章における〈内容〉面であり、大田堯が言うところの「生活」「心の中に起っている生活の波動」によってもたらされる「緊張体系」に重なる。また、「文章の言語的構造から来る緊張体系」とは、文章における〈形式〉面であり、大田が言うところの、文字に表された「表現」によってもたらされる「緊張体系」のことと見なすことができる。波多野は、文章におけるこれらの〈内容＝生活〉面と〈形式＝表現〉面とが共々一定のバランスを保っていかなければ、望ましい表現効果は得られないと考えたのである。この考え方に従えば、波多野の「緊張体系」論は、綴り方・作文教育における「生活」と「表現」とを一元的に捉えていくことを可能にする基本原理となり得る。

そこで、本研究では、先に紹介した大田堯による「生活と表現との緊張関係」という考え方と波多野完治の「緊張体系」論という文章心理学理論とを考察への拠り所としつつ、昭和戦前期を中心に展開された田中豊太郎の綴り方教育論と各種国語教育・綴り方教育関係の雑誌に見られる同時代の綴り方教育思潮から、「生活」概念と「表現」概念との一元化、すなわち「内容」「形式」一元論への展開の軌跡を辿り、今後に残されている課題を明らかにしたい。

注

（1）垣内松三著『国語の力』大正十一年五月（改版三四版、昭和七年十月、四一〜四二頁）、不老閣書房。
（2）石山脩平著『教育的解釈学』昭和十年四月（国語教育名著選集『教育的解釈学・国語教育論』昭和四十八年二月、明治図書、七八〜八一頁）。
（3）垣内松三著『国語表現学概説』（国語教育科学　第八巻）昭和九年八月、文学社、一五頁。
（4）倉澤栄吉「表現教育の進展のために――コピーとコメントとコミュニケーション――」（全国大学国語教育学会編『国語科

教育研究4　表現教育の理論と実践の課題』昭和六十一年二月、明治図書、一九八頁）。
（5）表現学会「迎二十年の記」（表現学会編『表現研究』第三七号、昭和五十八年三月）。
（6）峰地光重著『綴方教育発達史』昭和十四年六月、啓文社、九三頁。
（7）同前書、一四〇頁。
（8）同前書、一七一～一七五頁。
（9）同前書、一七六～一七七頁。
（10）同前書、二〇七頁。
（11）峰地光重・今井誉次郎著『学習指導の歩み　作文教育』昭和三十二年五月、東洋館出版社、八二頁。
（12）同前書、二〇二頁。
（13）同前書、二〇三頁。
（14）川口半平著『作文教育変遷史』昭和三十三年十月、岐阜県国語教育研究会、一八八頁。
（15）飛田多喜雄著『国語教育方法論史』昭和四十年三月、明治図書、六七頁。
（16）同前書、九五頁。
（17）同前書、一一七頁。
（18）同前書、一六九頁。
（19）同前書、一七〇頁。
（20）同前書、一七一頁。
（21）中内敏夫著『生活綴方成立史研究』昭和四十五年十一月、明治図書、一二七頁。
（22）同前書、二五二頁。
（23）同前書、四六四頁。
（24）同前書、七四一頁。
（25）同前書、七四一頁。
（26）滑川道夫著『日本作文綴方教育史1明治篇』昭和五十二年八月、国土社、二一一頁。
（27）同前書、二六八～二六九頁。
（28）同前書、三七八頁。

(29) 滑川道夫著『日本作文綴方教育史2大正篇』昭和五十三年十一月、国土社、四四二頁。
(30) 大内善一「田中豊太郎綴り方教育論における『表現』概念の考察」（全国大学国語教育学会編『国語科教育』第三六集、平成元年三月、一四九頁）。
(31) 滑川道夫著『日本作文綴方教育史3昭和篇』昭和五十八年二月、国土社、二一五頁。
(32) 同前書、三三七頁。
(33) 同前書、三三八頁。
(34) 同前書、三六六頁。
(35) 同前書、三七二頁。
(36) 同前書、三八五頁。
(37) 同前書、五一二頁。
(38) 高森邦明著『近代国語教育史』昭和五十四年十月、鳩の森書房、一三一頁。
(39) 高森邦明著『大正昭和初期における生活表現の綴り方の研究』平成十四年十一月、高文堂出版社、三二四頁。
(40) 同前書、四〇九頁。
(41) 大田堯「生活綴方の根本問題としての『生活と表現』」（『作文と教育』昭和三十四年十月号）。
(42) 同前誌、十五頁。
(43) 波多野完治著『文章心理学――日本語の表現価値――』初版、昭和十年十月、三省堂、三九頁。

第Ⅰ部　国語教育・綴り方教育書及び諸雑誌等にみる「表現」概念の位相

第Ⅰ章　明治期の作文教授論にみる「内容」「形式」一元論の萌芽

本章では、明治期の作文教授論に現れた「内容」「形式」一元論の様相を概観しておくことにする。なお、本研究では、綴り方・作文の「内容」面と「形式」面とは、広義の「表現」という概念において統一止揚されるとの立場に立っている。しかし、明治期にあってはなお、作文教授論において「表現」という概念が表だって表れてきているわけではない。そこで、本章ではあくまでも作文教授にみる「内容」「形式」一元論という視点からの考察に止めておかざるを得ない。

また明治期にあっては、まだ国語・作文教授に関する雑誌にみるべきものは出現していない。社会人一般向けの雑誌として『文章世界』が刊行されていた。しかし、この『文章世界』を取り上げると教育現場における作文教授論からは離れてしまうので、本研究では考察の対象の外におくこととした。

そこで、本章では、作文教授に関して「内容」「形式」一元論が出現している諸本を取り上げて考察を加えていくことにする。

第一節　上田萬年著『作文教授法』の場合

上田萬年は明治二十八年八月に冨山房より『作文教授法』という著書を刊行している。

上田は本書の中で、「思想があつて後言語があり、言語があつて後文章があるもの故、其思想が無くて文章のあるべき道理は、萬々ありませぬ、さりながら、思想があつたればとて、それで必ず文章が書ける、といふことには決してなりませぬ[1]」と述べている。作文の「内容」と「形式」とを一体的に捉えていかなければならないことを指摘している。

要するに上田は、「作文教授の要と云ふものは、思想を達者に書き表はすのと、同時に又思想を健全に書き表す」ことで、両者を兼備させるように教えることが「作文教授の大趣意[2]」であると主張していたのである。作文の「形式」面を中心とした指導から「内容」面も一体として指導していくべき事を提唱しているところに意義を認めることができる。

ところで、上田は本書の中で、ドイツのベネケ Friedrich Eduard Beneke が著した『教育学および教授法』の中の以下のような「四階級」説を取り上げて紹介している[3]。

第一には、作文の材料が与へられて居る時で、即ち其材料が考の上から言つても、又言葉の上から言つても、両方与へられてある場合であります。

第二には、材料は与へられてあるけれども、併し言葉は与へられてあるのでなく、考だけが与へられてありますので、この場合では生徒が考を得て、どうこれを書き直さうかと云ふことを研究するのであります。

第三には、言葉だけが与へられてあるので、われわれが自分の考をその言葉に併せて、綴りゆくと云ふのであります。

第四には考も言葉も共に与へられてない場合で、即ち生徒が自分で文章を作り出さなければならぬと云ふ時であります。

ベネケのこの「四階級」説は、明治期の作文教授法に少なからぬ影響を与えている。この中で述べられている「作文の材料」「考」が作文の「内容」面であり、「言葉」が「形式」面を指していることは言うまでもない。ここには、作文の「内容」と「形式」とを一体的に捉えていこうとする考え方が如実に示されていることが分かる。

上田は、この「四階級」説を整理して、以下のような「三つの階級」に改めて提案している。本書では、この「三つの階級」の教授方法に関して三十頁にわたって詳しく報告している。ここでは、要点のみ取り出して、列挙してみる。(4)

第一階級　簡単に書き直すといふ事

・単に小児の目の前にある所の材料を、其儘書き直すといふこと

・多少の模様換へをして、それを書き直すと云ふこと

今少し委しく言つて見れば、第一に写すと云ふこと、第二に覚えたことを暗誦の上から書直すといふこと、第三に教師の読むものを書き取るといふこと、第四に教師が読み又は話してくるゝ読本の中の文句を、能く聴き取つて、あとで文章にすること、第五には日用文などを、此方法で教ふること等。

第二階級　模様換へして写す事

・考か言葉かゞ与へられて居る中で、どちらか一つを模様換へして書くといふこと

①書き換ふること

或る文章の中の言語を取替へて書き、それから言葉の順序を取換へて書き、それから文章の仕組を取換へて書く。

②歌を手本として話す事
　歌は一定の形の下に縛られて居るものであります故、若し此一定の形を取つてしまひませば、直ぐに文章になるでありませう。
③約文の事
　手本となるべき一文章を出して、其手本の中の要領を摘んで、さうして要領だけを書上げさすと、云ふやうなこと。
④文章を敷衍する事
　これは前に言つた約文とは丁度さかさまであつて、文章を長くする方法であります。
⑤文体を同じくして、中の意味を取換へて書くこと
　一つの紀行文なら紀行文、或は書簡文なら書簡文の、体裁を同じやうにして、中にある事柄を取換へて書くといふ方法。
　　第三階級　自ら文章を作り出す事
　第一階級第二階級に申しました、レプロダクションに基づく文章の作り方が、充分に出来るやうになつた後に、われわれは始めて自ら文章を作り出すといふ事を、生徒に課してよろしいのであります。

　上田がここで提案している「三つの階級」による作文教授法には、さらに具体的な教授方法が示されていて、今日の作文指導においても参考になるところが多々ある。
　上田のこの方法でも、基本的にはベネケの「四階級」説を踏襲していて、作文の「内容」面と「形式」面とを一体的に捉えていかざるを得ないような教授方法と成り得ていて、「内容」「形式」一元化の方法として示唆に富

んだ提案となっている。

第二節　佐々木吉三郎著『国語教授撮要』の場合

明治期の初期から「作文」という用語は広く使用されていた。しかし、教育用語として定着したのは、明治十四年四月の改正教育令に基づく「小学校教則綱領」以降と見なされている。そして、教育課程上のこの「作文」という用語も、明治三十三年の小学校令改正の際に「綴り方」と改称されている。したがって、明治三十五年八月に育成会より刊行された佐々木吉三郎の『国語教授撮要』では、「綴り方」という用語が使用されている。本書は明治三十三年の小学校令改正によって統合された国語科の進路を示した書と言われている。

佐々木は本書の「綴り方教授法」の部の中で、「綴り方は、決して新なる思想を与へんが為のもの」でも「新なる形式を授けんためのもの」でもないとして、「思想を与へるものは、事物教授、即ち、思想教授の任務」であり、「文字の形式を授くるものは、読書科の任務」であると指摘している。その上で、「綴り方といふものは、一種の発表術」であり、「児童が、教授や経験や交際などによつて得た色々の思想感情を、国語科で得た文字の形式によつて発表する技術」であると規定している。

要するに、「綴り方」は「国語科といふ全体」から見ると「応用」であり「練習」であり「整頓」であるから、「作文教授の材料としては、別に新たに授けなければならぬものは無い筈であつて、外の学科が、其の資料を供給すべき筈のもの」[5]であるという訳である。

佐々木は、綴り方の「内容」を「思想」と捉え、その思想を発表する「形式」と二つに分けて考えている。したがって、右の考え方からは少なくとも「内容」と「形式」とを一体的に捉えていこうとする姿勢は窺えない。

ところが、佐々木は「第十六章　綴り方の重なる種類」において、前節でも取り上げたドイツ人・ベネケの「四階級説」を援用している。ただ、どの文献からの援用なのかは、本書には明記されていないので、それがベネケの書物からなのか前節で取り上げた上田萬年の『作文教授法』からの援用なのかは明らかでない。

ともあれ、以下にその概略を列記してみよう。[6]

第一類　内容と形式と二つながら与ふるもの
㈠　読本その他の文字、文句、文章等をそのままに写し取る方法（視写法）
第二類　内容のみを考へて、形式を工夫せしむるもの
㈡　改作法、即ち談話体の文章を文語体に、文語体の文章を談話体に、記事文を書簡文に、詩歌を散文に、或は其の反対に改作せしむるもの
㈢　他人の談話を聞き、直ちに之を文語体に綴らしむる方法
㈣　填充法
㈤　縮約法（省略法）
㈥　敷衍法
㈦　修辞法文法等の練習を主とする諸方法
㈧　絵画又は実物等によりて説述せしむる方法
㈨　共作法
㈩　連接法

第三類　形式のみを与へて、内容を工夫せしむること
㈠　範文法
㈡　文段のみを与へる方法
第四類　形式も内容も二つながら与へざるもの
㈠　文題を与ふるもの
㈡　各自をして文題を定めしむる方法

佐々木は右のような「四階級説」を援用して、さらに、この後に右の四分類にしたがって実際の教授例を二〇頁余にわたり解説している。

佐々木の場合も、綴り方の「内容」と「形式」とを一元的に捉えようとする明確な意図があった訳ではない。しかし、両者を二つながら与えたり、いずれか一方を与えることで、否応なしに「内容」と「形式」との不即不離の関係を意識せざるを得ない立場に追い込むという効果はあったと思われる。

第三節　豊田八十代・小関源助・酒井不二雄共著『実験綴方新教授法』の場合

本書は明治四十五年三月に広文堂から刊行された。本書では、「綴方の意義」の中で「綴方」と「読方」との関係について述べた後に、「綴り方に於ては内容の次に形式が来ると言つたけれど、此は論理的に順序を述べたので、其の極地は両者が渾然融合するやうになるべきである」[7]と述べている箇所がある。

右の考え方は附けたしとして述べていて、綴り方の「内容」と「形式」との一元論を積極的に論じたものでは

ない。しかし、その片鱗が窺えるところは興味深いところである。

この他の箇所においても、「綴方の価値」について述べたところで、「以上述べた形式、内容がてんで別々なものでは実際の役には立たぬ」として「之を連結契合させる方法を考究せねばならぬ[8]」と訴えている。ここにも、「内容」と「形式」とを一元的に捉えようとする考え方が窺える。

ところで、本書においてもやはり、先のドイツ人ベネケの「四階級説」の影響が見て取れる。ただし、その出典は、前節で取り上げた佐々木吉三郎の『国語教授撮要』と同様に明記されている訳ではない。したがって、本書ではその援用を佐々木の右の著書から行ったものか、上田萬年の『作文教授法』から行ったものかは明らかでない。その内容から推測するに、恐らく佐々木の著書からの援用であると見なしておいてよいだろう。

本書で取り上げられている四分類の項目のみを見ておこう。[9]

第一類　内容形式の二つながら与ふるもの、
　　視写法・聴写法・暗写法

第二類　内容のみを与へて形式を工夫せしむるもの、
　　改作法・填充法・省略法・敷衍法・指導法・連接法・正誤法・共作法・修飾法

第三類　形式のみを与へて内容を工夫せしむるもの、
　　範文法・目次法

第四類　内容形式の二つながら与へざるもの、
　　自作法

本書では、右の四分類に基づいた実際の教授方法についても、六八頁にわたって詳述されている。前節で取り上げた佐々木吉三郎の報告よりもさらに詳しい事例の紹介となっている。

ともあれ、ベネケの「四階級説」は、上田萬年の『作文教授法』や佐々木吉三郎の『国語教授撮要』と同様に、本書における中心的な教授法の事例として大きな位置を占めて詳細にわたって紹介されている。

そして、本書においても前節の佐々木吉三郎の場合と同様に、綴り方の「内容」「形式」一元論が自覚的に論じられていた訳ではない。しかし、消極的な形ながらもこの四分類法に基づいた教授事例によって、綴り方の「内容」と「形式」との一体的な関係が示唆されていた点は、上田萬年や佐々木吉三郎共々、明治期における注目すべき収穫だったと見なすことができよう。

注

(1) 上田萬年著『作文教授法』明治二十八年八月、冨山房、七頁。
(2) 同前書、一二頁。
(3) 同前書、四三〜四四頁。
(4) 同前書、四五〜七四頁。
(5) 佐々木吉三郎著『国語教授撮要』明治三十五年八月、育成会、四八二頁。
(6) 同前書、六〇六〜六一一頁。
(7) 豊田八十代・小関源助・酒井不二雄共著　小西重直校訂『実験綴方新教授法』明治四十五年三月、広文堂、一二三頁。
(8) 同前書、三五頁。
(9) 同前書、三三四頁。

第Ⅱ章　大正期の『国語教育』誌にみる「表現」概念の位相

第一節　『国語教育』誌の性格

『国語教育』誌は大正五年一月に保科孝一（東京高等師範学校教授）の編集で育英書院から創刊され昭和十六年三月まで刊行された。主幹の保科は明治三十五年に東京高等師範学校教授となり、東京帝国大学文科大学助教授を兼任し、明治四十四年に言語学及び語学教授法研究のため二年間にわたって英・独・仏へ留学する。帰朝後、文部省の国語に関する調査主任を委嘱され、以後、昭和二十七年に文部省を退官するまで国語問題、国語政策方面に力を注いだ。帰朝後、『国語教育及教授の新潮』（弘道館、大正三年）、『最近綴り方教授の新潮』（同文館、大正四年）、『国語教授法精義』（同文館、大正五年）等の著書を刊行している。

滑川道夫は保科の功績に関して、「国語教育に言語学を導入し、音声・語法の指導・平明な国語表現・基礎能力重視・文学教育の尊重を主張し、国語教育に与えた影響は大きい」と述べ、「『国語教育』誌上に実践者の研究を採り上げ研究を奨励した点も見落とせない貢献である」（『日本作文綴方教育史2大正篇』昭和五十三年、国土社）と評価している。

本誌に登場した執筆者は、本節で取り上げる大正年間の分だけでも膨大な数に上る。執筆分野は国語教育全般にわたる。特に今回対象としている綴り方・作文教育関係の分野だけでも、例えば、主幹の保科孝一の他に、秋田喜三郎、駒村徳寿、五味義武、飯田恒作、白鳥千代三、玉井幸助、佐久間鼎、小林貞一、河野伊三郎、山路兵一、志垣寛、友納友次郎、芦田恵之助、田上新吉、峰地光重、平野秀吉、細野要治郎、前田倭文雄、竹村定一等である。これら執筆メンバーの中心は高師附属小訓導や全国の師範学校附属小訓導であった。

本節で考察の対象とする大正年間における綴り方・作文教育界では、明治期の修辞学的作文教授からの脱却が目指され、文章の形式的側面を整えることから文章の内容的側面を重視する傾向が出現している。一方、芦田恵之助の提唱になる随意選題の思想を巡っての論争や綴り方の系統案を巡る論争に関わる影響が、掲載される論文にも影を及ぼしている。また、駒村徳寿・五味義武によって提唱された写生主義綴り方教授や生命主義の綴り方教育の影響、鈴木三重吉の『赤い鳥』綴り方教育運動からの影響の下で次第に「生活表現」の綴り方教育に関する考え方が広がっていった。

こうした大正期綴り方教育思潮の中でも、『国語教育』誌に掲載されている綴り方・作文教育論の中から「表現」概念に関わる考察、とりわけ綴り方・作文における「形式」面と「内容」面の扱いを巡って両者を一元的に取り上げていこうとする論調が出現しているところに注目していきたい。

第二節　五味義武の綴り方教育論にみる「表現」概念の位相

1　「綴方教授に於ける語句の指導」にみる考え方

写生主義綴り方教授論を提唱した五味義武（東京女子高等師範学校訓導）は大正五年四月号から大正六年二月号まで九回にわたって「綴方教授に於ける語句の指導」の連載を行っている。この中で五味は大正五年四月号において次のように述べている。(1)

嘗て形式主義の綴方が唱導されて、文字や語句の方面は比較的多くの注意が払われた訳であるから、今日適確な指導がそれによつて指示されてゐなくてはならないけれど、幸か不幸かそれ等は我に於て浮雲の如しであつた。それもその筈形式を楯として発表能力の根柢を開かうといふ様な見当違いの所論を敢てして、思想を表はすために如何に語句の指導を行ふべきかといふ肝腎な所へは触れなかつたのである。しかも其の反動として漸次思想の方面が尊重されると、一も二もなく形式の語を排斥して語句の指導などは殆んど眼中に置かない状態になつた。

（中　略）

語句の使用更に進んで文辞の技巧といふ事はいかに真実に表さうかとする事を表し得たか、如何に適切に書かうと思ふことを書き得たかという点に在る。これを外にして文字語句に骨折るなどは恰も砂上に楼閣を築くの類で其愚や及ぶべからずである。されば文字語句は単独にそれ自身に価値あるのではなくて、表すべき思想と一致吻合して初て価値を生ずるので、元より思想の上に出るものではない。これを思想以上に有難がつて祭上げるのは、却つてその真価を傷くるものと言はねばならぬ。

けれどもかういつたからとて語句の使用を軽視する所以は少しもない。思想を盛るべき文字語句を大切に考へないことは甚だしい軽率振舞であると思ふ。語句の用ひ方如何によつて思想が表されもすれば表されもしない、思想を活かすも殺すも全くその用法一つに在る。どんな優れた思想をもち如何に美しい感想を抱いてゐても適切に文字語句が使れなかつたら万事終れりである。又どういふ語句を使つても綴れさへすればそれで十分人に通じると思つては間違である。言葉には一定の意味があり気品があり味がある。

この中で五味は、明治期以来の「形式主義の綴方」においては「文字や語句の方面は比較的多くの注意が払われ」ていたけれど、「思想を表はすために如何に語句の指導を行うべきかといふ肝腎な所へは触れなかつたのである」と、綴り方教授における語句指導の問題点について指摘している。

その上で語句指導の意義については、「語句の使用」や「文辞の技巧」という事が「いかに真実に表さうかとする事を表し得たか、如何に適切に書かうと思ふことを書き得たか」という点にあると述べている。

五味はまた、大正五年五月号の同論考（二）において綴り方で使用する「語彙」の問題に関して次のように述べている。(2)

読む文と書く文との間に相違のあること、即ち綴方で使用する語彙と読方で理解する語彙との間に著しい懸隔のあることは実際教授に当るもの、誰しも首肯する所である。されば小学校に於ては大体尋常四年乃至五年位迄の読本に在る語が十分使ひこなせれば先以てよいと視做さねばならぬ。元よりそれ以下の児童に於ては之に準じて四年の児童は三年の読本、三年の児童は二年の読本にある程度といふ様に考へられる訳であるから、言葉の種類の上では極めて卑近なる日常語を以て標準として高尚なる学術の用語は第二におかねばならぬと思ふ。

それが故に語彙を豊富にすることも六ヶ敷い言葉や学問的の術語などを知る事は余り要のないことである。ありふれた言語、極く平易な語彙のみが直接使はれるのだから、この点に十分の意を注ぎたいと思ふ。従つて読本の文章教授にも大いに顧慮せねばならぬが、なほ日常生活に於ける言語の修練を省察してこれが素地を開く様に工夫したいものである。社会生活から得る語の知識は軽々に看過されない。児童に取りて重大なるものがあると思ふから、常にこの方面に深き注意を払つて言葉の源泉を養ふことを忘れてはならぬ。課外読物などはこの意味にても必要だらうと思ふ。

それに吾々が平常使用する卑近なる言葉（読む文章ではない）は深く生活に交渉して自分の心に全く融合し、堅く生徒に根ざしてぴつたり心と呼吸し合つてゐるものである。だからかういふ言葉で思想を表せば寸分の隙がなく表すことが出来る。

五味は綴り方で使用する「語彙」は、「ありふれた言語、極く平易な語彙のみが直接使はれる」のであるから「読本の文章教授にも大いに顧慮しなければならぬが、なほ日常生活に於ける言語の修練を省察してこれが素地を開く様に工夫したいものである」と主張している。

五味が大正五年のこの時期において、綴り方で使用する「語彙」に関して「社会生活から得る語の知識」や「深く生活に交渉して自分の心に全く融合し、堅く生徒に根ざしてぴったり心と呼吸し合つ」ている「平常使用する卑近なる言葉」に着目している点は注目に値する。

さらに五味は、大正五年十一月号の同論考（六）で「思想と文章との一致」ということに関して次のように述べている[3]。

この思想と同時に行ふ語句の指導は綴方の教授上可なり重要なる事柄であつて、これが思想と文章との吻合一致をはかり、以て緊密に明確に思想を語句文章に移す最後の境地に向ふものである。語句の指導の究極の目的は正しくこの点にあるが、卑しくも文章を綴るといふ仕事に深く思をめぐらす時には茲に周到なる注意が払はれねばならぬと思ふ。

元より文章に在ては内容を第一の要素とするが故に、内容即ち思想の開拓・養成・啓発・洗練等の意味から、表はすべき想念の吟味に主力を注がねばならぬが、またその想念を遺憾なく表出するといふにはそれを表はす語句の使用に負ふ所が決して少くない。語句の使用一つで能くそれが表出されもすればされもしないのである。それ故に表はし方の上から語句の指導を行つて十分なる発表をなさしめる事は、想念の啓発指導と相俟つて綴方教授上の二大事項と言つてもよろしい。

五味は「思想と文章との一致」に関して、「元より文章に在ては内容を第一の要素とするが故に、内容即ち思想の開拓・養成・啓発・洗練等の意味から表はすべき想念の吟味に主力を注がねばならぬが、その想念を遺憾なく表出するといふにはそれを表はす語句の使用に負ふ所が決して少くない」と述べて、「表はし方の上から語句の指導を行つて十分なる発表をなさしめる事は、想念の啓発指導と相俟つて綴方教授上の二大事項と言つてもよろしい」と論じている。

五味はまた、同論考の（七）（八）（九）の三回にわたって「思想と文章との一致」に導くための「実際の指導方法」について「直観的記述の指導」と「写生的記述の指導」とに分けて、具体的な実践事例を詳しく紹介している。

五味による以上九回にわたる「綴方教授に於ける語句の指導」の連載は、具体的で詳細な実践事例も含まれていて綴り方教授における「内容（思想）」面と「形式（文章）」面との一体的指導を語句・語彙の指導を通して意識的に行っていこうとする極めて注目すべき提案となっている。

2　「小品文の価値とその指導」にみる考え方

五味義武は大正六年六月号から同年九月号まで四回にわたって、「小品文の価値とその指導」という論考を連載している。五味がここで言っている「小品文」とは、「行数にしたら五六行から七八行で終る様なもの」で

「極く短かい形の文を幾つか並べて一つの発表を完成する」もののことである。
五味は六月号に発表した論考（一）において、「小品文の内容」に関して次のように述べている。[4]

然らば如何なる思想が適当であるかといふに、その前に当つて内容と形式との関係を少くし考へねばならない。

世の美学や芸術の考究に何時も離れなかつた問題は形式論であつた。そしてどの創作家も芸術家も苦心して止まなかつたことは形式といふことであつた。一方には形式を脱せよと幾度か叫ばれたけれど矢張りその殻にこもつてゐたのみならず、一方にはその形式が立派に発達して今日では一つの権威となつてゐる。所謂人間の作り出す事にはいつも形式がつきまとつてこれを全然破壊することは出来ないらしい。たとへ古い型を打ち壊して新らしく生ひ立つても、尚新らしき内容を盛る形式が出来た。かうして俳句は十七字の形式を破らうとしても俳句の形式から脱することは出来ず、和歌は三十一字の詩形を変へようとしても和歌の形は依然として保たれて来たのである。畢竟その形式にはそれ自身特有の性調格律があつて、それにふさはしい内容情趣が常に盛られる。換言すれば或る思想には或る形式が常に伴つて、その器に托するが最も適当に何時の間にか緊密な融合が出来たのである。

五味は「小品文の内容」に関して、「如何なる思想が適当であるかといふに、その前に当つて内容と形式との関係を少しく考へねばならない」と述べ、「形式にはそれ自身特有の性調格律があつて、それにふさはしい内容情趣が常に盛られる」とし、要するに「或る思想には或る形式が常に伴つて、その器に托するが最も適当に何時の間にか緊密な融合が出来たのである」と論じている。

ここにも五味の「形式」「内容」一元論が展開されていて注目に値する。

3　「日用文の指導」にみる考え方

五味義武は大正九年一月号から同年六月号まで六回にわたって「日用文の指導」という論考を連載している。「日用文」とは今日の手紙文のことである。

五味は「日用文の指導」について次のように述べている。(5)

余は日用文の指導を以て綴方教授上甚だ重要なること、考へてゐる。随つて或る一部の人の如く一般普通の文章が綴れゝば自然手紙の文も書けるやうになると称して、これが修練を一般文章の結果に俟つやうな姑息の手段を許すものではない。さりながら又一部の論者の主張する如く、実用本位の立場から生活の準備の為とかいつて、徒に外面的の必要に拠つてこれを高唱するものではない。その趣旨は全く発表修練の意義乃至目的に省察して本質的の価値を認めてゐるので、そこには日用文が発表の第一義に立脚して真に根本的修練を遂ぐべき重要なる根柢を有するからである。

（中　略）

次に考究すべきことは日用文の性質に就いてゞあるが、日用文を純然たる実用本位に解すると、発表の本質から自己表現の一面と視るとは、応がて実際指導の上に大いなる相違を生ずる。実用本位に視る者は在来の型を遵法して直に実社会に応ずる生活の準備と考へ、一通りの様式を成るべく早く理解せしめやうとして、総べてを実用の上にこれが指導を企てるのである。之に反して自己表現の一部と視る者は実際社会の準備などには直接重きをおかず、児童自然の環境から発表の内面に立てひたすら生活に触れた内容の記述を主とし、即ち自己表現乃至生活の発揮を以て指導の要諦とするのである。随つて日用文の型などに余り執着する所なく、飽くまで児童の自然にまかせて真実なる発表を企図し、寧ろ手紙によつて表現の実を挙げようとするのがその趣旨である。尤もかうはいふもの、児童の手紙を以て文学的表現とまで視てその価値を高調するものでなく、全然実用化された手紙から脱却して一方児童本然の発表に生きんとする所にその要旨が見られるのである。

（中　略）

されば実際の指導に当りて如何にして表現を生かすべきかは特に考究を要すること、思ふのであるが、尚また一方如何に実用を充すべきかも決して軽々に看過すべからざることである。畢竟当面の研究問題は此の両者を如何様に調和し提携せしめて、日用文の指導の実績を収むべきかといふことであるが、思ふに須らく覚醒して新らしく踏み出すの覚悟がなければ到底この解決は覚束ないことであらう。

（中　略）

指導の根柢を表現の本質においたことは曩に述べた児童の実際が表現本位であるといふ所に基づくのであるが、尚指導の方法としてもこれが真実なる途であるやうに思はれる。といふのは最初からあらゆる型式を注入してこれに模倣せしめやうとすることは、未だ必要の程度も実用の範囲も理解されぬ者に向つて心にもない発表を要求するために、外形の末に趨つて真に内容の充実した生命ある発表が出来ないからである。余は飽く迄児童本然の途に出づることを指導の真諦と信じ、型の上から無理強いに強いることは決して策の得たるものでないと思ふ。さりながら徹頭徹尾表現に立つ日用文を以て敢へて足れりとするものではない。やがて相当に常識も進み実際社会の生活にも眼が開けて来た暁には、実用本位の書簡文を綴ることによつて一層よくその目的を達したい考である。畢竟表現から漸次実用にすゝむ過程の上にその修練を企てようといふのが根本の趣旨とする所である。

五味は「日用文の指導を以て綴方教授上甚だ重要なること、考へてゐる」と述べて、その理由に関して「一部の論者の主張する如く、実用本位の立場から生活の準備の為とか実社会の要求の為とかいつて、徒に外面的の必要に拠つてこれを高唱するものではない」と主張している。

その意図するところを「全く発表修練の意義乃至目的に省察して本質的の価値を認めてゐる」からであると指摘している。

また五味は、「日用文を純然たる実用本位に解すると、発表の本質から自己表現の一面と視る」とでは「実際指導の上に大いなる相違を生ずる」と述べて、「自己表現の一部と視る者は実社会の準備などには直接重きをおかず、児童自然の環境から発表の内面に立てひたすら生活の内容に触れた記述を主とし、即ち自己表現乃至生活の発揮を以て指導の要諦とするのである」と指摘している。

五味がここで手紙文に対して「日用文の型などに余り執着する所なく、飽くまで児童の自然にまかせて真実なる発表を企図し、寧ろ手紙によつて表現の実を挙げようとするのがその趣旨である」と断じているところに、手紙文をして「表現指導」の一手段としようとする五味の考え方の一端が窺えて興味深い。

五味はさらに、同年二月号の論考（二）において児童が書いた手紙文を分析して次のように述べている。[6]

是等の手紙を見るも直ぐ解るのであるが、その内容は決して特別のものではない。唯日常生活の或る事柄が時に手紙となつて発表されたので、一方に、自分の生活に深く交渉してくれる適当な相手のあるために、自然にかういふふうに作られたのである。略言すれば内容のための手紙でなくして、相手のための手紙であるといふことが出来る。大宮遠足の例なども他の児童は悉く普通の叙述に終つてゐるのに、この児童だけは「誰かに話すやうに書いてごらん」といふ注意に刺激されて、直に両親宛の手紙となつたのである。又学芸会の手紙でも厨子への手紙でも、一つは全く絶好の相手を有してゐることに起因するので、たまたま生活がその機会を与へたに過ぎないものである。之を以て児童の手紙は自己表現の一部が単に手紙の形式を借りて現はされたるものであつて、生活が動機となりまたその機会を作つて、専ら相手のために書かれるといふ所に大いなる特徴を有するのである。

五味は「児童の手紙は自己表現の一部が単に手紙の形式を借りて現はされたものであつて、生活が動機となりまたその機会を作つて、専ら相手のために書かれるといふ所に大いなる特徴を有する」と結論づけている。その上で五味は同年四月号の論考（四）において次のように述べている(7)。

併し茲に一つの困難なることは再び生活中心の実際の手紙によつて指導しようと企てゝも、果して能く適当なる材料が得られるかどうかは頗る疑はしい。若しこの場合適当なる材料が得られぬとしたら全くこの指導は画餅に帰することであるが、余は種々考究し尽した末仮設の相手を設けることに想到したのである。これに就いては尚色々と議論もあり考究の余地もあることであつて、余も亦必ずしもこれが最上の策とは考へてゐないけれども、仮りに実際に於て表現本位の手紙を求むることが至難の事情であるとしたらば、先ず最もこれに近い境遇をとつてこれに応ぜしめるより他途はない。仮設の相手はこの点に於て最も実際に近いものであつて、しかも方法の如何によつては余程迄各自の生活に移して表現本位に取扱うふことも出来る。といふのは相手は仮りに設けた者であつても、児童はこれを自己の親類縁者に寄せて想像し、殆んど実際と変らない境涯を書き出して、しみじみと生活の交渉を行ふのである。

五味は「生活中心の実際の手紙によつて指導しようと企て、も、果して能く適当なる材料が得られるかどうかは頗る疑はしい」として、種々検討を加えた結果、「仮設の相手を設ける」という方法を提案している。この方法に関して五味は「鎌倉の叔父の家——父の弟で極めて親密の間柄」の家族を「仮設の相手」として設定した実践事例を紹介して具体的な提案を行っている。

以上見てきた五味義武の数々の論考の中には、大正期における綴り方教育実践において綴り方の「形式」面と「内容」面とを一元的に捉えていこうとする考え方が具体的な実践を踏まえて見事に提示されていると見なすことが出来る。

第三節　主要な執筆陣にみる「表現」概念の位相

1　駒村徳寿による「表現」概念に関する考察

駒村徳寿は大正五年三月号の「創作養護と実用主義」と題した論考において次のように述べている。(8)

算術や理科が主として再現的能力の上に修練を企てられて居るのに対して国語図画唱歌の類が重に表現的能力を働かしめつ、教授されるか、然らずんば少なくも表現の手段の教授を主眼としてゐることに注意せねばならぬ。勿論小学校に於ては道徳教育国民教育といはれる方面より解釈される範囲が多くの部分を占めて居るのであるけれどもその道徳的又国民的と言はれる範囲に於ても此再現と表現との区別を採つて考察せらるべきもの、多くを持つことが出来るのである。広い意味から言へば常識的な小学校教育に於て特に再現表現を云々する程の必要もない様に思へないでもない。しかしその実際の教育に於ての色合はともあれ先づ吾々が各教科の本質を考究してよくその人性教養上の立脚地を明にせんとする場合に於ては日常の実地に表はれる常識的作業以外にそれぞれの教科の根元を考へ人性の何れの方面に立脚すべきかを明かにして掛らねばならぬ。斯様にして各教科の本質を究めての上に於てそれを国民的なり道徳的なりに導くべき特殊の注意が加はつて来て日常の作業として表はるるに至るのである。

斯様に考へて来ると綴方は国語科の一分科として図画唱歌及び手工等と共に主として表現に関する部門に属する教科であることが分つて来る。

（中　略）

此意味からして小学校に於ける綴方は表現の部門に於ける中心であつて児童の精神文明に向ふ萌芽は此科によつて最も都合よく指導されるものであることになる。表現指導の中心である所の此の綴方は他の再現に属する方面の教科と対立して各方面の経験理解によつて得たる思想を人格化し、個人の自由なる且特色ある想像力によつて独創的の精神文明を産出するに至らしむるものである。

駒村は右の論考において、先ず、綴り方が果たすべき目的・内容に関して「表現的能力を働かしめつゝ、教授されるか、然らずんば少なくも表現の手段の教授を主眼としてゐることに注意せねばならぬ」と述べ、「国語科の一分科として図画唱歌及び手工等と共に主として表現に関する部門に属する教科である」と指摘している。

その上で、「小学校に於ける綴方は表現の部門に於ける中心であつて児童の精神文明に向ふ萌芽は此科によつて最も都合よく指導されるもの」と断じて「表現指導の中心である所の此綴方は他の再現に属する方面の教科と対立して各方面の経験理解によつて得たる思想を人格化し、個人の自由なる且特色ある想像力によつて独創的の精神文明を産出するに至らしむるものである」と結論づけている。

駒村のこの論考では、「表現的能力」「表現の手段」「表現に関する部門」「表現指導」「思想を人格化」「独創的の精神文明を産出」等の言葉によって、「表現」概念を教科の領域概念から綴り方の教科内容としての概念までをも含めて広く捉えていたことが窺える。少なくともここで用いられている「表現指導」という用語は、「内容」面と「形式」面とを共々包み込んだ意味で用いられていると見なすことができる。

2　秋田喜三郎による「表現」概念に関する考察

秋田喜三郎は大正五年三月号の「不良文の研究」と題した論考において、「虚偽の発表をなすもの」「主想一貫せざるもの」「模倣に失するもの」「主客の顚倒するもの」「着想の貧弱なるもの」「構想の整はざるもの」の六点から考察を加えて、これらのうちの「構想の整はざるもの」に関して、事例を取り上げながら次のように述べている(9)。

想はあるが之を表現する形式の不整なものである。構想の整はざるものは作者の心意上から言へば想の纏め方が拙いのであつて、文章上から云へば記述の順序次第が整頓してゐないのである。故に吾人は文章に就て記述に順序あることを知らしめ、想の纏め方を指導せなければならぬ。

白　房　　高一　男

僕も長いことかゝつて尋常科を終へた。三月二十一日は卒業証書の授与式があつた。この時僕は目出度証書をもらつて白房となつた。

四月五日は僕の白房の帽子をかむつて学校へ来た。膳所学校からは多くの入学せられた。僕はだんだんよい時候になつて来たから一生懸命に勉強しようと思つた。

高等科になつたら赤房が白房となつた。学科はだんだんむづかしくなつて、実業科目などふえた。教室は又大そう景色のよい所にかはつた。先生は別にかはらない。教科書は皆新しくなつて英語の本がふえた。

僕は修身でならつたやうによく従順にして勉強しようと思ふ。従順にしようと思つて居ても実行が出来なければ駄目である。

学校へ来ると桜や桃などの花が咲き掛つてゐた。そして暖い風も吹いてゐた。

この文は書かうとする想は可なりあるが、その発表の順序が当を得て居ないため、或は重複に陥り、或は思想の連接を害し、蕪雑不整な文となつたのである。


秋田は、「構想の整はざるもの」のことを「想はあるが之を表現する形式の不整なもの」であると規定している。これを「作者の心意上から云へば想の纏め方が拙いのであつて、文章上から云へば記述の順序次第が整頓してゐないのである」と指摘して「吾人は文章に就て記述に順序あることを知らしめ、想の纏め方を指導せなければならぬ」と結論づけている。

要するに、秋田がここで指摘していることは、綴り方における「想（＝内容）」と「文（＝形式）」との齟齬・乖離という問題である。

秋田は大正九年六月号の創作的読方教授と綴方教授」と題した論考において、「読方教授を創作的に取扱ふことは、一種の綴方教授である」と規定して次のように述べている。[10]

創作的読方教授は文章を通じて想に到達すれば、更に作者がその想を表現するに当つて如何に工夫し苦心したか、その表現の跡を振り返つて眺めて見る。而して表現の適否巧拙を鑑識批判させ、想と形式との一致点を吟味せしめんとするのである。かく反省的に吟味することは表現に対する態度を養ひ、その工夫考案を自覚させる上に頗る重要なことであつて即ち表現力を増進する所以に他ならぬ。

イ表現の態度　読本で学んだ形式を直ちに綴方に応用して読方と綴方との連絡と思ふが如きは近眼者流の連絡であつて、本質的の連絡ではない。他人の言ひ旧した形式に自己の想を当てはめんとする如き、又は美辞佳句を徒に綴り合せるが如きは、表現の態度を全く誤つたもので、創作上から言へば何等の価値もない否弊害の多いものである。表現の態度としては形式を先に詮索すべきものではない。その形式は想に伴つて来なければならぬ。即ちこの想を表現するのだからかくの如き言回をせなければ適切に表現することが出来ない。この想にはこの言葉がより妥当だといふやうに、常に想の上に立つて表現法を工夫考案する態度でなくてはならぬ。想を吟味し然る後言葉の選択、言回に進むべきである。

秋田は「創作的読方教授」においては、「作者がその想を表現するに当つて如何に工夫し苦心したか、その表現の跡を振り返つて眺めて」見ること、その上で「表現の適否巧拙を鑑識批判させ、想と形式との一致点を吟味せしめんとする」ことであるとその考え方を説明している。

また秋田は、「創作的読方教授」では「表現の態度としては形式を先に詮索すべきものではない」とし、「この想にはこの言葉がより妥当だといふやうに、常に想の上に立つて表現法を工夫考案する態度でなくてはならぬ」と述べて、「想（＝内容）」に伴って「言葉・言回（＝形式）」が選択され工夫されなければならないと言明している。

ここには明らかに、綴り方における「内容（＝想）」と「形式（＝言葉・表現法）」とを一元的に捉えていこうとする考え方が見て取れる。

3　山田五郎による「表現」概念に関する考察

山田五郎は大正五年四月号と五月号に「読み方と綴り方との根本的聯絡について」と題した論考を発表している。[11] まず四月号では次のように述べている。

　国語科の分科たる、読み方と綴り方との聯絡の必要などは、今更之れを説くべき限りでないと思ふから之れを抜きにして、現在世間一般に行はれて居る所を見ると、誤まれる聯絡の二方向がある様に思はれる。即ち内容上の聯絡の誤りと形式上の聯絡の誤りとが是れである。

　読み方は読むことによつて他人の思想を会得し、綴り方は其の収得した思想を発表する所の能力を養ふ教科である所から稍ともすると綴り方を以て読み方の応用的方面の仕事であるかの如く考へられ、綴り方の材料を無暗に読み方の内容から取り、児童の綴り方帖を取つて開いて見ると、恰も読本の縮刷であるかの様な感じの起るものがある。是れが読み方と綴り方との聯絡上果して正鵠を得たものであらうか。自分は熟々疑はざるを得ないのである。

（中　略）

　綴り方の材料を選択するに当り児童の実感強く印象深く、意識界に明瞭なるものを選ぶといふことは、確かに其の必要条件の一であるといふことを信ずるのであるが、自分の経験する所によると児童が拍手を以て迎へ、歓んで記述し、生気あり、血ある成績を得ることは、一般に材料を経験界に求めた時に多いといふことを堅く信ずるのである。

次に形式方面を省みると、能くいふ言葉に「読み方教科書は児童の文章規範なり」といふことがある。而して夫れが真であると思ふ。けれども児童の文章規範なりとして、一も二もなく其の形式を真似させ、無暗に読本中の語句、文字、文章を綴り方に応用すべきことを強制し、甚だしきに至つては、読本程度の文章を綴らせ様として、其の困難をかこつものあるに至つては沙汰の限りではないか。吾人は決して読み得る程度の文章を綴り得るものでないといふことは明かな事実である。

（中　略）

山田はまず、「読み方と綴り方との誤まれる方面」として、「綴り方を以て読み方の応用的方面の仕事であるかの如く考へられ、綴り方の材料を無暗に読み方の内容から取り、児童の綴り方帖を取つて開いて見ると、恰も読本の縮刷であるかの様な感じの起るものがある」と述べて、こうした指導の在り方に疑問を投げかけている。また山田は、「読み方教科書は児童の文章規範なり」という言葉を真に受けて一も二もなく「無暗に読本中の語句、文字、文章を綴り方に応用すべきことを強制し、甚だしきに至つては、読本程度の文章を綴らせ様として、其の困難をかこつものあるに至つては沙汰の限りではないか」と、その行き方について厳しく批判を加えている。

さらに山田は、同年五月号においても次のように述べている。[12]

綴り方の材料は矢張児童の経験界に求めるがよいと思ふのであるが、全然経験界から許り取る訳にも行かないで、之れを読み方の内容に取つた場合には是非とも次の様な考へを以て工夫を凝らすことが必要であると思ふ。

即ち児童が文を綴る際に或る部分は読本の内容と一致するまでも、読本文に掣肘せられることでなく、児童の自由なる思想を発表し得る余地を余程まで存してやつて、例へ数時間読み方で引張回はしたあげくでも、児童は甘く釣り込まれて喜んで記述する様に工夫するといふことである。尚内容は読本と同一でも之れを記述する文体・文種・文の構成式等に関して相当の考慮を以て指導することが必要であると思ふ。

（中　略）

例へば一つの語句を授くるにしても、唯単に夫れを理解させるといふに止まらず、十分夫れを消化させて児童の語彙中に一語を加へ、将来夫れが我がものとして児童が自由に応用し得る様に教授の徹底を期するならば、夫れが機にふれ児童の力となつて自然に綴り方に表はれて来るやうにならなければならん。十分消化されないものを教師が強制して使用させる様なことでは迚も駄目である。

山田は、読み方と綴り方との「根元的聯絡」の方法に関して、綴り方の材料を仮にやむなく「児童の経験界」でなく「読み方の内容」から採った場合でも、それは「読本文に掣肘せられること」でなく、「児童の自由なる思想を発表し得る余地を余程まで存してやつて、例へ数時間読み方で引張回はしたあげくでも、児童は甘く釣り込まれて喜んで記述する様に工夫する」ことが大切であると述べている。なお、その際には「記述する文体・文種・文の構成式等に関して相当の考慮を以て指導することが必要である」とまで具体的な提案をしている点には大いに注目させられる。

さらに、読本中の「一つの語句」を授ける場合でも、「十分夫れを消化させて児童の語彙中に一語を加へ、将来夫れが我がものとして児童が自由に応用し得る様に教授の徹底を期する」べきことを提案している点も注目させられるところである。

以上に見てきた山田の考え方は、「内容」「形式」一元論からはやや迂遠であるものの、綴り方の「内容」を敢えて読み方の教科書である読本から採らせる場合の工夫や、綴り方の「形式」面である「語句」を読み方の読本から授けていく場合の工夫の中に、綴り方の「内容」面と「形式」面との相関について考えていく手掛かりが潜んでいることを窺わせて興味深い考察と見なせる。

4　竹村定一による「表現」概念に関する考察

竹村定一は大正六年九月号から十二月号までの三回にわたって、「綴方に於ける短篇戯曲の本質的価値及指導を論ず」と題した論考を発表し、その中で短編戯曲の創作指導の意義について提案している。

竹村が意図するところは、「対話会話の連続によつて表現する方法」すなわち「戯曲表現」の表現方法を小学校の綴り方に取り入れていってはどうかということである。

竹村は同論考㈡において「綴り方教授上より見たる戯曲創作の価値」について次のように述べている。[13]

㈠戯曲は文学的のものであるといふ事、㈡戯曲は主客観詩であつて叙事文叙情文等と異りたる別種の表現法をもつてゐる事、㈢特に会話によつて表現されてゐる事が殆ど九分九厘である、といふ事、㈣総てこの表現は現在的直観的絵画的即ち時処人の三者は明瞭に確定し緊密に契合してゐる事、等を挙げる事が出来る。之に因つてその価値も、㈠文学的文章を創作する事によつて受くる価値、㈡一種の表現法を修得する価値、㈢特に会話描写の能力を錬磨する価値、㈣一種の人生を観照する態度を修練し得る価値、等の諸点を数へ上ぐる事が出来る。

竹村によるこの短編戯曲の創作指導には、綴り方教育における新しい表現ジャンルの開拓という意義を認めることができる。

5　玉井幸助による「表現」概念に関する考察

玉井幸助は大正八年九月号の「作文教授の諸問題」と題した論考において、「内容の教授か形式の教授か」という問題に関して次のように述べている。(14)

第一の作業を作文教授の内容方面といひ、第二の作業を形式方面といふ。詳しくいへば、発表すべき自己を豊富にし明晰にするのが内容方面の作業、文字・語句・構造・修辞を初め、文としての形を備へる上の用件を会得せしめるのが形式方面である。作文教授は内容の作業か形式の作業かといふ事が従来屡々議論せられた。静かに考へればこんな議論の起きるのは不思議である。楯の両面といふ言葉がある。表のみが楯でなく裏のみが楯でない。内容の伴はぬ形式はなく、形式を備へぬ内容もない。作文教授は或内容に基づいて、其の形式を教へる作業である。若し誤れる内容を有する文章に基づいて其の発表形式を教へたとすれば、それは天下に不通の形式を教へた事になる。何となれば、誤れる内容を如実に発表する文章は、よしや文法の誤はないにしても、それはやはり誤れる形式を有する文章なのである。内容と形式とを分離した考は、全く抽象的な空虚な考である。

ここには作文教授における「形式」「内容」一元論が端的に述べられている。玉井の主張は、「内容の伴はぬ形式はなく、形式を備へぬ内容もない」といい「内容と形式とを分離した考は、全く抽象的な空虚な考である」というものである。

玉井は大正十二年七月号にも「内容と形式」という論考を発表している。こちらは読み方教授における「形式」「内容」一元論を論じたものである。主張するところは先の論考と全く変わらない。

6　前田倭文雄による「表現」概念に関する考察

前田倭文雄は大正十一年三月号と同年四月号の「作文教授に於ける指導及処理の一般的考察」と題した論考において「作文の三要求」というものに関して次のように述べている。[15]

> 一は表現の形式、二は表現の内容、三は表現の作用。表現の形式とは思想感情を書きあらはす手段となるもので、言語・文字・文章などを指す。これら形式上の約束を正しく守つてうまく使ひこなせるやうにしやうとするのが作文の形式的要求である。表現の内容とは書きあらはすもの、すなわち思想感情で、之を創造し拡充する力を養ふのが内容に対する要求。さて表現の作用はといへば、形式によつて思想感情を書きあらはすはたらきである。表現しやうと欲する思想感情を正確にしかも巧妙に書きあらはすには、相当の苦心を払ひ熟練を積まなくてはならぬ。此表現力をつくるのが、第三のしかも最も大切な要求なのである。

前田は「作文の三要求」に関して「一は表現の形式、二は表現の内容、三は表現の作用」と規定して、「表現の形式とは思想感情を書きあらはす手段となるもので、言語・文字・文章などを指す」、「表現の内容とは書きあらはすもの、即ち思想感情で、之を創造し拡充する力を養ふのが内容に対する要求」、「表現の作用はといへば、形式によつて思想感情を書きあらはすはたらきである」と規定している。

また、前田は同年四月号の論考において、綴り方の「処理の目的」に関して、先ず「(一)形式の処理、(二)内容の処理、(三)表現の処理」に分けている。

その上で前田は、「形式の処理といふのは記述が形式其物として正しきか否かを吟味する」ことで、「(イ)語法上の吟味、(ロ)記号上の吟味」が該当すると説明している。

「表現の処理とは内容の形式が適確に巧妙になされているか否かを調べる」ことで、「(イ)表現の適確、(ロ)表現の効果等に対する吟味」が該当するとして、「表現の適確といふのは内容と形式との一致で、表現の効果とは記述者の伝えやうとする思想感情と読者がそれによつて再現し得たる思想感情との一致を意味する」と説明している。

以上の前田の考え方の中にも「表現」概念を作文の「形式」面と「内容」面とを包み込む、より大きな概念として捉えていこうとする指向が窺える。

7　佐々木紀による「表現」概念に関する考察

佐々木紀は大正十四年五月号の「綴方の本質に根ざせる綴方学習指導の提案」と題した論考において次のように述べている。(16)

今日推敲とさへいへば、句点読点誤字脱字を思ひ出す。それくらいこの推敲は語句文章の形式方面のみの仕事の様に考へられてゐる。私のいふ推敲とは決してこんな枝葉的な問題に限定されない。綴方の本質に根ざして、内容を主とし内容形式の渾一されたる推敲として新らしき使命を賦与したものである。

佐々木はここで綴り方の「推敲」の在り方に関して「語句文章の形式方面のみの仕事」に限定されるものではなく、「綴方の本質に根ざして、内容を主とし内容形式渾一されたる推敲として新らしき使命を賦与したものである」と述べている。

また佐々木は大正十五年四月号の「推敲の新価値論」と題した論考において「推敲の任務」に関して次のように述べている(17)。

A内容的任務

文を通して自己の内生活の反省考察をなし、以て

1　文章上のリズムの統制

2　内生活凝視の深化によつて文材（或は詩材）の主観的統制の純粋をはかる。

3　自己感傷に陥り所謂ひとりよがりのものにならぬ様にする。

4　文の内容たる事象の誤謬、脱漏を正す。

5　文脈の矛盾、或は不順序の訂正。

等の専ら文の本質にふれ文の真生命を発揮するがための重要なる諸作業をいとなむ。

B形式的任務

1　事実の重複

2　措辞用語の不適

3　贅語の挿入

4　文法の誤謬、仮名遣の誤謬、又は方言訛語の取扱

5　誤字、脱字、仮名の混用
6　○「　」――　！の脱漏、使い方
7　敬体常体の取扱
等主として文の形式的側面の作業。

佐々木がここで提案している「推敲の任務」に関する考え方の中に綴り方の「内容」面からの任務として、「作者の心と表現との不調和を除去する」という行き方があり、ここに「形式」面と「内容」面とを一元的に捉えていこうとする指向が窺える。

第四節　「児童文研究」にみる「表現」概念の位相

大正十四年四月号と同年七月号では広島国語一夕会による「児童文研究」が掲載されている。この研究欄は四編ほどの児童文を取り上げて、それぞれの作品について四人の教師が批評を加えるという趣向である。それぞれの批評文に、当時の小学校教師たちの綴り方指導に際しての「表現」概念に関する考え方が窺えるので、以下に取り上げて見ておくことにしたい。

四月号に掲載された作品は次のようなものである。(18)

●悲しい雀　　　　　　　　　　　　　五年　笠　岡　　勝

僕が銃を持つて裏の畠に行くと、雀が五羽柿の木に泊つてゐた。「あゝ居るぞ。」と足をしのばせて近づいた。すると一羽の親雀がパッとはやつて、ちゆちゆといつて逃げ出した。子供の四羽も揃つて又飛び出した。僕は「はつ。」と急いでねらひを定めて銃の引金をひいた。雀は一層驚いて死者狂ひに逃げていく。又うつ。今度はうまく命中した。子雀は「ちゆ」と一声いつて地面に落ちた。親はびつくりして子雀に近づいたが、もうどうすることも出来ないやうな顔ぶりをして、悲しさうにあとの三羽を連れて、ふりかへりながら行つた。

僕は親雀がどんなにするであらうかと、その雀の子をそのまゝにして置いて木のかげで休んでゐると、前の親に似た雀が飛んで来て木の枝にとまつて、「かはいさうに。」といふのであらう。ちゆうちゆうちゆうと鳴きながら、じろじろとあたりを見てゐたが、あたりに人がをらないと思つたか雀に近づいた。くちばしでひよいとくわへてゆすぶつたが子雀は動かない。親雀はパッと羽音をたてゝおそろしさうに逃げて行つた。銃でうたれては大変だと思つたのであらう。

僕が子雀の所へ行つてみると腹の所に銃でうつた穴があつた。それから血がどろどろと出てゐた。それを見ると「あゝかはいいことをした。」と思つた。

〔評〕

観察の緻密と描写のうまい点に先づ心を奪われる。自然のまゝに実際を描写してゐるので文全体に少しの無理らしい感も持たない。言葉言葉に心を引きつけられる。そして移り行く動作（作者と雀）と感じとが極めて如実に想ひ起される。「ちゆうちゆうちゆうと鳴きながら……親雀はパッと羽音たてゝおそろしさうに……。」の一段は最も強い感を抱かせる涙ぐましい感激さへ覚える。

作者は本文の中心点をどこに置いたか？　最後の一段「あゝ可愛いことをした。」と思つた。この言葉から見れば死んだ子雀への純な同情そのもの、やうにも思はれる。然し又文全体から見れば親雀の悲しい心持の描写に苦心してゐるやうに考へられる。此の文ではやはり後者の観方がよくはないだらうか。さうすれば最後の一段はない方が却つて文題に即してよいであらう。（小林　哲一）

感情移入の巧妙とでもいはうか、余程事物の内部に迄立ち入つた想像の逞しい鋭い観察に富んだ文章である。

雀取り、それは雀と人との争闘である。而も何等抵抗力のない弱者に対する圧制者の征服なのである。かうした場合に描き出されるものは征服者としての歓楽か又は虐げられたものの悲惨かの何かである。この子供闘争の二面相に接して、いたましい後者を生活したわけで、自分の心ない遊びが齎した悲哀を沁沁と味つたであらう。

親雀がどうともすることの出来ない顔ぶりをしてのあたりから、銃でうたれては大変だと思つたのであらうのあたりまで、親雀になり切つてよくも雀の心理をつかまへたものである。終の方では如何に自己の行為が残虐であつたかをまざまざと見せつけられて悔恨と同情とにくれてゐる作者が伺はれる。（平川　茂雄）

楽しく暮らしてゐた五羽の雀が銃を持つた恐ろしい人を見てあはて丶逃げる様子。逃がしてならぬとあせる心。うち落された子雀をおもふ親雀の情や、恐怖にふるへてゐる親雀。血みどろになつて死んでる雀を見た自分。それらが余りにもよく表はされてゐる。欲をいへば、推量的記述が多い為に、文勢を弱めてゐることだ。

自分の行ひがどんな結果をうむかなどの思慮なしに、只面白さにやつた事が、血まみれになつて死んだ子雀に対する親雀の苦悩を見た作者が、強く自己を省み、そこに流れた同情は「悲しい雀」を創らせた。尊い道徳的作品だ。それ丈け読むものに強い感じを与へる。深みある文だ。……（大場　俊之）

此文の特徴と思はれる点は雀の心情とでも言つたものを自分の推測によつて断定を進めて行つて居る所である。「もうどうすることも出来ないやうな顔ぶりをして」云々の所あたりから殊にそんな気がする。冒頭から感じが次第に鋭敏になつて行くところがよく想像させられる。「あゝ居るぞ」の静寂があつて「バツ」とはやつた所はどれ程神経を働かせて居たか。その反動で「はつ」と急いでねらつて撃つた所はよほど真に迫つてゐる。

此文の特徴としての推測になる雀の心持の想像はあまりに推測が露骨に過ぎて思ひ切つた断定であつてほしい。例へば「『かはいさうに』といふのであらう。」「あたりに人が居らないと思つたか。」「大変だと思つたのであらう。」の部である。

可成りに心を働かせて対者から受ける心持を十分にあらはして居るので、此弱い小さき者に対する心の働きが次第に悲しさを感じさゝれて、末尾の一句「あゝかはいゝことをした。」は自然の成り行きであつたらう。（檜垣　兵市）

この「児童文研究」が掲載された号では、四人の評者が一人の児童の書いた綴り方作品に対する研究批評文を書いている。

笠岡勝という五年生の児童の書いた「悲しい雀」という綴り方は、子雀を面白半分に銃で撃ち落とした時の「僕」の様子や子雀・親雀の様子が客観的に描き出されていて、異口同音に評者の好意的な批評が書き添えられている。

この四人の評者の研究批評文の批評・評価の仕方に綴り方作品に対する「内容」面と「形式」面とに対する一体的な批評・評価の仕方が如実に表れている。

四人の評者の言葉の中で、特に傍線を付した部分にこの児童の書いた綴り方作品の叙述内容面と叙述形式面とを切り離さないで一体的に批評・評価を行っている姿勢が窺える。

特に、小林哲一と檜垣兵市の両氏による批評文では全文が叙述内容面と叙述形式面との緊張関係を鋭く捉えている。大正期のこの時期において、綴り方の「内容」面と「形式」面とを一体的に捉えていこうとする綴り方の「表現」概念の位相として注目させられるところである。

注

(1) 五味義武「綴方教授に於ける語句の指導」(『国語教育』大正五年四月号、五七〜五九頁)。
(2) 五味義武「綴方教授に於ける語句の指導(二)」(『国語教育』大正五年五月号、五五頁)。
(3) 五味義武「綴方教授に於ける語句の指導(六)」(『国語教育』大正五年十一月号、六二〜六三頁)。
(4) 五味義武「小品文の価値とその指導(一)」(『国語教育』大正六年六月号、三二頁)。
(5) 五味義武「日用文の指導」(『国語教育』大正九年一月号、四三〜四九頁)。
(6) 五味義武「日用文の指導(二)」(『国語教育』大正九年二月号、三八頁)。
(7) 五味義武「日用文の指導(四)」(『国語教育』大正九年四月号、四八頁)。
(8) 駒村徳寿「創作主義と実用主義」(『国語教育』大正五年三月号、四五〜四六頁)。
(9) 秋田喜三郎「不良文の研究」(『国語教育』大正五年三月号、五三頁)。
(10) 秋田喜三郎「創作的読方教授と綴方教授」(『国語教育』大正九年六月号、五六〜五七頁)。
(11) 山田五郎「読み方と綴り方との根本的聯絡について」(『国語教育』大正五年四月号、六八〜六九頁)。
(12) 山田五郎「読み方と綴り方との根本的聯絡について(二)」(『国語教育』大正五年五月号、六五〜六七頁)。

(13) 竹村定一「綴方に於ける短篇戯曲の本質的価値及指導を論ず」(『国語教育』大正六年十一月号、十五頁)。
(14) 玉井幸助「作文教授の問題」(『国語教育』大正八年九月号、三八頁)。
(15) 前田倭文雄「作文教授に於ける指導及処理の一般的考察」(『国語教育』大正十一年三月号、五五頁)。
(16) 佐々木紀「綴方の本質に根ざせる綴方学習指導の提案」(『国語教育』大正十四年五月号、六五頁)。
(17) 佐々木紀「推敲の新価値論」(『国語教育』大正十五年四月号、二六〜二七頁)。
(18) 広島国語一夕会「児童文研究」(『国語教育』大正十四年四月号、八六〜八七頁)。

第Ⅲ章　大正・昭和期の『赤い鳥』誌にみる「表現」概念の位相

第一節　『赤い鳥』誌の性格

児童雑誌『赤い鳥』は大正七年七月、漱石門下の文壇中堅作家・鈴木三重吉によって創刊され、昭和四年一月号を発刊した後、財政難を理由に休刊を余儀なくされる。しかし、同六年一月になってから復刊し、同十一年八月の三重吉の死まで続き、同年十月に三重吉追悼号を発刊してその歴史を閉じている。

これまでの研究では、『赤い鳥』の運動をこの休刊期を挟んで前期と後期とに分けることが大方の定説となっている。『赤い鳥』はこの両期を通じた十九年間にわたって児童芸術運動、芸術教育運動、文章表現指導運動を繰り広げている。

『赤い鳥』誌創刊の意図は創刊に際して配布されたプリント「童話と童謡を創作する最初の文学的運動」に端的に表明されている。これによれば、主宰者の三重吉がこの雑誌全体の文章表現を「作文のお手本」としたいと願い、募集作文を「著しい特徴の一つ」として、「少しも虚飾のない、真の意味で無邪気な純朴な文章」を要望し、「空想で作つたものでなく、たゞ見た儘、聞いた儘、考へた儘を、素直に書いた文章」の投稿を切望していたことが分かる。

こうした創刊の意図に沿って三重吉は『赤い鳥』誌に投稿される綴り方作品に対して詳細な「選評」を附して

いくことになる。この選評は刊行を重ねるに従って次第に丹念な長大なものとなっていく。そして、この選評指導を通して確立されていった三重吉の綴り方文章観・綴り方指導観は「文芸的綴方リアリズム[1]」として定説化されている。

第二節　『赤い鳥』誌における文章表現指導運動に関する先行研究

この雑誌が果たした児童芸術運動、芸術教育運動、文章表現指導運動としての役割については先学による様々な研究が存在する。筆者はこれらの先行研究を踏まえつつ「秋田の『赤い鳥』綴り方教育――高橋忠一編『落した銭』『夏みかん』の考察を中心に――[2]」と題した小論をまとめた。

この中で筆者は、峰地光重、中内敏夫、滑川道夫の三者による先行研究を取り上げた。これらの三者に共通する見解は、前期の『赤い鳥』綴り方作品に対する三重吉の選評が、書き手である子どもの現実の生活に対する認識の傾向、さらには生活の問題そのものには向けられないで、あくまでもその文章表現能力の進歩発展にのみ向けられていたこと、三重吉の言葉で言えば、「叙写の能力」の優劣如何に限定されていたというところにある。つまり、選評指導の中心が「表現指導」のみにあって「生活指導」的側面にはほとんど触れられていないという点にあった。加えてこれらの三者は、前期末から後期にかけて『赤い鳥』の綴り方には次第に自然主義的・現実主義的なリアリスティックな作品が登場してきたとも指摘している。ただ、三重吉の選評姿勢に対する評価には三者の間に微妙なズレが存在する。そこで筆者は、これらのズレに関して考察を加え、三重吉の『赤い鳥』綴り方教育運動における文章観や綴り方教育観には、「叙写の腕」の優劣如何という一点に指導の目的を絞った文章表現指導を通して子どもの「人間的成長」を促していこうとする強い意志が貫かれているということを明らかにしている。

第三節　鈴木三重吉『綴方読本』にみる「表現」概念

鈴木三重吉の『綴方読本』（昭和十年十二月、中央公論社）は三重吉の最晩年の著作である。したがって、この本には三重吉による大正七年から昭和十年までの『赤い鳥』綴り方教育運動の成果が集大成されている。そこでひとまず、『綴方読本』において三重吉が考えている「表現」概念について見ておくことにする。ただし、三重吉が『赤い鳥』誌上で繰り広げた選評指導においては「表現」概念の細部にわたる生成と展開が見られるので、その生成・展開過程に関しては次節で詳細に考察を加えていくことにしたい。

三重吉の「表現」概念を捉える上で重要な手掛かりを与えている用語がいくつかある。「叙写」「描写」「叙述」「観察」といった用語である。これらのうち、最も使用頻度が高く三重吉が独自に用いている用語は「叙写」という言葉である。この「叙写」という用語の概念、とりわけ「描写」という用語との異同に関しては、次節で詳細に見ていくことにして、本節では『綴方読本』の中で三重吉が直接取り上げている「表現」という用語自体に関して、三重吉の考え方を見ておくことにする。

三重吉は「表現」という用語に関して次のように述べている。(3)

綴方の制作については、言葉の使い方が極めて重要な効果関係をもつのはいふまでもない。こゝで私の言葉とは、単なる用語といふ意味で、表現そのもの、意味ではない。記述、叙写の外形を造つてゐるつながりの中の、おのおのの一語を指したのである。

私は言葉の連続の外形を表出と呼んでゐる。選評にもたびたび出てゐるとほりである。表現といふのは、一般に理解されてゐるごとく、記叙の外形たる、表出と、その表出の中に盛り入れられてゐる記叙の実質的内容とを、併合して言つた術語である。
絵にたとへて言へば、言葉は使用する絵の具そのもの、表出は絵にぬられてゐる絵の具の或分量であり、表現は、かきあらはされたる絵の、おのおのの小さな部分に等しい。つまり表現は、画面の一部に附着した絵の具が、線となり形となり色調となつてあらはしてゐる、描写の外形と内容そのものである。

ここに述べられている三重吉の「表現」概念は実に明確であり適切でもある。筆者がこれまでの一連の継続的な研究の中で一貫して主張してきた考え方とぴったりと一致する「表現」概念である。三重吉は「表現」を「記叙の外形」としての「表出」すなわち文章の形式的側面と「記叙の実質的内容」とを併せた、「形式」・「内容」を一元化する概念として捉えているのである。

以上に見た三重吉の「表現」概念は三重吉の最晩年に刊行された『綴方読本』に記されているものである。以下には、このような三重吉の「表現」概念の細部にわたる生成・展開過程を『赤い鳥』誌の創刊号から辿って、その内実に迫っていきたい。

第四節　『赤い鳥』誌の初期における三重吉の綴り方文章観

三重吉は『赤い鳥』創刊号（大正七年七月）の「募集作文」欄の「選後に」の中で「文章は、あつたこと感じたことを、不断使つてゐるまゝに書くやうにならなければ、少くとも、さういふ文章を一ばんよい文章として褒めるやうにならなければ間違ひです」[4]と述べている。

三重吉は大正七年十一月号から「綴方の研究」の連載を七回にわたって行っている。教育現場の教師達からの質問に答える形で当時の綴り方教育に対する考察・批判を行っている。

その一回目で三重吉は次のように述べている。[5]

元来綴方といふものは、さういふ、より多くの知識的又は思索的な記述ばかりでなく、根本は（第一）内面的及び外面的のすべての事象を自由に表現する能力を開発する事、（第二）には、その一面に於て間接に感情の教養といふ、或成果を得るのが主眼だと思ひます。この第二の問題は、後日別にお話したいと思ひますから、こゝでは除外しておくとしまして、如上の知識的又は思索的記述といふものは、今言つた第一の項中の内面的事象の表現といふことの中に、含まれてゐるのです。それで広い意味で事象の表現といふことは、つまり、自己の対面した事実の再現でせう。平つたく言へば、あつた事柄と、その一部分としては、上に言つた知識的思索的記述といふことに該当する、「考へた又は考へてゐる事柄」「知つてゐる事柄」の記述です。その事実の記述中、（A）子供が一番興味を以て書き得るもので、（B）同時に子供の各自の個性を最よく表示させることが出来且つ（C）表現の能力を養成するのに一番有利で効力の多いものは、子供が現在眼の前に、又は比較的最近に、もしくはすべての過去に於て一番深く印象に刻んでゐる事実の叙述であるに相違ありません。

三重吉は綴り方の根本が「知識的又は思索的な記述ばかり」でなく、「内面的及び外面的のすべての事象を自由に表現する能力を開発する事」であるとし、「知識的又は思索的記述」はこの「内面的事象の表現」の中に含まれるとしている。そして、これらの事象の記述中で「子供が一番興味を以て書き得るもの」で「子供の各自の個性を最よく表示させること」ができ、「表現の能力を養成するのに一番便利で効力の多いものは、子供が現在眼の前に、又は比較的最近に、もしくはすべての過去に於て一番深く印象に刻んでゐる事実の記述であるに相違ありません」と述べている。ここに、三重吉の綴り方題材観が明確に示されている。

大正八年十二月号では、長野県の教師・横山正名から送られた綴り方実践ノートの中の「内容さへあれば形式は自然と出て来るものだ。形式の方をいくら突ついても内容的には寸分も延びるものではない」「すぐれた内容そのものは形式のためにその光りを失ふやうなことはない」「形式や方法はみな自由な生命の動きを縛るだけのものである」といった意見を受けて、「私も至極同感です。特に下級生の場合に於てさうです」と賛同して、横山の研究的態度を励ましている。この横山の文言から窺えるのは明治期の形式主義作文からの解放と内容主義の台頭である。三重吉はこの横山の内容主義に同感しつつも「特に下級生の場合に於て[6]」という文言によって、一方的に内容主義に傾斜することへ釘を刺していると見なせる。

また三重吉は、大正九年四月号の「綴り方研究（その5）」において、「綴方を単なる子供の文章だなぞ考へるやうな、浅薄な見方から絶対に離脱してもらはないとお話も出来ない」と述べて「綴方といふものは、換言すれば、われわれの後継者たちの感情思想の表現に対する基本的な又は、考へ方によつては、その表現方法そのもの、全部の教養[7]」であると規定している。

第五節　『赤い鳥』誌の綴り方選評にみる「表現」概念の位相
――選評を通しての三重吉の文章表現指導の実際――

1　「描写」「叙写」という用語の出現

『赤い鳥』誌における三重吉の「綴方選評」の中には、「描写」「叙写」という用語が頻繁に出現する。しかし、これら二つの用語が選評の中で初めて出現するのは「綴方選評」の中でなく、大正九年十二月号の「童話選評」の中においてである。「人物や事件の写実的な描写がまだまだひょろひょろしてゐます」「叙写の上の感受的な技倆に欠けてゐるところから無意識に陥つた欠点です(8)」といった文脈で出現している。「描写」「叙写」という用語は大正十年十月号の「童話選評」の中でも、「描写」については「心理描写」「環境的な描写」「事実的描写」と三回、「叙写」については四回出現している。「童話選評」欄で使用が始められたことに注意しておきたい。

「描写」と「叙写」という用語が「綴方選評」において初めて出現するのは大正十年三月号である。次のような文脈で登場する(9)。

入賞第一の小林さんの「うちのかあさん」は本当に子供の真実と簡朴との値を誇るべき好個の傑作です。すべての情景が、ひしひしと胸に迫って一人でにほろりとして来ます。どなたも、たゞこれだけの描写が、こんなに力強く人を引きつける所以を考へて下さい。こんな作を見ると、余計な工作や技巧の無駄なこと有害なことが切実に分るでせう。かうなれば最早、言ひまはしの上手下手なぞは何等の問題にもなりません。

たゞ真実と純朴との力です。すべて鳳来小学校から送られる多数の作品はどれを見ても、みんな余計なたくみや飾り気の寸分もない、土から生えたまゝのやうな純真なものばかりです。私は、同校長高橋幸高氏以下、すべての先生方の、怖らく容易ならぬ不断の努力に対し常に感謝を捧げてをります。どうか、諸校の指導者諸君はどこまでも子供の自然を、畏れ貴んで、彼等の自己を、つまり彼等の考へる儘、ありの儘を、その儘表出さすやうに務めていたゞきたいものです。表現方法についても子供は彼等自身の言ひ方、現はし方を持つてゐます。その自己自身に最容易で且つ自然な表現法によらせればこそ、彼等の真実が本当の真実となるのです。大人の技巧を強課《ママ》するのが一等いけません。たゞいつもいふとほり、年級によつて文字、仮名使い、事実の錯誤、重複、叙写の不秩序等について、適当な注意を与へて下さる以外には、決して表現について口を入れないで下さい。

三重吉がここで「描写」表現の効果についてだけその意義を指摘し、その他の表現技巧については一切排している点に注目しておきたい。三重吉は子どもたちの「考へる儘、ありの儘を、その儘表出さすやうに務めていたゞきたい」と述べ、子どもたちの「表現方法」についても「彼等自身の言ひ方、現はし方」に拠らせることが望ましいのだと断言している。また、「叙写」という用語に関しては、「叙写の不秩序等」という言い方からも分かるように、ここではまだ叙述一般のことを表しているものと理解される。

なお、「描写」という用語は大正十年十一月号や大正十一年一月号の「綴方選評」欄にも出現しているが、以後は「叙写」という用語が圧倒的に多く出現してくる。ただし、大正十年七月号では、「『つくしんとり』は本当に自由な、いきいきとした写実の作品です[10]」という表現が出現し、同年九月号には「対話を写実的に生かす」とか、「二人の子供がありありと写せてゐます[11]」等といった表現が出現してきている。

そして、この後、大正十年十二月号の「綴方選評」から「叙写」という用語が次のような文脈において登場している。(12)

今度のは総数千〇《マ》二十六《マ》篇の中から選出しました。応募数の多い割に、いゝ作が少ないので失望しました。入賞第一の本多さんの「どろぼう」は、込み入つた事実を、よく上手にかき纏めてゐます。一寸も無駄のないいゝ作です。事件のすべてが、はじめから終りまで目の前に見るやうに活き動いてゐます。四年生の作としては驚くべき傑作です。第二入賞の土橋さんの「おひろ」は、目をつけた材料は、これまでにも例のある、だれでもかきさうなものですが、叙写としては立派なもので馬鹿のづうづうしいしいところ、汚らしくも哀れつぽいところが遺憾なく写しこなされてゐます。

また、大正十一年二月号には次のような文脈において使用されている。(13)

今度の入選作の第一においた、「学校へ行く道」は、叙写としては実にうまいものでみんなの言動や、川の中をもがき廻る子猫の実さいが、一々まざまざと目のまへに見えます。（中　略）

その次の板井さんの「親類に行つたこと」は、事柄からいへば、ほんのありふれたことをかいたまでのものですが、それが、いかにも純にかけてゐてかはいらしいので、よんで行くうちに、一人でに微笑まれて来ます。簡単な叙写でもつて、みんなの動作や気分が活き活きと写せてゐます。

以上に見てきたように、「描写」という用語に替わって、「いきいきした写実の作品」とか「対話を写実的に生かす」「ありありと写せてゐます」といった用語の使用例が出現してきて、その後に「叙写」という用語が「遺憾なく写しこなされてゐます」「まざまざと目のまへに見えます」「活き活きと写せてゐます」といった文脈で使用されてきていることが分かる。

こうした使用例から判断するに、三重吉の中では、はじめは叙述一般という意味に近いところから使用され始めた「叙写」という用語がその意味を限定して「描写」という用語の概念に近いところで使用されるようになったと見なすことができるのである。

2　「叙写」という用語の用法にみる「表現」概念の位相

大正十一年以降、三重吉の「綴方選評」には頻りに「叙写」という用語が出現する。勿論、「描写」という用語も少しずつ出現してはいる。「叙述」「叙出」といった用語もわずかずつ出現する。以下に、これらの用語の用法との比較を通してそれぞれの用語の意味用法に関する異同を明らかにしていきたい。

大正十四年七月号に掲載された「ひっこし」という作に関する選評の中に、次のような文言がある。(14)

最初の飯田喜久子さんの「ひっこし」は三年生にしては、感心に上手によくまとめて写出してゐます。あどけない、簡朴な、かはいらしい表現です。むりやりな努力なしに、すらすらと写した単純な描写でもつて、一々の事実と、その場の空気とをありありとゐがきうかべてゐます。例へば女中さんが「それではいきませう。おぢやう様にお坊つちやま、いきますよ」と言つて先に立つて行くところなぞや、お父さまの学校の小使さんが、「ぼつちやんはこつちからいかう」と言つて分れ分れに行くところなぞでも、たゞそれだけの単なる叙写でもつて、女中さんや小使さんや喜久子さんの表情や動作や声までが、ありありと目に見えて、思はずほゝゑまれて来ます。しまひの方で、荷馬車がお家のまへをとほりすぎようとするのを、「こゝですこゝです」とよびとめたりするところなぞも、いかにも実写的で面白いです。（傍線は大内。）

右の傍線を附した二文の内容を比較すると、同一作品に対する選評の言葉の中に「描写」と「叙写」という用語がほぼ同一の意味内容で使用されていることが理解されよう。
大正十四年十二月号の選評の中には次のような文言がある。[15]

入選作について言ひますと、最初の四年生の小山さんの「桑つみ」は、作の品位といふ点では、少しガランガランなところもありますが、ともかく、ありのまゝの事実を、苦もなくヅバヅバと再現しつくして、けろりとしてゐると言つたやうな、とてもたつしやな、元気のいゝ叙出で、はじめからしまひまでの一々の推移が、ピチピチはねかへるやうに活き動いてゐます。

（中　略）

その次の同じ四年生の金川君の「奈良行き」は、これは「桑つみ」のやうな演出的叙写とちがつて、次から次へと移り変つて行く印象描写の作品で、かういふものとしては、四年生として、かなり上手にかけてゐます。

（中　略）

その次の五年の杉山さんの「弟の怪我」には、かなり耳どほい方言がたくさんはいつておりますが、たいてい註解がついてゐるので意味は分る筈です。この作も、よく引きしまつた表現でもつて、すべてを、ありのまゝに描きうかべてゐます。これにも方言での対話がよく躍動してゐて、作の活写に非常な効果を与へてゐます。弟さんが頭から背中へかけて血を流して、泣いてゐたといふあたりから、叙写はだんだんしつくりと具象されて行き、杉山さんが、あとから病院へかけつけたところから以下、かへつてお父さんに復命するあたりや、特に向ひの両親が、いづれも「何とか御免してたんせ」と言つて、上り口の板ばりに手をついてあやまるあたりや、杉山さんのお父さんが、そのをぢさんを上らせて、盃をさゝれるあたりや、終りの方で、弟さんのことを、お世辞を言つたりするところなぞは、全く舞台上の演出をでも見るやうに目のまへに動いて見えます。（ルビは全て省略）

右の選評には、三編の作品に対する言葉の中に、それぞれ「再現」「叙出」、「演出的叙写」「印象描写」、「活写」「叙写」という用語が出現している。そして、これらの用語はいずれも「描写」「叙写」という用語とほぼ同一の意味で使用されていることが理解されよう。

大正十五年四月号の「綴方選評」には「低年生と地方語的表出、日記の記録と綴方の叙写」というタイトルが付いている。この中で三重吉は、「日記」の表現に関して次のように述べている。[16]

その次は金川健三君の「おしげの家」です。金川君の作は今度は十篇以上も来ましたが、この作以外のものはどれも、ぺらぺらと舌軽くしやべりたてゝゐるだけで、本当の充実さがありません。「おしげの家」にしても、ともかく、たつしやにかいてはゐますが、叙写としては比較的把握が粗笨です。もつとも、同情していふと、同君の作は、すべて日記からぬき出したものらしく見えます。日記では、事物を叙写するといふよりも、その日その日の事件を、何もかも一々かきつける意味での記録ですから、一つのことを、精密に実写する余裕も必要もありません。後の思ひ出のために備へる日記ならこの作品のやうな程度ならば、むしろくはしすぎるくらゐですが、かういふものを、いくらまいにちどんどんかいたところで、綴方の叙写の腕は上るものではありません。綴方の作品としては、一つの纏つた焦点的な事象をとらへて、それを進行的にも感受的にもよく見つめて、陰影をつけてくつきりと彫りうかべて行かなければ価値はありません。ともかく、「おしげの家」の出来ばえでは本質的に言つて観察と感受とが浅くて、粗略です。もつと深くものを見つめて、くひこんで写しゐがくに努力されたいものです。指導者も、この人の日記を前において、よくこの添加した部分を研究していたゞかなければなりません。（ルビは全て省略）

三重吉はこの中で、「日記では、事実を叙写するといふよりも、その日その日の事件を、何もかも一々かきつける意味での記録ですから、一つのことを、精密に実写する余裕も必要もありません」として、「かういふものを、いくらまいにちどんどんかいたところで、綴方の叙写の腕は上るものではありません」と断じている。その上で、綴り方の場合は「一つの纏つた焦点的な事象をとらへて、それを進行的にも感受的にもよく見つめて、陰影をつけてくつきりと彫りうかべて行かなければ価値はありません」と指導している。「記録」という表現機能と比較することで、「叙写」の描写的な表現機能の特質が浮き彫りにされていると言えよう。

大正十五年十一月号の「綴方選評」には次のような選評が出現している。(17)

耳どほい方言が多くて読みづらいですが、よくかみしめて味ふと、一つの人間的証券として非常に意味ぶかい作で、実感味がじりじりとせまつて来るところにこの上ない価を誇つてゐます。何のたくみもない、単素な記叙のうちに、前の家のをばさんの人物風貌はもとより、二人の子をかゝへた生活の苦労、それにつれてのいろいろの感情や悲痛な心の動きがまざまざと躍りうごいてゐるではありませんか。お母さんのつらさもしらないで何かといへば、おはしをねだつて買ひ食ひをする、むしろがんぜない、二人のうす汚い子供も目に見るやうです。をばさんが、しまひに、いよいよいきつまつて、○○の番人のところへ、よその人に相手の危険さを警戒されたにもかゝはらず、不安をおさへて、一おうよめ入つて見やうとする、その心持や、いよいよいくきになつて、泣き泣き能登谷さんのお母さんにわかれをするあたりの気持なぞにたいしては、おもはず涙ぐましくなつて来ます。いたましい人間苦の、きはどい一例をつかんで、じりじりとつきつけて見せる意味において、ふかみのある、すぐれた作品です。能登谷さんが、たゞ事実そのものを、客観的に直写するにとゞめて、気の毒だの、いたいたしいだのといふ、自分の感情を、表面に全ぜん挿入してゐない点が、かへつて、全篇の充実と弾圧とを増してゐることに注意したいものです。

右の選評の中では、「記叙」と「直写」という用語が一回ずつ出現している。「記叙」は「叙述」という意味と同義に捉えてよいだろう。「直写」という用語は「描写」「叙写」とほぼ同様の意味で使用されていると理解してよいだろう。

なお、後半の「たゞ事実そのものを、客観的に直写するにとゞめて、気の毒だの、いたいたしいだのといふ、自分の感情を、表面に全ぜん挿入してゐない点が、かへつて、全篇の充実と弾圧とを増してゐることに注意したいものです」という文言に、三重吉の「描写」「叙写」の表現指導に関する考え方の真髄が現れていると見なすことができよう。

第六節　復刊後の選評指導にみる「表現」概念の位相

1　復刊第一号の「綴方講話」にみる「叙写」の概念

『赤い鳥』誌は一年間の休刊後、昭和六年一月号を復刊させた。この号には、五編の綴り方作品が掲載されている。この号では、復刊第一号ということもあって、「選評」を行いつつも、敢えて「綴方講話」というタイトルが附せられている。三重吉による「綴方選評」が『赤い鳥』綴り方教育運動における重要な指標となることを改めて強調する意図からであった。

その意図通りに、この「綴方講話」では掲載作品を取り上げながら、休刊前までに三重吉が展開してきた文章表現指導のおさらいを行っている。その主要な部分を次に摘記してみよう(18)。

今度の作について言ひますと、佐々木節子さんの「およめさま」は、二年生としては、おどろくばかりに、自由にぐんぐん写し上げてゐます。年少のために、表出(言ひあらはし方)はむろん幼稚ですが、しかし、表出としては混雑も渋滞もなく、立派にとゝのつてはつきりしてゐます。全たいの感受(見た事柄を、写真の乾板が反応するやうに、頭に受け入れる、そのうけ入れ方)が、あどけなくうぶうぶしてゐるので、普通ならをかしくも何ともない事象(事がら)までが、しぜんのユーモア(純な滑稽)を帯びて、おもはずほゝゑまれて来ます。(中略)祝言の三つ組の盃と銚子との感受も、盃のうけわたしのところの表出も、お嫁さんの着物の感受も同じくかはいらしくて笑へて来ます。お嫁さんが来るまでの酒宴のところでも、太鼓をたゝくのに目をつぶつてたゝく人もありつぶらないでたゝく人もあるといふところやお父さんが手をたゝくときに手をなでまはしなでまはしして目をつぶつてたゝくといふ叙写（うつしゑがくこと。描写。）なぞも、あどけなくて滑稽であり、且つ場面が実感的に出てゐます。（実感的といふのはわれわれが、その実さいを見て感受するかのやうに、まざまざと活写してみせてくれてゐるといふ意味。）

原澤君の「兎殺し」は印象づよい写出です。第一に対話がいかにも実感的で活きをどつてゐます。最初兎殺しの人に出会つてから裏口まで兎のをりをかついでいくまでの展開も、兎が殺された直後での二人の感情も、それから、お父さんと話し合ふときのお互の気持の動きも、すべて対話をとほして十分に活写されてゐます。作の最中心的な、兎を殺す場面も、よく陰影的（絵にたとへればぼんやりした絵とちがひ、影と光と色とが微細に交錯して、事象をくつきりと、かきうかべてゐるのと同じく、こまかく、浮んでゐて印象づよいといふ意味）に写し出されてをり、すべてが目のまへに見えるやうです。どんどんおちる黒い血が夕日できらきら光るといふ叙写なぞも、いかにも実感がみなぎつてゐます。少年の純情から、兎の残酷な死をあはれむ同君の気持もよくしんみりと出てゐます。叙写のたしかな作です。

最後の船橋はる子さんの「隣の人」はかなり複雑な対象（うつさうとする事がら）をよくとりまとめて叙写してゐます。兄公の「萬ふ」といふのはあゝした低能のことをいふ方法でせうが「萬」だの「ふ」だのといふ、言葉のものゝ意味が分りません。しかしともかく、その兄公なる特種《ママ》な、あはれな子そのものを、上手に立体的に写しゑがいてゐます。かういふ叙写を綜合叙写と呼ぶことにします。つまり、事件を進行的に移《ママ》す（さきに批判した四つの作のごときがそれですが）のとちがつて、兄公の平常のすべての行動や事情をまとめならべて、その全体を写したもので、かういふ叙写は中々むつかしいものです。この成功は、綜合と言つても抽象的な綜合でなく、すべての叙出が、短いながらも進行的な叙写になつて具象されてゐるからです。

をぢさんも兄公たちも、かはいそうに、突然をばさんににげられてしまひ、をぢさんは家をたゝんで、故郷へ帰つていく、あすこの「仕方がないので私のうちへ来て」から最後までの、家をたゝみ、みんなをつれて出て行くすべての叙出は、さきに言つた進行的な事がら（時間的につゞいてゐる、たとへば、活動写真のごとく、くりひろげられていく事件）の描写で、かういふのを綜合叙写にたいして展開叙写と名づけませう。そのすべても、どこといつてとり上げるまでもなく、すべてが、よく印象的に活写されてゐます。全一篇は人生の或暗影をゑがいた、一つの券證（人生といふものは、こんなものであるといふ、一つの證拠的な記録）で、しぜんのすぐれた短篇小説です。表出もしつかりしてゐます。「およめさま」と並んで近来での傑作です。

（中　略）

右の選評の（　）書きの部分からも分かるように、三重吉は休刊前までの「綴方選評」の中で文章表現指導のために頻りに使用していたキーワードである「感受」「叙写」「実感的」「陰影的」といった用語に対して、噛み砕いた分かりやすい注釈を付けている。「叙写」については「うつしゑがくこと。描写。」という注を付けているので、これによっても三重吉が「叙写」という用語を「描写」と同意義に使用していたことが明らかとされている。

またここには、復刊後初めて出現する「綜合叙写」と「展開叙写」という用語が使用されている。「綜合叙写」は右の三重吉による文言に拠れば「事件を進行的に」描き出すのではなく、「すべての行動や事情をまとめならべて、その全体」を「立体的に」描き出す手法のことと言える。「展開叙写」は或る「進行的な事がら（時間的につゞいてゐる、たとへば、活動写真のごとく、くりひろげられていく事件）の描写」の手法と言うことができる。

なお、三重吉は後に刊行した『綴方読本』（昭和十年十二月、中央公論社）の中で、これら二つの用語を「綜合記叙」と「展開記叙」という用語に言い替えて解説している。この場合の「記叙」とは「記述」と「叙写」とを共に含む概念である。つまり、描写としての「叙写」に一般的な「記述」等も含めて概念化したということである。

ところで、『赤い鳥』誌には、少なからず「人生の或暗影をゑがいた」作品が取り上げられている。こうした作品に対して、三重吉はそこに描き出されている「人生の或暗影」に関する一定の考えや所感を子供たちに求めようとはしていない。あくまでも右に述べられているごとくに「一つの券證（人生といふものは、こんなものであるといふ、一つの證拠的な記録）」として描き出すことに止めさせようとしている。ここにも、「叙写の腕」の優劣如何という一点に目的を絞って子どもたちの「人間的成長」を促していこうとしていた三重吉の綴り方表現観・教育観が窺えるところである。

2　「形式」「内容」一元観に立つ「表現」概念

昭和六年の復刊第二号には次のような「綴方選評」が出て来る。(19)

そのつぎの六年の市毛君の「山の一日」は田園詩的な興趣のみなぎつた、素朴な、快い傑作です。最初の「父さんは馬のたづなを引いて、母さんは、しょひかごをしょつて馬のあとから歩いた。畠には白い霜がおりてゐた。私は馬にのせてもらつて、くらにつかまつていくと、冷たい空気があたつて、手がおぼえなしになりました。馬は白いやはらかい息をしながら、凍つた道に音をたてゝ元気よく歩く」といふ冒頭から、もうすぐに、人を実感的な「空気」の中に引き入れます。叙写にしても、すべて言葉に何の装ひを用ゐず、単朴なまゝの表出をもつてして、まざまざと実景と気分とを浮べてゐます。本当に理想的な、いゝ表現（表出と内容の二つを合せた意味）です。私のすきな、フランスの名作家ドーデーのものを読むやうです。何といふ純感的な叙出でせう。山へいつて「母さんは霜に凍つた松葉をかきあつめてマッチで火をたきつけた。白い烟が立つてぼうと火がもえ上つた。私は赤い焔の中でかじけた手を動かしながらあたつた」といふあの叙出も同じようにうまいものです。「白い焔が立つてぼうと火がもえ上つた」には、いかにも枯れ凍つた松葉をたく実景が、いきをどつてゐます。焔の中でかじかんだ手を「動かしながらあたつた」といふ、この「動かしながら」も実に実写的な、しぜんの、たくみな表現ではありませんか。こんもりと、しげつた松の葉の間から、うす日がさし入るところの叙写も、気分と実景をよく写して居ます。「木つゝきが猫のやうにくつついてゐた」といふ叙写も、「ドン」となると、おどろいてはばたきをして木の間をかすめてにげるところも幽寂な実感がまざまざと出てゐます。をはりの方で「日はもううすぐれて、種畜場の方からは牛のなき声が、もうんもうんとせはしくきこえはじめた。」といふあたりの表現なぞも、すつかりドーデーものゝ一部です。しんみりした気分が活き出てゐます。つぎに事実としては、市毛君が、どこからどこまでを刈つて見せると言つてとりかゝり、それを仕上げるところなぞも、子供子供してゐてほゝゑまれます。馬に荷づけをするときに、一方へつむとその方へ、重みがかゝつて馬が傾きかけるので、お母さんが、荷をさゝえておし上げるやうにされるところも事実描写として非常に面白いです。お父さんが「今日は道也に銭を払はなくてはなるまい」と言はれる、たゞあれだけの対話語にもお父さんの心持と、その場面の「空気」とが目に見るやうに浮んで来ます。全篇として、親子三人で、何の雑念もなく、山林の静寂の中で終日はたらくこの純朴な情景そのものが、くりひろげられる田園詩的画面としてふかく人を牽引しないではおきません。

右の一節は市毛道也という六年生の子どもの「山の一日」という傑作綴り方に寄せた選評である。この選評で最も注目させられるのは「本当に理想的な、い丶表現（表出と内容の二つを合せた意味）」という一節である。この「本当に理想的な、い丶表現」とは、先に見た三重吉の『綴方読本』に述べられているところの、「記叙の外形」としての「表出」すなわち形式的側面と「記叙の実質的内容」とを併せた「表現」概念である。つまり、「形式」・「内容」とを一元化する概念を明示している。

この他にも、「実感的」「叙写」「単朴なま丶の表出」「純感的な叙出」「実写的な、しぜんの、たくみな表現」「幽寂な実感」「事実描写」といった言葉で、この「山の一日」という綴り方作品に繰り広げられている「叙写」「描写」の表現について絶賛している。

また、昭和六年十月号の「綴方選評」には、次のように「表現」という用語が使用されている。[20]

二年生として、これだけのすべてをよく渋滞なく活写したのはえらいものです。多くの人々に特に注意してほしいのは、この作品が純滑稽的におもしろいのは、事実の興味そのものばかりから来てゐるのでなく、室腰さんの表現の態度そのものが、純朴で無邪気だからです。こんな材料を大人があつかふと、とかく下手な新聞的表現の態度をとつて、事柄をふりまはし、人をくすぐつて笑はせるやうなかきぶりをします。それでは事実はをかしくても、表現への感触が鼻について純感をそぎます。室腰さんがたまたま子供で、表現が単朴で無邪気なために、すつかり実感がふかまり、且つ、事柄がほんとの純滑稽として光つて来るのです。かうした、純な表現の勝利といふ点を、どなたも、よく考へて味つて下さい。

この一節は二年生の室腰澄子という子どもの「かへるのはゞとび」という作品について批評を加えた箇所であ

る。右の一節には、「表現の態度」「新聞的表現の態度」「表現への感触」「表現が単朴で無邪気」「純な表現」といった形で「表現」という用語が出現している。この一節の他の部分では、「単純な叙写」という言葉が出て来るが、「叙写」という用語はこの一語だけである。

なお、他の子どもの作品に対する選評の中にも、「簡素な叙写」「簡単な叙写」「立派な叙写」「まざまざと活写」「如実に活写」といった言葉と共に「簡朴な表現」「表現のうぶうぶした純感さ」「立派な表現」といった言葉が頻出している。三重吉にとって「表現」という用語が彼の綴り方観を表す上で不可欠なものとなってきていることが窺えるところである。

3　豊田正子の綴り方作品「はだしたび」と選評

後期『赤い鳥』綴り方の最も円熟した時期の綴り方作品と、これに対して三重吉が加えた選評について見ておこう。昭和十年一月号に掲載されたものである。[21]

はだしたび（佳作）

東京市葛飾区本田尋高小学校尋六

豊　田　正　子

二月三日の雪の降つた日のことでした。私は長靴もマントももつてはゐないので、茶色の地に黒く細いすぢのついてゐる木綿の、ぢみな母ちやんの上つぱりを着て、番傘をさしていかうとしました。すると父ちやんが、「そいじや、あんまりかつこうがわるいよ。まだ外はふつてんのかな。ふつてゐなかつたら上つぱりはよせよ。」と言ひながら二畳のガラス戸をあけて、まぶしさうな目をして「うわあッ、ふつてるふつてる。ワッサワッサふつてるよ。」と言つて戸をしめました。二畳には光坊と父ちゃんと稔坊が三人アンカに入つてゐて、母ちゃんは貞坊を抱いて火鉢によつかゝつてゐました。

裏のお勝手のガラス戸が、ぱあッと明るい。物ほしざをの上に雪が八センチぐらゐつもつてゐる。枯草の上にも雪が細い紐のやうにつもつてゐる。まだ止みさうもないので、母ちゃんに、「母ちゃん、あたい、もう学校へいかう。」と言ふと、母ちゃんは貞坊を父ちゃんに抱いてもらつて、お勝手の方へいつて番傘をもつて来た。

私がカバンをもつて座敷をうろうろしてゐたら、母ちゃんが「何うろうろしてゐるんだい。早くカバンをしよひな。」と言ひながら、上り口のところに傘をおいた。父ちゃんが「家、出たら、とッとッとッといつちやへばすぐだよ。いつまでものろのろしてゐると、みんなに見られたり、寒くなつたりしてしまふから。」と言つた。

稔坊と光坊は向ひ合つて「ずいずいずつころばし」をやつてゐた。私が父ちゃんに「父ちゃん、あたい、何はいていかうかな。」と言ふと「母ちゃんに聞いて見な。」と言つた。母ちゃんのところへいくと、母ちゃんは押入の下においてあるこうりの中から、じぶんの上つぱりを出してゐる。「母ちゃん、あたい何はいていく？　はくもんがないや。みんな下駄ばかりだもの。もしかしたら父ちゃんのはだしたびでも、はいちやほ。」と言ふと、母ちゃんは「あゝ、何でもじぶんのすきなものをはいてきな。」と笑ひながら言つた。

それから私は母ちゃんの上つぱりを着て見た。ゆきが長くて手がかくれるし、たけは膝から下十五センチぐらゐあつて、だぶだぶしてとてもへんだつた。父ちゃんが笑つて「はゝァ、見づれえや。よせよせ、みんなに笑はれるぞ。」と言つた。母ちゃんも笑ひながら、「なァんて姿だ。田舎の婆さん見たいだよ。」と言つた。私は、「何でもいゝよ。学校へいつて下の着もんがぬれてゐたら、ずゐぶん寒いもの。寒かなきやいゝよ。」と言つて玄関へ出た。

二畳から母ちやんが「正子、母ちやんの足駄でもはいてきな。」と言つたから「だつて、こんなにつもつてちや高歯なんかだめだろ。」と言つて、手を口にあてゝはあはあさせてゐた。母ちやん「そんなら、じぶんの勝手にしな。」と少し怒つたやうに言つた。私が「ああ勝手にするよ。」と言つたら「しろな。」と又母ちやんが言つた。

私は自転車の後の輪にかけてある父ちやんの大きなはだしたびをとつた。上は布で底はゴムで出来てゐるよく労働者がはくたびです。私はたびをもつたまゝ、そつと足を入れて見た。中が少ししめつぽいやうで、とても冷たい。もつてゐる手も、びゝッとしびれるやうに冷たくて、うつかりすると、たびがずり落ちさうだ。はいて見るとだぶだぶで半分もあまつてゐる。

私は、こんなの、やだあと思ひながら、じつと見つめてゐると何だか腹が立ちたくなつた。ちよつと首を上げて表を見ると、長靴をぎゆッぎゆッ言はせながら、黒い外套を着て、茶色のえり巻を耳の方までかぶつた男が通つていつた。私が片方のたびをはいたまゝで、はあはあ手を口にあてゝゐると、母ちやんが二畳から「早くしないとおくれるよ。八時半だ。」と言つたから急いでもう片方はいて、冷くて自由にならない手で、コハゼをはめながら、「今、もうはいてんの。」と言つた。はきをはつて番傘をもつて立上つたが、この雪のふるのに水道みちを通つて学校へいくんだ、寒いだろな、稔坊なんかお午組だから十一時まであたつてゐられる、うらやましいなと思ひながら戸を開けて、「いつてまゐりまァす。」と言つて外へ出た。

外へ出ると何だかまぶしいやうで、思はずまばたきを二三回ぐらゐした。道に出ると自転車の輪のあとがふりつもつた雪の中に細い道みたいに、くにやくにや出来てゐて、さつき通つた人の足あとらしいものも、ぼつぼつ見えたが、もうその上に雪がつもりかけてゐた。

そんなことに気をとられて歩いてゐる間に、雪の深いところへ、ずぶッと足を入れてしまつた。が、たびが大きくて足首の上まで来てゐるので、ちつとも足に雪がつかなかつた。下を向いて、たぶだぶなたびを見つめながら、だれかの大きな長靴のあとをたよつて、やうやくかんぶつ屋の前まで来た。ちよつと店の中をのぞくと、をばさんが三毛猫を抱いてアンカで笑つてゐた。

私はなるたけ雪の中へたびをかくすやうにして歩いていつた。お地蔵さまの前まで来ると、格子にゆはいてある赤い鉢巻みたいな布がぱッとして、とてもきれいに見えた。傘を上へ上げて向うの原つぱを見ると、工藤さんと真下さんが笑ひながらやつて来る。黒いかうもりの上に雪がつもつて、うす黒く見える。私が、「工藤さん真下さん。」と大声でよんだら、二人はちよつと傘をかしげてこちらを見たが、すぐに雪をとばして走つて来た。

私は両足を雪の下へくゞらせるやうに足をずつて、二人のそばへいつた。が、どうせ分つてしまふのだと思つて「ほらァ、あたいの長靴、これなんだよ。」と言つて、だぶだぶなたびを見したら、工藤さんが笑ひながら、「あらァ、あんた、そいでもいゝわ。ねえ真下さん。」と言つた。真下さんも、かうもりをかしげて、目鏡をきらりと光らして、「さうよ、いゝぢやないの。くろぶしまで来るでしよ。」と言つた。

私が「でも、やだなあ。をかしいなあ。」と言ふと、二人が「いゝぢやないの。さあ、いかうよ。」と言つたので歩き出した。工藤さんは「あたい足あとを、ようくつけて見よう。」と言つて、道のはしの方へいつた。こは両方が原つぱで、道ばたには杭がうつてあつて鉄条網のやうな針金がはつてある。

私と真下さんも工藤さんの方へよつていつた。すると工藤さんが「この原つぱ、ずゐぶんきれいね。石渡さんの生垣が青いでせう。そいに雪がつもつてるからなほきれいね。だんだん見たい。」と言つたので、その方を見ると雪は木の葉の形にもり上つて、その下から緑色のすべすべした葉がのぞいてゐて、とてもきれいだつた。

　雪は私たちの足あとの上へ、そばからつもつてしまふ。ちよつとふりかへると、私たちの足あとがくにやくにやまがつてつゞいてゐる。私は工藤さんたちの後から足をつぼり出すやうにして歩いた。だんだん風が強くなつて、水道みちに出たときには、雪が私たちの横腹へふきつけて、とてもすごかつた。

　傘を左がはへ向けて、膝を曲げて、ぎゆッぎゆッと歩いた。風かげへ来ると工藤さんたちは面白さうに何か話して、かうもりをくるくる動かしてゐた。通る人がみんな私の方を見てゐるやうでしやうがないので、人が来るたびに私は雪の中をずるやうにして歩いた。

　ずんずん歩いて埋めたてた原つぱの前まで来ると、トロッコの線路が長くつゞいて、遠くが、ぼやつと雪の中に消えてゐた。原つぱは、ふんはりとしてゐて、ところどころ穴ぼこがあるのか、ぽつぽつ黒く見える。また風がつよくふいて来たので、手も冷くなるし、たびの上にも雪がつもつて、冷さが足へびんびんひゞいて来るやうだつた。

　少しいくとお墓の前に出た。榊に似た木でかこつてあつて、石碑が屋根のやうに雪をかぶつて、浅黒くずつとならんでゐる。少し立止つてゐると、後からマントをかぶつて大きな長靴をはいた六年生ぐらゐの男の子が来て、「あのやつ、大ッきなたび、はいてやがんな。」と言つてかけていつた。私がをかしくなつて笑つたら工藤さんたちも笑つた。私は「まだ、なかなかだ。」と言つてうす黒くならんだ電信柱をじつと見つめた。

　風が少しばかりゆるくなつたので急ぎ出した。もう雪がそのまゝつもつてゐるところはなくて、長靴や高歯の足あとだらけだつた。工藤さんが「ずゐぶん、あたいのかうもりに雪がつもつたでしよ。」と言つて、かうもりをかしげて見せた。工藤さんも真下さんも、鼻の頭がまつ赤だつた。真下さんは、「空を見てると、ふつてゐない見たいね。」と言つて、空を見ながら歩いた。私は「あゝあ、今日中ふるかなやんなつちやふな。」と言ひながら、傘を右がはに持ちかへた。もう、あまり人が来ないので大えばりで歩いていくと、途中で水たまりの中へおつこちてしまつた。たびは、ぐしよぐしよにぬれて、とても重くなつた。

いつそ高歯にすりやよかつたと思ひながら、ぴたんぴたんと、たびの先でたゝくやうにしながら学校についた。ちようど浅原さんたちが下駄箱のところにゐて「あらァ、豊田さん。」と言つて私の方をみながら、杉本さんの肩によつかゝつて笑つた。私は「あら、そんなこと言つたつて、これ家の母ちやんのですからね。」と上つぱりを引つぱつて見せ「これは父ちやんのですからね。」と足を出して見せてやつた。

コハゼをとらうとしたらとれないので、工藤さんにとつてもらつた。私は上つぱりをぬいで小さくたゝみたびを下駄箱の一番下に入れて、やうやくほつとした。あんないやなことはなかつた。（文中のルビは全て省略）

豊田正子のこの綴り方に対する三重吉の選評は次のようなものであった。[22]

豊田さんの「はだしたび」はこくめいに観察した、とても精細な写生作です。まづ、家を出るまでのところでも、外の「ワッサワッサ」と降つてゐる雪のさまや、家中の人が小寒さうに二畳のあんかなぞにかたまつてゐたりする光景や、勝手の、ぱつと明るいガラス戸をとほして目に入る裏口の外景や、豊田さんがかぶつていき、はいていかうとするものについての、豊田さん自身とお父さん、お母さん三人のすべての交渉も、ことごとく舞台での装置や演出のやうにまざまざと活きをどつてゐます。人物ではお父さんが対話語を通して一とうよく活写されてゐます。豊田さんが、お父さんのはだしたびを下して見るところでの、こんなのをはいていくのは、いやだなァとおもつて、じつと見つめてゐると、じりじりと腹だゝしくなりかけて来たといふのは、お母さんと、かるく口争ひをしたあとの気持への同感や、足袋そのものについての叙写によつて、よく気持がくみとれます。外へ出ると、何だか、あたりがまぶしいやうな気がして、おもはず、二三回まばたきをしたといふのや、道についてた自転車のあとや、さつき通つた人の足あとにも、もう雪がつもりかけてゐたといふところや、雪のふかい中へ足をふみ入れたが、足袋が足くびまで来てゐるので、足へは雪がつかなかつたと言ひ、だれかの長靴のあとをたどつていくといふところなぞにも、それぞれ、こまかな気分や実景が出ています。そのつぎの、なるべく雪の中へ足袋をおしかくすやうにして歩いたといふのや途中で二人の級友に会つて、両足を雪の下にくゞらせるやうにしてそばへいつたが、どうせ分かることだとおもつて、いつそ勇敢に「ほら、あたいの長靴はこれよ」と言つて、ふざけて見せるところも、気持がありありと出てゐます。二人に会ふところでの、傘を上へ上げて向うの原つぱを見たら、二人が笑ひながらやつて来るといふのや、二人の黒いこうもりの上へ積つた雪が、こうもりの地色で、うす黒く見えたといふのや、二人をよぶと、ちよいと傘をかしげてこちらを見た後、雪をとばして走つて来たといふのや、二人が、豊田さんに恥をかゝせまいとして、その足袋だつてとてもいゝぢやないのと、つとめて言ひささえるところも、よく実感が出てゐます。そこのところで真下さんが、眼鏡をきらりと光らせて口を開いたといふのもこまかな捕捉です。そのさきの、埋めたてた原つぱの光景もよく把握した簡潔な叙写で、全面をまざまざと活かし浮べてゐます。とても手に入つたもので感心しました。そこまで来ると、又風が強まつて来て、手足も冷たくなり、たびの上へも雪がつもつて、冷たさが、足へびんびんひゞいて来るやうだといふのや、途中で立ちどまつてあゝまだ中々だと言ひながら、黒くならんだ電信柱をじつと見つめたといふのもとても実感的です。やがて風が少しゆるくなつたので急いでいくと、もう、そこいらは人通りが繁くて、地面の雪も、長靴や高歯のあとだらけになつてゐたといふのも、とゞいた観察です。そこのとこで工藤さんが「ずゐぶん、あたいのかうもりに積つたでせう」と、かうもりをかしげて見せるところや、真下さんが「空を見てると降つてゐない見たいね」と空を見ながら歩くのや、豊田さんが「あゝあ、今日中ふるかな。やんなつちやふな」と言ひながら傘を右がはに持ちかへたといふのや、そのうちに水たまりへふんごみ足袋がぐしよぐしよにぬれて重くなつたのを、ぴたんぴたんとたゝくやうにふみつけて歩いたといふのも、いづれも実感にみちた達者な叙写です。しまひに学校の下駄箱のところへ来て、組の人に笑はれても、一向へこまないで、冗談まじりに、ゐばつて見せつけるところも、表裏の気持が出てゐて微笑されます。要するに一篇は近来稀に誇り得た、ぴちぴちした精緻な作品です。豊田さんの興味が、はじめからしまひまで張りつめてをり、同時に、手法的には自由にすらすらかき貫いてゐるところが、製作課程として実に愉快です。

今まで見てきた三重吉の全ての選評についても言えることであるが、三重吉の選評は徹頭徹尾、「叙写」（＝描写）の優劣如何という一点にのみ焦点が絞られている。

右の豊田正子の綴り方に関する選評でも、豊田の精細を極めた「叙写」の表現に対して、冒頭で「こくめいに観察した、とても精細な写生作です」と讃え、最後に「要するに一篇は近来稀に誇り得た、ぴちぴちした精緻な作品です」と断言している。

この選評には、「こくめいに観察した、とても精細な写生作」「対話語を通して一とうよく活写されてゐます」「足袋そのものについての叙写」「こまやかな気分や実景が出てゐます」「気持がありありと出てゐます」「よく実感が出てゐます」「埋めたてた原つぱの光景もよく把握した簡潔な叙写で、全面をまざまざと活かし浮かべてゐます」「いづれも実感にみちた達者な叙写です」「表裏の気持が出てゐて」等と、「叙写」(＝描写)の表現に関する評価の言葉が繰り返し出現している。

これらの言葉の中で注意すべきは、「こくめいに観察した」とか「埋めたてた原つぱの光景もよく把握した」「とゞいた観察です」といった、「叙写」されている対象(＝「内容」)の「観察」「把握」に関しても一体的に評価されているという点である。三重吉の「叙写」表現指導において「形式」「内容」一元観が明確に窺えるところだからである。

なお、三重吉の選評方法には、原作品における優れた「叙写」部分の克明な引用によってその文章表現指導を徹底させるという特徴がある。この焦点化された指導方法も学ぶべき有益な方法である。

注

(1) 滑川道夫著『日本作文綴方教育史2大正篇』昭和五十三年、国土社、一八六頁。
(2) 秋田経済法科大学紀要『秋田論叢』第十三号、平成九年、後に拙著『国語科教育学への道』平成十六年、溪水社、に収録。
(3) 鈴木三重吉著『綴方読本』昭和十年十二月、中央公論社、五二四～五二五頁。
(4) 『赤い鳥』創刊号、大正七年七月、七五頁。
(5) 鈴木三重吉「綴方の研究」(『赤い鳥』大正七年十一月号、七四頁)。
(6) 鈴木三重吉「綴方の研究(その2)」(『赤い鳥』大正八年十二月号、七四～七五頁)。
(7) 鈴木三重吉「綴方の研究(その5)」(『赤い鳥』大正九年四月号、九六頁)。
(8) 「童話選評」(『赤い鳥』大正九年十二月号、九二頁)。
(9) 「綴方選評」(『赤い鳥』大正十年三月号、九二頁)。
(10) 「綴方選評」(『赤い鳥』大正十年七月号、一〇〇頁)。
(11) 「綴方選評」(『赤い鳥』大正十年九月号、九四頁)。
(12) 「綴方選評」(『赤い鳥』大正十年十二月号、九六～九七頁)。

(13)「綴方選評」(『赤い鳥』大正十一年二月号、九四頁)。
(14)「綴方選評」(『赤い鳥』大正十四年七月号、一四四頁)。
(15)「綴方選評」(『赤い鳥』大正十四年十二月号、一三六〜一三八頁)。
(16)「綴方選評」(『赤い鳥』大正十五年四月号、一四一〜一四二頁)。
(17)「綴方選評」(『赤い鳥』大正十五年十一月号、一四四〜一四五頁)。
(18)「綴方講話」(『赤い鳥』昭和六年一月号、一一一〜一一三頁)。
(19)「綴方選評」(『赤い鳥』昭和六年二月号、九八〜九九頁)。
(20)「綴方選評」(『赤い鳥』昭和六年十月号、一〇四頁)。
(21) 豊田正子「はだしたび」(『赤い鳥』昭和十年一月号、七六〜八二頁)。
(22)「綴方選評」(『赤い鳥』昭和十年一月号、九三〜九四頁)。

第Ⅳ章　『綴方教育』誌にみる「表現」概念の位相

第一節　菊池知勇の綴り方教育論に関する先行研究

菊池知勇の綴り方教育論に関しては、序章第三節に掲げた筆者による文献④「綴り方教育史における文章表現指導論の系譜――菊池知勇の初期綴り方教育論を中心に――」（『秋田大学教育学部研究紀要・教育科学』第四七集、平成七年一月）という先行研究がある。この研究の中では、筆者以前における菊池知勇の綴り方教育論に関する先行研究として、国分一太郎、峰地光重、中内敏夫、滑川道夫らによるものが取り上げられている。

これらの先行研究を彩る特質は、程度の差こそあれ、概ね「生活綴り方」運動論の立場か、「生活綴り方」成立史という史観からの考察という点にある。とりわけ、国分・峰地・滑川の考察は、滑川の「『赤い鳥綴り方』から『生活綴方』への橋渡し的な実践指導を開拓した」という判断に示されるように、菊池の綴り方教育論を「生活綴り方」への前駆的な足踏みと見なす点で一致している。

ただ、滑川の場合、菊池の主著となった『児童文章学』全六巻（昭和四年）と『児童言語学』（昭和十二年）の二著を「児童修辞学の建設の趣き」ないしは「綴り方修辞学の建設を志向した」ものではなかったかと評価した点は注目しておいてよい。

しかし、滑川は菊池の『児童文章学』に対して、「従来の文話を超えるものがあった」という評価だけで、「書名のように『文章』主義で、『生活』のにおいが稀薄である[1]」と位置付けているだけである。ここには、残念なことに滑川自身が指摘した「児童修辞学」ないしは「綴り方修辞学」としての意義に関しての考察は見られない。

一方、中内敏夫の場合は、教育史研究者の立場から菊池の綴り方教育運動を文章表現指導として位置付け、その独自の意義を一応は認めている。ただ中内の研究の眼目は「生活綴方成立史研究」であり、その視点は「〈書くこと〉による教育の系譜」を辿るところにあった。当然、「〈書くこと〉本位の立場」からの考察に重点が置かれていたわけではない。加えて中内の場合は、菊池が主宰していた「日本綴方教育研究会」による綴り方教育運動に対する考察が中心で、菊池個人の綴り方教育論に対する精細な考察が加えられているわけでもない。

このような考察を踏まえつつ、筆者は前掲の文献④で次のように述べた[2]。

従来の菊池知勇の綴り方教育論及び綴り方教育運動に関する研究は、いずれも上京後の慶應義塾幼稚舎時代における仕事のみを対象としたものであった。しかも、その考察の枠組みは「生活綴方」運動論の立場か「生活綴方」成立史という史観の上に設定されたものであった。確かに、それらの考察の一部には、菊池の綴り方教育論及び綴り方教育運動が同時代の文章表現指導史に果たした役割を相応に評価する部分もある。しかし、つまるところ、それも「〈書くこと〉による教育の系譜」を辿るところに焦点が結ばれていく。「〈書くこと〉本位の立場」は、これに従属するか二義的な位置でしか捉えられていない。国語科文章表現指導の領域から菊池の綴り方教育論及び綴り方教育運動の特質・意義を捉えていこうとするものではなかったのである。

右のような「〈書くこと〉による教育の系譜」を辿ることを中心として「〈書くこと〉本位の立場」を二義

的な位置でしか捉えない綴り方・作文教育史研究からは、ともすると、作文教育における「生活指導」優位の立場が生み出されてくる。しかも、「文章表現指導」が「生活指導」と矛盾・対立するものであるかのような考え方も生み出されてくる。国語科文章表現指導は、単なる形式主義の指導ではなく「生活指導」と矛盾・対立するものでもない。両者が矛盾・対立をきたすのは、方法論ないし指導技術の未熟に由来するのである。そうした現状を明らかにし、その問題を克服するためにも、従来の綴り方・作文教育史研究を文章表現指導論の成立と展開の系譜から洗い直して行く必要がある。

右の筆者による考察からも窺えるように、これまでの菊池知勇綴り方教育論に関する研究には、「生活（の指導）」と「表現（の指導）」との一元化への志向を探るという視点は皆無である。

第二節　菊池知勇の綴り方教育論における「生活」と「表現」の一元化への志向

菊池知勇の綴り方教育論について、筆者は第一節に掲げた文献④において詳細な考察を加えた。これは菊池が青年教師時代に『岩手毎日新聞』に発表した「言葉の遊戯を排す」という長論文に基づいた菊池の初期綴り方教育論に視点を当てた考察であった。菊池のこの「言葉の遊戯を排す」という論文は徹底した旧修辞学批判に貫かれたものであった。しかし、菊池は上京後に、この時の旧修辞学批判に対して自らに責任を課す形で、児童の「生命の事実」（＝児童の綴り方作品とその生成過程）に基づいた「思想表現のための」真の修辞学（＝「綴り方修辞学」）の建設を目指していったのである。

このように、文献④では、菊池における初期綴り方教育論の展開と成熟の過程についての考察を行っただけであった。とは言え、この時にも概略ながら菊池の上京後における綴り方教育論の展開と成熟の過程についての考察を行っている。ただその際に、この菊池における後年の綴り方教育論の中に、「生活」と「表現」の一元化への志向が存在し得たという事実を検証する作業までは行っていなかった。

そこで、ここでは、菊池知勇が自ら主幹として編集に当たった『綴方教育』誌に昭和四年四月号から同七年三月号まで計三一回にわたって連載された「佳い綴り方と拙い綴り方」、同じく昭和七年四月号から同八年三月号まで計一一回にわたって連載された「児童作品の鑑識と指導」とを主たる対象に据えて、菊池の綴り方教育論に「生活」と「表現」の一元化への志向が存在し得たという事実を検証していくことにする。

1　菊池知勇稿「佳い綴り方と拙い綴り方」の検討

菊池知勇が『綴方教育』誌に三年間ほとんど毎月号三一回にわたって連載した「佳い綴り方と拙い綴り方」と題した論考は、綴り方作品鑑賞指導のための教材としての機能を有している。現在、筆者の手許に所有している論考を列挙すると、以下のような一一回分となる。

○昭和四年四月号——「着想に成功し表現に失敗した文」「精細で自然な客観的表現」「まとまりのないことを書いた文」「取材を学び結構を反省すべき文」「概念を概念に比較した文」「構成と叙述と用語を誤つた文」

○昭和四年六月号——「心の動きを極度まで見つめてとらえる」「事象の表面だけをとらえた文」「前後転倒の結構と中心を忘れた叙述」「事実と記述の前後相反してゐる文」「題材に深みはないが表現は如実」

○昭和四年七月号——「対象の中心をとらへた取材と表現」「枝葉の修飾に心を奪はれて根本の事実を忘れた文」「感情の律動をとらへた文」

○昭和四年九月号——「幼児の素直な表現」「平板な生活を書いた文」「基礎的な指導材料にいい文」「心の動きを突

きつめた表現」「単純な取材簡素な表現」「題材も概念、表現も概念」「思想を練る材料となる感想文」

○昭和四年十月号――「会話の中に物語をとり入れる」「細叙によつてあらはした地方色」「取材表現の互助」「内容の空虚な文」「構想上の不足」「概念の風景を描く」

○昭和五年二月号――「父母の喧嘩を書いた文」「猫の生活を書いた文」「情愛のあふれた生活とその表現」「浅劣粗暴な生活と統一のない表現」「常識養成用概念寄せ集め文」「観察と把握に成功し見せびらかしに失敗した文」「概念の風景を美辞でつくり上げた文」

○昭和五年十月号――「心のおどろきを一つだけとらへた文」「一つの風景に眺め入つた心持」「背景をほしい事実」「一通りの心と、その欠点」「感じをもつと深くつかむ必要」「実生活の取材と表現」

○昭和六年一月号――「感興の中心と感興の埒外」「活写に於ける諸想」「対話によつて育まれた心持の表現」「気取り一つで人をおどろかさうとした文」

○昭和六年二月号――「実感をとらへる指導が必要」「だんだんに強く感じて来た人の親切」「二つの心の争ひをとらへた文」「心の養ひ心のみがきの足りない文」

○昭和六年四月号――「会話の表現指導に適当な作品」「見た映画の筋を書いた文」「興味の中心の見出し難い題材」「概念と真実感との区別」

○昭和六年十二月号――「科学的生活の基礎をなす観察」「科学的生活と科学的常識との差異」「生活から生れた科学的説明」

○昭和七年一月号――「観方の深さと表現の順序」「郷土の研究と説明文の形式の精神の体得」「見のこされたもの考へのこされたもの」

○昭和七年二月号――「満州にゐる同胞児童の叫び」「少女小説風の文」

○昭和七年三月号――「思ひ出の取材と表現」「つくりすぎた叙景」「情を主とした文の統制ある表現」「健康な母を書いた文」

（圏点は筆者が付す）

右に取り出した各号の教材では、圏点を付した箇所から理解されるように、児童作品の主に「取材（＝題材生活・綴り方生活）」面と「表現」面とからそれぞれの長所と短所とを具体的に分析・批評することで実際に指導する際の参考事例を豊富に提供している。

例えば、「着想」と「表現」、「取材」と「結構」、「題材」と「表現」、「対象の中心をとらへた取材」と「表現」、「根本の事実」と「枝葉の修飾」といった箇所である。

これらの「取材」面が「生活」面に該当すると見ておいてよい。こうした箇所に、「生活」面と「表現」面とを一元的に捉えていこうする姿勢が窺えるのである。

では、参考までにこれらの教材の一つを以下に紹介してみよう。(6)

心の動きを極度までつめてとらへてゐる

ここは古人の言葉を引いて今書こうとしてゐる心を引き出して来たところでこの文の序の節です

心の動きを極度まで見つめてとらへる

作品　けが　（尋四児童作）

のどもとすぎればあつさ忘れるで、あとになつて見れば何でもなく、その日その時もいつの事かはつきりしないことが多く、矢張りそれでよいのだと思ふが、あのけがをした時のことだけはちよつと忘れることが出来ない。心がをどつて、目の前がくらくなるやうな気がして、息もつまるやうな思ひだつた。

その日、二時間目の国語がすんで、みんなはゆくわいそうに、いつものやうにさわぎながら教室からとび出した。その時、いつも茶目で僕をからかう例の芥川君が、又、『西原のでぶ猫やあーい』とあごをつきだし、口をとがらせて言つたので、僕は、

単なる叙述ならばここからはじめても立派に心があらはれます

ここはたふれた瞬間を思ひ出して書いたところでよくうつかりし易いところです

痛みの心持をよく思ひ出して書いてゐます

苦しい心の動きをこれほど細かに、これほど精一ぱいにとらへてゐるところを見のがしてはなりません

『やい！』と言つておつかけて行かうとした。芥川君は組の中でも一番駈けることが早いのだし、僕はいつもビリなのだが、それでもじやうだん半分に追つかけてつかまへやうとしたのがまちがいだつた。僕がまがり角を左に折れて芥川君のあとを走らうとしたはづみに、靴がすべつて、あつといふまにころんでしまつた。そして息もつけぬ程にひどくひぢを打つてしまつた。其の時は、もう手がくぢけたのぢやないか、手が折れたのぢやないかと思が《ママ》とグラグラとなつて動くことも立つことも出来ないでゐたが、やうやく力いつぱいのがまんをして、

『これでは仕方がない。早く先生の所へ行かう』と思つて痛まぬ手で起上つた。

　すると片手はさげることも出来ない位までヅキヅキいたんで、手のやり場にこまる程途方にくれた。そしてどうにかはしごだんを二三段おりるにはおりたが、あまりの痛さに、いく地なくそのまゝペタンとすわつてしまつた。一年生の小さな子供が笑つて僕を見て何とかいつたがそんなことを気にして居られなかつた。ちやうど通りかゝつた星野君と阪木君が、

『どうしたの、どうしたの』ときいたけれど、あまりいたくて答へることも口を利くことさへ出来なかつた。ものを言へば何だか涙がおちて声がふるえさうだつた。そんなはずかしい男らしくもない所を見せたくないと思つて一生懸命にだまつて、はをくひしばつてゐた。目がしらが熱くなつて、出たなと思はれた涙を気にしても、ふく事を忘れて、手すりをたよつて立上るとやつと教員室にたどりついた。泣くまいと思ひながら声はどうしても泣き声になつてむせびながら、

『宮下先生はどこにいらつしやいますか』ときいたら、きふじが、

『ここにはいらつしやいません』といつたのでがつかりした。このまゝになつてしまひ

この辺で心がゆるんだところをとらへたところを見のがしてはなりません

はしないかといふやうな気がして、何人もいらつしやるやうだつたが、涙で、どの先生がどれやらさつぱりわからなかつた。けれどもまた気をとりなほして、

「平尾先生は？」ときいたら、

『今、じむ室の方にいらつしやいます。』といつたので途方にくれて、どうしようかと思つてヂツと立つてゐた。何だかほかの先生には申上げる気がしない。ちやうどいゝあんばいに大多和先生がはいつていらつしやつたので、

『先生、手をくぢいちやつたんです。』とやつとの思いでうつたへた。

『えゝ、どこを』と先生は僕の顔をのぞきこむやうにした。

『あのー、手をくぢいちやつたんです。』

『えゝ、手をですか、手を』

『えゝ』と答へた。先生の顔を見てゐると急にはりつめた心がゆるんで、今までこらへてゐたがまんがもうだめになるやうな気がした。先生がちよつと腕をとつてごらんになつたが、一寸でも動かすと大へん痛いのでした。『骨が折れたんぢや大へんだから』

　大多和先生はさういつて僕をつれ出して、小使室のそばの水道のそばに待たせてをいて宮下先生と小使とをよんで来て下さつた。宮下先生がびつくりしたやうなお顔でかけていらつしやると、僕はほつとして、なほ痛くなつて、一たんとまつた涙が又とめどもなく出て来た。先生は心配さうに腕をさすつていらつしやつたが、すぐと小使に、

『ほりこし病院につれて行つて見て貰つて下さい』とおつしやつた。僕は何だか先生方に手をかけてはすまないと思つたが、そのまゝ腕をかゝえるやうにして小使につれられて病院に行つた。学校の門を出るときふりかへつたら、大多和先生と宮下先生がたつてゐて下さつた。たかゞ一丁の道が長くて、歩くたびに腕がいたんで小石や道のでこぼこ

取材
自分の心の生活に対する態度の真剣さ、熱烈さがこの取材をさせたものであつて、それがこの文の生命であることを見のがしてはならないのです。

表現上二様の見方
1　単にその時の痛さ苦しさをとらへたものとして見るときの表現の考へ方

が気になつた。

病院につくとすぐにお医者さんの所へよばれて行つた。どうなることかと、気が気でなくビクビクしてゐると、あつい湯で手をあた丶めて、それからねずみ色のくすりをぬつて下さつた。何だかいたみもいくらか去つたやうな気持がした。『どうしたんですか』とおつかなびつくりおき丶したら、『為朝のやうにちよつとすじがのびただけです』とニコニコしておつしやつたのでほつとした。そうしてはじめて笑ふことが出来ました。

批評

△取材　学校でたふれて怪我をした時のことを書いたものです、普通の叙事文ですが、その時の自分の心の動きを、極度までも見つめて、いさ丶かでも逃すまいとしてゐる熱烈な態度が、全文に非常な力と生気とを与へてゐます。殊にたふれた時間から、職員室にいつて先生にあふまでの心の激動をば、微に入り細にわたつて感じわけてとらへてゐるところなど、見上げたものです。これだけ真剣に、これだけ深く自分の心を見つめることが出来、とらへることが出来れば、綴り方はこつちのものです。

△表現　表現は、もとよりとらへた心に副ふべきであつて、この文は、飽くまでも真摯にとらへた心をどこまでも正確に表現しようと努力してゐるのが見えてうれしい限りです。結構から見ると、叙述に先立つて、序のやうな一節があり「のどもとすぎれば熱さを忘る」といふ句をもつて来て、そこから文を導き出して来たところ、なかなか考へたもの丶やうです。

2　のどもとすぎれば熱さを忘るといふ言葉を実感した文としての表現の考へ方	しかし、厳密に批評するならば、私は、この文の目的を二つの場合に分けて考へたいのです。その一つは単に、その場合の苦しかつた心持を表現するのですが、それならば、序の一節をはぶいて、「その日、二時間目の国語がすんで」から書き出すのです。その方が一層文が緊張して印象を鮮明にするからです。もう一つは、「のどもとすぐれば熱さを忘る」といふ古人の言葉を、今更自分が体験して切実に感じたことを書くのであつて、その場合は、このやうな序にはじまり、終りは更に治療して痛みがなくなり、次第に忘れかけて来ることを書き、序の節と照応させて、文の効果を確実に収めるのです。 利用 △目的　自分の心をとらへる態度の熱烈さを学ばせる材料としても、表現指導の材料としてもよいと思います。 △方法　尋四以上の児童に共同批評させて指導します。

右に引用した教材中、菊池によって加えられた批評の言葉のうち、「自分の心の生活に対する態度の真剣さ、熱烈さがこの取材をさせたものであつて、それがこの文の生命である」という言葉や、「表現は、もとよりとらへた心に副ふべきであつて、この文は、飽くまでも真摯にとらへた心をどこまでも正確に表現しようと努力してゐるのが見えてうれしい限りです」といった言葉に、綴り方に取り上げられている子どもの「生活」と「表現」とを一体的に捉えて評価しようとする姿勢が顕著に窺える。

ついでに、あと二編の教材中、菊池による批評の部分を中心に見ておこう。(7)

二つの心の争ひをとらへた文

作品　　竹　笛　　（尋五児童作）

とび競争をやめた子供達がポカポカ日のあたつてゐるかんぎへあつまつて来た。僕はだしぬけに
「さあ！こんどは竹笛をこしらへてやろう」
と言ふと、又どやどやとよつて来て
「おつちやんにもね」
とかはいゝ口つきでぼくにきく
「おれにもね悪いのでよいから」
などと十余人の子供たちが僕をとりまいてたがいに争ひ、かなり大きい子供は僕の一番前に来て一だとか二だとかを僕にきく。
「うん、こしらへてやるは」
と言ほうとしたけれどもこんなに沢山な子供たちに、いちいちこしらへてやれば晩までかゝると思つたので
「みんなでじやんけんして五人までにやるわ、そしてのこつたものにはこんだこしらへてやるよ」
と言つて竹を切りはじめた。
　子供たちはいせせいよくじやんけんをしはじめた。
けれどももし十人のうちのこつたものはしほしほしてこしらへてもらふ者を見てうらやましがるだらう、と又みんなにこしらへてやらうとする心が出て来て

「みんなにこしらへてやるわ」

と言つた。一たんじやんけんをしはじめたのをやめて子供達はがやがやいひながらまちどうしがつて僕を見てゐる。

それから大きな竹を昨日しくぢつた手で持ちやつと一つこしらへて一番小さな子供にやつた。小さな子供はうれしそうに口にくはえかわいらしい音を立てゝ家へかへつていつたらしい。

（以　下　略）


二つの心の争ひの解決しない姿をとらへた取材の特色

批評

△取材　小さい子供たちがかはいさに、「竹笛をこしらへてやらう」といつたことがもとで、大ぜいの子供達に、「おいにもおいにも」とせがまれみんなにこしらへてやる気になり、その約束をしてしまつたが、一つ二つとこしらへて行くうちにこしらへることがつらくなり、いろいろのことを考へると止したくなつて来る。けれども子供たちが待つてゐる様子を見ると、どうしても皆にこしらへてやりたくなる。二つの心が争ひつづけるうちにも六本七本とこしらへる、つひに足に傷け、手に傷け、血みどろになつてこしらへる、しかし身心の疲れと日暮が迫つて来るのでつひに、二つだけ残してしまふ、そのためにまた心にせめられるといふ心のうちの争ひをとらへたものです。ことに、この心の中の争ひが、最後まで解決がつかず、今なほ争つてゐるといふところに、この文の題材の特色があり、これをとらへた作者の並々ならぬ親切と、誠実と真実をもとめやうとする努力とがあらはれてゐます。綴方に於ける生活指導の深みの思はれる取材ぶりです。

題材の中心のみを書いた輪郭と周囲とを忘れた表現
△表現　この文の表現ぶりを見るに、題材の中心に筆をつけて、飽くまで克明に描き且つ叙べようとしてゐるやうですが、それはそれでい丶としても、題材の中心は、ある大きな周囲乃至輪郭の中の中心であつて、その周囲や輪郭を失つた中心は、もはや中心としての姿さへ見失はなければならないのです。この文の作者は今どこで何をしてゐるのか（かんぎといふ言葉不明）作者をとりまいて集まつて来る子供たちはどういふ種類の子供たちで、何をしに集まつてゐるのか、さういふことを全然書いてゐないこの文の表現は折角とらへ、折角叙述してゐる中心事実をしてその形を失はしめ、その意義を失はしめてゐるのです。

菊池による右の批評文中、「この心の中の争ひが、最終まで解決がつかず、今なほ争つてゐるといふところに、この文の題材の特色があり、これをとらへた作者の並々ならぬ親切と、誠実と真実をもとめやうとする努力とがあらはれてゐます」と述べ、この点を「綴り方に於ける生活指導の深みの思はれる取材ぶりです」と評価しているところに、菊池の「生活指導」観が現れている。そして、この「取材ぶり」に関わらせて、その「表現ぶり」について「題材の中心は、ある大きな周囲乃至輪郭の中の中心であつて、その周囲や輪郭を失つた中心は、もはや中心としての姿をさへ見失はなければならないのです」と、厳しい注文をつけているところに、菊池の「生活」と「表現」とを一体化させようとする志向が窺える。

続いてもう一編を見てみよう。(8)

見なれて却つて刺激を与

観方の深さと表現の順序

作品

うちの庭

（尋四児童作）

私のうちの庭には、大きなみかんの木が庭のまん中にはだかつてゐる。朝は旭が木の葉の間からさしてぎらぎら光る。木の葉は赤色や黄色に光つて何ともいひやうがない。この木は古い木で、枝から枝に大きいくもが細い糸すぢで広くすをはつてゐる。くもの糸すぢは赤色や、青色にきらきら光つてゐる。

庭のすみつこにうめの木がある。このうめの木は根の方がわかれてゐるが、そばに地神様があるから、このうめの木はかれないのださうだ。そのよこにさといもが細長いきを出してゐるが、葉は大へん広くてよいにほいがする。うめの木とさといもの葉との間に広いくものすをはつて大きなくもが一匹すんでゐる。

そこから長くはなれた板かべのわきに芝がこい丶みどり色の若葉をつけて、みじかくのびてゐる。そこには花ばちが三つあつて、一つの花ばちにはきくがうゑてあり、二つの花ばちにはほうせんくわがうゑてある。

天気のよい時には板かべの所はほし物が一ぱいである。

すみつこの地神様は長くなるので、こけがはえてゐたり、しめか古くなつてゐたりする。日がかんかんてつてゐる時でも木の下であそべば大へんすゞしい。

昨日ねいさんが買つて来たまめを僕はさといものわきにていねいにうゑて置いた。

批評

△取材　自分の家の庭は誰でも一番よく知つてゐる筈であり、これを題材にすることは

へず感動を起させないもの	極めて当然のことでもありますが、その実、自分の家の庭は、毎日見てゐるだけに、平素はこれといふ刺激も与へてくれず、感動も起させてくれないので、却つて題材となることが少いのです。しかしながら、心を潜めて物を観、事を考へるやうな、深い生活をしてゐる児童にとつては、落ついて物を見、心の動きを味ふことの出来る自分の家の庭ほどいい生活の舞台はなく、これほどよい題材は少ないのです。 　果してこの文にあらはれてゐる作者の生活は、非常に落ついてゐて深く、物の姿を見るに、個々の物の形とか色彩とか動きとかを見ずに、それらの物が互ひにより合つて地上を占めてゐる有様、その生き様を、おどろくべき確かさをもつてとらへてゐるのです。これだけの生活があつて、はじめてこの題材は最も自然に行はれるのです。
落ついて姿を見、心を味ふことの出来る題材個々の風物の姿をとらへること	
互により合つて地上を占めてゐる有様をとらへること	
よい生活に根ざした表現の順序	△表現　これだけの生活、これだけの題材、それは、当然この表現を生んだものと見なければなりません。まづ、庭のまん中にはだかつてゐる蜜柑の木から書きはじめ蜘蛛の光彩までも、書いてその木の生きの姿を、その美しさを立派に書きつくし、次に庭の隅の方にある梅の木に及び、これも前の蜜柑同様にその生きの姿を書きつくし、次には、板かべのわきの芝生と、芝生の上の菊の鉢植を書き、天気のよい日のほし物を書き、更に庭の隅の地蔵様、最後に昨日植ゑたまめのことを書いて筆をとめてゐます。
風物を漫然と列ねた文との比較	自然の風物を書いた文は、国定読本などにもあるし、どこの学校でも見られますが、多くはいろいろの風物をたゞ漫然と列べるのであつて、その中の一つ一つの風物が、各々その美を得てゐないのが普通ですが、さういふ文を見てこの文を見たら、真の表現の用意といふものがわかりませう。

右の批評文中、「果してこの文にあらはれてゐる作者の生活は、非常に落ついてゐて深く、物の姿を見るに、

個々の物の形とか色彩とか動きとかを見ずに、それらの物が互ひにより合つて地上を占めてゐる有様、その生き様を、おどろくべき確かさをもつてとらへてゐるのです」という文言に、菊池の「生活指導」観が現れている。そして、「これだけの生活、これだけの題材、それは、当然この表現を生んだものと見なければなりません」というところに、菊池の「生活」と「表現」とを一体的に見ていこうとする姿勢が窺えよう。

2　菊池知勇稿「児童作品の鑑識と指導」の検討

菊池知勇が『綴方教育』誌に昭和七年四月号から昭和八年三月号まで一年間十一回にわたって連載した「児童作品の鑑識と指導」と題した論考は、散文編と童詩編とに分けて掲載されている。「よき題材と表現と指導とをもとめる人のために」という副題がつけられている。内容的には、先の「佳い綴り方と拙い綴り方」と同様であるが、こちらには、新たに「童詩」が加わっている。「佳い綴り方拙い綴り方」に比べると、その教材としての機能を幾分後退させて、綴り方指導のための参考書としての役割を持つものとさせている。以下、筆者の手許にある八回分の論考の中から「散文編」のみを列挙すると、以下のようになる。

○昭和七年六月号――「ひよこの生活本能をとらへる」「自己憎悪を忘れる」「自然の順序を」「景物のために本筋を忘れる」「科学生活と表現」「よく見るといふこと」「雨の風景の観察」「空想表現」「爆笑的題材とその表現」「焦点のない風景」「単純な生活と率直な表現」「雑草の如き成長と繁茂」「引用以上の引用」「醜い感情の自覚まで」

○昭和七年九月号――「尋一としての理想的取材」「正しい取材の指導材料」「熱心な観察」「型にはまりかけた文」「憎悪の心をとらへた文」「童話類似の想像文」「かげにかくれてゐる心」「中心感動の強調」「地理的関係の説明を必要とする文」「筋を忘れた熱情」「バナナ売と客の心の動き」「科学的題材と疑問」「無用の疎外」「常識の発表」「軽いユーモア」「今後の覚悟について」

○昭和七年十月号――「軌道に乗らない文」「中心生活の具体的なとらへ方」「統一のない生活」「言葉の忘れ物」「題材だけがいのち」「感覚に眼ざめなければ」「科学的生活の取材」「をしい玉の瑕」「心を偽つてはゐないか」「実感でないもの」「忌々しい蛇足」「冒頭からわかるやうに」「勤労の感味」「感情にはしつたための失敗」「焦点だけをとらへた軽いもの」「ユーモア・読点」

○昭和七年十一月号――「筋書き的にまとまつた書き方」「主として感覚をとらへた文」「構成を欠いた風景」「会話をこなす必要」「叙景を含む会話」「忠実な描写と叙述」「心のくるほしさ」「中心の統一」「引っ込み思案の性格」「農村の味の横溢した題材」「母の心にとけていく娘の心」「素野から素朴へ」「活気のあふれた題材と表現」「郷土伝説」「鋭い感覚と現代味ある言葉」「事実と心持」

○昭和七年十二月号――「型の綴り方のはじまり」「固まり過ぎた取材と表現」「職業を題材に」「真実味のない題材」「暴露的題材」「人から聞いたお話」「不明瞭な感動」「軽い上すべり」「泣きながらの表現」「自分で考へて実行してゐること」「全景を支配すべき言葉」「自分を忘れた取材と表現」「読者の領分」「深みのある生活」「軽妙な取材と表現」「自分をとらへた感想」

○昭和八年一月号――「総合的題下の一事実」「事実が不明瞭」「女の子らしい題材」「何でもない軽い笑ひ」「特殊な事実」「根本の事実を忘れた報告」「心を忘れた生活」「叙述・説明の組合せの失敗」「内面的疑問の表現」「先づ根本の事情から」「事実を貫く心」「実感のない感想」「巧みすぎた技巧」「具体性を欠いた反省」「他を陥れることにあせり過ぎる」「具体化された生育史」

○昭和八年二月号――「会話の区別」「ユーモアの題材と表現」「友情の変化をとらへた文」「心の模倣・形の模倣」「足元を忘れた書きぶり」「一人一人の心と全体の空気」「似てゐても模倣でないもの」「表現形式の不統一」「理念と愛情の真実性」「生活といふことの理解不足」「生活事実の想像を要す」「仕組んでゐるやうな悔悟」「方言使用を避けたい場合」「実感量の不足」「思索生活」「二つの心の綾」

○昭和八年三月号――「ゐろりの解説」「笑話」「初一念をもちつゞけること」「叙述をまじへた説明のうまさ」「ヒス

テリックな感傷」「心の見つめ方不足」「自然な心と言葉」「まとめ方の不備」「女らしい心の動き」「解決されない疑問を題材に」「技巧たふれの作品」「忠実な叙述」「紋切型の概念と言葉」「ユーモアの忠実な叙述」

（圏点は筆者が付す）

右に取り上げた論考の中で、圏点を付したものには、そのタイトル自体に題材や取材内容（＝「生活」面）と記述・叙述形式（＝「表現」面）とを一体的に捉えていこうとする姿勢が窺える。

これらの中から、参考となるものを以下に取り出して見てみよう。(9)

科学的生活と表現

にはとり

（青森県浅瀬石校　尋四　森　貞一郎）


にはとりは卵から生れます。

たまごの中には、あかことしろこがあります。

あかこのそばに、にはとりになる、白いのがあります。それを我々は目とよんでゐます。

めんどりが、おこつてしにかかると卵をだかせます。

めんどりはぐつすりと卵をだいて、動きません。

二三日に一度ばかりしか出ません。出る時にはげーげーとないて、はねをひろげて、はしります。

外に出て少し物をたべるとすぐ又箱に入つて卵をあたゝめます。

長い間外に出ると卵がつめたくなるので、くわんにもぎと水を入れておきます。

卵はよけいにだかせるとくさつたりします。

めんどりは毛をひろげて、頭をむねの所にさして、いる時もあります。

卵をだいてる時はあまり物をたべないのでやせて骨からになつてしまひます。

二十日ぐらいたつとたまごの中でひよこになつてピヨピヨとなきます。

卵をとつて見ると、卵にあなをあけてそのあなの所にくちばしを出してゐます。

少しあると卵が二ツにわれます。

卵から生れたひよこは足も体も小さく毛もきれいで大へんかはいらしくあります。

小さい中は親鳥のつばさの中に入つたり出たりしてかはいらしい声でいつもピイヨピイヨとないてゐます。

又、時には親鳥につれられて遊びにゆくこともあります。生れてから二三日もたつと米や青物や水をやると面白がつて皆んなそばによつてきてたべます。

親鳥はなんにもたべないでコココといひながら、そのへんを見まはります。

ひよこに手をやると親鳥はおこつてどづきます。

十日ばかりたつてから親鳥からはなしてべつな箱に入れます。

ひよこがけんくわをする時には二匹むきあつてつばさや頭をどづいたりして大へん面白い。

小さいひよこはだんだん大きくなつて親もいらなくなると、とさかもはえてきます。

又、つばさや尾の羽毛もかたく大きくなります。

足も少しかば色になつて長くなります。

さうなるとをすはうたつてきますが、はじめはケケーとするだけです。一人前になると身体が大きくなつてめんどりは卵をうみます。

をんどりは外の家のとりとけんくわしてぼられてくることもあります。

今私の家には六羽あります。

×

鶏が卵からかへつてひよことなり成長して親鳥になるまでの詳細な観察を、一般的に説明した文です。

これは、何かの本で読んだことや、人の文で見たことや、人のお話を聞いたことを、そのまゝ書きつらねた皮相の文とはちがつて、生きた卵、その卵が親鳥にあたゝめられるところ、ひなにかへされるところ、ひよになつたところ、ひなの生活、成長、親鳥となるまでを、毎日毎日細密に観察して、その観察を集積し、一つの系統だつた知識とまでしたものであつて、これを綴り方生活として見て、最上の生活をしてゐるばかりでなく、一般科学の学習としても、最上の学習をしてゐるといふことが出来ます。

したがつて、この綴り方生活をかういふ一般的説明文として取材することは単に一般的綴り方としても最も望ましいことであるばかりでなく、科学的表現の欠如してゐる現代の綴り方学習を刺激する上でも讃美していゝことです。

なほもつとこまかにその学ぶべき点を列挙していけば、
1、物の形態的事実を細密に観察してゐるばかりでなく、生活事実の微にわたつて注意を怠らないこと。
2、観察に秩序があり、系統があること。
3、観察の順序にしたがつて、極めて忠実に表現されてゐること。
4、卵から親鳥までの表現に分類的な区別を設けずに羅列して行つたところがこの年輩の児童の実力にぴつたりとあてはまつて、大人の概念的学習と明瞭に区別されること。
5、青森地方特有の方言をすてて、全然標準語を使用したことは、このやうな科学的表現として適当してゐること。
6、徹頭徹尾「われます」「見まはります」といふやうな説明語によつたことはかういふ知識の表現に最も適当してゐること。
若し、まだ一般的知識とならず、単にある時のある事実の叙述といふにとゞまるのであつたならば「われました」「見まはりました」と過去をあらはす叙述語で書くべきですけれど、この文の内容はすでにそこを通りこしてゐるのです。

たゞをしいことはこれだけよく出来た科学的表現の文の末尾に「今私の家には六羽あります」の一句がついてゐる

ことです。これは、この科学的説明文の筋の中にはいるべきものではありません。今にはとりが卵からかへつてひなとなり成長して親鳥となるまでの生活を順を追ふて説明したこの文に、自分の家の鶏の数がどうしたつてはいるべき筋合でないのです。蛇足ならばまだしも、これは、とんでもない邪魔物です。

右の参考事例の中で菊池は、「その観察を集積し、一つの系統だつた知識とまでしたものであつて、これを綴り方生活として見て、最上の生活をしてゐるばかりでなく、一般科学の学習としても、最上の学習をしてゐるといふことができます」と述べ、「この綴り方生活をかういふ一般的説明文として取材することは単に一般的綴り方としても最も望ましいこと」であると指摘している。なお、さらに「学ぶべき点」として菊池は、1～6の諸点にわたって、観察の仕方や観察した事実の表現の仕方に関して詳しく述べている。

こうした文言からも、菊池が綴り方指導において「生活」と「表現」との一元化への志向を絶えず意識していた事実が窺えるのである。

菊池は、「『熱心な観察』」（『綴方教育』昭和七年九月号）という参考事例の中で、「よい生活、佳い取材、よい表現、この三つがそろつた時に、綴方は申分のないよいものとなります[7]」と述べ、「よい生活の大部分」は「行きとゞいた観察をしてゐること」であるとして、「観察の生活をよくしておくことが、綴方生活の第一の条件」であると規定している。菊池の場合には、ここに言う「観察の生活」が綴り方における「生活」概念であり、この「生活」と「表現」との調和のとれた一体化を絶えず追究していたことがこれらの参考事例から読み取れるのである。

注

（1）滑川道夫著『日本作文綴方教育史3』昭和五十八年二月、国土社、三〇九頁。

（2）大内善一「綴り方教育史における文章表現指導論の系譜――菊池知勇の初期綴り方教育論を中心に――」（『秋田大学教育学部研究紀要・教育科学』第四七集、平成七年一月、一六頁）。

（3）『綴方教育』昭和四年六月号、七八〜八二頁。

（4）『綴方教育』昭和六年二月号、九五〜九六頁。

（5）『綴方教育』昭和七年一月号、一〇一〜一〇二頁。

（6）『綴方教育』昭和七年六月号、一一〇〜一一二頁。

（7）『綴方教育』昭和七年九月号、一二四頁。

第Ⅴ章　『綴方生活』誌にみる「表現」概念の位相

第一節　『綴方生活』誌の性格

『綴方生活』誌は昭和四年十月に文園社（編集人・志垣寛）から創刊され、翌五年十月「第二次同人宣言」を発表して郷土社（編集兼発行人・小砂丘忠義）発行となり、小砂丘の死去に伴い昭和十二年十二月に「小砂丘忠義追悼号」を発行して終刊となった。ここでは、この期間における『綴方生活』誌に現れた綴り方教育論を考察の対象とする。

『綴方生活』誌の成立過程や性格及び綴り方教育上の意義等については中内敏夫著『生活綴方成立史研究』（昭和四十五年十一月、明治図書）、滑川道夫著『日本作文綴方教育史3昭和篇Ⅰ』（昭和五十八年二月、国土社）、太郎良信著『生活綴方教育史の研究』（平成二年九月、教育史料出版会）等において詳細な考察が見られる。

第一次『綴方生活』誌は大正十四年から刊行されていた子ども向け雑誌『鑑賞文選』（学年別尋常科六冊、高等科一冊、文園社）の教師用親雑誌として志垣寛を編集人として創刊された。創刊時の編集同人には小砂丘忠義、上田庄三郎、野村芳兵衛、門脇英鎮、峰地光重、小林かねよ、今井誉次郎、中島菊夫らがいた。創刊号の巻頭では「吾等の使命」と題して「教育に於ける『生活』の重要性を主張」し「生活重視は実に吾等のスローガンである」（草案執筆者・上田庄三郎）と宣言して子どもの生活解放を主張していく。

前述のように、『綴方生活』誌は昭和五年十月号より志垣寛の文園社から独立した郷土社から刊行されることになる。経営・編集の中心は小砂丘忠義の手に移る。この号の巻頭では、「社会の生きた問題、子供達の日々の生活事実、それをじつと観察して、生活に生きて働く原則を吾も掴み、子供達にも掴ませる。本当な自治生活の樹立、それこそ生活教育の理想であり又方法である」とし、「吾々同人は、綴方が生活教育の中心教科であることを信じ、共感の士と共に綴方教育を中心として、生活教育の原則とその方法とを創造せんと意企する者である」と宣言している。

なお、この宣言の中の「綴方が生活教育の中心教科である」とする文言の意図するところに関しては、当時の同人の一人であった峰地光重の証言等によって明らかにされている。滑川道夫はこの問題に関して、その中に①「教科としての『国語科・綴方』と全生活教育とのかかわりの問題」、②「のちの生活教育論争に展開する萌芽をもふくみ、教科から『はみ出す』問題」とが孕まれていたことを指摘している(1)。

以上に見てきたところから、『綴方生活』誌が子どもの「生活事実」を重視し「社会の生きた問題」「生活に生きて働く原則」に力点を置いて「綴方が生活教育の中心教科」であるとする方針の下で活動していたと見なすことができよう。とは言え、本誌においても綴り方教育における「表現指導」の在り方が全く論じられなかったわけではない。当初はやはり「生活教育」に関わる言説が圧倒的に多かったのであるが、次第に綴り方の「題材」とその「表し方」との関わりを巡って「生活」と「表現」との関わりについての言説が出現してくる。以下、本誌でのこうした状況に焦点を絞りながら、本誌における「表現」概念の位相を探っていくことにする。

第二節　第一次『綴方生活』（昭和四年十月～昭和五年八月）における「表現」概念の位相

第一次『綴方生活』の時期は創刊号の巻頭言「吾等の使命」に直言されているように、専ら綴り方教育における「生活」の重要性を云々する言説が圧倒的に多い。しかし、そうした中でも綴り方教育における「表現」の問題に言及している論考が若干見られる点に注目しておきたい。

1　「表現」概念の内実に関する検討

創刊号の巻頭論文において、千葉春雄は「児童文のもつ研究問題的意味について」と題して次のように述べている。(2)

指導をあやまると、一年といふ幼児でありながら、言葉も用語も、形式的にのみのびて、心の伴はぬ文がほめられるやうになつてくる。で、必然の心から生まれた流麗なら、整調ならそれでよい。がもしも、文はさうすべきものといふ作法的先入から来た流麗、整調としたら、何にもならぬ。

それよりも、子供なるまゝの姿をそのまゝ吐露し、よしその吐露の中には、多少の耳なれぬものがあつても、それが余りに甚だしくない限り、そして作者の程度相応である限り、それをゆるして見ると、はしなくも、そこから、滾々としてつきない子供の性が流れ出てなるほど、児童の文といふ一つの具体的条件を確認させる。子供なるが故にのみさうある力なので、具体的な力なのである。で、往々にして不適語が、適語よりも文の叙述を力あらしめる所以はこゝにある。

千葉はここで、児童文に見られる表現の在り方に関わる研究問題について「内容」と「形式」の一元的な立場から考察を加えているのである。

また、同号における座談会「綴方の母胎としての児童の生活」の中で上田庄三郎は次のように述べている。(3)

上田　生活の解放には異論はないが、僕は作品は生活そのまゝの表現でなくつてもいゝと思ふ。田中豊太郎氏が、最近「日常生活そのものを綴り方で要求するような生活にさせ、綴り方で要求するやうな生活を日常生活の中に浸潤させたい」といふやうな事を説いてゐたが、一般に綴方教育を論ずるものが、作品と生活とをあまりに直接的に考へすぎる傾がありはしまいか。僕は生活をあまりに綴方の母胎視すぎる考へからも、解放されたいと思ふ。作品は決して生活の直接表現ではない。どんな悪人でも善い作品が書けないわけはない。綴方からも生活を解放するんだね。

野村　僕は文と生活とは不即不離だと思ふね。

上田　生活はしかし綴方のためにあるのではない。僕は生活と作品とを全然自由に切り離すことが、徹底的な生活解放だと思ふんだ。つまり生活のくりかへしや再現だけなら、別に書く必要はないんだ。

上田は従来の綴り方教育論に対して、「作品と生活とをあまりに直接的に考へすぎる傾」があったのではないかと疑問を呈し、「作品は決して生活の直接表現ではない」と指摘している。上田は要するに、綴り方に書く内容が現実の「生活」そのものとは次元を異にするものであるということを指摘しているのである。上田のこの考え方には綴り方教育における「生活」概念の捉え方、及び「生活」と「表現」との関わりについての極めて重要な示唆が潜んでいる。

同年の第二号では、「綴方の素材と其の表現」と題した座談会が持たれている。出席者には千葉春雄、野村芳兵衛らの他に、五味義武、奥野庄太郎といった顔ぶれも見られる。綴り方の「素材」と「題材」との違いに関する考察と関わらせる形で「表現」の内実に関する議論が行われている。(4)

奥野　一口に表現といつても、これには芸術的な意味でいふ表現と、単に文字に書き表はして発表するといふものを意味するといふものを意味するのと二通りあるやうだね。
志垣　さうだ、まず表現の意義だ。
千葉　ちよつと、むづかしいね。
野村　とにかく、書かれたものに味が出なければ表現ではないね。
志垣　味が出るといふのは、その人がもつてる個性が出るといふことだね。この前話した「水と私」といつたやうなものは、単なる文字の羅列であつて、何らそこに味が出ない。さういふのは表現ではないのだね。
千葉　奥野君のいつた、単に書き表はしたものと、芸術的創作的な発表になつてゐるものとある、その中の創作的なものを表現とするんだね。ところが、表現といふものを、味があるとかいふ風な漠然たる云ひ方ではなくもつと、しつかり手ごたへがあるやうにいへないものかなあ。
奥野　かういつたらどうか。吾々が見たり聞いたりする所の、つまり対象に対して個性的な意味を感じた時、その意味を綴方の生命として表はしてゐる場合、さういふものが表現である。

この座談会では、不十分な内容ではあったが、「表現」というものの意義について検討が加えられている。ここでは、少なくとも「表現」という概念の内実を、単なる形式的なものだけを指すのでなく「個性が出」たもの、「対象に対して個性的な意味を感じた」時に「その意味を綴方の生命として表はしてゐる」もののことであると捉えている。「表現とは言葉での生活」とか、いや「表現になるまでには想の胚胎、構想がたしかにある」のだから、それは「言葉の生活」でなく「内的生活」(5)だとする議論が展開されている。要するに、ここでは「表現」というものが綴られている内容的側面から捉えられているのである。

第五号（昭和五年二月号）の中で木村文助は「綴方座談会所感」と題して創刊号以来続けられてきた誌上座談会に寄せた所感を述べている。この中で木村は「生活と表現」の関係に触れて次のように述べている。(6)

生活と、その表現との関係については生活即表現表現即生活と一元に見る人もあり綴方と其母胎たる生活と、前後二元的に見る人もあるやうであるが私はこれは時間的に見るか空間的に見るかによつて、相違すると思ふ。こゝに云ふ生活の意味が人間生活の全部を覆ふものとして、文材決定の心的状態からせば二元的に考へざるを得ないし、決定が先天的趨向のものとせば一元の考方しかあり得ない。要するに見方の相違であらうと思ふ。主張する人達のはつきりした意味は解らぬが私には左の如く考へられる。

ここで木村が言う「時間的に見るか空間的に見るか」という考え方は今一つ明瞭ではない。「生活」は本来空間的なものであるから、時間的な存在としての「表現」と次元を異にする。その意味から「生活」と「表現」とは二元的なものであると言うなら納得はできる。しかし、「決定が先天的趨向のもの」という部分が理解しにくい。ここでは「文材」という言い方をしているところからして、「文材」を現実の「生活」の中から選び取られたものとして、すでに時間的な存在としての「表現」の次元にあるものとして、「一元」であると考えているのであればこれもまた納得ができる。

昭和五年三月に刊行された『綴方生活』増刊号では、「新興綴方教育講話」が特集された。昭和四年十二月に東京神田駿河台・国民中学会講堂で五日間にわたって開催された「新綴方研究講習大会」の記録集である。この講習会には佐々木秀一、奥野庄太郎、五味義武、千葉春雄、北原白秋、志垣寛等の錚々たる講師陣が参加している。その内容にも「表現」概念に関わって注目すべきものが見られる。その中でも千葉春雄による「言葉・心・学習」と題した次のような講演の内容には極めて重要な考え方が含まれている。(7)

綴方で一番重要な問題を経験の上からたづねると、今日の綴方の進路に暗影を投ずる重要な問題が可なり沢山あるが、その根本をなす最も重要な只一つの問題は、今日の綴方界が、その指導者と云わず指導されて居る子供と云わず或は作品と云わず、凡てに通じて、表現に対する理解を欠いて居ることである。これは単に綴方ばかりでなく、読方に於ても最後の重要問題として残るものである。

例へば、読方を論じて形式・内容に言を及さゞるものなく、これは便宜上の対立であつて、決して分割さるべきものではない、と言葉の上ではよく云ふが、さて読方指導の実状を見ると、その形式内容の主張と似てもつかぬ実際指導の状態である。鑑賞文の取扱に於ても、その理論は尤であるが、読方の時形式内容の主張を体現しない様に、その鑑賞論は矢張り教室に於て体現されて居ない。小さな語句の意義を取扱つたり、鑑賞文の文字の意味を云々したりすると、かねての主張たる一元論や鑑賞理論と合しないやうな気がする。が時間は余る。その時間無為に過すわけにはいかぬ。大いに煩悶する。かくて遂に教師としての職業意識が働いて、色々の埋草的取扱でごまかして置く。然しそのごまかしは皆一元論や鑑賞理論と一致しないのである。

之等の錯誤や悩みの根本は、皆表現そのもの、理解が未熟なために起るものである。つまり、国語教育の凡ての問題の根本は皆これに帰する。

千葉は綴り方実践において「形式」「内容」一元論の主張と一致しない実態が見られるのは、「表現そのもの、理解が未熟なために起るものである」と断じている。

その上で千葉は自らの「表現」概念に関する理解を示すために、「素材と作者と題材」の三者の関係について以下のように論じている[8]。

あらゆる経験あらゆる事物、この世の森羅万象凡てを文の素材と見るが、さてその素材と作者との交渉には二様ある。素材が作者に働きかける場合と、作者が能動的に素材に働きかけてこれを文題即ち題材として生かす場合とである。例へば低学年の児童の綴方を見るに、その経験の中から、特に面白かつたこと、等を思出させて之等は綴方になるのだと取材の指導をする。その場合、それ等は驚異・異常の世界であつて、材料そのもの、刺激によつて作者は綴方をなす。即ち素材が作者に働きかけたのであつて、これは多く低学年の綴方に見る現象である。

その反対に、素材が通常平板なものになると、作者が能動的に働きかけねば作として成功し得ない。一木一石が成人には綴方となり成人にはならない。これは作者が素材に働きかける態度によつて決する。故に作者の心構へに暗示や物を見る態度を用意させて素材をながめしめることが肝要である。すると、今まで見過ごして来た通常の素材にも一つの新しい見方を得て、文になる資料が形成される。これが即ち題材である。往々にして素材と題材とを混同して考へるものがある。綴方の時間、教師は教鞭の弄びよろしく机間漫歩、「先生書くことがありません」個別指導、「窓の外を御覧なさい」窓外には木の枝・小鳥・家の屋根・おむつの洗濯物・而して遠山の頂き等々、「どうです。書くことはいくらでもあるでせう」然し、依然として子供には書くことがない。無い筈だ。木の枝・小鳥・おむつの洗濯……皆素材ではあるが題材ではない。題材とは、作者が素材の中から、綴方的興味を感じて綴方の資料として取出したものである。取材の指導は、素材を見せることではなくて、如何にして素材から題材にまで成長せしめるかの指導である。

千葉はこのように、この世の中の森羅万象である「素材」から綴り方の資料としての「題材」の取り出し方について論じた上で、この「素材から題材へ」という題材構成の過程を「第一次の表現」と規定している。さらに、千葉は「文と事実との混同」について注意を促し、「文と事実とは必ずしも一致しない」と述べている。「事実は素材」であって、「素材から選択取材して新に構成したものが文である」からだというわけである。綴り方の「素材」としての「事実」と「文」との違いを指摘した上で、「素材」から取り出した「題材」と「文」との関係において「形式」「内容」一元論を展開している。すなわち千葉は「素材から題材へ」「題材から文へ」という過程を一元的に「表現」と捉えているのである。「表現」概念を形式・内容一元の立場から捉えている注目すべき考察である。

2　「表現の指導」即「生活の指導」の実践提案

第二巻第六号（昭和五年五月）では鈴木嶺雄による「表現の指導」という論考が掲載されている。この論考では「表現の指導がほんの手先の仕事に終つてゐ」て「外面的な言葉の指導に堕して深く心へ通ずる仕事にはなり得ない」と批判して「表現の指導即生活の指導」の在り方について具体的な指導事例に基づく提案を行ってい

る。少し長くなるが、貴重な実践的な提案なので引用してみよう。(9)

（　）の中は後に共同して添加した部分であるが、便宜原文と指導の文とを一所にして掲げることにする。

木伐り　　高二男

十一日のことだ。僕と末次君が縄をなつてゐると父が僕の所へきて、

「今から木を伐りに行くだ。」

と言つたので、僕達はなた、のこぎり、よきなどをもつて出掛けた。

畑の水菜が、風の吹く度に反射光つたり波をうつたりしてゐる。

畑の先は水田だ。水どけの水が寒さうにゆれてゐる。その景色はいかにも寒さうである。橋を渡つて木伐りの場所についた（小川のふちの雑木の中に一抱へもありさうなかしの木が、たくましい腕をのばしてたつてゐた。）父は日通りの所を縄でしばつた僕たちはその縄の先を川の向ふ側からひつぱる役目をした。その次に父はしびれないやうにした。（木の根元によきを入れて、うまく小川の方に倒れる様にした。）

（父は鋸でズイコズイコと伐りはじめた。かしの木はじつとしてゐる。）僕と末次君は縄をにぎりしめ乍らそれをみてゐた。

風はさつきより一層つよくなつた。雑木の枝がザワザワと音をたてる。川の水は余念なく流れてゐた。小鳥の群はまひ上つたりまひ下つたりして寒さの空にくろく見えた。

父はもう半分ばかりきつた。僕達は自然に縄をつよく握りしめた。父は同じやうな調子できつてゐる。

（鋸を引く度にかしの木はゆれた。）

だんだん鋸は根元のよきを入れた所に近づいていつた。力を縄一ぱいに入れた。同時にミシミシとして小

川の上にドサリところんだ。
この木も一生が終はつたと思ふと可愛さうになつて、僕は幹をみた。（伐り口の所から生々しく皮をはがし、枝を川の中に突込んでガツシリと身体を構へてゐる。）はかない最後だといふ気がした。（風はヒユウとなつてゐた。）

どんな構想によつて書かれた文か

それを読んでいつた。太いかしの木の伐られたのを悲しんで生まれた抒情的態度になつた文である。それでは風景の描写は何人のために書いていつたか、木伐りの場所へつく前にも、又木を伐つてゐる時にも、風の音や寒さをかいてゐるが、それは背景描写であり、巨木の最後を悲しむ序曲である。と作者の構想をみて行つたのである。

第二に**どこがよくかけてゐるか**を調べていつた。たれも風景の描写を指摘した。中には木を人格的に見て、はかない最後だと悲しんだ心を賞揚するものもあつた。

書き改めたい所はないか

削除したい所を順にみていつた。文中――の所はかくして除かれたものである。

次にもつと書き足したい点を研究していつた。書き足したいのはかしの木の描写である。序曲がくわしくかけてゐるのに大切な木の描写は何もかいてないといふのでどこに挿入すべきか作者の内面的姿勢をみた結果文中（　）の個所に（　）の中にある言葉を共同研究で挿入したのである。又風物にしても序曲があつて終曲がないといふので最後に風の音をつけ加えることゝした。

何れも共同添削によつたもので不十分な個所がないでもないが、そのまゝにしておいた。

表現の指導即生活の指導であり、文字言葉の添削は心の添削であることに徹したいと思ふのである。

右の実践で、指導者の鈴木は、「木伐り」という綴り方を書いた児童がこの作品をどのように構想しながら書いていったかという部分まで共同での検討の対象としている。構想の過程は書き手による綴ろうとする対象への向かい方、対象の切り取り方、対象との関わり方でもある。指導者はこのような構想の過程に書き手の「深く心へ通ずる」側面を重ねて、この点を以て「生活の指導」と考えているのである。「文字言葉の添削」を以て「心の添削」に通じるという考え方によって「表現の指導」即「生活の指導」であると捉えているところにこの実践提案の意義があると言える。

第三節　第二次『綴方生活』（昭和五年十月〜昭和十二年十二月）における「表現」概念の位相

第二次『綴方生活』は前述したように志垣寛の文園社から離脱して経営・編集の中心が小砂丘忠義に移ることになる。それ以降、次第に従来の文芸主義的綴り方教育への批判が行われるようになり、「社会性」や「階級性」といった話題が取り上げられるようになって、綴り方における「プロレタリア教育」論（例えば、上田庄三郎「偶像崩壊覚え書き」昭和五年十月、江馬泰「階級層の上に立つ綴方」昭和五年十一月、等）への指向が強まっていく。

この頃の特集を見ると、「作業主義と綴方」（昭和六年六月）、「綴方における共同制作」（昭和六年七月）、「共同制作の実際研究」（昭和六年八月）等が続いている。

1　リアリズム綴り方教育論の台頭

昭和九年一月に入ると『綴方生活』誌上にリアリズム綴り方教育論が登場する。これは「赤い鳥」綴り方教育論における「ありのままに描く」という主張に対する批判的な主張として登場している。

今井誉次郎は「綴方レアリズムの諸問題」と題して、『赤い鳥』（昭和七年五月号）の特選作品「鼠退治」を取り上げながら次のように述べている。(10)

この文は、何となく人生社会の表面的な現象を取扱つてゐるやうに思はれる。「あつたことを、あつたまゝ」に書くことは、事実を正しく表現し、真実を描くことゝは別である。あつたこと――即ち自己の経験を真実に描く為には、描く際の作者の頭に於て真実の創造がなされなければならない。レアリズムは、外面描写でもなければ、単なる行動の記述でもない。この文では「あつたことを、あつたまゝ」に描く為に非常な努力が払われてゐるが、その割に真実の人生観察（洞察）が欠けてゐるのではなからうか。若し作者が、自己の周囲に対して、今少し積極的に人生的社会的な眼を向けたならば、この作品は、より以上に社会的生気を持つた作品に高度化されるであろう。

今井誉次郎は江馬泰というペンネームで前掲の「階級層の上に立つ綴方」という論考を書いている。このタイトルからも分かるように、今井は「社会的な眼を向け」て描いた綴り方を「レアリズム」綴り方と規定している。

昭和九年五月には木村不二男が「児童文に於けるレアリテイ小考」を、同年六月には村山俊太郎が「児童詩におけるレアリズムの問題」、そして同年七月には「調べた綴り方の進路――綴方的リアリズムの道へ――」と題した論考の中で「調べた綴り方」の作品を分析しつつ次のように述べている。[11]

生活とはかくの如く個々に切り離されて居たり抽象的な概念化されたものではない。この表現の教科書的臭味があつて作者の躍動してゐないのは作者の生活に対する認識が言ひかへれば生活の行動が形式的であるからであらう。生活認識の抽象化、表現性、形象性の喪失、生活行動性の稀薄等は調べた綴り方の陥つた大きな欠陥であり、綴り方教育の明瞭な反動性として是正しなければならない点ではなかろうか。調べた綴り方が綴り方教育界に題材の拡充、表現様式の多様化、調べることによる客観性の把握等々幾多の長所をもち込んだ効果は充分に認めた上に、われわれは上述の欠陥を克服して綴り方の領域に調べた綴り方の正しい発展を期することも刻下の綴り方的任務であると言へるだらう。

村山は「調べる綴り方」が「題材の拡充、表現様式の多様化、調べることによる客観性の把握等々幾多の長所をもち込んだ効果」を認めつつも、「生活認識の抽象化、表現性、形象性の喪失、生活行動性の稀薄等」をその重大な欠陥として指摘している。

昭和十年三月には今井誉次郎が「リアリズム綴方序論」と題して「新リアリズムに於ては事実を包括的傍観的に描写するのではなくて、寧ろ事実を自己の生活的社会的悩みの眼によつて偶然的なものと本質的なものとに分けて本質的なものを描こうとする[12]」ものであると論じている。また同誌面において小川隆太郎は「リアリズム綴方への理解と作品批判の眼」と題して「調べた綴方」批判を行いながら、「調べることはどこまでも本質目的ではない」として「事実を具体的、批判的に書かうとすれば調べることも亦必要となつてくる[13]」ものであると主張している。

これら一連の論考の中では、「赤い鳥」の「あるがままに書く」という綴り方教育論や「調べる綴り方」の調べること自体を目的化したいき方に対する反省を踏まえて、現実生活を直視しその姿を具体的、批判的に描き出すリアリズムの手法を獲得していくことが目指されている。

2　表現技術指導への転換

昭和九年十一月の『綴方生活』誌には加藤周四郎の「歩いて来た道の自己批判——村での第一歩の綴方生活——」と題した論考が掲載されている。新任教師としての教壇生活一年目の綴り方実践を振り返った一文である。この中で加藤は次のように述べている。(14)

三学期を通じて、広く一般的指導に手を加へつゝをりながら、縦につらぬく指導の力点がなかつた。二学期三学期と推敲作業と口頭発表練習に力が入れられたが、これも全指導体系のどこに位置して発展的にどこに行くべきものかの見透しがついてゐなかつたのだ。

その場あたりの救急療法に忙しかつたので、努力の割に効果が見えない。尚根本的な指導態度の不完備は、僕が、まだ作品対象と対象性とこれの形象化に対して、意識内の発展的な表現作用に勉強をおこたつてゐた点だ。だから生活と表現を二元的に考へてゐたのだ。対象された現実が如何にして表現作用に結ばれて行くかの理論が指導語に欠けてゐたことだ。

青年教師加藤のこの真摯な反省には、言葉足らずながらも極めて重要な指摘が含まれている。綴り方作品の対象となる「生活」と「表現」とはそのままでは次元を異にするので二元的にならざるを得ない。これらが一元化されるのは、作者によって「対象された現実」（＝「生活」）が「形象化」されていく「表現作用」によってである。これを指導語に定着させていくことには大きな困難が伴う。しかし、ここでは加藤がこの問題に気づいている点を多としたい。

　昭和十年三月に小砂丘忠義は、同誌面に掲載された田川貞二の論考「本格的綴方の解明」に対して考察を加えた「時宜を得たる警告的提言」という論考を執筆している。この中で小砂丘は田川が論じた綴り方の「題材的方面」と「表現的方面」との両者の関わりについて次のように述べている。(15)

　素材がそこらに雑然とある。それに人間がぶつつかつて相引くか相斥けるか、いづれにしても題材となる。題材となつた時にはすでに表現がくつついてゐる。表現を予想しないで題材は成り立たぬ。僕の独断だが、表現が先行するからこそ、数多くの素材がある一人特定の題材となるのである。つまり、我われは素材に対した時言語文章の力をかりて、心理的にすでに一つのまとまつた形を作つてゐる。これを仮りに「内的表現」とする。その内的表現が他人の感覚に訴へ得るやうな形をとつて発表される。（音、色、文字文章、形、動作等）そこに綴方も生れて来る。だから僕の見解によれば、文字文章に書く部面はむしろ発表（公表）に近い。この発表は表現の茎葉であつて、これ以前の作用は地中にひそむ根である。（かりに表現の根とする）綴方として取扱ふべき主なる仕事はその茎葉についての研究考察であるべきではあるが、その仕事を全うするためにはこの根をもまた顧慮しなければならぬ。その根の培ひに関する作用を僕は常に、全教化《ママ》、全教科の司るべき分野だといつてゐる。

　さう考へると、既成の一つの文章について、題材はどう、表現は如何にといふ風に論評することは、不可能ではなく、またその方法によることが便利な場合もあり得るのではあるが、厳密にいへば題材を論ずることは同時に表現を、表現を論ずることは同時に題材を論ずることであると僕は結論する。

小砂丘はここで、「題材となつた時にはすでに表現がくつついてゐる」し、「表現を予想しないで題材は成立たぬ」とも述べて、綴り方の素材たる現実から取り出した「題材」と「表現」とを一元的に捉えるべき考え方を表明している。確かに、現実の「生活」と「表現」とをそのまま一元的に捉えることは厳密な意味では不可能なことである。しかし、「生活」（＝綴り方の素材）から取り出された「題材」が「表現」として一体であることは改めて言うまでもないことである。

なお、小砂丘はこの論考の別な箇所で、田川の「文は作るべきでなく、生るべきだ」という言葉を受けて、現今はこの考え方では不十分で「文は構成すべき」であり、「表現に構成的な、積極的な意図を示すことが現下綴方界の緊急事である」と主張している。

これまでは、綴り方の素材的部面である子どもの「生活」面にのみ軸足を置いてきた本誌の中で、その主宰者が自ら綴り方の「表現」面に力点をおいた考察を行っている点に注目させられる。

昭和十一年八月には上田庄三郎の「綴方科学のために」という論考が掲載されている。この中で上田は次のように述べている。[16]

綴方教育の科学的研究のためには、まず綴方、文章の科学的研究が必要である。綴方や文章が科学的に研究されてのみはじめてそれの教育方法も、科学的態様をとることとなる。文章そのものが、非科学的、非合理的なものと考へられるかぎり、それの科学的教育方法は不可能である。したがつて、ひろく教育の科学化、生活の科学化との有機的関連において文章教育の科学化をはかるためには、文章科学の確立に努力せねばならぬ。

文章とは、人間の精神構造の社会的表現であるから、人間の精神構造の科学によつて文章の科学的研究が深められることは当然である。この頃波多野完治氏が「文章心理学」「文章学」として発表した心理学的な文章研究は、かかる意味において、文章科学建設のための注目すべきものである。もちろん学者の立場やその研究方法に就いては、いろいろ異論の余地もあり、これが現代の文章学への、唯一の方向であるとは云ひ難いとしても、従来の形式的な修辞学に、人間的な鮮血を環流させ、客観的社会的なものとして、文章を研究しようとする意図は、明日の文章観をきづくために何人も通過すべき関門である。

ここに見られる上田の考え方は、当時、波多野完治が発表した「文章の心理学的研究」として刊行された『文章心理学――日本語の表現価値――』（昭和十年十月、三省堂）に影響を受けている。「綴方、文章の科学的研究」を通して「綴方教育の科学的研究」を進めていくべき事を提唱している点に注目しておくべきである。

同年同月の誌面において、小砂丘忠義は「綴方は綴方の角度から――綴方観の小さな訂正として――」という論考の中で、「綴方は文章を書く技術を錬磨する学科である」と規定している。この中で小砂丘は「『生活』はあくまで『文を書くため』の生活であつて生活そのものが綴方の目標ではない」とも述べている。小砂丘がこのように従来の「綴方指導観」を「訂正」しようとしたのは「文章が文章の態をなさぬほど誤つてをり、乱れてをり、それほどでない場合にも、叙述、描写等が甚だ拙劣であつたりする」[17]という理由からである。

小砂丘はこの時すでに『文章記述の常識』（昭和十年、文園社）という文章手引書を刊行している。この事実からも小砂丘による右のような表現技術指導への転換は十分に理解できるところである。

昭和十一年十一月には、今井誉次郎の「綴り方形式の歴史性」という論考においても「綴方は表現の教科」であると規定され、次のような興味深い提言がなされている。[18]

綴方は児童の既得の国語の知識によつてその生活や感情や思想を表現させる教科である。形式的に言へば、その場合に表現に必要な新語句等を学習するといふことはあつても、そこで新しい知識を学習するといふことはない。（中　略）

過去の綴方教育をふり返つて見ても、所謂随意選題以後のもろもろの生活指導の綴方に於て主として論ぜられたことはその生活内容に就いてゞあつた。表現の問題（言葉の問題）は、如何にそれが内容に忠実であるかといふ点からのみ論ぜられた。すなわち、内容を重んずることの切なる為に、それを表現する言葉の問題にまで波及したのだつた。（中　略）

かやうに、今日及び今日迄の多くの綴方教育（随意選題以前は別）が内容主義であつたことは争はれない事実である。極端に言ふと、綴り方ではなくて、何を綴らせるかだつたのである。そして綴方の時間に関する限り、文字や語句そしてその綴方の問題は本質的なものと考へられてゐなかつたのである。（中　略）

かやうに綴方を深遠なものに観たがる原因には色々あるがその一つは、綴方教師自身の文化認識――教科認識の不十分な点にある。今日迄行はれて来てゐる所謂綴方の生活指導なるものは、他の諸教科の教授に於てなされなければならないものである。例へば生活実践の倫理的方面情操的方面は修身其の他の諸教科や又日々の実際的な生活訓練に於てなされなければならない。又以前の調べた綴方に於ける例へば「買物のノート」のやうなものは、当然算術教授に於てなされなければならない事項である。

今井のこの考え方にはかつての今井自身による綴り方の「プロレタリア教育論」のような威勢のよい論調は窺

えない。今井はこの論考で従来の「綴方教育」が「綴り方ではなくて、何を綴らせるかだつた」としてその「内容主義」的偏向を批判している。また今井は「今日迄行はれて来てゐる所謂綴方の生活指導なるものは、他の諸教科の教授に於てなされなければならないものである」とし、「生活実践の倫理的方面情操的方面は修身其の他の諸教科や又日々の実際的な生活訓練に於てなされなければならない」とも述べている。今井のこの論考は従来の「生活指導」を中心とした綴り方教育の行き方から「表現指導」に軸足を置いた行き方への転換を図ったものとして注目させられる。

3　「綴方教師解消論」による綴り方教育の目的に関する見直し

昭和十二年一月には国分一太郎が「『綴方教師としての悩み』について――あまり平凡に一面的な――」と題した論考を書いている。[19]

私の考では必要にして十分なだけ悩めばよいと思ふのです、農村の子供つて、必要にして十分なことだけを悩んでみたいものなのです。ましてや、ましてや、綴方教師としてなんかは、綴方にとつて必要にして十分な悩みだけ悩んだ方がいゝのです。他の教科の事までも、一般社会の情勢のことまでも、国際関係のことまでも悩む必要はないと考へます。いや説教をするのではありませんでした。私は悩まぬ事にきめてしまつたんです。子供に文や詩をかゝせるため、かゝせて見てよませてみて困ること、指導しにくいこと、それだけをうんと悩んでみようと思ふのです。その他の悩むに値するものは、理科にも分けてやりました。地理にも国史にも、修身にも分散してやりました。あらゆる学校教育の各方面に、校外教育にまでも、みんなゆづつてやりました。だから、私が綴方教師として教室や家に帰つてから活動する時は、割合に身軽な悩みをす

> ればいゝのです。綴方で悩んでは解決出来ぬ問題は、例へばこゝの科学的観察がまちがつてゐるなどといふ時は、理科の方におつかぶせてやります。理科よ、お前は厳正な法則の光もて、客観的真実を暗ますこの子を啓蒙すべし、とかうなるわけなのです。
>
> だから綴方では「文字といふ道具を使つて思想や感情を、他人にわかるやうにかく」といふ立場からだけ、私は今度うんと悩んでみたいと考へてゐるのです。その思想や感情の内容そのものについての悩みや、その悩みのよつてくる根元的なものについての悩みなどは、生活教育全般の悩みとしてか、あるひは躍進日本国民の悩みとして、気永に忠実に、万機公論風に、多くの人々と悩みを共にしたいのです。

ここで国分の述べようとしていることは、要するに綴り方では「文字といふ道具を使つて思想や感情を、他人にわかるやうにかく」という立場だけに腐心して、「その思想や感情の内容そのものについての悩みや、その悩みのよつてくる根元的なものについての悩みなどは、生活教育全般の悩みとしてか、あるひは躍進日本国民の悩みとして、気永に忠実に、万機公論風に、多くの人々と悩みを共にしたい」ということであった。国分は綴り方教師の責務を「明ラカニ思想ヲ表彰スルノ能ヲ養ヒ」であるとし「文字表現を正しく、明確にさせること」であるとして、綴り方教師としての役割分担を思い切って限定するという考え方を主張したのである。

その上で国分は、綴り方において「何を書くか」という表現の前の「生活し方《ママ》」や「生活の考へ方」の問題は「一応綴方ときりはなして、生活指導、教育全般の問題として、大所高所から考へていき、悩んでいくことが、有効適切である」とまで主張したのである。

国分のこうした考え方は、一人の生活綴り方教師による綴り方教育目的論としてもまた生活綴り方教育論における「表現」概念の位相という面からも極めて興味深い内容を含んでいる。

国分一太郎によるこうした考え方は綴り方教育が「生活指導のための表現指導」過程を担っていこうとする従前の立場から一転して「表現指導のための生活指導」としての教科、すなわち国語科綴り方に戻していこうとするものである。国分におけるこうした立場は、綴り方教師が生活教師に解消されるとする「一種の綴方教師解消論[20]」に位置付けられる。

国分一太郎によるこうした考え方に一部は重なり、一部は微妙に異なる考え方を示した論考に、同時期（昭和十二年一月）に掲載された村山俊太郎による「綴方理論の実践的展開」という論考がある。村山は「いまの綴方教師は、教育における生活指導が綴方だけでやれるものだなどといふ教科主義的な思ひあがりを精算して、じつくりと教師の足場を現実の具体的事実の上に密着させた、生活教育の実践に乗り出してゐる」として、当時の現状を前向きに肯定している。その上で前年の十一月号に今井誉次郎が執筆した「綴り方形式の歴史性」に対して次のような批判的な考察を加えている[21]。

> 今井君の論文は、綴り方の本質を歴史的な究明の中に吟味した労作として暗示深いものであつた。私はこの主張について全面的に共鳴するものであるが、部分的に二三の疑問があるから茲にとりあげてみよう。
>
> 第一は綴方の本質にふれてである。綴方の本質が今井君の言ふやうに「綴り方」にあり、「綴り方の技術の教授」を根本とする教科であることに異存はない。そして綴方の本質に関連する表現における言葉も「綴方の用語は完全に生活化されてゐる児童の日常語が基本でなければならぬ」といふ主張の裏付けも同感である。
>
> だが今井君は、綴方は表現の教科であるといふ主張を単なる狭い技術主義に立て籠り、従来の内容主義や生活指導または目的論の新しい解釈等に対して否定的な表現をとつては居ないだらうか。

（中　略）

綴方を文字語句文章の綴方技術から脱逸した生活指導万能論者や、素朴な内容主義者にはたしかに今井君が憂ふると同様の思ひ上りを信念として持つ者があつたらう。たとへば童心至上をかつぐ一群の人々などであるが、これらは既に歴史の頁を汚してゐるに過ぎず、今日の一般の綴方人の常識が今井君の言ふやうに文字語句文章をはなれた深遠なものといふやうになつてゐるかどうか。

たとへば、われわれ東北で意欲的に合言葉とした北方性のごときも、綴方工作の第一歩は華々しい意欲の陰に現実の子供の言葉――文化技術として頗る低度の言語問題について悩み方言詩論争や、方言的表記の問題から正しい言語問題につき当たつたりしてゐるのである。目的観を新しい角度から再吟味した入江道夫、鈴木道太両君をはじめ幾多の実践人の目的観論も今井君が言ふやうな「技術に対する目的観の優位性」などといふトンチンカンな思ひ上りのお題目なんか唱へなかつた筈である。技術と目的を切り離すやうな逆もどりの思想を抱く人達であつたならば、綴方の目的観の吟味など勿論必要なかつたことであらうに。

さらに生活指導の問題だが、綴方の生活指導は他の諸教科の教授においてなさなければならないといふ偏狭な教科主義こそ、教科認識の不十分な点ではなからうか。これこそ新しく展開しようとする生活教育の立場からは精算しなければならない教科認識ではなからうか。生活実践の倫理的方面や情操方面がなぜ修身や其の他の教科でやれて、綴方でやつていけないのであらうか。

村山は、今井誉次郎の、綴り方の本質を「綴り方」にあるとし、「綴り方の技術の教授」を根本とする教科であるとする考え方に異論はないと述べて、基本的には今井の考え方に賛意を表している。その上で右のような若干の批判的な考察を加えて、「綴方科の特殊的任務である『ことば』の生活的な支配といふ立場を通すところに、綴方教師の実践的任務がある」と結論付けている。綴り方教師が生活教師に解消されるという考え方においては今井の考え方や先の国分一太郎の考え方とも共通している。異なるのは綴り方教育においてもなお「生活指導」の一端を担っていくべきであるとする点にあった。

昭和十二年五月の『綴方生活』誌に掲載された菅野門之助による「綴方生活の反省から」という論考もこれまで見てきた当時の生活綴り方教育を巡る状況を象徴的に表している。菅野は「私は綴方教育の最低の限度はどこにあるか迷つてゐます」とし「自分の書きたい心や考やを、正しい日本語でありのまゝに書く技術は、日本人の一人残らずが獲得せねばならぬものであらうと考へるのです」と述べて、「綴方技術の最低量を見究める必要があると思います[22]」と訴えている。この教師の場合にも、明確に綴り方教師解消論の立場を取って文章表現技術の指導に綴り方教育の軸足を移すべき事を訴えている様子が見て取れる。

昭和十二年六月には村山俊太郎の「ここから出発する——尋五の表現を高めるために——」と題した論考が掲載されている。村山は「綴方を、綴方だけで向上させようとする、綴方孤立観をすてよう」とし「子供の学校生活内において表現を必要とする生活組織をまづ考へ」て「その組織を中軸としてすべての表現生活が有機的に体系立てられなければならない[23]」と主張している。村山は、私たちが言葉を「単なる思想表現のための道具だつたり（「言語は技術である」）ことばが生産の手段だつたりするものでなく、それと共に私たちはことばによつて社会や自然を認識する」と述べる。そして私たちが「この言語の本質観に立つて、綴方の仕事が単なる生活技術（実用主義をも含む）のためのものであるといふような狭い考へをすてて、より深い生活（社会や自然を含む外界一般と考へて）を認識するためにも役立つ意義をもつてゐることを考へる[24]」と論述している。

村山はここでもやはり綴り方教師解消論の立場に立ちつつ、綴り方の素材である「生活」に対する見方や考え方を育てる役割をも担っていくべきであるとする考え方を主張しているのである。ここにも『綴方生活』誌における「表現」概念の位相の一端を窺うことができる。

なお、ここまで見てきた先の「2　表現技術指導への転換」や「3　『綴方教師解消論』による綴り方教育の目的に関する見直し」で取り上げてきた諸論考に見られる考え方には、昭和十年代の初頭に闘わされたいわゆる「生活教育論争」が影響を及ぼしていると判断される。この「生活教育論争」では、生活主義綴り方教育すなわち生活綴り方教育の在り方を巡って、当時、民間教育運動に参加していた教育学者や心理学者、言語学者、教育実践家等の間で活発な論議が展開されたのであった。

最も早い時期では、文章心理学者であった波多野完治からの綴り方教育批判が出されている。波多野は「今までの綴方は、言葉をはなれて空中をとんで居たから行きつまつたのである」と述べ、「綴方は人格教科であるが、然しこれはあくまでも言葉を通して行はれる人格教科である」と綴り方教育の目的について規定したのであった。波多野は、言葉が人格形成に重大な関係を持っているという考え方を表明し、言葉と思想とを結びつける「文体教育こそ綴方教育の最も重要な核心である」とする立場から、従来の綴り方教育が「言葉の表現性の教育[25]」を忘れていたことを鋭く批判したのである。

波多野完治のこうした考え方と同様の問題意識に立って従来の綴り方教育に対する反省を行っていたのが、「3　『綴方教師解消論』による綴り方教育の目的に関する見直し」で取り上げた国分一太郎であった。国分は『綴方生活』誌に発表した「『綴方教師としての悩み』について」という論考以前にも、「自己に鞭打つの書――綴方教育の反省」と題した論考を『教育・国語教育』誌に発表していた。国分はこの論考の中で「久しい間、私達は、綴方に重荷をしよわせて、生活探究とか、現実格闘とかと要求してゐた」が「しかしこのやうな事は、生活教育の全場面がうけもつべきであつて、綴方のみがやつきとなつても駄目なものだ[26]」と反省の弁を表明している。国分は、自分達が背負ってきた綴り方教育の生活指導的側面にわたる守備範囲を縮小して、文章表現指導を中心に取り組んでいくべきことを決意したのである。

このような生活主義の綴り方教育のいき方に関する批判や反省に追い打ちを掛けるようにして登場したのが教育科学研究会のメンバーからの生活主義綴り方教育に対する批判であった。とりわけ綴り方教育界に大きな反響を呼び起こしたのが、当時この研究会の機関誌『教育』の編集を担当していた留岡清男による批判であった。

留岡の批判は次のようなものであった。[27] 少し長くなるが、この「生活教育論争」の直接の引き金となった論考なので、引用しておこう。

今夏札幌第一中学校に於て開催された北海道綴方教育連盟の座談会に出席したことである。同連盟の人々は、生活主義の教育を標榜し、これを綴方によつて果させようとしてゐる。座談会では、綴方による生活指導の可能性が強調されたが、理屈を言へば、何も綴方科ばかりでない、どんな教科だつて生活指導が出来ない筈はなく、またそれを当然なすべきであらう。併し、問題は綴方による生活指導を強調する論者が、一体生活指導を実際どんな風に実施してゐるか、そしてどんな効果をあげてゐるか、といふことが問はれるのである。強調論者の実施の方法をきいてみると、児童に実際の生活の記録を書かせ、偽らざる生活の感想を綴らせる、すると、なかなか佳い作品が出来る、之を読んできかせると、生徒同志が又感銘をうける、といふのである。そしてそれだけなのである。私はいづれそれ位のことだらうと予想してゐたから、別に驚きもしなかつたが、そんな生活主義の教育は、教育社会でこそ通ずるかも知れないが、恐らく教育社会以外の如何なる社会に於ても絶対に通ずることはないだらうし、それどころか、却つて徒に軽蔑の対象とされるに過ぎないだらう。このやうな生活主義の綴方教育は、畢境、綴方教師の鑑賞に始まつて感傷に終るに過ぎないといふ以外に、最早何も言ふべきことはないのである。

この批判に対する生活綴り方教師達の反発は大きく、綴り方教育を巡る生活教育の論争が活発に繰り広げられていくことになる。『生活学校』という雑誌では、昭和十三年一月号から同年八月号までをこの論争に関わる特集とし、岩波の『教育』誌でも五月号に「生活教育」の特集を組んで「生活教育座談会」を行っている。この座談会の出席者は、石山脩平、黒瀧成至、滑川道夫、百田宗治、山田清人、吉田瑞穂、佐々木昂、鈴木道太、城戸幡太郎、留岡清男、菅忠道などである。また、百田宗治の主宰する『綴方学校』という雑誌でも、この年の十二月号で「生活綴方の新開拓・新定位」という特集を組んで、生活綴り方教師達の自己批判論文を掲載している。この『綴方学校』誌における動向に関しては、第Ⅸ章でも見ていくことにしたい。

これらの論議の中で、山田清人は、この論争の一つの帰結の方向として、「東北の、綴方をはみ出た生活教育も、さうでない綴方教育も、指導技術の科学的考察を完全に忘れてゐたのである[28]」と、従来の綴り方教育全般を顧みる反省を行っている。また、滑川道夫も「表現指導は同時に生活指導になる」と、両者の「二元的対峙」を批判し、「表現を変容することは生活を変容することである[29]」と、表現指導と生活指導との一元的指導という考え方を表明している。

なお、ここに見てきた「生活教育論争」を巡る問題に関しては、拙稿「昭和戦前期綴り方教育の到達点とその継承を巡る問題」（東京学芸大学国語国文学会編『学芸国語国文学』平成八年三月、後に拙著『国語科教育学への道』平成十六年三月、溪水社、に収録）において考察を加えている。参照して戴ければ幸いである。

注

（1）滑川道夫著『日本作文綴方教育史3昭和篇』昭和五十八年二月、国土社、五四〇頁。
（2）千葉春雄「児童文のもつ研究問題的意味について」（『綴方生活』創刊号、昭和四年十月、一〇頁）。
（3）座談会「綴方の母胎としての児童の生活」（同前誌、五八頁）。

（4）座談会「綴方の素材と其の表現」（『綴方生活』第二号、昭和四年十一月、五八頁）。
（5）同前誌、六七頁。
（6）木村文助「綴方座談会所感」（『綴方生活』第五号、昭和五年二月、三六頁）。
（7）千葉春雄「言葉・心・学習」（『綴方生活』増刊号、昭和五年三月、八一～八二頁）。
（8）同前誌、九〇～九一頁。
（9）鈴木頔雄「表現の指導」（『綴方生活』第二巻第六号、昭和五年五月、四二～四七頁）。
（10）今井誉次郎「綴方レアリズムの諸問題」（『綴方生活』第六巻第一号、昭和九年一月、十頁）。
（11）村山俊太郎「調べた綴り方の進路――綴方的リアリズムの道へ――」（『綴方生活』第六巻第七号、昭和九年七月、七～八頁）。
（12）今井誉次郎「リアリズム綴方序論」（『綴方生活』第七巻第三号、一〇四頁）。
（13）小川隆太郎「リアリズム綴方への理解と作品批判の眼」（『綴方生活』（同前誌、一一二頁）。
（14）加藤周四郎「歩いてきた道の自己批判――村での第一歩の綴方生活――」（第六巻十一号、昭和九年十一月、三三一～三三三頁）。
（15）小砂丘忠義「時宜を得たる警告的提言」（『綴方生活』第七巻第三号、昭和十年三月、一一五頁）。
（16）上田庄三郎「綴方科学のために」（『綴方生活』第八巻第七号、昭和十一年八月、十七頁）。
（17）小砂丘忠義「綴方は綴方の角度から――綴方観の小さな訂正として――」（同前誌、二一頁）。
（18）今井誉次郎「綴り方形式の歴史性」（『綴方生活』第八巻第九号、昭和十一年十月、四八～四九頁）。
（19）国分一太郎「『綴方教師としての悩み』について」（『綴方生活』第九巻第一号、昭和十二年一月、一一二頁）。
（20）国分一太郎の考え方に窺える「綴方教師解消論」については、中内敏夫著『生活綴方成立史研究』（昭和四十五年十一月、明治図書、七四一頁）において詳細に考察が加えられている。
（21）村山俊太郎「綴方理論の実践的展開」（前掲誌、注（19）、一二九～一三一頁）。
（22）菅野門之助「綴方生活の反省から」（『綴方生活』第九巻第五号、昭和十二年五月、二三頁）。
（23）村山俊太郎「ここから出発する――尋五の表現を高めるために――」（『綴方生活』第九巻第六号、昭和十二年六月、十三頁）。
（24）同前誌、一九頁。
（25）波多野完治「表現学と綴方教育」（『教材集録』昭和十年六月号、後に、波多野完治著『児童生活と学習心理』昭和十一年十月、賢文館、二七五〜二七六頁、に収録)。

(26) 国分一太郎「自己に鞭打つの書——綴方教育の反省」(『教育・国語教育』昭和十一年十二月号、一三六〜一三七頁)。

(27) 留岡清男「酪聯と酪農義塾」(『教育』昭和十二年十月号、六〇頁)。

(28) 山田清人「実践人への新らしき課題——『生活教育』論争の帰結?——」(『教育』昭和十三年十二月号、四七頁)。

(29) 滑川道夫「生活綴方の問題史的検討」(『教育』昭和十三年五月号、五八頁)。

第Ⅵ章　『北方教育』誌にみる「表現」概念の位相

第一節　『北方教育』誌の性格

『北方教育』誌は昭和五年二月に北方教育社（編集兼発行人・成田忠久）から創刊された。北方教育社は昭和四年に秋田で豆腐製造業を営んでいた成田忠久によって創設され、同年七月に月刊児童文詩集『くさかご』（同年十二月からは『北方文選』と改題）を創刊した。『北方教育』誌は社の破産により昭和十一年二月発行の第十六号を以て終刊となった。その後B五版四頁規模の『ニュース北方教育』（あるいは『リーフレット北方教育』）が成田が上京する間際まで発行されている。

なお、右の『ニュース北方教育』は昭和八年八月発行の第十二号の後にしばらく途絶えていた『北方教育』誌の代わりに成田が同人間の連絡を目的としてガリ版印刷で発行していたものである。（以上は大久保利謙・海後宗臣監修『近代日本教育資料叢書・資料篇2・復刻版・北方教育』（解題・鈴木貞雄）、昭和四十五年六月、宣文書店出版部、及び『生活綴方事典』昭和三十三年九月、明治図書、による）。

また、昭和十年一月には北方教育社から北日本国語教育連盟が発足し、その事業の一つとして『教育北日本』（連盟発足時に創刊号を刊行し、同年九月に第一号、翌十一年十月に第二号、翌十二年五月に第三号で終刊）を発行している。今回、直接考察の対象とするのは『北方教育』誌創刊号～第十六号までとする。

『北方教育』誌については上記の復刻版『北方教育』に付せられた鈴木貞雄による〔解題〕の他に、中内敏夫著『生活綴方成立史研究』（昭和四十五年十一月、明治図書）、北方教育同人懇話会編『北方教育――実践と証言』（昭和五十四年九月、東京法令出版）、滑川道夫著『日本作文綴方教育史3昭和篇Ⅰ』（昭和五十八年二月、国土社）等に詳細な紹介・考察が見られる。

『北方教育』誌は「方法上の観念的な概論や空論を棄て、具象的な現実の中に正路を開拓することを使命」とし「綴方教育のみならず児童の芸術的分野に対し精神溌剌たる理性と情熱とを以て開拓を進め、ひいては教育全円の検討を意図するもの」（創刊号「巻頭言（吾等が使命）」）として出発している。

編集主幹は当時豆腐製造業に従事していた成田忠久であり、同人には当時二十歳代の滑川道夫、小林恒二、佐々木昂、加藤周四郎等が中心となり、後に小砂丘忠義主幹による『綴方生活』（昭和四年創刊）や千葉春雄主幹による『教育・国語教育』（昭和六年創刊）等に拠っていた教師達に注目されて須藤文蔵（青森）、近藤益雄（長崎）、国分一太郎（山形）、池田和夫（新潟）等の綴り方教師を吸収していくことになる。『綴方生活』誌同人の志垣寛、峰地光重、野村芳兵衛、小砂丘忠義等を順に招聘して交流を結んでいる。また、初期には菊池知勇が主宰する日本綴方教育研究会の木村文助との交流も見られる。

なお、この北方教育社の同人教師達は昭和十年に北日本国語教育連盟を結成して城戸幡太郎が主宰する教育科学研究会にも参加していくようになる。

北方教育社の創設に深く関わり『北方教育』誌の中心的な執筆者となった滑川道夫によれば、創刊当時には「すでに中央で創刊されていた『綴方生活』を私たちは、『綴方教育』（菊池知勇主宰）とともに読んでいたし、『表現指導と生活指導』の問題も、『生活化』の教授論も意識して話題にのぼせていた」と言う。また、「峰地さんの『表現指導と生活指導』を研究していこうじゃないか、『童詩』をひろめていこう、などという意見がばらばらに飛び出すだけで統一的な意見はなかった」[1]とも証言している。

滑川のこの証言からも『北方教育』誌が「生活」の指導を意識しつつも「表現指導」の方面に全く関心を持っていなかったわけではないことが窺える。

以下、本誌における「表現」概念に関わる考え方がどのような形で出現しているかに焦点を絞りながら考察を加えていくことにしたい。

第二節　形象理論に基づく「形式」「内容」一元化の提唱

1　滑川道夫の「形象的綴方教育論㈠～㈤」にみる考え方

北方教育社の創設に深く関わり『北方教育』誌の中心的な執筆者であった滑川道夫は創刊号から第五号まで「形象的綴方教育論」と題した論考を連載している。この論考は垣内松三の「形象理論」の影響を受けた西原慶一著『綴方新教授原論』（昭和四年七月、東京教育研究会）と西尾実著『国語国文の教育』（昭和四年十一月、古今書院）の全面的な影響の下で執筆されている。滑川自身、「この二著は、私の未来を変えたといっていい」と述べている。滑川は前著については「形象理論の綴方教育への適用における開拓の書」として、後著については「文学形象と表現的側面の強調」という点に「感動して読みひたった」[2]と最大限の評価を下している。

滑川はまず創刊号（昭和五年二月）の「形象的綴方教育論㈠」において、「現下の綴方教育を一瞥するならば理論と実際、内容と形式、生活と表現は共に二元の対立を示し、一端は天空に向ひ、一端は地上を逼つて隔絶してゐる」と述べている。「形象論」によって現下の綴り方教育における二元的な対立の状況を一元的に捉えようとしたのである。

滑川は第二号（昭和五年四月）において「文芸的思潮の欠陥」に言及しつつ、一方で「生活的思潮に盲動するが如き軽挙な態度であつてはならない」と述べて次のように主張している。[3]

表現の母胎である生活の凝視は当然必要であるが、表現はたゞ生活だけからしか生まれて来ないのであるが、しかし厳密な思索に於いて、生活が表現に結びつき、表現が生活に全き裏付を得ることは、そこに両者を貫き率ゐる微妙なる糸が清新な生活それ自身として繋がつてゐることを見なければならない。即ち提携し、緊張する生活と表現との生命的関連こそ我々の目標とする所の対象であらねばならぬ。

これを現実的な叙述作用に見るならば、素材料と感覚材料、内容と形式、との対立ではなく、「想の形」である形象の展開を見るのである。尚この想の形と云ふ場合に於いてさへ、想と形を一元に統一する「の」の純粋なる意味にこもるものが、真正の対象であるのである。

第三号（昭和五年五月）において滑川は、垣内松三著『国文教育』及び『国語教授の批判と内省』における「形象論」と土居光知著『文学序説』における「芸術的形象論」とを踏まえて、「心によつて言葉を磨きつゝ、言葉によつて心を研きつゝ、心と言葉との融合点に国語科の使命を果たさうといふ努力の上に国語の根本精神が見られるのである」[4]と指摘している。

さらに滑川は次のようにも述べている。[5]

心の自己限定が形である。形が無ければ限定といひ得ない。形の真相は枯れた死んだものではない。静的な固定ではない。生きて働くものである。これは先にも言つた如く、形の根源たる心の無限定性に復帰して始めて生ける形を理会することが出来るのである。

形象とはかゝる境地に於いて形が生かされ、心が成形した状態である。心の実在した相が形象である。

形以前の心、言葉以前の心は畢竟、空虚であるか混沌である。

心を形から見る時それは言葉である。心と言葉、無限定性と限定性、それは一元である。言葉を単なる符号と見るものは、この限定性のみを見るが故である。


第四号（昭和五年七月）で滑川は、西尾実の「形象は『かたち』であり『すがた』である点に於いては、形式形態等とその概念を等しくしつゝ、超感覚的具象的な統一体であり、時間的発展性として成立する作用体系である点に於いて特種概念である[6]」という文言を引用して再び「形象」の概念について言及している。

さらに、第五号（昭和五年九月）において滑川は、「表現作用とその指導」に関しても考察を加えている。滑川は西原慶一の『綴方新教授原論』から「表現作用は、形式（表現それ自体、垣内氏の云ふ言表）と内容（意識表現内容又は意味）を一つの生に統率する形象の展開である[7]」という部分を引用して考察を進めている。ただ、滑川のこの論考は残念ながら第五号をもって中止されている。なお、滑川はこの連載論文を中核とした『文学形象の綴方教育』（昭和六年、人文書房）という書を刊行している。

2　滑川道夫の「綴方教育の現実的動向(一)〜(二)」に見る考え方

滑川道夫の「形象的綴方教育論」は全五回で中止され、代わって登場したのが第八号（昭和七年十一月）に掲載された「綴方教育の現実的動向」であった。滑川はこの論考の中で近年の綴り方教育思潮を概観し、次の(二)（昭和八年一月）の論考において次のように述べている[8]。

表現指導こそ綴方指導の王座である。綴方教育の圏内のあらゆる営為は常にこの表現指導に統合されなければならない。が、かつて人々は、かの内容的な華麗な題名（鑑賞、批評、或は広く生活指導等）の具体化に余りに迅速であり、ために表現指導への真摯な統合を怠つたことは否まれないところである。と同時に、前代の綴方教育は逆に切離された表現形式の形式的指導にその歴史的欠陥を暴露し、内容的に転換したことは教育史がよく明示してゐる。

この両者へ傾向し易き危険性を結論としての形象性に於いて救ひ得て始めて、更に発展さすべき明日の綴方を予約し得るのである。がその前に我々は現実的動向として(5)の表現技術の指導をこゝに取上げなければならぬ、現状がこの表現指導への真剣な統合を怠つてゐるからである。新しく文の形象性から表現技術を見直すことに怠惰である人々は「表現技術」なる言葉さへ、殊に「技術」の活字の感触さへも嫌悪する傾向さへ認めることが出来よう。綴方修練の一つの道として表現技術を新しく見直さなければならない。

滑川はさらに、「表現技術を軽視し、たゞ児童の自然発生的な修得にのみまかせきつてゐる現下の綴方教育は、その訓練なき、覚束なげな表現技術を蹌踉させてゐるに過ぎないのである」と述べて、我々は「生活と表現とのつながりによつてコンストラクトされる表現技術の指導を求めなければならぬ[9]」と主張している。

以上見てきたように、『北方教育』誌における中心的な執筆者であった滑川道夫が垣内松三や西原慶一の全面的な影響下において、「形象理論」に基づきつつ綴り方教育における「形式主義」的偏向と「内容主義」的偏向との統一止揚を目指して「表現技術の指導」の必要性を主張していたという事実は特筆しておくべきであろう。

第三節　主要な執筆陣にみる「表現」概念の位相

1　澤田一彦による「表現」概念に関する考察

澤田一彦は昭和八年第十号に掲載された「生活的表現への必然」という論考の中で「生活の綴方教育に於て作品の『何を』（素材）を重視する過程としての時代は、かなり、すぎてよいと思ふ」と述べて次のように主張している。(10)

問題は作者が素材に対して如何に意志し、如何に感じ、如何なる表現を与へたかにある。こゝに於て、始めて作者に対して正しき、誤まられざる生活を指導して正路を与へ得ると思ふ。「素材」の選択にも作者の生活への目は充分窺はれ、表現への重要な活動があるのであるが、素材への——素材に対する「態度」にまで進展すべきであると思ふ。

この意味に於て、現実の生活と、内容と形式と、態度と、更に表現への苦悩的過程をも含めた意味に於て「形式」方面——かくてこれはたゞに所謂形式にとゞまらずに、むしろ表現が所謂「内容」——素朴的な意味での、つまり素材以上に注目され、表現で「何を」選択したか以上に表現が「如何にあるか」が重大視さるべきであると思ふ。

ここで澤田が述べていることは、「表現」という概念を綴り方に表す「何を」を含めた意味での「形式」と捉え、この「形式」的側面をいかに表すかに重点を置いていくべきであるという主張である。

続いて澤田は、昭和八年五月に発行された第十一号でも「表現への生産的考察」という論考を執筆している。この中で澤田は、滑川道夫が先に論じた「綴方教育の現実的動向」（第八号に掲載）を踏まえつつ、現下の綴り方教育が数年前までの「児童が完了してしまつた行為の善悪について極めて無責任な批評をしか与へてゐなかつた」という低迷と停滞と同様の状況に陥っていると指摘している。

その上で澤田は、これまでの綴り方教育に対する疑問を呈しつつ次のように主張している。(11)

あまりに素材的生活のみに走らなかつたであらうか、表現的生活を無視しなかつたであらうか？
独自なる綴方的生活とは要約して云へば、この両者とこの両者を統率するもの即ち表現・生活の二つを深奥に於て統率する自律性――ひろく「態度」とよんでをこう――の三者から成立する時空的立体的な姿態をもつものでなければならないと思ふ。

ここに見られる澤田の考え方では、必ずしも「表現」を「形式」と「内容」とを併せ含むものであるとするものではない。しかし、「表現」概念に綴り方の「素材」以上の意義を持たせようとしている点で注目させられる考察である。

以上見てきた澤田一彦の論考では、「表現」という概念に関して本質的な考察が加えられていてとても興味深い。ただ、この論考も第二回で中絶している点が惜しまれるところである。

2　加藤周四郎による「表現」概念に関する考察

加藤周四郎は昭和八年一月発行の第十号、同年五月の第十一号、同年八月の第十二号、翌九年一月の第十三号、同年八月の第十四号、昭和十年五月の第十五号まで計六回にわたって「生活綴方の現実の問題」という論考を連載している。

加藤によるこの論考は基本的には、「生活科」「総合科」「人生科」と様々に呼ばれてきた「綴方科」の性格を理論的に究明することを企図して執筆されている。その主要な目的は「生活綴方」における「生活」概念の解明にあったが、そこには付随的ながらも「表現」との関わりについての言及が見られる。

加藤は昭和八年八月に執筆した連載の「生活綴方の現実の問題㈢」において次のように論述している。[12]

綴方生活指導論の方法原理は、常に表現と生活の二つの指導面の合理的な発展でなければならない。表現が単なる語句集成や、新形式の採用や、記述の美麗に止まらず、又生活が単なる日常赤裸の生活姿態へのあまりに修身訓話的な饒舌でもなく、その生活と、その生活のことばと、そのことばの記述表現とが、如何に緊密にむすばれ（だからこそ生活の迫力にとみ）如何に効果的に社会統制の客観的資材のひとつにまで表現されるかである。

ここには「表現」を綴り方の記述「形式」と記述「内容」との一体として捉えようとする考え方が窺える。

さらに加藤は昭和九年八月に執筆した連載の「生活綴方の現実の問題㈤」において、「今の世の中」（尋四・男）という児童作品を取り上げながら、次のように論及している。[13]

「今の世の中」などと題名にしてゐるが「今の世の中」の何を書かうとしたのか。感情の統一が表現に意識されてゐない。だから、僕なら、指導の第一として、まづ彼のはじめの気持に立ちかへつて整理させる。

この整理作用が題材と構成とを、作者の表現の必然性に（外から書けと云はれたとか、どこかでこんなことが書いてあつたとか、かうだろう。かうにちがひないとか、の不純物を加へる前）即ち事実に胚んだリアルな姿に結ばせる。この時はじめて、文は人間の心臓を打つだらう。「い、材料だが、い、綴方じやない。」と云ふことはこの材料もまた、綴方としての表現化の前にはい、材料じやなかつたのである。「題材をさがす」と云ふ努力――「つかんだ」と云ふ見方――『表現する』と云ふ態度――これ等はすでに表現に於ける生活なんであつて、バラバラの別なものじやない。

この中で加藤は、「『い、材料だが、い、材料じやない。』と云ふことはこの材料もまた、綴方としての表現化の前にはい、材料じやなかつたのである」と述べ、「『題材をさがす』と云ふ努力――『つかんだ』と云ふ見方――『表現する』と云ふ態度――これ等はすでに表現に於ける生活なんであつて、バラバラの別なものじやない」と主張している。

この加藤の考え方には、綴り方の「内容（題材）」と表し方としての「形式」とを一体とする捉え方、即ち「表現」即「生活」という考え方が明確に窺える。

3　佐々木昂の「リアリズム綴方教育論」による「表現」概念に関する考察

佐々木昂は昭和七年十一月発行の第九号において「綴方に於けるリアリズムの問題」、昭和九年一月発行の第十三号、同年八月発行の第十四号、昭和十年五月発行の第十五号の三回にわたって「リアリズム綴方教育論㈠～㈢」を連載している。いずれも綴り方教育と文学運動における「リアリズム」との関わりについて考察を加えたものである。

佐々木は第九号の論考において、問答風の体裁を取りながら綴り方教育における「リアリズム」の問題について考察を巡らしている。佐々木の問題意識は従来の綴り方指導が「あるがまゝに描け、視たまゝに描け」と考えられてきたことから、綴り方における「リアリティ」とは何かという問題を考え直すところにあった。そこで、この問題について本格的に考察を加えるために「リアリズム綴方教育論」を執筆したのであった。

佐々木は昭和十年五月に執筆した連載の「リアリズム綴方教育論㈢」において、鈴木正之の指導になる佐藤サキという子どもの書いた「職業」という作品を取り上げながら「リアリズム綴方」の有り様について言及している。佐々木はこの作品から「表現の錬成といふことがとりもなほさず生活鍛錬であり、生活の鍛錬、生活の前進によつてのみ表現の錬成が可能であるといふことを身を以て体得」したと述べている。そして、この「たくましい表現力を持つ『職業』は実にリアリズム実践である」と評価を下している。

ただ、佐々木のこの「リアリズム綴方教育論」も中心は飽くまでも綴り方の素材としての「生活」の方に置かれていて、綴り方における「表現」の意義が必ずしも明らかにされているわけではない。

その意味ではむしろ、昭和八年一月の第十号に発表された佐々木敬太郎の「生活指導とリアリテイの問題」という論考の方が綴り方の「表現」における「リアリティ」の有り様を明らかにしているように思われる。

佐々木敬太郎は次のように述べている。[14]

あるがまゝの対象をあるがまゝにみて描いたこの生活事実そのまゝが決して綴方の最終の目的ではない。一切の教育が此の生活事実に基調をおくやうに綴方の出発点も亦此の生活事実にあるのである。綴方は表現母胎（生活）と創作の動機、表現過程とそれ等が切り捨てられずに表現にまで持ち来たされた一切にあるのである。生活事実としてのあるがまゝの対象をよくみて、今一度その対象を高次の立場に立つた自己の主観で見るとき、真の綴方の作品としての文が生まれるのである。

佐々木（敬）の考え方にも、「生活事実」を重視するという点では佐々木昂と同様の立場が存在する。ただ、右の論考では、「表現」という概念が「表現母胎」である「生活」と「創作の動機」や「表現過程」と一体となったものとして捉えられている点に注目させられるのである。

第四節　「児童作品の研究」による実践的研究

『北方教育』誌では毎号、児童の詩と綴り方作品とを一五〜二〇頁程の分量で取り上げて多くの人々の批評と共に掲載していた。批評を担当していた人物は、滑川道夫、小林恒二、須藤文蔵、山崎勝明、後藤夫木、小松寛、伊藤欣、松井青、田中稲村、東海林貞吉、近藤益雄、工藤恒治、澤田一彦、佐々木昂、加藤周四郎等の面々であった。

昭和五年九月発行の第五号では、児童詩十九編、綴り方四編とが取り上げられている。この中の一編「長くつ」は次のような作品である。[15]

長くつ

青森・畑中・尋四　工藤チリ

私はこの間お母さんに長くつを買つてもらつた。それも私がよほどまへからお母さんに「長くつをかつてくれ」となんどもたのんだからです。たのむとお母さんは私に「今日はかつてくる」と言つてうそをして、私が学校からかへつても買つてこない。私はお母さんに「今日はほんとにかつてこい」と言ふとお母さんは「今日だばほんとにかつてくる」といつて私をなんどもだましては学校によこすのでした。

長くつをかつてくれた日でした。私はお母さんに「今日だばほんとにかつてこい」といふとお母さんは「今日だばほんとにかつてくる」といつものやうに言つた。私はお母さんが又だますのだらうと思ふとお母さんに「今日はほんとにかつてこい」ともいちど言ひたいのだが、それでも言はないで学校にきた。

その日は、いつもなら学校であそんでかへるのにいそいでうちにかへつた。するとお父さんが一人家にゐてろにあたつてゐた。私はお父さんに「お母さんが長くつを買ひに行つたか」ときくと、お父さんは「長くつをかひに行つたからおまへはおぼこかでてろ」と言つた。私はおもしろくてすぐにえつごにはいつてゐるおぼこをえつごからあげて、おぶつて店の方にあそぶに行つた。すると、ずつと向ふの方に馬車が一だい見えた。私はあれにお母さんがのつてこないかとぢつと馬車の近づくのをまつてゐた。ちやうど馬車が私のそばまで来た。そのときお母さんがそつとばしやからかほを出した。私はすぐに「お母さん長くつかつてきたか」ときいた。お母さんは「かつてこないね」と私の方を見ながらにこにこ笑つて言つた。私はほんとうに買つてこないだらうかと思つてばかくさくなつてきた。なきそうになつて馬車の後について行つたら馬車がうちのところでとまつた。お母さんは馬車から下りて家にはいつて行つた。私はばかくせのですぐに家には入らないでその馬車が行くのを坂の下に見えなくなるまで見て立つてゐた。それからのろのろ家に入つたらお母さんがお父さんにきれいなひかる長くつを見せてゐる。私はそれをみたので急におもしろくなつてばたばたかけよつて「それわのだべ」とお母さんが何か言ふのもきかないで長くつをとつてはいて見た。ほかほかぬくいが少し大きかつた。お父さんがおかしそうに笑つてゐたが私は、お母さんに「何文かつて来た」ときくとお母さんは「十文」といつた。私はそのまゝすぐにおにはへとびこんだ。赤んぼはよくねいつてゐる。あたらしいからどろが長くつにつくとすぐに手でのごるのごるしてあるいた。あたらしくかつてきたのだからどろ一つつけたくない。わづかはくとすぐ家に来てのいではいつた。そして二つならべてそろへながらお母さんに「なんぼにかつてきたのだ」ときくと、お母さんは「三円六十銭にかつてきたず」といつた。「それほどたかいのをかつてきたず」と言ふとお母さんは「なめごはでわじやと高いずかつてきたのだよ」と言つた。私はもつたいなくて長くつをはかれないきがした。長くつをかつてから今日で二日はいた。今は大へんどろできたなくなつてゐる。うちにかへつたらあらつておこう。

この作品を巡って伊藤欣・小林恒二・田中稲村・滑川道夫はそれぞれ次のような批評を加えている。(16)

伊藤　欣　一気にぐんぐんとはりきつた緊張を以て最後まで押し通した作者の力には全く感心しました。一点のゆるみもありません。それだけでも甲上です。「ながくつを待つ作者」「長くつを買つてよろこぶ作者」が力強い個性と洗練された表現力とで忌憚のないまでに偉大な飛躍を見せてゐる作品です。

小林恒二　北国らしい言葉の匂ひとその内に潜む生活の色合を透して父母作者の完爾とした家庭の和やかな素朴な断面を見せてゐます。作者が母に長靴を買つて貰ふことを頼んだのに「今日は買つて来る」と返じだけしながら仲々買つてくれなかつたあたりの描写、愈々長靴を買ひに行つた後での作者と父との対触、馬車の中に見出した母のニコニコした顔。「買つて来ない」と言はれて泣きそうになつた作者。靴を見て快活になつた作者の靴に対する愛着する心。事象事象の推移が物足りない程に飾りつ気がなく書かれてはゐます。然し事象に対して把握の態度がはつきりしてゐるのと、感受がこまく鋭敏で無駄のないところから来る緊密さが、この文のよさを決定したものであると思ひます。この時代この学年にしては珍らしい程に好《ママ》みな綴方だと思ひます。

田中稲村　何が作者をしてかやうな長文をかゝせたか。それは一連の「長靴」の生活である。深く生活の骨髄にまで喰入つた「長靴」を夢みたであらう。それは私共にとつて単なる少女の日の幻影に過ぎないであらうか。

滑川道夫　ブルジョアの子供にはこの歓喜はない。作者の生活が言表に躍つてゐる。たどたどしい部面があるが、よく書いてくれたと賞してよい。たゞ余りに方言が多くて理会に苦しむ所がある。次第に普遍性をもたしめたいと思ふ。

伊藤・小林・滑川の三者が言い回しの違いはあるものの、「長くつ」という作品における素材面としての「内容」と表し方としての「形式」面との緊密な一体性に触れた評価を下している。

『北方教育』誌の初期における綴り方作品を巡る批評の中に、素材面としての「生活」に偏らないこのような傾向が出現している点には注目しておいてよいだろう。

また、昭和七年七月発行の第八号では児童詩六編が取り上げられている。その中の一編によく知られている次のような作品が出現している。[17]

きてき　　　　　　　　　　　　　　南秋・金足西尋四　伊藤重治

あの汽笛
田んぼに聞えただらう

もう
あばが帰るよ
八重三、泣くなよ

この作品に対して、滑川道夫・小林恒二・須藤文蔵・近藤益雄が次のような批評を加えている。(18)

滑川道夫　この詩は優れてゐる。この内面的統一と社会的振幅が強くひゞいてゐる。「よ」のリズムも、八重三の固有名詞も生動してゐる。「聞えただらう」は「泣くなよ」と俟つて切実さが滲む。

小林恒二　まことと、なつかしい人間風景です。子供達はただ草や木を写すことだけしか知らない様に見えます。そして自然へ自然へ、写生へ写生へと飛躍をつゞけてゐます。だが、このガツチリした生活認識の強靱さ。「土の匂ひ」とか「生活の芸術」とか眩気たつぷりな言葉でなんか説明出来ない、あまりにエネルギツシユな惻々として迫る全身的な純真性と素朴な「こゝろ」の流露です。

須藤文蔵　1、しんみりとすなおに心にすみとほつてくる力がある。2、「泣くなよ」の一点に燃焼された心からほとばしる言葉、そんな時の言葉はたゞちに詩である。

近藤益雄　これには少しも詠嘆がなくて立派な生活詩と思ひます。「田んぼに聞えただらう」の巧まざる描出に心服します。「あば」はそちらの方言で、此の地方の「かゝ」標準語の「お母さん」にあたる語と思ひますが、その「あば」といふ方言が実に背の赤ンぼへ言ふ言葉として、生彩があります。隙のない詩として感心します。かう云ふ方向こそ童謡の正道として高く評価されねばならぬ所と思ひます。

滑川・小林・須藤・近藤の四者の批評、特に滑川の「この内面的統一と社会的振幅が強くひゞいてゐる」といった指摘や小林の「あまりにエネルギッシユな惻々として迫る全身的な純真性と素朴な『こゝろ』の流露」、須藤の「『泣くなよ』の一点に燃焼された心からほとばしる言葉」、近藤の「『あば』といふ方言が実に背の赤ンぼへ言ふ言葉として、生彩があります」といった指摘に「内容」面と「形式」面とを一体的に評価する姿勢が窺える。

以上見てきたところによっても、『北方教育』誌においては、綴り方教育による「生活指導」的志向を内に含みつつ、なお「表現」という概念の内実を究明していこうとする姿勢を持していた様子が窺える。その理由としては、冒頭に引用した滑川道夫の証言（『日本作文綴方教育史3昭和篇』）にもあるように、『北方教育』誌の創刊当時、創刊に関わったメンバーにおいて『綴方生活』（小砂丘忠義主宰）や『綴方教育』（菊池知勇主宰）等の教育雑誌が読まれていたこと、また、滑川道夫によって綴り方教育への「形象理論」の適用という考察がいち早くなされていたことなどが考えられよう。

注

（1）滑川道夫著『日本作文綴方教育史3昭和篇』昭和五十八年二月、国土社、六一七～六一八頁。
（2）同前書、六〇二頁。
（3）滑川道夫「形象的綴方教育論（二）」（『北方教育』第二号、昭和五年四月、四〇頁）。
（4）滑川道夫「形象的綴方教育論（三）」（『北方教育』第三号、昭和五年五月、二六頁）。
（5）同前誌、二八頁。
（6）滑川道夫「形象的綴方教育論（四）」（『北方教育』第四号、昭和五年七月、二二一～二二三頁）。
（7）滑川道夫「形象的綴方教育論（五）」（『北方教育』第五号、昭和五年九月、八～九頁）。
（8）滑川道夫「綴方教育の現実的動向（二）」（『北方教育』第八号、昭和八年一月、一～二頁）。

(9) 同前誌、三頁。
(10) 澤田一彦「生活的表現への必然」(『北方教育』第十号、昭和八年三月、六九頁)。
(11) 澤田一彦「表現への生産的考察」(『北方教育』第十一号、昭和八年五月、五七頁)。
(12) 加藤周四郎「生活綴方の現実の問題（三）」(『北方教育』第十二号、昭和八年八月、三九頁)。
(13) 加藤周四郎「生活綴方の現実の問題（五）」(『北方教育』第十五号、昭和九年八月、八頁)。
(14) 佐々木敬太郎「生活指導とリアリティの問題」(『北方教育』第十号、昭和八年一月、三六～三七頁)。
(15) 「児童作品の研究」(『北方教育』第五号、昭和五年九月、四三～四五頁)。
(16) 同前誌、四五頁。
(17) 「児童作品の研究」(『北方教育』第八号、昭和七年七月、五一頁)。
(18) 同前誌、五一頁。

第Ⅶ章　『教育・国語教育』誌にみる「表現」概念の位相

第一節　『教育・国語教育』誌の性格

『教育・国語教育』誌は昭和六年四月に千葉春雄（元東京高等師範学校訓導）の編集で厚生閣から創刊され昭和十五年三月号まで刊行された。なお、千葉春雄の編集は昭和十二年七月号（六年四ヶ月間）までで翌八月号からは発行元の厚生閣編集部の編集となった。

しかし、昭和十三年四月号からは『綴方学校』誌を主宰していた百田宗治が『教育・国語教育』誌の編集にも参加し実質的には百田がこれを編集していくことになる。昭和十四年四月号からは誌名を『教育・国語』と改めて続刊されていくが、政府の雑誌統合政策により一年後の昭和十五年三月号をもって一旦終刊となる。

その後『教育・国語』と百田主宰の『綴方学校』とを統合した形で『教室』という教育総合誌となるが、この雑誌も昭和十六年九月、太平洋戦争勃発を目前に終刊となる。

『教育・国語教育』誌は国語教育を中心とした教育総合誌であった。これまですでに考察を加えてきた綴り方教育の専門誌である『綴方生活』や『北方教育』が同人誌的な性格を強く持っていたのに対して『教育・国語教育』誌は比較的大手の厚生閣という出版社の発行になる商業誌であったので、格段に多くの読者を組織し得ていた。それだけに初等教育界に与えた影響には少なからぬものがあったと言えよう。

同誌創刊号の「巻頭言」において、主宰者の千葉春雄は教育界が「久しい間大地を忘れ」て「観念の糸巻きから、理想の糸を遠く長く細々と繰り出してゐたに過ぎない」と述べて、「敢然としてあやしげな旧套を脱がう」と呼び掛けている。同誌は誌名からも窺えるように、「ひとり国語教育のみの改造を企図するものではな」く「常に教育の全野をも考慮することによつて、はじめて国語教育の大任を明確ならしめんと」という目的を掲げていた。こうした目的により同誌では、「権威者に所見を聞」き「実際家に不動の経験を披瀝」してもらうことにしていた。

『教育・国語教育』誌については、教育・国語教育復刻刊行委員会編「『教育・国語教育』解説」の他に、中内敏夫著『生活綴方成立史研究』（昭和四十五年十一月、明治図書）等に詳細な紹介・考察が見られる。

第二節　「児童文の観方」論にみる「表現」概念の位相

1　「児童文の観方」を巡る論争

昭和七年二月号の『教育・国語教育』誌では「児童文を如何に観るか」という特集が組まれている。この中で宮川菊芳は次のように述べている。(1)

綴方の真使命は表現法の指導にあると思ふ。内在する心的活動を、文字に托して如実に表現する。その方法の指導にあると思ふ。かういふと、お前は綴方を技術の指導教科だと思ふかと反駁する人があるかも知れんが、私は見様によつてそれでもよい、然りと答へ度いのである。内在する心的活動を生活といつてもよい。それならば生活の表現法を指導するそれが綴方だと私は見るのである。

ここで宮川が言う「表現法の指導」とは「文字文章による表現生活を営ましめる」ということを意味している。これに対して「生活指導論者」である佐々井秀緒と金子好忠が翌月の三月号において「綴方に於ける生活指導」の立場から反論を加えている。特に金子は「想と表現との止揚されたるもの」が「生活」なのだとの立場から克明な反論を試みている。

これらの反論を受けて宮川は翌々月の五月号で再反論を行っている(2)。

> 生活の指導は他の教科も当然受持つべきことだ。綴方も当然受持つべき仕事だ。だから此の点では他教科も綴方も変つてゐはしない。即ち綴方だけの仕事ではない。――だから此の点だけでは綴方の独自性は発揮されない。
>
> だが、その仕事を遂行する様式は各教科めいめいちがつてゐる。では綴方では、どうした様式で遂行するかといふと、表現によつて――文字文章に表現せしめることによつて遂行させるのである。この点が他の教科とは絶対にちがつてゐる点である。
>
> だから表現といふことが綴方の独自性を確立する。
>
> だから私共は、綴方では、此の表現させるといふ様式――表現せしめる手段――表現法の指導を最も重視しなければならないのである。
>
> 表現による生活の指導、それが綴方の使命である。

ここでも宮川は「生活指導」は他の教科と同様に綴り方科も分担し、同時にまた綴り方科独自の「表現法の指導」を重視していくべき事を訴えている。

なお、副田凱馬も宮川と同じ立場から、「綴方科をもつて、小学校の教育全部を覆ふのは不当である」とし、「もつと局限された綴方の独自性を考へねばならぬ」と金子好忠の所論に反論を加えている。

そして、宮川はさらに翌月の六月号においても前号に続けて金子・佐々井の反論に対する再反論を行っている。

これらの論争に対して、七月号では鈴木徳成が「生活指導か表現指導か――宮川・金子両氏の論戦観――」と題して次のように総括を行っている。(3)

表現が時に生活を離れることがあるからと言つて表現指導が綴方科の機能でないとは言はれない。表現指導全野が陥り易い欠点が生活からの遊離であるといふことなのだ、欠点が大きいからと言つてその定義に変化はない。だから、表現指導は生活から離れ易いから気をつけよと言ふ注意や心掛けは必要であるが、定義への改廃は却つてそれ自身が誤謬である。

綴方は「生活指導でない」といふ表現指導が誤つてゐると同時に、表現指導を本質としない生活指導論は綴方への定義としては遠いものである。

鈴木は宮川菊芳と金子好忠との間で闘わされた論争に関する交通整理を右のように行った後で、「綴方が生活を指導するためには、より一層表現指導の重大さを本質的なものとして肯定せねばならぬ」と結論づけている。鈴木は、綴り方科における「表現指導」を「生活指導」とも対立することのない、より本質的なものとして積極的に肯定する立場を表明したのである。

2　心理学者・依田新の考察

心理学者の依田新は昭和九年十一月号・十二月号、翌十年一月号・二月号・四月号の五回にわたって「児童文の観方」という連載を行っている。依田の考察は「児童心理と児童文」「所謂る『拙い文章』」「『綴る』ことのむづかしさについて」「『題』の研究」といった観点から行われている。

依田の考察は児童文を「児童の心性を知ることなくして児童文を正しく理解することは出来ない」とする立場から、当時の児童心理学の知見を踏まえて先に掲げたような観点から行われている。

依田が児童心理学の立場から究明していかなければならないと考えていた問題は、①児童の「綴る過程」の究明、②児童特有の「ものの把握の仕方」に代表される「児童思考の特徴」の究明、③「児童特有の表現方法」としての「児童語」の究明、④児童文を通しての「児童の生活や、或は性格など」の洞見、⑤「児童文の型」の究明などであった。

依田の考察は「児童文の観方」に関する課題を児童心理学の知見を踏まえて提起したもので、綴り方教育における「表現」概念について貴重な示唆を与えている。

3　指導者の文章観の問題

東京高等師範学校訓導の田中豊太郎は昭和八年九月号に「綴方指導上の重要問題」と題して「指導者のもつ文章観の問題」について論じている。[4]

綴り方指導上の重要問題について何か書けといふ話であつたが、どれが重要かといふことは人によつて一様には言へないのであるが、私の最も重要と考へることは指導者のもつ文章観の問題である。その文章観も一般的に文の善――、悪――を見分ける力や、文を批判する力などをいふばかりでなく、綴り方の指導者として考へた時には、それを子供に適用したもので、つまり子供の文に対する文章観である。この文章観がハッキリして居れば、その他の指導上の方法や、方法上の技巧などは末の問題になつて来ると思ふ。

田中は子供の文の観方について、「子供の文を客観的な一つの作品と見て、一般作品を見るのと同じやうな態度で見て行かうとするもの」と「子供の文をその子供の発達過程において見て、伸び行く過程のその箇所々々において子供の文を見ようとする」二種類を挙げている。

田中はこうした子供の文に対する文章観を持つためには「子供の文の発達的研究の必要を痛感する」と述べ、その成果を生かして指導者としての「綴り方の系統案」を創り出すべきことを訴えている。

田中による子供の文に対する指導者の文章観を持つべきであるとの提案は、綴り方教育における「表現」概念についての一つの関心の在り方を示している。

第三節　「調べる綴方」「科学的綴方」論にみる「表現」概念の位相

『教育・国語教育』の昭和七年四月号には「綴り方をより科学的にしたい」という読者からの問いに対して、山内才治が次のように答えている。(5)

方法としての科学的傾向についても、現実の問題には知性や論理性の要求にあてはまらぬ事が屡々あり、知性や論理性にのみ固執すれば事実の世界はかへつて著しく歪曲される事も屡々ある。(山内得立現代の哲学）であるから、科学的な方法のみをもつて十全だと考へるのは認識不足だと思ふ。しかも、今あるよりは、その表現方法の上についても指導方法についても、もつと科学的傾向を持たせねばならない。そして、表現上に於ける探究的な態度と合理的な方法とを指導し助長して行きたい。これ等のためには、充分に練られた指導系統案を必要とする事は云ふまでもない事である。

田中武烈も「科学性を持つ文の備へる条件」を次のような三点にわたって提示している。[6]

1. 正確な内容、表現せずには居られない内容がまづ第一にあること。
2. 第二には、その内容が整理、単純化されてゐること。つまり問題が漠然と提出されてゐるだけでなく、実証的に批判され整理された解答であること。児童の力相応に観察が下され解釈が施されたる内容であること。
3. 第三にその内容を表現するに最も適当適切な独創的な構想と、簡単明快な言葉が（各種の表現記号も使用されて）使駆されてゐることである。例へば短章化、章句のテンポ、ニユアンス、等々、此処に新文章形態の表現形式が、新たな研究問題を提出してゐるのである。

昭和九年三月号では佐々井秀緒が「科学的綴り方の問題」として「科学的綴り方は、飽くまで弁証法的に認識の過程をすゝめて、真の認識にまで到達し、そこに表現への目的意識を把握し、それを表現技術によつて表現して行かねばならぬ[7]」と指摘している。

昭和十年五月号で高野柔蔵は「調べる綴方」の意義を認めつつも、それが「単に機械的に調査観察せしめることのみ」といった行き方に対して「児童性を忘れたもの」「概念的報告的表現である」「類型的で、個性を忘れたもの」[8]などという批判を受けてきたと指摘した。

同年十月号と十一月号で後藤金好は「『調べる綴り方』の新しき出発」と題して綴り方の根本的性格を「児童の文学」（十月号、五七頁）であると主張した。後藤によれば、綴り方としての「『調べる』といふこと科学的といふことは、常に綴方の方法として、『形象表現』といふことの統一の中に理解されなければならぬ」[9]ということになる。

右のような「調べる綴方」「科学的綴方」論に対して、入江道夫からは「芸術科学と綴り方理論――調べる綴方理論と其の批判者の批判」と題した反論が昭和十年十二月号と翌十一年一月号に寄せられている。

こうした議論の中から新しい文芸的綴り方の理論と綴り方における表現技術主義が台頭してくることになる。

第四節　主要な執筆陣にみる「表現」概念の位相

1　表現指導重視の姿勢

昭和六年四月創刊号において秋田喜三郎は「表現本位国語教育の提唱」と題して、従来閑却されがちであった「表現方面の生活」の指導の要を説いて「綴方を国語の一分科として見ず、全国語の文章による表現法面を担当する役割を附与」（一〇九頁）すべきこととして「表現本位の国語教育」を提唱した。

『教育・国語教育』誌の創刊号においていち早く「表現本位の国語教育」が提唱されているのは興味をそそられるところである。

田中豊太郎は同年五月号の「綴り方教育反省二三」と題した論考において次のように述べている。[10]

生活の表現といふ綴り方の概念は正しいことである。綴り方は正しく子供の生活の表現でなければならない。生活の表現であつてこそ綴り方教育が今日の地位を獲得して居り、今日の教育的、大きく言へば人間的教養の期待を担つてゐることが出来るのである。かくまで綴り方は子供の、そして生活的であることが、その地位と、その価値を確実に占めさせてゐるのである。（中　略）

これ程生活的である綴方が、その研究が進めば進む程、その論理的追求は、綴方教育の本質は奈辺にあるかといふ様になつて、結局は綴方教育の本質は表現の指導にありといふことに到着する。

この論理的追求の結果としての、綴方教育の本質は、表現の指導にありといふことも正しいことである。如何にも綴方教育の独自的な本質は表現の指導にあることは間違ひない事実である。殊に小学校教育に於て、数多くある教科は各々独自的な使命を持つてゐて、その独自的使命を各教科にふり当てるならば、綴方こそは、言語的または文章的表現に独自性のあることは明なこと、なつてゐる。

田中はこの中で、「生活の表現といふ綴り方の概念は正しいことである」と述べつつ、「綴方教育の独自的な本質は表現の指導にあることは間違ひない事実である」と主張している。田中は、その理由について「小学校教育に於て、数多くある教科は各々独自的な使命を持つてゐて、その独自的使命を各教科にふり当てるならば、綴方こそは、言語的または文章的表現に独自性のあることは明なこと、なつてゐる」と強調している。

田中豊太郎による右のような考え方も、創刊号における秋田喜三郎の考え方と同様に、「子供の生活の表現」の指導の重要性を確認しつつ、その独自の使命が「言語的または文章的表現」の指導にあることを強調している。

また、河野清丸は同年八月号の「形式・内容渾一観の理拠」と題した論考において「形式と思つたものも、より形式要素の大なるものに対しては内容となり、より低いものに対しては形式となる」「結局形式から内容、又其の逆へと移動するとの意に外なるまい」「要するに形式と内容とは渾然たる一体で、形式なき内容も、其の反対も存しないのである」[11]と述べている。

河野による綴り方の「形式と内容とは渾然たる一体」であるとの指摘も「表現」概念に関する一つの知見として注目しておいてよいだろう。

2　「児童的リアリズム」論の台頭

昭和十年七月号に林義男の「綴り方作品行動の母胎としての児童的リアリズム素論」という論考が出現する。林は文壇や文学評論家が問題としている「リアリズム」に対置させて児童綴り方作品を分析しながら「文に於ける児童的なるもの」を含んだ「児童的リアリズム」なる概念を提示している。林はこの「児童的リアリズム」を「分化された感覚的な、又は視覚的なリアリズムではなくて、子供の頭の中で智的に作り上げられたもの[12]」であると規定している。

この林による「児童的リアリズム」論を批判的に検討して、同年十月号では妹尾輝雄が「『児童的リアリズム』は育つか?」と題した論考を書いている。妹尾は「リアリズムとは単なる『文章表現』の技術の謂いではない」として「それは先づ、健康な感情の昂揚と、正しい（史的に客観的に正しい！）批判精神とによつて把握された、リアリスチックな世界観・生活観を内容とするものでなければならない」と規定する。そして「児童的リアリズム」は「児童観」に規定されるとし、その「児童観」は「心理学の一般的概念によつて規定された児童性」ではなく「生の児童性[13]」を基底としてものでなくてはならないと主張した。

その上で、妹尾は「児童的リアリズム」の実践方法として次のような諸点を提示している。[14]

○児童の心理性をたくみに利用して、出来るだけ緻密に現実・生活を把握させる。
○それを表現するにあたつては、客観的に正しいもの（典型的なもの）を見て取ることを指導しなければならない。
○そのためには、指導者は「児童の批判精神」の心理的限界と、発達過程との研究が当面の仕事となるわけである。
○こゝまで来てはじめて、もろもろの表現技術の重要さが理解される。こゝに表現技術の指導方法も考へられなければならない。

妹尾は林の所論に詳細な批判的考察を加え、さらに右のような「児童的リアリズム」の具体的な実践方法を提示したのである。

昭和十一年一月号では角虎夫が「児童的リアリズムのために」と題して前掲の林義男や妹尾輝雄の主張を踏まえつつ批判的考察を加えている。

林義男の所論に対しては、「児童性を児童の絶対性の中に把へられ、社会性・生産性・心理性の相互連関として成長発展する過程に捉へられなかつたところに誤謬がある」と批判している。また、妹尾輝雄の主張に絡んでは、「児童的リアリズムの実践方法に於いて現実認識を強調し、それにのみ児童性を取り込まふとして、『形象表現の方法との不可分の統一』に於いて示されてゐない[15]」点に不満を表明している。

同年三月号では、以上の妹尾・角の批判に対して林義男から「児童的リアリズム再論」が寄せられている。

このような児童綴り方作品における「リアリズム」を巡る議論を通して、綴り方における「表現」概念に関する考え方が深められていた点に注目させられる。

3　綴り方教育の「表現学」的考察

綴り方教育を「表現学」的方面から究明しようとする試みは昭和十年代に出現した一つの特徴的な傾向であった。そうした試みをより積極的に行ったのは、次章でみていく『実践国語教育』誌であった。しかし、この傾向は『教育・国語教育』誌においても少なからず見られたところであった。

波多野完治は昭和十年七月号の「表現と解釈」と題した論考において、次のように述べている。(16)

文を綴る、といふ事は、何よりも先づ、自らの思想を社会化する、といふ意味でなければならない。文は自己のために書くのではなく、始めは少なくとも他人にわからせる、といふ事を主眼として訓練されなければならない。自己中心的な、ひとりよがりの立言をしない様に自己の思想を相手にそのまま受けとらせる様に、種々の手段を学ばなければならない。

然し小学校及中学校の作文指導は、我々が一般に文を綴るといふのとはことなつた意味をもつて居る。子供は本来非社会的な思考をする事が特徴であつた。綴り方はこの個人的な考へ方を特徴とする子供に自己の思想を社会化する事を訓練するのであるが、この事を通じてそれは、子供の考へ方自体を社会化する、といふ職能を実現する事になる。思考と言語とは別物でない。子供の考へ方が非社会的であるのは、それが言語を中心としないからであつた。綴り方は、子供に言語的な発表を課する事によつて、子供の考へ方を言語化すると共に、又子供の思想自体を社会化する事を訓練する。

波多野は「子供は本来非社会的な思考をする事が特徴」であり、「綴り方はこの個人的な考へ方を特徴とする子供に自己の思想を社会化する事を訓練するのであるが、この事を通じてそれは、子供の考へ方自体を社会化する」という役割を実現することになると論じた。

さらに波多野は昭和十年十一月号から「表現学講座」と題した連載を「具体的な文章と抽象的な文章――教育的表現学その一――」を皮切りに、同年十二月号に「簡潔な文章」、翌十一年二月号に「作文と綴方」と三回にわたって行っている。これらの考察は波多野が昭和十年十月に刊行した『文章心理学――日本語の表現価値――』(三省堂)に展開した考え方に拠ってなされている。

波多野は三回目の「作文と綴方」という論考において芦田恵之助の「随意選題」による「児童の表現意欲」を発揮させることの意義を認めつつ次のように述べている[17]。

綴方が表現科である以上、生徒の表現性を極度に発揮させるために、このやうな、随意選題の主張がうまれたこと、かかる主張のうまれるやうな機運を醸成したことは、たしかに改正要目の一つの功績があつたらう。然し問題は、果して前代の作文にふくまれたやうな形式的訓練が、全然廃止さるべきものであつたかどうかである。

現在の綴方では、形式的な文章訓練といふものが全然出来ない。教師は、時に応じて文話の形式で、生徒に文章上の注意をすることが出来る。然しそれを生徒に課して、積極的な文体訓練をすることが出来ないのである。そんなことをすれば、「綴方」の趣意に反してしまふ。綴方はあくまでも生徒の自由でなければならない。今の綴方思潮をおしつめて行けば、どうしても現在のやうな学習状態にならざるを得ないのであるが、これは果して完全に正しいと言へるかどうか。

波多野は右のような疑問を提起し、この問題に答えるために、綴り方を算術や図画・手工等の教科と比較して

「綴方のみが、児童に対しては、オリヂナリテイー（創意）の濫費を要求し、先生に対しては、非常に骨のおれる検査を要求するのである」と、その違いを明らかにしている。続いて、こうなる理由について波多野は「綴方の（つづる）といふ過程が、オリヂナリテイーの放出と同時に、言語的表現技術の訓練といふ二重の作業をおびて居るからであると考へなければならない[18]」と述べている。そして、波多野は「現代の綴方」には「二つの教科」すなわち「作文教育（文体教育）と創作教育」とが同居していると結論づけている。

波多野は現下の綴り方教育において形式的な言語的表現技術面の訓練が欠落している点を指摘しているのである。

昭和十三年三月号では大場俊助が「様式の基本概念」という論考を発表している。大場によれば「様式」は「内容と形式との統一」であり、その統一は「主体的、個性的、創造的、表現的な統一[19]」であるということである。大場はこうした考え方を児童綴り方作品の分析を行いつつ『綴方様式学』（昭和十四年七月、晃文社）という書に著している。

昭和十三年十月号と翌十四年七月号には金原省吾の「文章の過去現在法」と「綴方表現」という論考が発表されている。いずれも文章を表現学的に考察した論考である。なお金原にも先の大場と同様に『綴方表現学』（昭和十四年九月、晃文社）という書がある。

4　「実験綴方学」による「表現」概念の実践的理論的解明

輿水実は東京帝国大学大学院において言語哲学を学んだ後に東京市仰高西小学校の代用教員となって、そこでの実践体験に基づき綴り方教育に関する実践的・科学的解明を目指して昭和十三年六月号から十五年三月号まで九回にわたって次のような連載を行っている。

①「綴方教育に対する私の考案」(昭和十三年六月号)
②「綴方の統計的研究」(十三年七月号)
③「綴方に於ける秩序と無秩序」(十三年八月号)
④「綴方に於ける形式負担」(十三年九月号)
⑤「言語教育としての綴方の意味」(十三年十月号)
⑥「記述前の指導と記述後の指導」(十三年十一月号)
⑦「児童の創作過程に関する問題」(十三年十二月号)
⑧「綴方科要旨の表現学的再検討」(十四年二月号)
⑨「綴方に於ける基準の問題」(十四年三月号)

右の連載④「綴方に於ける形式負担」において輿水は、綴り方の形式的側面に関して次のように述べている。[20]

総じて、所謂優等生は形式に拘泥するところが多く、所謂劣等生は、これと逆に、形式を殆ど省ない。そしてこの傾向が、実に極端に対立してゐる。所謂優等生は、形式にしばられて、真実の表現ができないとすれば、所謂劣等生には、形式の有つ形成力が加はらず、単なる素材としてはすばらしいものを有つてゐても、全然磨きがかけられてゐない。これは二つとも大きな偏向であつて、新しい綴方教室は、文字、言語といふ形式的なものの力を正しく評価することから出発しなければならないと考へる。

輿水はここで、児童の綴り方において「形式」面、「内容」面の双方における偏向があることを指摘して、今後は「文字、言語といふ形式的なものの力を正しく評価すること」を主張している。

さらに輿水は、⑥「記述前の指導と記述後の指導」の中で右の形式的側面の指導に関して次のように述べている。[21]

「推敲」といふことを、私は、表現完成の運動として、最も形式的、其の意味で言語的な側面を負担するものと考へる。広く言語表現といへば、度々いふやうに、「事」と、「心」と、それに「言」とが関係する。実はその三者が相関連して一つになつたところに表現が成り立つのである。だが、分りやすく、順序を分けていへば、言語表現に於て、我々は、書かうとする事柄を凝視する心の内面を整へる。しかしてこれを口に出し、或は文字として書き下ろすのである。推敲といへば、この最後のことに、又、つけたりに加へられるやうなことであるが、それが、事柄の風貌を改め、文の整序をも変化せしめうるものであることは、これ等の三者がその根本は一体であるからである。

ここで輿水が述べている「事」「心」「言」の三者が「相関連して一つになつたところに表現が成り立つ」という指摘は、輿水が「表現」概念を形式・内容一体のものとして捉えていることを意味している。その上で、輿水は綴り方の「推敲」という作業が「形式的」「言語的な側面」への働きかけであると述べている。

第五節　児童詩教育論にみる「表現」概念の位相

「調べる綴方」や「科学的綴方」を巡る論議が姿を消し、「児童的リアリズム」論が台頭してきたのとほぼ時を同じくして児童詩教育を巡る実践提案が出現してくる。これは科学的綴り方教育論の反動として興ってきた新しい文芸主義的綴り方教育の思潮と関わりがあると見られる。

昭和十年十二月号に吉田瑞穂の「年間日本児童詩集における生活行動詩」という論考が掲載され、翌十一年二月号に中村正一の「『短い綴方』としての童詩を観る」と吉田運平の「生活行動詩の実践」という論考が掲載されている。

これらの論考はいずれも全日本綴方倶楽部の編集になる『年間日本児童詩集』における児童詩作品の傾向を踏まえて論じられている。そこに使用されている「生活行動詩」とは『赤い鳥』時代における児童詩とは異なって「現実生活」を詩の対象として見なしていく考え方を意味している。それは「作者の現実行動に伴つて醸成された生活感情を把握した詩」というものを指している。「感覚詩」や「自然観照詩」「生活叙情詩」よりも現実の生活を積極的に重視するという傾向を持った「生活詩」といった意味合いから「生活行動詩(22)」という言葉が使用され始めたようである。

昭和十一年四月号では「児童詩教育今日の座標」という特集が組まれ、吉田瑞穂の「生活の全体的表現と形態の進化」、稲村謙一の「生活詩の現段階」が掲載された。同年五月号では「児童詩教育明日への標識」という特集が組まれ、野口茂夫・磯長武雄・近藤益雄の論考が掲載されている。

これらの論考に見られる特徴は、「生活詩」や「生活行動詩」という言葉からも窺えるように、詩の言語形式方面に関する関心よりは詩の内容面である児童の生活姿勢の方面に指導上の関心が向けられているところにあった。

児童詩教育の方面ではいわゆる綴り方教育の方面とは異なって、「児童的リアリズム」論や新しい文芸的綴り方教育論が台頭する中で、教育上は詩の形式的側面よりも内容面により多くの関心が払われてきたことを意味する思潮の一つであったと判断されよう。

こうした児童詩教育における思潮がいわゆる綴り方教育方面の行き方とやや異なっているのは、次節にみる綴り方教育における思潮と比べてみることで明らかとなろう。

第六節　「表現指導」論及び「表現技術指導」論の台頭にみる「表現」概念の位相

昭和九年三月号で田中豊太郎は「綴方教育界に希望するもの」と題して次のように述べている。[23]

今日の綴り方教育は生活から表現へ、表現から生活、その循環的な発展を希望してゐるのである。そこで、生活の表現であるが、この言葉はもうこゝ十年ばかり言ひ古るされたもので、綴り方教育界のきまり文句になつてゐるが、この言葉を以て実際の有様を反省して見ると、果してその言葉通り進んでゐるかどうかを疑問とするのである。従来の綴り方が、生活の表現と言ひながら、主情的な、または美的な情緒・情操を表現することを重んじた。そして所謂、文芸的な綴り方とかいふことを強調して来たのである。そしてその方面を特に主張する人は、従来の綴り方が小主観的なその場限りの実感の現れであつて、ろくでもないもの、様に言ふのである。しかし思ふに何れも極端であつて、従来の所謂文芸的な綴り方といふものも、決してそれ程無価値なものでもなければ、道楽でもないのである。

それかと言つて、科学的なもの理知的なものが生活の表現といふ綴り方から、疎外される要もないのである。寧ろこれは生活の表現といふ綴り方が、忘れてゐた方面を公平に広い立場から取り立てゝ来たと言つてよいのである。だから、今やかましく言つてゐる科学的な綴り方もそれでなければならないといふ程大切なものでもなければ、また綴り方から排斥されるはずのものでもない。生活といふ方面について、考へて見ても、かくの如く子供の生活の全分野に亘らなければならないのであるが表現についても、あらゆる表現形式を以てして、表現の道が円滑になる様にしたいものである。

田中は「子供の、生活の、表現といふ綴り方は子供の生活に対する理解と、子供の表現に対する理解がなければならない」と述べて、子どもの「生活の全分野」にわたって「あらゆる表現形式」を以て「表現の道が円滑になる様にしたい」と主張している。

田中はここで、子どもの生活と表現に対する適切な理解を以て、特定の主義・主張や文章ジャンルに囚われないバランスのとれた「表現」指導の在り方を提起している。

昭和十年六月号で川村章は「表現力錬磨指導について」と題して「表現指導の問題は綴り方独自の仕事である」と結論づけている。翌十一年十一月号では今田甚左衛門が「低学年児童文の表現様相と其の指導」と題して低学年児童の「表現様相」について分析考察を行っている。昭和十二年二月号では佐々井秀緒が「表現の指導」を、同年三月号には妹尾輝雄の「新生表現指導論」と題した論考が掲載されている。

加えて同年六月号では千葉春雄が「文集談義」の中で「表現問題の再登場」という現象について言及している。これに呼応して本号では「表現の問題」という特集が組まれている。佐々木正「表現技術の訓練」、佐々井秀緒「表現を高める方策について」、村山俊太郎「表現をたかめるために」等、計十一編の論考が掲載されている。

また、昭和十一年十一月号の村山俊太郎「描写技術の指導」を皮切りに、翌十二年一月号での「具象化の指導」、同年三月号での「背景描写の指導」、同年七月号での「客観描写の態度」等の特集が断続的に組まれている。

以上見てきたように、『教育・国語教育』誌においても「表現指導」論及び「表現技術指導」論を通して「表現」概念に対する関心が高まっている様子が窺える。

第七節　「綴方指導案」及び「研究文」の検討にみる「表現」概念の位相

1　「綴方指導案」の検討にみる「表現」概念の位相

『教育・国語教育』誌では昭和八年一月号から「綴方指導案」が掲載され始めている。この頁に登場する実践家は、吉田瑞穂、富原義徳、稲村謙一、徳田進、近藤益雄、田中豊太郎、国分一太郎、木下龍二、野村芳兵衛、坂本豊などの面々であった。

同じ指導者による指導案が継続的に掲載されている。

昭和十二年三月号に掲載されている指導案を見ると、尋常六年の「綴方指導案」（山形市第三校訓導・村山俊太郎）には次のような記述が見られる。[24]

一、今月の題材

一、長篇文による三人称の表現指導

二、卒業する覚悟。答辞の指導。

三、卒業文集の作製。

二、指導計画

〈目標〉

卒業間近の児童であるから、文表現の内容にも、形式にも、仕上げとしての指導が必要である。しかし卒業する心構えとしての生活信念や、モラルなどにもみがきを加へるべきである。三人称による長篇文の指導を選んだのは、長篇文の仕上げといふ意味もあるが、卒業期における自伝的な文の構想〈六年間の生活回顧や、現実の自分の生きの凝視や、今後の生活信念・態度の確立〉において、その表現に適してゐると思はれたからでもある。だから、今月の題材に選んだ長篇文、覚悟、答辞、文集などを一貫する立場は、やはり卒業児童の信念やモラルを統一的に再構成してやるといふ任務・目標があるわけである。かうした角度から各々の題材を指導していくのである。

答辞は、従来多く行はれてゐたやうな、形式と美辞麗句だけのものではなく、修業時代の回顧、現在の心境、将来への覚悟、恩師への情愛、在校生への激励などを通して、感謝報恩の感情が子供らしい中に形象化されなければならない。勿論、形式的儀礼の漢文調をすてて現代国語の形態表現といふことも重要な技術指導に加へておきたい。

文集も、今後の生活を指標する生活読本としての要素をも加へて編輯し、子供同士や、教師または社会につながる純情によつてみたされてゐるものたらしめたい。

〈時間配当〉（七時）

第一次　文の研究と創作計画

第二次　文の創作「卒業を中心に」

第三次　文の創作「答辞」

第四次　文集合評

三、指導の実際

（以　下　略）

指導者の村山俊太郎は生活現実の重視を標榜する代表的な生活綴り方教師である。したがって、ここでの実践の姿勢にも「生活信念・態度の確立」といった生活指導重視の姿勢が窺える。しかし、同時にまた、「三人称の表現指導」による「自伝的な文の構想」への挑戦など、題材・叙述内容に相応しい表し方を求めさせる等、綴り方の「内容」と「形式」とを一元的に捉えようとする志向が窺える点は興味深いところである。

2　「研究文」の検討にみる「表現」概念の位相

昭和十二年二月号から児童の綴り方作品を募集して「研究文」として掲載し、この作品に対して十人ほどの実践家が批評文を添えるという研究が継続して行われている。昭和十二年七月号には、前号の六月号に掲載された「銅（あかがね）」という作品に対して十七人の実践家による合評会が行われている。六月号に掲載された作品は次のようなものである。[25]

銅（あかがね）

矢　部　孝　之（四年）

金沢市芳斎町小学校（吉田正男指導）

此の間店をせいりした。

棚の上や、机の下をせいりしたのだ。棚の上を見たら木の箱があつた。すゝが少しひつゝいてゐた。すゝを手で払つて手に取つていさぶつて見ると、ざらざらざらと言ふ音がした。何か余り大きくない物がたくさ

ん入つてゐるやうに思はれた。横で机の下をせいりして居らつしやるお父さんに、

「お父さん此の中に何、は《ママ》入つとるがや。」と言つて木の箱を出した。お父さんは僕の手から木の箱を受取つて片手でいさぶりながら、

「何は《ママ》入つとるがやな、なんやらおかしいもんや。」とふしぎがつていらつしやつた。

　やがてお父さんは釘ぬきで釘をぬいてふたをまくつた。

「なあんじやもじ板か。」

と言ひながら時計のもじ板を二三枚つかんで僕に見せた。

「それ売れんもんか。」

と尋ねて見た。

「さうや売れん事無いけど、それでも上にひつゝいているからつみたいな物取つてしもて、裏の銅だけ売らんなん。」

と教へてくれた。

「そんでも売れば二十銭でも三十銭でもくれるわ。」

するとお父さんは
「いるのだけのこいていらんのを売つてしまへ、少しやつたら二階にあるいらんしんちうも売れば一円以上はあるだらう。」

と言はれた。

「そんならせいりがすんだらやらう。」

言つて又続けた。

とうとうせいりもすんだ。お父さんが

「もじ板の銅をだす時は金づちでやればよい。」

と教へてくれた。

お父さんに聞いたと同じに、物置からかなづち二つと木で作つた大きなだいをかゝへて持つて来た。新聞紙を広く敷いて其の上に大きなだいをのせた。さつきの木の箱からもじ板を新聞紙の上へどつとあけた。見ると百枚程ある。僕はびつくりした。お父さんをよんでし始めた。

二三枚したら二階から、ばたばたといふ音がした。達男と貴美子が来たらしい。やつぱりさうだつた。

二人が

「あんちやん何しとるがや。」

と僕に尋ねた。

「こんなもんや。」

と言つてもじ板を見せてやつた。

「ねいちやんもしよう。」

と言つて貴美子は物置から金づちを出して来た。僕は

「手をかつていたいと言つて泣くまいぞ。」

と言つてやつた。

「だんない。」

と言つてだいの所へ行かうとしたらお父さんは

「達男するとおぶないさかい、このよくなつただけのつなご、真中に皆穴あいとるからやりやすい。」と言

つてお父さんの机の横にかけてあつた細い針金を取つて来て三十糎程に切つて達男に渡した。

「おうを。」

と言つて受取つた。三人してかなづちでやるし、達男は針金に通すやくだ。

さつきの二三枚を達男は通してしまつた。

三人してどんどんやつた。顔にからつのやうな物があたる。払いながらやる。うすい銅を叩くのだからあつちへまがつたりこつちへまがつたりする。うらへかくしてうらから叩いてまがつたのをなほしながらやるのだ。十二、三枚程した時、ひとさし指をかつんとひどく叩きつけた。

「あいたゝ。」

と言つてからかなづちをはうりつけて手を見ると、爪のふちから血がにじみ出てゐた。いらない手ぬぐいがあつたので血をふいて又続けた。二三枚すると又血が出て来る。手ぬぐいで又ふくといふぐあひにしてゐたら、三四へんでとうとう血がとまつた。又続けた。一枚するのにおもてを三、四十回裏を十回ほど叩くのだ。

後には手がだるくなつて左手でやつた事もあつた。

一時間程かゝつてとうとう出来た。達男のつないだのを見るとけつこにたくさんある。三十糎位もあつた。片手に持てないかも知れないと思つて持つてみたが余り重たくない。お父さんは、

「一枚およそ六七分あるもんだ。」

と教へてくれた。お父さんが
「こんな少し持つて行つてもし方がないから二階にあるいらんしんちうを売つてくればよい。」

と言つてすゝのいつぱいかゝつたきたない時計のは車をくれて、

「これを平井へ行つて売つてこい。」
と言はれた。
　ふろしきに包んで自転車にのつて平井へ走つた。平井へ行つておつさんに
「これ買うてたい。」
と言つてふろしき包を出した。そろばんをしてから一円六銭くれた。走つて家へ帰つた。
「お父つちやん一円六銭やつた。」と言ふとお父さんは
「ほうやつたかそんな夜御飯においしいおかぞしてやるぞ。」とおつしやつた。

　この作品に対して、「生活態度」と「表現に就て」の二方面から批評が加えられている。「生活態度」についての批評の中にも叙述形式面に関するものが見られて面白い。[26]

生活態度

栗生「簡単に申せば、あまりに冷静な叙述は、この文に立体的なものを失はせた。三人が「顔にからつのやうな物をとばして」やつた事と会話の挿入が冷たい表現の城から脱して文に温みを与へてゐる。「――た」「――た」の連発は益々文を報告的、平面的にしてしまつて、文材の持つ感激性をおほひかくしてしまつたやうである。」

表現に就て

大塚「これだけの長さで、区切れの多い文に接続が二つしかなく、また主語の省略が多く見られる。それが表現に簡潔な勁い感じを出してゐる。銅を叩く所を説明と描写を交々に用ひて徒らな細叙に陥つてゐない

ところなども、簡潔な妙味がある。すぐれたものである。溌剌と行動に富んだ文である。」

上杉「文に迫力がない。だから読後こびりつく様な烈しい作者の欲求を見出せない。作者の生活態度が常に概念的である様な気がする。」

山本「全篇に会話が多く、そしてその会話の後先に必ず「……と言はれた」とか「教へてくれた」とかを書いてあるが、もう少しこれの略叙を何とかさせられないだらうか。」

（中　略）

野村「かうした生活態度はいゝと思ふ。此は主題的にも題材的にも極めて平凡なものとしか受け取れないが、今日の世情から観ればいくらか意義もあらう、亦世情の一部をたしかに反映してゐると思ふのだ。銅を売ると言つたことも何かしら日常的に茶飯事とひとしいが、それでも些細な考察と反省のはたらきが生活行動の中に在つて常に現実をキャッチして意味の把握に向つてすゝめるかぼそ乍らもある意欲的な肌触りをもつてゐることはよいと思ふ。

「研究文」に対する批評は、「生活態度」（＝叙述内容）面と「表現に就て」（＝叙述形式）面とに分かれてはいるが、相互に干渉し合う形で批評が行われている。

叙述内容面と叙述形式面とを切り離さないで一体的に批評していくのであれば、理想的には「生活態度」の箇所に加えられている「栗生」という人物の批評が最も適切なものと言える。

不十分な形ながらも、児童の書いた綴り方作品に対して右のような内容と形式と一体的な批評・評価が出現しているところに注目しておきたい。

注

(1) 宮川菊芳「児童文を如何に観るべきか」(『教育・国語教育』昭和七年二月号、四四〜四五頁)。※以下、特に断りがなければ、『教育・国語教育』誌を指すものとする。
(2) 宮川菊芳「金子・佐々井両氏に答へる」(昭和七年五月号、八一頁)。
(3) 鈴木徳成「生活指導か表現指導か――宮川・金子両氏の論戦観――」(昭和七年七月号、五一頁)。
(4) 田中豊太郎「綴方指導上の重要問題」(昭和八年九月号、五〇頁)。
(5) 山内才治「特集一綴り方教育をより科学的にしたいといふ思想或いはより実用的にしたいといふ希望の正しい意味や御実施の結果お伺ひします」という編集部からの問いかけに対する〈解答〉(昭和七年四月号、二四〜二五頁)。
(6) 田中武烈「科学性を持つ文の備へる条件」(昭和七年四月号、二六頁)。
(7) 佐々井秀緒「論議さるべき綴り方の問題」(昭和九年三月号、三二頁)。
(8) 高野柔蔵「児童文に於けるリアリティの考察」(昭和十年五月号、七六頁)。
(9) 後藤金好「『調べる綴り方』の新しき出発(承前)」(昭和十年十一月号、一一六頁)。
(10) 田中豊太郎「綴り方教育反省二三」(昭和六年五月号、一〇八頁)。
(11) 河野清丸「形式・内容渾一観の理拠」(昭和六年八月号、一三四頁)。
(12) 林義男「綴り方作品行動の母体としての児童的リアリズム素論」(昭和十年七月号、四十頁)。
(13) 妹尾輝雄「『児童的リアリズム』は育つか?」(昭和十年十月号、一二四頁)。
(14) 同前稿、一二五頁。
(15) 角虎夫「児童的リアリズムのために」(昭和十一年一月号、五七〜五八頁)。
(16) 波多野完治「表現と解釈」(昭和十年七月号、十一〜十二頁)。
(17) 波多野完治「作文と綴方」(昭和十一年二月号、一四五頁)。
(18) 同前稿、一四五〜一四八頁。
(19) 大場俊助「様式の基本概念」(昭和十三年三月号、四五頁)。
(20) 輿水実「綴方に於ける形式負担」(昭和十三年九月号、八九頁)。
(21) 輿水実「記述前の指導と記述後の指導」(昭和十三年十一月号、三六頁)。
(22) 吉田瑞穂「年間日本児童詩集における生活行動詩」(昭和十年十二月号、一二九頁)。

(23) 田中豊太郎「綴方教育界に希望するもの」(昭和九年三月号、四十～四一頁)。
(24)「綴方指導案(山形市第三校訓導、村山俊太郎)」(昭和十二年三月号、一四六頁)。
(25)「研究文『銅(あかがね)』」(昭和十二年六月号、八四～八五頁)。
(26)「児童文『銅』合評」(昭和十二年七月号、一二二～一二三頁)。

第Ⅷ章　『実践国語教育』誌にみる「表現」概念の位相

第一節　『実践国語教育』誌の性格

『実践国語教育』誌は昭和九年四月に啓文社より東京の私立成蹊学園・成蹊小学校訓導であった西原慶一によって創刊され、昭和十六年三月号まで刊行された。本章では、この期間における『実践国語教育』誌に現れた綴り方教育論を考察の対象とする。なお、同誌は戦後の昭和二十四年に『実践国語』誌と改称されて復刊（昭和四十四年まで継続刊行）し、戦後の国語教育の復興と発展に貢献した。

『実践国語教育』誌については、西原慶一が終生師事した垣内松三のいわゆる「形象理論」を中核として、「国語教育に熱心な実践者たちの実践的研究の諸論と国語教育隣接諸学の研究論文をも合わせて掲載し、国語教育実践の深化と新領域の開拓に貢献(1)」したと見なされている。

隣接諸学の論文執筆者としては金原省吾、大場俊助、輿水実、飛田隆、波多野完治等が常時名を連ねて国語教育の学理的究明が図られていた。また、実践者の側からは成蹊小学校の西原の同僚で『実践国語教育』誌の実質的な補佐役であった滑川道夫や村山俊太郎、国分一太郎等いわゆる生活綴り方教師が常連執筆者として名を連ねていた。さらに、小砂丘忠義主宰の『綴方生活』の同人であり、一時雲雀ヶ丘児童の村小学校の校長もしていた教育評論家の上田庄三郎も度々執筆者として登場している。一方、東京高等師範学校訓導であった田中豊太郎、関瑞臣、今田甚左衛門、稲村謙一、岸武雄、木村不二男といった多彩な面々が執筆者として登場している。本誌の広汎な実践誌的性格が窺える点である。

尚、本誌は国語教育誌であったため、中心的に取り上げられていたのは解釈学的な読みの領域であった。続いて綴り方の領域、そして話し方の領域が取り上げられていた。本誌に見られた綴り方教育に関する取り上げ方の特徴として、毎号掲載されていた「綴方児童作品の共同研究」、「綴方指導実践案」等のより実践的な内容が挙げられる。すでに菊池知勇主宰の『綴方教育』誌、小砂丘忠義主宰の『綴方生活』誌等が刊行されていたこともあったためであろう。そしてもう一つの特徴としては、一方の解釈学的な読みの理論的・実践的な究明に対して、綴り方の領域では表現学的な研究が目指されていたということである。以下、こうした特徴を中心に本誌に現れた綴り方教育に関する「表現」概念の位相を辿っていくことにしたい。

第二節　「調べる綴方」「科学的綴方」批判にみる「表現」概念

『実践国語教育』創刊号には当面の実践的研究の課題の一つとして滑川道夫の「科学的綴方の揚棄」という論考を掲載している。この中で滑川は「調べる綴方」や「共同制作」などの科学的綴り方と呼ばれる最近の実践を指して「非表現性を帯びた科学的調査研究の報告、記録を児童に作成せしめて如何にも進歩的なる綴方教育者であるが如く誇示してゐる人々の一群のあることを寂しく想はなければならない現状(2)」であると批判している。

滑川は、かつての文芸主義の綴り方の反省から登場した「調べる綴方」が「調べることによつて表現をたしかなものにしてゐるのであつて、調べたことが自己化され、融合されて」いたのに対して、現在行われている「調べる綴方」がその方向を誤って「事実の報告と記録に終つてゐる」と批判したのである。滑川は「調べる綴方」

の在り方については「『調べる』ことによつて表現作用の自律的展開を旺盛に、確実にすること」が重要であると主張したのである。

なお、滑川のこの主張を踏まえて美学者の金原省吾は「実践性」という論考の中で「調べることは論理的であるが、児童はいつかこの論理力を一足も二足も踏み出さうとしてゐる[3]」と述べている。

また、上田庄三郎は「調べた綴方の本質と発展」の中で、「綴方の本質的使命は、文章による客観的表現の技術」であって、「平凡な日常的な表現技術の修練に中心的努力を集中すべき」であると述べ、「一年生の始めから綴方を技術的表現として意識的創作の必然の道にと、教養しようといふのが調べた綴方の科学的態度である[4]」と主張している。

さらに、村山俊太郎も「調べた綴方の再構築（一）」という論考の中で「科学性と真実な迫力を持つ文をめざさなければならない」として、「羅列的表現と、構成的表現とをはきちがへてゐる者もある[5]」と指摘している。また、村山は同じ論考の続編（二）の中で、児童の作品「おぢいさん」を取り上げながら、以下の五点から「調べた綴方」の在るべき方向を考察している。すなわち、「第一現実生活に対する継続的な観察」、「第二に表現の具体性」、「第三に作者の個性が躍つてゐる」、「第四に表現に於ける言葉の問題であるが形象性の問題と共に新しい言文一致的表現への努力は公式化された現在の所謂調べた綴方に於いては最も研究すべき問題」、「第五の現実的認識の方法が形象的に血肉化してゐる方向へ努力してゐる点である[6]」の五点である。

以上の「表現」に関する考え方は、概ね、生産的な生活表現、現実的な生活表現を主張する生活主義綴り方教育の立場を確認しようとするものであった。これらの主張の中で注目させられるのは、かつて『赤い鳥』の綴り方教育に打ち込んでいた木村文助の「生と動の溌剌たる展開」という論考である。木村はこの論考の中で、「綴り方の形式といふものは、之に盛らるべき思想、内容が決定するともいへるしその内容は逆に形式によつて生み出され決定されるともいへる[7]」と述べている。「生活」と「表現」との不即不離の関わりについて触れた興味深い考え方と言える。

第三節　児童詩の表現形態への着眼

昭和九年十月号の『実践国語教育』誌では「現代童詩教育の反省と展開」と題した特集が組まれて五名の実践者がそれぞれの主張を展開している。児童詩教育の多面的な展開を企図しての特集であった。

この中でまず、『生活への児童詩教育』（昭和八年、厚生閣）で進歩的な児童詩教育の実践を世に問うていた稲村謙一は「生活詩への展開」という論考の中で、最近の児童詩が「型にはまつ」た「同じやうな傾向の表現」が多くなっていることの問題点を指摘している。

また、須藤克三は「叡智性の昂揚」という論考の中で、「童詩の技術の問題」に関して次のように述べている。[8]

　自由論者は一笑するであらう題ではある。

　然し従来童詩に於ける技術の問題が多く省られなかつた。内容性を重視しすぎた結果この問題を云為する事をさへ恐れたかの如くであつた。

　勿論この関心は新体詩式の外形律とか、童詩式の詠嘆律を指してゐるものではない。詩心を表現する上に於ける感覚情感の独創的選択技術する問題である。

　更に又童詩教育も究極は国語教育としての綴方教育の一営為である以上、最も効果的な言語表現をも重視しなければならない。

詩に於ける技術の問題は単にそんな関心ばかりでなく、その詩を活殺する鍵でもある。表現技術の下手な詩人が人をアッピールする力がない事は分かり切つてゐる。単に行をかへた丈けの詩の形や、全く表現の技術を無視したものがよくある。よりよく感じた詩を詩の現実として造形する選択技術はポエジイにとつて重大な関心であらねばならない。より純粋な詩へと展開するにはこの技術の叡智的関心が重要な一要素である。

須藤は、従来の児童詩教育が「内容性を重視しすぎた」結果、「表現技術」が軽視されてきたとして、「童詩教育」が「究極は国語教育としての綴方教育の一営為である以上、最も効果的な言語表現をも重視しなければならない」と主張しているのである。

さらに滑川道夫も、「童詩教育に於ける現実と真実」と題して、「童詩」は「児童生活のリアリティが齎らす詩精神の表現として認められなければならない」と述べ、「童詩は、芸術性とともに、教育性が関渉」するので「表現錬成としての綴方の圏内にとり入れられ、単独ではなしに、教育的関渉に於いて独自な目的性をもつ[9]」と指摘している。

この時期に、児童詩教育の実践において表現技術への関心が高まっていた点は、百田宗治が主宰していた『工程・綴方学校』（次章において考察を加える）における状況とは異なる興味深い特質である。

第四節　表現学的綴り方の実践的研究にみる「表現」概念

昭和十年十一月号の『実践国語教育』誌では、増大特集として「表現学の教壇実践」が組まれている。西原慶一は巻頭言において次のように述べている。[10]

　この学のわれわれに与へる方向は、行為的立場において、児童のなかから教育的にそれを発見することである。この実践的方向において現代われわれが特に感ずる点の二三をここに記してみたいと想ふ。まづ微細に実例の二三に着目する。――（一）、われわれは、現在の児童に六年前の同学年児童文を鑑識材料として提供することを躊躇する。すべてがかはつてゐるのである。（二）、われわれは多くの地方的文集を、その地の名所案内や名物紹介として看過することができない。一文には一文の子供の顔を、人格を、描いてゐる。（三）、それが調べた綴方と銘うつたものである時も、何を調べいかに調べたかよりも、その表現において調べてかち得た具体的な児童の創造的個性を洞見する――これらのことは何を語るものであらうか。

　ことばは生活の意義形式である。体験の再現であり精神そのものである。現代の児童の持つ新しい郷土社会生活（それは拡大されてもよろしい）の現実は、同時に新しいことばの現実である。それは単に題材の郷土化ではない。ことばを求める単的《ママ》な郷土社会生活力である。児童のことばはこの現実の生活力によつて高められてゐる。その過程・その生活を、綴方教育実践の現場にあつてひとびとは仔細に検鏡してゐるのである。児童のことばは、かくてその生活の新しいやうに新しい。教師はその新しい言語形成力を、つねに高い表現学的方向において整序し陶冶してゐるのである。

　西原慶一はこの中で、「ことばは生活の意義形式である」とし、「体験の再現であり精神そのものである」とも述べて、「児童のことばはこの現実の生活力によつて高められてゐる」と指摘している。西原はこのように「表現学」によって綴り方教育実践の方向を見出していくことの意義について述べたのである。西原の考え方にある

「ことばは生活の意義形式である」という指摘に、「ことば」と「生活」の一元的な捉え方が明瞭に現れていて注目させられるところである。

また、垣内松三は「表現の純粋志向性」と題して、次のように述べている。(11)

「心と句と眼前と一枚になるべし」といふ言葉は俳句の上にのみ守られる原則ではない。表現せられるものと、表現されたものとが一枚にならないのは、どういふ障害のためであるかといふことを、深く行じぬいた上でいひ切られた原則に照らして見ると、綴方教育の主張や方法は一枚になることを妨げるやうに、全力を挙げて仕事を仕続けて来たのであつた。それは勿論熱意を以て行はれた悲しむべき努力であつた。しかし努力の目標が正当であつたと弁明することはできない。表現されるものと、表現せられたものとが一枚になるには、その両方を繋ぐ作用を強めなければならないのである。このことは「実践国語教育」の同人が早くから唱導し実践せられたところであつたが、この極めて分かり易いことが頗るむつかしいことのやうに思はれたのは、「立場」の相違のためであつて、「観点」を異にするためではなかつた。もし相互に歩み寄つて、同一の「観点」に近づかうとするのであれば、同じ「立場」に立つことができないのではなかつた。この当然の結果が今眼前に明瞭示現せられて居る。

垣内松三がここで指摘していることは極めて重要である。垣内は、「表現されるものと、表現せられたものとが一枚になるには、その両方を繋ぐ作用を強めなければならない」と述べて、綴り方教育における生活内容中心の立場と表現中心の立場との乖離的状況について指摘している。そして垣内は、この両者が一元化されなかったのは「立場」の相違であって、「観点」を異にするためではなかったと述べている。要するに、両者の一元化を図るためにも「表現」というものに対する考察が必要であることを説いたのである。

この綴り方教育に関わる「表現学」的な研究については、金原省吾、輿水実、大和資雄、飛田隆、大場俊助、山下徳治、阪口玄章といった各方面の研究者が学理的な究明を行っている。しかし、その内容に関しては、仔細に見ていけば興味深い知見も得られるが、現実の綴り方教育の実践とは余りにもかけ離れたものであった。とりわけ、垣内松三が提起した「表現せられるものと、表現されたものとが一枚」になるための有力な考え方を提起している論考は少なかった。

むしろ、この特集の中で注目すべき論考は実践者のものに認めることができる。その代表格は田中豊太郎の論考である。田中は「綴り方教育に於ける表現法の指導」の中で次のように述べている。[12]

綴り方教育に於て、表現の指導として考へなければならない問題は、第一に、素材たる生活に意味を附与し、意味を創見して、素材たる生活を、文の対象たる題材として眺める態度を培ふということである。生活は、日常営んでゐるのである。綴り方教育があらうがなからうが、文学といふものがあらうがなからうが、刻々に、外的にも見られ、内的にも意識するなまの生活を営んでゐるのである。

綴り方教育に於ける表現の指導は、この生活に対して題材として眺める態度を作ることが大切だと思ふ。実際に、われわれが子供の綴り方を指導してゐて、不甲斐ないとも考へ、子供に対して歯がゆい様にも感ずることは、あれほど豊富な生活経験をもつてゐると思ふ子供が、何故に、綴り方の題材として取扱ふものが、極めて限られた、型にはまつたものばかりを題材にするのだらうか、何故もつと、もつてゐるだけの生活経験を題材として発表してくれないだらうか。かういふ焦立ちを感じるのである。

田中豊太郎はここで、綴り方教育における「表現の指導」として考えなければならない問題を「素材たる生活に意味を附与し、意味を創見して、素材たる生活を、文の対象たる題材として眺める態度を培ふといふこと」であると提起している。ここには、田中豊太郎の「生活」と「表現」とを一元化していく契機となる考え方が窺えて注目させられるところである。

この田中と同じような考え方を表明しているものに名取広作の「手に輝く眼・児童の制作々用」と題した論考がある。名取はこの中で「見ることと表現とは一つであつて表現を離れた単なる眼は最初から存在しないのである」とし、「眼に於て直ちに手が、手に於て眼が常に一つのものとして働いているのである(13)」と述べている。

また、土屋康雄は「表現学と綴方指導過程の問題」と題した論考の中で、「表現学が示唆する事項」は「『生活』と『表現』とを克服する高次の概念の設定にあると思ふ」と述べて、「読み方教育に於ける『内容』と『形式』の対立は形象の概念によつて、その拠つて立つ根拠を立証されたやうに、『表現』と『生活』との対立は『再現』の概念によつて克服されたやうに思はれる(14)」と論じている。

以上の論考は、綴り方教育の実践的なレベルにおいて、従来の「生活」か「表現」かという二元的な対立を統一止揚していくための理論的な手掛かりに気づき始めている貴重な考察として注目しておきたい。

第五節　「児童作品共同研究」及び「綴方指導実践案」による実践的研究にみる「表現」概念

1　「児童作品共同研究」にみる「表現」概念

『実践国語教育』誌による綴り方教育研究の大きな特徴に、標題に掲げたような文字通りの実践的研究がある。これらの研究は、『実践国語教育』誌が刊行されてから昭和十四年四月号まで継続的に取り上げられていた。同誌の性格に相応しい試みとして評価できる点である。

これらの研究のうちまず、「児童作品共同研究」に見られる「表現」概念に関して見ていくことにする。

この共同研究としては、綴り方のみでなく児童詩に関しても行われていた。ここでは取りあえず、綴り方作品に関するものだけを見ておくことにする。共同研究に名を連ねていた人物は、奥野庄太郎、木村文助、関瑞臣、竹澤義夫、上田庄三郎、滑川道夫、金原省吾、名取広作、近藤益雄、久米井束、田中武烈、福田正夫、佐藤末吉、河井酔茗、水谷まさる等と多彩な面々であった。各号で批評に当たった人数は平均五名である。

昭和十年九月号の共同研究では、同一児童の尋常三年の時の「もちやきの時に」と同四年の時の「たんぽとけ様へおまいりに」という作品二編が取り上げられている。以下に、これら二編の作品とそれらに対する四人の批評者の言葉を取り上げてみよう。

もちやきの時に

三年　伊　藤　房　子

この間のことでした。弟のしげちゃんが
「おもちをやいてよ、ね、いいでしよ叔母さん、ね」
と叔母さんにせがんだので、しかたなく
「それではおもちとあみを持つておいでなさい」
と叔母さんはやさしくおつしやつた。しげちゃんは喜んで取りにいかうとしましたので、私はべんきやうをやめて、

「しげちやん、ねえちやんにも持つてきてちようだい」

と言ふと、弟はふりかへつて元気なこゑで、

「うん」

といつて取りに行きました。

やがて、あみもおもちも、叔母さんに言はれたとほりに持つて来ました。火にかけますと、しげちやんは、よほどたべたいのでせうあみをいぢつたりきたない手でおもちをいぢつては、はひの中へおとしたりして、たいくつさうにまつてゐるのでした。

そして時々
「まだ、ながいなあ」

といつてゐるのでした。それをみて叔母さんは
「だめぢやないかしげちやんは、いたづらして、そんなにいぢくつたりしたつておもちはかたいから火がつよくなければ、中々やけないんだよ」

とおつしやつて、弟をにらんだのでした。

べそをかいたしげちやんは、たゞあみとおもちをなつかしさうにみつめてゐるのでしたが
「まだ」

とき、ましたので
「もうすぐよ、しげちやん」

と言ふとこんどはおとなしくまつてゐました。

そこへお母さんがいらつしやつてほうこうにいつてゐる義雄兄さんのことを思ひ出して話出しました。す

ると叔母さんが
「だれか家でおもちのすきな子がゐたね」
とおつしやると、お母さんは少しかんがえて
「あゝ義雄だよ。あの子は小さい時からおもちがすきでね」
と言つて、やぶいりの日がこなければ家へあそびにかへつてこられない兄さんのことを心の中でお思ひになりながらにこにこお笑ひになりました。
　叔母さんが
「しげちやんはあといくつたべるの」
と聞くと
「十ぐらゐはたべるさ」
とえばつたので、私は
「ほんとう」
と聞くと
「うん」
といつたのでたくさんやくと
「もうたくさん」
といつたので
「うそつきね。十ぐらゐはたべるといつて四つぐらゐしかたべないじやないの」
といふと

「だつておなかがいつぱいなんだもの」
て言つてねころびました。私はきふに
「もうおもち、なくなつちやうでしよ」
としんぱいして聞くと、いいんだよとおつしやつたのであんしんしました。その時でした。きふにブーとい
ふと、今まで火にかかつてゐたおもちが、ほてい様のおなかのやうに大きくふくらみました。
「あ、ほてい様のやうにおなかがふくらんだ。ふくらんだ」
ていつてゐる中に、スーつとくうきがぬけて、ぺしやんこになつてもとのやうになりました。

（昭和十年一月二十日）

たんぼとけ様へおまいりに

四年　伊　藤　房　子

朝おきるとがらす戸にたいやうがかゞやいて光つてゐた。時計をみると六時半をすぎてゐた。叔母さんが
「朝のうちにおまいりに行つてきておくれ」

とおつしやつたので
「はい」

といつてくつをはいてゐると、うしろからかはいゝ小さな手がかたにさはつた。

「だれ」

といつてふりむくと、昭雄がにこにこしておぶつてちやうだい、といふやうに私のかほを見つめてゐた。

「ねえちやんは今おまいりにいつてくるからね」

といつて昭雄の手をとつて
「まつて、ね」

とかけ出したらくびをながくしてみおくつてゐたので、かはいさうになつてもどつてくつをはかせてあげようとすると、足を上げて
「ね」

とおせじをつかつた。

うらを通る途中あさりのからのあるところをふむとばりばり音をたてた。

たんぼとけ様のお寺のそばの木には、若い葉がところところにでてゐた。なまあたゝかいみなみ風がふくと、木がゆれてそのとなりにうゑてあるさゝも、木とおなじやうにゆれて「さゝ」ときもちよいおとをたてゝゐた。

石だんを上つて、昭雄が、おさいせんばこに一銭いれると「ちやらん」となつた。

赤やみづいろのきれでつくつたものをゆすぶると、すゞがなつた。

「しやうばいがはんじやうするように」

とおがむと、昭雄が小さいてをあはせて一しよになつておがんでゐた。

となりをみると、をけにきれいな花があがつてゐた。その前には小さなうちみたいな中に、石できざんだお地蔵様が手を合はせて立つてゐた。くびに白いきれでつくつたよだれかけをして、そのうしろにはたわしがたくさんさがつてゐた。

ふと、こないだのことが思ひ出された。

それは、エ子ちやんが死んだ時、はるちやんが

「おやよりさきに死ぬとおにゝいぢめられるのよ。それでエ子ちゃんはさきに死んだから、青おにや赤おににいぢめられてゐるから、かはいさうだからおじざうさまに石を上げるの」

といつたので、はるちゃんと私と野村さんと秀ちゃんと四人でこゝへ来て石を二つづゝあげた。

「エ子ちゃんはいま何してゐるかしら」

と思つて下をみると、もう石はなかつた。

だんだんあるいてくると、又なまあたゝかいみなみ風がふいて、さゝが「さゝさゝ」となつてゐた。

（昭和十年四月二五日）


この児童の指導者は持ち上がりで担任をしている。この指導教師は「子供の綴方を読むと、日頃は知ることの出来ない一人一人の生活の姿が、ほんとによくわかる[15]」と述べている。生活指導的な立場からの言葉である。

この二編の指導作品に対する四人の批評者の言葉を見ておこう。

まず、金原省吾は「人間関係の描写」と題して作品の展開面に関して「心持ちの陰影も書き、周囲も書き、行為と進行とがからみ合つて、実によく続いてゐる」と述べ、「展開に無理がなくて、なだらかにすらすらと展びて居る」と評価している。そして、「もちやきの時に」については、「別に説明するではないが、自然にその人の性格の見えるやうに書いてゐる」とし、「この女の子の細かい、綿密な性質が見える気がする」と評している。また、「たんぼとけ様へおまいりに」についても、「よい文章である」と評価を下しつつ、「都会の子供のせいか、或は家業のせいか、人事関係は、陰影をもち、立体的に書き得てゐるにも係らず、周囲をかくのには、実験的態度になつて、心持の上で開きなほつた様子があり、そこが冷たくして、凝固して居る[16]」と精細な批評を加えている。

二人目の水谷まさるは「やさしい目」と題して、作者の「すなおな純情」に「心をうたれた」と述べ、この二編の作品は「要するにこのすなおな純情によつて生きてゐる」と好意的に評価している。そして作者の「やさしい目」が「もちやきの時」にあっては、「すばらしい構成となり、簡にして要を得た人物描写となり、全体的な雰囲気の躍動となり、強い安定感となつてゐる」とし、「たんぼとけ様へおまいりに」では「印象的な自然描写となり、心理描写となつてゐる[17]」と賞賛している。

三人目の前田晁は「驚くべき進歩の跡」と題して、「同じ児童の時を異にした作品を二つならべたのはよい思ひつきである」と、その方法に拍手を送っている。二つの作の間には三ヶ月の隔たりしかないが、その間の「児童の進歩の著しさは正に驚嘆に値する」と絶賛している。表現に関する注文として、後の作品に関しては、「お地蔵様の出し方」が「このままでは初めて見るお地蔵様のやうな感じを与へるのに、実は前から知つてゐるお地蔵様であること」について注意を促している。また、前の作品に関しては「『おつしやる』『いらつしやる』等の敬語の使い方[18]」について注文を出している。

四人目の滑川道夫は「繊細な鼓動」と題して、まず指導者の「指導するといふ気持より自分の心に語るやうに」という指導の姿勢を讃え、こうした姿勢がこの児童の二編の作品に「素直な観方に於て反映して発展してゐること」を評価している。その上で、前作に関しては、「作者の生活が隠されてゐる」点を指摘し、「もつと書くべきことをつきつめさせ」て、「繊細な描写やタッチの巧さを構想に於いて統一すべきであった」と批評している。また、後の作に関しては、「こまかな作者の鼓動が、南風にふるへるさゝのそよぎのやうにリズミカルに伝はつてくる」と評価し、その上で、「構想の展開」について「手ぎはよくまとめずに、推進させていくといふ力が不足してゐるやうに思ふ[19]」と今後の指導力点に言及している。

以上の四人の批評者の批評から言えるのは、具体的な児童作に即した批評であるだけに、ほとんどの批評者が作品の叙述内容と描写などの表現技法に言及し、また作品全体の構想と展開との関わりなどについて適切な助言が加えられているということである。とかく、「生活主義の綴方」であるとか、「生活構成の綴方」、「調べる綴方」、「集団制作の綴方」、「科学的綴方」と、様々な主義主張を訴えた観念的な綴り方教育論が出現していた中で、こうした共同研究の試みは、綴り方作品を「生活」と「表現」の両面から調和的に捉えていく視点を提供している点から見ても極めて貴重な試みであったと言えよう。

2　「綴方指導実践案」にみる「表現」概念

続いて、「綴方指導実践案」の試みについて見ておこう。この試みも毎号のように続けられていた。このページに登場している実践者は、秋月浩霊、佐藤加寿輔、岩間政男、清水幸治、綿貫数夫、須藤克三、国分一太郎、池田和夫、今田甚左衛門、武藤要といった面々である。同じ指導者の指導案が継続的に掲載されている点に注目させられる。

昭和九年十月号に取り上げられている「指導案」を見ると、尋常三年の「指導案」（東京浅草小学校訓導・秋月浩霊）の「目標」の部分に「表現が自由に伸長出来たら、表現の技術を指導して、素材と表現の関係を明確にするようにする」とあって、「表現手法」面と「素材」（＝生活）面との関わりに配慮している点が窺える。「指導の展開」の部分を見ると次のように設定されている。(20)

第一教程（接続詞の用法について）

A　文例の提示

(1)　「そして」を抹殺して行く。

(2)　接続詞「そして」がどういふ場合に用いられてゐるかを考へさせる。
――そしてお父様とせいじょうへいきました。そしてしばらく待つてゐると電車が来ました。そしてお父様と――或る事件と次に来る事件との時間的経過の表現が如実に出て来ない時に使用されることを知る。
(3)　描写すべき事件を概念的に考へて羅列する事なしに、頭に浮んだ事から次々に描いて行くやうに試みさせる。

第二教程（運動会、遠足の自由研究）
A　記述
B　共同学習（批評と、表現技法の研究）
(1)　運動会、遠足といふやうな時間的、空間的異動の線に沿うて表現する文には、前教程に扱はれた欠陥に陥ることが多い。
(2)　概念的に時間の推移を描写する事を避ける。
――それから川原で休みました。それから橋を渡りました。それから稲田の道に――
(3)　過去叙法を把る時にはこの弊に陥ることが多い。（以下略）

尋常四年の「指導案」（成城学園前訓導・佐藤加寿輔）には、「聴手」（読み手）の意識に基づいて「独自的様式」「対話的様式」「物語的様式」の三つの区分による指導の方法が提案されている。その一端を次に掲げてみよう。[21]

一　目的　生活体験の量と深さを他へ伝えるために把られる表現様式は、「描く」「語る」のいづれかに属せられる。綴方に於ては主として後者が撰ばれるのを普通とする。

「語る」ことに依る効果は、主観を直接に他へ影響させ、感動を深刻にすることを得、且ては偶然的に撰ばれた「語る」或は「話す」表現の方法を様式化し、其基礎鍛錬を与える。

二　計画　自己か、他か、大勢か、「語る」ことは必然に聴手を予想する。さうした聴手の意識を基とし、様式を分化させ、独自的様式、対話的様式、物語的様式の三つに区分する。伝える相手を決定することに依つて、各々の技法と、効果を自然の裡に理解させる。

三　指導

1　独自的様式（第一週二時間）

独自的様式は、素朴な形では、独白であり、複雑化された場合、自問自答に依る内省の記録等に於て顕著な例を示すことが出来る。心理的情態と其の経過を精密に記録するによい。

（中　略）

2　対話的様式（第二週二時間）

対話的様式とは、会話体を指すのではなく、或個人へ送る書簡の如く聴かせやうとする。相手が限定されてゐる場合の様式を意味する。相手と自身との距離を緊密にし反応を予想して、理解の程度を確実にする。

第一次　文話、家族、友人、教師、死者へ或は学級等予め、特定の相手を決定し、弁明、回想、心情の披瀝等素材の分野を開拓し、表現の条件技法に就いて説明する。相手の興味関心了解の程度を観察して反応に効果あらしめる心構へを与へる。

第二次　記述鑑賞、現在の生活に於て最も注意を魅する相手を反省し自由に決定させる。遠慮を排し、直接的に記述させる。

3　物語様式（第三週二時間）

動機発展結末の筋を主とし、内容を全体的に表現する様式である。事の経過と関係を確実に把握させ、全体印象を鮮明にする効果がある。

第一次　文話、文例の提示に依つて、筋を主とすることを理解させ、様式に適した題材を選択させる。

村祭、茸狩、運動会、遠足、稲刈等印象を主題とした感想風によつてもよい。

第二次　記述鑑賞、予め順序と項目を記したるプランを作らせ、構成的に記述させる。

（以下略）

右の「指導案」の内容によれば、指導者が綴り方の「表現様式」を「生活体験の量と深さを他へ伝へるため」のものと捉えて、この「表現様式」を意識した指導を展開している様子が窺える。こうした実践案からも、綴り方の素材としての「生活体験」と叙述形式である「表現様式」とを一体的に捉えて指導していこうとする実践の方向が見て取れるのである。

注

（1）日本作文の会編『生活綴方事典』昭和三十三年九月、明治図書、五七九頁。
（2）滑川道夫「科学的綴方の揚棄」（『実践国語教育』創刊号、昭和九年四月、八頁）。
（3）金原省吾「実践性」（『実践国語教育』昭和九年六月号、五一頁）。
（4）上田庄三郎「調べた綴方の本質と発展」（『実践国語教育』昭和九年七月号、五五頁）。

(5) 村山俊太郎「調べた綴方の再構築（一）」（『実践国語教育』昭和九年七月号、六十頁）。
(6) 村山俊太郎「調べた綴方の再構築（二）」（『実践国語教育』昭和九年八月号、八一頁）。
(7) 木村文助「生と動の溌剌たる展開」（『実践国語教育』昭和九年八月号、七十頁）。
(8) 須藤克三「叡智性の昂揚」（『実践国語教育』昭和九年十月号、四五頁）。
(9) 滑川道夫「童詩教育に於ける現実と真実」（『実践国語教育』昭和九年十月号、五六頁）。
(10) 西原慶一「表現学の教育的地方体系化の勢」（『実践国語教育』昭和十年十一月号「増大特集・表現学の教壇実践」、三頁）。
(11) 垣内松三「表現の純粋志向性」（『実践国語教育』昭和十年十一月号、五頁）。
(12) 田中豊太郎「綴り方教育に於ける表現法の指導」（『実践国語教育』昭和十年十一月号、五三頁）。
(13) 名取広作「手に輝く眼・児童の制作々用」（『実践国語教育』昭和十年十一月号、五六頁）。
(14) 土屋康雄「表現学と綴方指導過程の問題」（『実践国語教育』昭和十年十一月号、六五頁）。
(15) 進藤喜與子「指導者の立場から」（『実践国語教育』昭和十年九月号、八四頁）。
(16) 金原省吾「人間関係の描写」（『実践国語教育』昭和十年九月号、八五頁）。
(17) 水谷まさる「やさしい目」（『実践国語教育』昭和十年九月号、八五～八六頁）。
(18) 前田晁「驚くべき進歩の跡」（『実践国語教育』昭和十年九月号、八六頁）。
(19) 滑川道夫「繊細な鼓動」（『実践国語教育』昭和十年九月号、八七頁）。
(20) 秋月浩霊（東京浅草小学校訓導）「尋三綴方指導案」（『実践国語教育』昭和九年十月号、九三頁）。
(21) 佐藤加寿輔（成城学園訓導）「尋四綴方指導案」（『実践国語教育』昭和九年十月号、九四頁）。

第Ⅸ章　『工程』・『綴方学校』誌にみる「表現」概念の位相

第一節　『工程』・『綴方学校』誌主幹・百田宗治の立場

『工程』誌は昭和十年四月に椎の木社より詩人・百田宗治によって創刊された。翌昭和十一年十二月まで刊行され、十二年一月号からは『綴方学校』と改題されて昭和十五年三月号まで刊行された。同年四月からは千葉春雄が主宰する『教育・国語』と合体して『教室』誌（更生閣刊）となり十六年九月に政府の民間教育雑誌統廃合の指定を受けて廃刊となるまで刊行が続けられた。本研究では昭和十五年三月の『綴方学校』までを考察の対象とする。

百田宗治が『工程』誌を刊行した第一の狙いは「文学者と綴方実践者とが、強力に結びついて、作文教育を推進しようとした」こと、第二の狙いは「過去の文芸主義に批判を加えるとともに、童心主義を止揚する」こと、第三の狙いは「全国的な若い実践者の、実際的な、そして実験的な研究発表の機関的なものにする」(1)ことと見なされている。基本的に異論のないところである。

なお、『工程』・『綴方学校』は綴り方研究誌ではあったが、その特徴の一端は児童詩教育にも並々ならぬ力点が置かれていたという点にある。主幹の百田宗治が詩人であったからである。百田は千葉春雄が主宰していた『綴り方倶楽部』の児童詩の選評を担当していた。しかし、この選評の仕事は昭和十年一月号から取り止められて、その代わりに『工程』誌において「一意生活本位児童詩教育の徹底普及に努力[2]」していくことになる。百田の児童詩教育に関わる立場は『赤い鳥』によっていた北原白秋の「児童自由詩」に対して「児童生活詩」（後に散文詩形態を取っていく）と呼ばれるものであった。

第二節　文学と綴り方との相互交渉

百田宗治は『工程』誌において当初、文学と綴り方との相互の交渉を企図していた。

『工程』創刊号には巻頭の言葉に千葉春雄の「綴り方と文学の相克」という一文が掲げられている。この中で千葉は「今後の綴り方は、文学と相克することにより、進展し充長する」と述べ、「この相克には、時に協和あり提携あり結合あること無論である」とし、「文学と綴り方が、手を握つて共栄することは、教育の樹幹が、新時代に繁茂する必然の与件である[3]」と主張している。

また百田自身も第三号の「巻頭文」において、こうした文学と綴り方との交渉について「従来の狭隘な教室的反響にとどまつた児童文といふものを、あらゆる機会にひろく一般社会の外気に触れさせ、それへの関心とか注意とかを一層積極的に喚起しようとする意図の一歩前進的企画である[4]」と述べている。そして、創刊号から「児童文の新採点」という欄を設けて毎号、井伏鱒二・林芙美子・福田清人といった文学者からの所感を求めている。

しかし、この試みは当初の百田の思惑通りには行かなかったようである。児童文に対する文学者からの批評文の中心は、「何の秘密もない文章で観察にも混乱したところがすくないのは、童心のたまものであらうかと考へます」（井伏）、「白紙のやうな子供の心に、とまどひもしないで人物や風景がおどつてゐる」（林）、「全篇に見る無意識の簡潔化――たとへば『〈おーい〉とよばふとちりんちりんといつてかつどうがはじまりました』といふ映写直前の雰囲気、夜とは改めて記さずとも自然と分る帰路の情景」（福田）といった「表現」面に対する所感にあった。

これらの所感からは文学者の先入観に囚われない綴り方文章観が窺えて興味深いものがある。しかし、百田はこれらの所感に対して少なからぬ失望感を漏らし、「今日の文学者のうちから、更に積極的に、自ら動いてこの児童生活の生きた細部に立入り、その文を通じて彼らの生ける真の姿を見出さうとする人々の一人も多く出て来ることを希望して止まぬのである」[5]と訴えている。

なお、次の批評文は子供の〈生活〉と〈表現〉との緊張関係を捉えている数少ない事例である。[6]

「母の耳」の表現力　　窪川稲子

（前　略）

作中のおつ母さんは何と一生懸命に笠を編んでゐることでせう。一生懸命に笠を編むことを書くのが主ではなく、母親の耳の遠くなつてゆく過程を書き現はしてゆくためのリアルな方法から、この母親の姿が出て来てゐるのです。従つて耳の遠くなつた母親の姿も鮮やかに出てゐます。「母の耳」は全体に率直で、簡潔な描写力を持つてゐます。「母はどうしたことか晩方になるとしかめつ面をする。」といふ書き出しにも感心しました。人物はいつもそれぞれの場所に必ず動作をもつて表現されてゐる。「『毒だみをもらつて来てけろ』とおれがひよつこを見てゐたら云はれた」といふ風に。また動作の後にはそれに伴ふ心理の説明もしてあります。「おれは黙つて見てゐた。そしたら永くくつつかつて来た。おれは『耳だれになったんだ』と思つた。」黙つて見てゐる動作が、あとの心理の説明で活きてゐると思ひました。

みこさんが母の年を聞くことや、豚の話などの伏線的なうまさは、それがたくまないものであるだけに感心しました。

最後の五行は、農村の婦人の姿を実に鮮明に表現してゐるものではないでせうか。

この作品の難を言へば、お盆の頃から炉にあたる頃までの期間がはつきり書かれてゐないといふやうなことではないかと思ひます。

この作品の持つてゐるリアリスチックな表現力の強さは、生活の現実的な面に直かに触れてゐるところからくるものだと思ふだけに、よけい頼もしくなりました。

この批評文を書いたのは作家の佐多稲子である。この時に佐多は作家の窪川稲次郎と結婚していたのでこのような名前となっている。作家の批評文とはいえ、本来の綴り方の表現に関する適切な論評となっていて興味深い。しかし、残念なことにこの時点では、百田宗治をはじめとして、このような捉え方にはあまり関心が持たれなかったのであろう。したがって、こうした綴り方と文学との相互交渉に関わる試みは昭和十一年一月号あたりで姿を消していくことになる。

第三節　「児童生活詩」にみる〈生活性〉と〈芸術性〉との拮抗

『工程』誌が創刊された昭和十年当時には、昭和六・七年頃に提唱された「調べる綴方」や「科学的綴方」における主観性の欠如や生活指導面の希薄さへの批判が噴き出していた。こうした動向を受けて、『工程』創刊号では「綴方教育目的観への再認識」という特集が組まれている。その特集論文の中で妹尾輝雄は次のように述べている。[7]

真の生活主義綴り方に於いては、綴り方することによつて、各個人の生活を社会的に組織し、発展させることをもつて目的としなければならない。そのためには、単に在る生活を在るまゝに再現するだけではいけない。更に、在るべき生活を志向し、それをあるべきやうに表現することが必要なのである。

しかし乍ら、その在るべき生活を志向し、表現することは、在る生活を主観的な空想をもつて飾ることではない。それぞれの生活を社会的に、客観的に容認し、その動向を認識することによつて、そこに在るべき生活を客観的に確認し、生活的熱情と行動を発生させることなのである。

この傾向の上に立つ「生活主義綴り方」の確立的主張として、私は「科学的綴り方」の存在を容認するものである。
・綴り方することによつて、児童生活を社会的に組織し、発展させよ。
・綴り方することによつて、社会・生活を客観的に認識させよ。
といふ「科学的綴り方」の目的原理に対して、今の私は少しの不満も感じてゐない。


ここには、綴らせることによる児童生活の社会的組織化、生活認識という、綴り方による生活指導論の立場が明確に打ち出されている。

こうした傾向は、『工程』誌の特徴である児童詩教育面においても顕著に出てきている。昭和十年六月号では「生活詩の解剖とその動向」という小特集が組まれ、「生活詩の解剖とその新方向」（角虎夫）、「生活詩における野生の問題」（国分一太郎）、「生活詩に於ける芸術性と生活性」（稲村謙一）といった論考が掲載されている。

百田宗治はこれらの論考を踏まえて、昭和十年九月号の「生活詩の観方　上」という論考において次のように述べている。(8)

角氏の「児童の生活態度に於ける心の構へ、現実対向の姿勢、積極的には素材への働きかけ方」とか、国分氏の「生活からだけ学び、生活からだけ叫ぶ子供達の態度」とか稲村氏の「生活意欲の強靱さ、感動性の豊潤」とか、また近藤氏の「生活意欲の統制された姿」とかいふことは、言葉こそそれぞれ違つてはゐるけれども、その云はんとするところがこれまでの韻律本位的な感傷詩とか、マンネリズム化した自然観照詩とかいふやうな、直接児童の現実生活から遊離した行き方を排斥して、その詩意識をあくまでも現実の生活意識乃至は正しい生活意欲性の上に打ち樹てるための努力にあるといふ点では殆ど共通の主張を試みたものであり、角氏の「生活詩の問題は究極に於ては児童詩教育の目的観の再認識にあり」といふ意見は、取りも直さずこの意味から従来の情操本位的な童謡教育や、芸術的な児童自由詩運動乃至はその亜流的な傾向に対する、真の生活本位児童詩教育への認識を強調したものであるといふことが出来よう。

要するに生活詩への翹望といふことは、その最も必然的な前提として、これまでの受身的、情操本位的な生活指導から一歩前進して「生活態度に於ける心の構へ」「現実対向の姿勢」「強烈な生活意欲」の涵養と統制といふことを眼目とする全生活的な生活指導といふことを根本の要件とし、目的とするといふことが云へる。

ここには、北原白秋の命名になる「児童自由詩」のいき方に対して、〈生活性〉を強調した「児童生活詩」の立場が鮮明に打ち出されている。一方、こうした〈生活性〉の立場の強調と共に、これと〈芸術性〉との関わりに関しては、国分一太郎の「感性の法則が現実の法則と一致する処にまで生活の知性を磨かせる」という一節を取り上げながら、両者の統一止揚に向けた考え方を示唆している。とは言え、「児童自由詩」から「児童生活詩」へという流れの中で、その児童詩における〈生活〉概念に対置する〈芸術〉概念の是非が問われつつ、児童詩の持つ詩的〈表現〉への関心は薄められていく傾向が窺えた。

このように、『工程』誌では創刊当時には、綴り方においても児童詩においても〈生活〉優位の姿勢が強く打ち出されていた。しかし、『工程』誌の初期においても綴り方の〈表現〉への関心が皆無であったわけではない。昭和十年九月号に「文章技術と生活の吟味——小鮒寛氏の迷妄を啓く」（中村正一稿）と題した次のような一文が掲載されている。(9)

けれどもそれら素材への拡充に依つて将来せられた大進軍の為に表現技術への関心が弱められ検討が粗略に取扱はれて来たことも事実で、誤つた生活の偏重から綴方の奇形児を制作する結果を生んでゐる。（中略）生活上の価値が直ちに文の価値になる場合は勿論あるが、表現の拙ない文に価値などは微塵もない筈だ。この文の欠陥は上述に留まらず、記述の上に構想の上に指導すべき幾多の部面があるが、心象の濾過を通して真に作者のものとなつてゐる顕現なく、朦朧として意識の不明瞭な貧弱な文ではなからうか。

兎に角時代精神に生き真に社会のものとして意義ある文、私はそれを佳い文と思ふ。生活認識に対する作者の角度の強烈さは佳い文への進展を約束する根本条件であるが、表現技術の拙劣な文章に対しては、佳い文の称号は絶対に冠し得られない。教育全般が生活の指導であり、文指導に依つて生活の陶冶を目指す理念が、綴方教師たる可き唯一の資格であるとしても、綴方的独自な形式を離れて文の指導は在り得ないのだ。

右の論考の中では、「素材への拡充に依って将来せられた大進軍の為に表現技術への関心が弱められ検討が粗略に取扱はれて来たことも事実で、誤つた生活の偏重から綴方の奇形児を制作する結果を生んでゐる」と述べている。「生活」偏重の固定観念に基づく「佳い文」評価の姿勢に対する痛烈な批判である。〈生活〉と〈表現〉との調和的な指導への方針を打ち出した考え方として注目に値する。

なお、児童詩教育の立場からも、他ならぬ百田宗治によって次のような注目すべき提言がなされている。昭和十一年二月号の「第二の維新——児童散文詩の問題に関連して」と同三月号の「続第二の維新」という二編の論考においてである。[10] まず最初の論考である。

児童詩の韻律性からの脱却といふことを、児童詩に於ける芸術性の否定といふやうな風に早合点する人がなきにしもあらずであるらしいことである。さういふ人々のために言つて置くが、児童詩の韻律性からの脱却は、児童詩から芸術性を退けることでなく、児童詩のあたらしい芸術性を発掘し、それを育て、それを打ち建てゝ行くことである。そのあたらしい芸術性とは何か、児童の正しい生活感性の培養とその歪曲されざる言語表現への達成——この正しい生活と正しい言語表現の新鮮溌剌たる工程の中からのみ明日の児童詩の燦然たる芸術性が期待される。

次は続編の論考である。

児童散文詩は、はじめに述べた形態的な観念と、いはゆる詩的感動の歪曲されたマンネリズムとから脱却した（筈の）児童詩、或は生活詩の本来の立場である昂揚された児童の生活感動の表現をより透徹させるための実践であり、提唱であらねばならぬ。然してその詩的契機は、綴り方が記述による題材の認識であるに対して、表現そのものが認識の一作用であり、感動の発露であるところに存し、その芸術性は、今後の児童の正しい生活感性の培養と、その歪曲されざる言語表現（或は文章表現）への達成がもたらす全生活血行の光輝であり、真実性の灼熱であり、火花であるところに存することをこゝに附記して置かう。

右に引用した二つの論考における文言の中で百田が言う「児童の正しい生活感性の培養と、その歪曲されざる言語表現への達成」、「綴り方が記述による題材の認識であるに対して、表現そのものが認識の一作用」であるという考え方には、児童詩における〈生活〉と〈表現〉との一元的な捉え方が如実に示されていると見なすことができる。

第四節　「生活綴り方」への反省期

1　「生活綴り方」への批判

『工程』・『綴方学校』誌には、国分一太郎・村山俊太郎・寒川道夫・峰地光重・鈴木道太・滑川道夫・吉田瑞穂等のいわゆる錚々たる生活綴り方教師たちが執筆陣として加わっていた。滑川道夫には創刊時に百田宗治から『工程』への協力要請があり、国分一太郎に対しては創刊後の第三号から執筆の依頼があり、昭和十三年からは一年ほどの期間であるが、百田から『綴方学校』の編集手伝いの要請があった。こうした事実からも窺えるように、『工程』・『綴方学校』誌は当初生活綴り方・児童生活詩に力点を置いた「生活」重視の傾向を強く帯びていた。しかし、先に見てきたように、この〈生活〉重視の傾向は必ずしも長く続いていたわけではない。

『工程』誌の創刊後、一年も経たない昭和十一年頃から、世上ではいわゆる「生活教育論争」の一環として、生活主義綴り方教育の在り方が民間教育運動に参加する教育学者や心理学者、教育実践家等の間で活発に論じられるようになっていた。最も早い時期では、文章心理学者であった波多野完治による生活主義綴り方教育に対する批判がある。波多野は「今までの綴方教育者は、人格教育を綴方の目的とした点で常に正しかつたが、然しこれが、あくまでも言葉を通して行はれるものであることを忘れ」ていたとし、「綴方は、言葉の表現性の教育を通して、人格訓練がなさるべきであるのにこの方面は少しも考へなかつた」(11)と批判したのである。

ほぼ時を同じくして国分一太郎からも、「久しい間、私達は、綴方に重荷をしょはせて、生活探究とか、現実格闘とかと要求してゐた」と表明し、そのような営みは「生活教育の全場面がうけもつべきであつて、綴方のみがやつきとなつても駄目なものだ」(12)という反省の弁が述べられている。

さらに教育科学研究会からの批判が相次ぎ、中でも当時『教育』誌の編集担当であった留岡清男の批判は決定的なものとなった。留岡の批判は「生活主義の綴方教育は、畢竟、綴方教師の鑑賞に始まつて感傷に終るに過ぎないといふ以外に、最早何も言ふべきことはないのである」(13)というものであった。

2　「生活綴り方」実践の見直し

生活主義の綴り方へのこうした批判と反批判が二〜三年続けられる。こうした論議を経て、『綴方学校』誌にも生活主義の綴り方教育への反省を促す論考が出現してくる。昭和十二年十月号の「綴方の城を出る」(角虎夫)という論考には次のような反省の弁が見える。(14)

更に私は綴方の無力といふ事に就いて反省して見たい。それが烈しく私達自身に反対に噛み付いて来た原因は前述の中に見て来たのであるが、再言するならば綴方による「生活を高める」「生活指導」「生活を組織する」と言ふ考へ方の中に胚胎してゐたと思ふ。それは正しい事でありながら、綴方のみによつて生活指導が可能であるといふ印象を人々に与へ、さういふ考へが私達の内部に無意識の中に巣食つてゐたのではなかつたのではないだらうか。綴方に於けるそれは一分担であり、一手段であるといふことは言はれはしたけれども、綴方で解決出来ない問題を綴方で解決しようとする仕事の掲げ方が、言ひかへれば不当に過重に綴方に背負はせた矛盾がそのやうに綴方を買ひかぶり、私達の指導力に対する己惚れが綴方の無力感となつて跳ね返つて来たのではあるまいか。

右の文言には、いわゆる「生活教育論争」から受けた一人の綴り方教師の苦悩が滲み出ている。昭和十三年二月号の特集「全科と綴り方」「綴り方と他教科との連絡方策」、同年三月号の特集「生活教育と綴方教育」での諸論考においても生活綴り方への反省が窺える。なお、この三月号では百田宗治が自著『子供のための教師のための綴方読本』上巻（昭和十三年三月、第一書房）の「序」に記した一文を「新綴方教育論」と題して掲載している。この中で百田は次のように述べている。[15]

綴り方の指導が表現の指導であることは素よりいふまでもない。（中略）大人の文学作品の場合でも、嘗て文学は人生の真実を描くことにあるといふことを以て目的とした。が、今日では最早さうではない（或はそれだけではない）。しかも綴り方の場合では、作品は必ずしも鑑賞のために在らしめられるのでなく、表現すること、（書くこと）それ自体のうちに一切の教育的な意味や機能が含められると言つても過言ではないのである。

生活の真実を描く――或は観察・記述によつてそれを掘り当てるといふことは少くとも綴り方の最終の目的ではなく、その真実に、或はその真実からいかに身を処して行くか（生活的に何を学びとつて行くか、また学びとつたか）を、書くための経験の再認識を通して把握し、獲得し、表現して行く――把握させ、獲得させ、表現させて行く。――この過程に綴り方による生活認識の積極性があり、「教育」である表現指導の眼目がなければならぬといふのが、編者並に編者の経営する雑誌『綴方学校』の立場であり、またこの読本編術の基礎方針である。

ここには『工程』誌創刊当初、「生活本位児童詩教育」を標榜していた百田が〈表現〉指導にも軸足を移動してきている様子が顕著に示されていて興味深いものがある。

昭和十三年十月号では、前号の特集「経済統制下の子供の生き方」を読んで執筆された「生活綴り方理論の脱皮を要請する」（藤井正夫稿）という論考が掲載されている。この中に次のような文言が見える。[16]

生活綴方がわが国の綴方教育の上に大きな役目を持つたことは私も認めて居り、調べる綴方や科学的綴方の思潮に同感し得なかつた私達は、その背景となつてゐた思潮には多少の不満と疑点は持ちながらも、生命をぶち込んでその実践に当つて来たのである。しかしながら生活綴方人のいはゆる現実といふのは果してどういふ現実を意味してゐるのであるか、私は事変が今日のやうな性質を持つて来た時に、あらためてこの根本的かつ基礎的な問題に触れて見たいのである。（中　略）

今日をもしいはゆる自由主義の反省期であるとするなら、この我々の生活綴方に於ける根本的な理論にも、そこに一つの反省が自づからに要請されるのではなからうか。言葉をかへて言へば、これを今日我々の直面してゐる生活現実――生活の中心的な人物を遠く戦場に送り、国内的には経済的その他の統制によつて幾多の制限を受けて居る――さういふ生活現実の中で全力を挙げて自らの祖国をもり立て、行かうとする、さういふ人間の姿がそこには見出されないのである。

この論考では、生活綴り方が規定してきた「生活現実」の意味を「経済統制下の子供の生き方」から考え直していくべきであるとして、明らかに戦時体制へ協力していく姿勢が打ち出されている。

筆者はかつて、国民学校国民科綴り方における「生活」観を巡る問題について考察を加えたことがある。その中で国民学校の「教則」に見られる「生活」観がそれ以前の生活主義の綴り方教育運動が主張してきた「生活」観の見事な換骨奪胎であることを明らかにした。(17)

『工程』誌がその誌名を『綴方学校』と改めて後の論考の中にも、このような「生活」観の換骨奪胎を巧みに行えるような「生活」概念の危うさの一端を見る思いがする。

3　文章表現指導の再認識

昭和十三年十二月号では「生活綴方の新開拓・新定位」という特集が組まれ、「生活綴り方の反省期」と題した「巻頭言」の中で百田宗治は、これまで生活綴り方が「精神を追ふことに急で足場を固めることにや、疎かであつた感がないではない」として、「教育全体の中で綴り方が固めて行かねばならぬ道について考へて欲しい」と訴えている。この特集で執筆されている論考も「教養としての綴方」（稲村謙一）、「学級文化としての綴方」（寒川道夫）、「『生活綴方』それから」（松本瀧朗）、「うたがひながらの仕事」（近藤益雄）、「教養の基礎としての綴方技術」（吉田瑞穂）、「『生活綴方』その後」（鈴木道太）等と、タイトルが示唆するように、「生活教育」を旗印に掲げてきた生活綴り方の主張は大幅に後退して、一様に「基礎的な表し方の訓練」「文を綴る力」の最低を授けなくてはならないとする意見に集約されている。

昭和十四年に入ると、四月号では「綴方の再出発」という特集が組まれている。この中では、「国民教育としての学校教育の全体的立場からの綴方の教科性の探究は文章表現指導の対象としての文の形態についての反省をも促したやうに思われる[18]」といった反省の弁が述べられている。

また、波多野完治は同年一月号の「綴方教師と新児童観」という論考において、教育の「進歩的側面」と「秩序的側面」という視点からの考察を行い、「今の綴方はむしろ進歩の面だけが強調されて、秩序の面がおろそかになつた傾向がある、綴方における秩序とは、言語の正しい駆使の方法、自分の考へを文章化して行く技術で、日本人が長い間かかつてきづき上げて来た表現技法である[19]」と論じている。

なお、こうした動向に先だって昭和十三年九月号の『綴方学校』から平野婦美子の「綴る生活の指導法」という連載が始まっている。平野は連載の第一回目に、「友人達（寒川道夫氏、国分一太郎氏、松本瀧朗氏）などが、農村児童大衆の表現技術の乏しさを（正直にいへば良心的になつて）表明し、最も基礎的な表現技術の指導に力を注ぎ直さうといひ出された」と述べて、「『綴る力』をさづけることそのことが、人間としての社会生活をしてゆくための重要な生活指導だといふ理論に、私は同感したのだつた[20]」と表明している。

平野のこの連載は翌昭和十四年十一月に『綴る生活の指導法』（厚生閣）として刊行されている。平野のこの実践は生活主義の綴り方教育に対する教育科学研究会からの批判を受けて「文章表現技術の最低限度の充足のための綴方指導への復帰」を地道に進めていったものである。

平野のこの十二回にわたる連載は五年間に及ぶ『工程』・『綴方学校』誌の中でも、これまでの「生活」指導に軸足を置いた行き方に対して、堅実で行き届いた「表現」指導を加味した実践を提起したものとして特筆に値する。

なお、平野のこの実践の意義については、すでに拙稿「昭和期綴り方教育の到達点とその継承を巡る問題」（『学芸国語国文学』第二八号、平成八年三月）において詳述しているのでここでは省略に従う。

ところで、この時期に輿水実は「国語の頁」という連載を行っている。その連載の八回目に輿水は「綴方と『言葉直し』」と題して「推敲・批正」の問題について論究し、「綴方に於ける批正」は「表面的乃至便宜的ないひ換へ、言葉直しの域を超へて、深く表現の深層に立入るものでなければならぬ[21]」と述べている。

また、昭和十四年二月号では「児童文評価のやさしい方法」という特集が組まれている。この特集では、峰地光重が「書写・記号・文章」という論考の中で、「児童文に最低に要求する上からの目安となるもの」「全級の文章をこの最低規準に到達せしめる方法」等について論じている。また、野村芳兵衛も児童文評価の最低規準として「自分の観たまま感じたままを、自分の言葉で書く」「わかりのよい文」の二つを提示している。そして、輿水実も「国語の頁」の連載六回目の中に形象論から見た綴り方作品の評価の基準について論究している。

このように、『綴方学校』における綴り方教育に関する論調は、生活主義の綴り方教育に対する反省を踏まえ、綴り方の推敲や児童文の評価の在り方の問題に論究しながら、「綴方科」としての「最低限度の文章表現指導」が求められていくことになる。

第五節　「生活」と「表現」一体化論への志向

これまで見てきたような生活主義の綴り方教育に対する反省が繰り返し行われていく中で、『綴方学校』誌の中に綴り方教育における「生活指導」と「表現指導」との結合を図ろうとする行き方が出現してくる。「生活」

と「表現」一体化論への志向である。その最も早い時期のものとしてはすでに昭和十一年の『工程』誌九月号に出現している。しかも、その論考を執筆したのはいわゆる「国語人」でもなければ「綴方人」でもない。「算術教育」に軸足をおいていた教師が執筆した「数学趣味者の綴方指導報告」と題した論考であった。(22)

　文章とは現実のさまざまの姿即ち体験を文字の上にもう一度表して見る一つの術である。だから現れた結果と現実とがあまり異つてはいけない。其れ故に綴方教育の生活内容の指導と、その生活内容を最も効果的に表現する表現技術の指導を包含した広義の生活指導即ち「内容と形式との対立でない」内容と形式を止揚した生活一元論的立場に立つ綴方教育を考へる。何故ならば若し単的《ママ》に生活内容の指導のみを考へるならば其れは修身教育にてさる可きだと信ずる。「綴方科の独自性はあく迄表現を通しての生活内容の指導である」然るに往々人生の暗黒のみ強ひてほじくり出しこれを思索することのみが綴方指導であると考へ児童本来の溌剌さ、明朗さ、ロマン性を消滅させ様とする態度、又方言を何等制限なしに使用させる態度、又は生活内容をあまりに重視する故か綴方は人生科であるとか、生活科であるとか称して全ての教科より一段高い地位を有する自画自賛の態度には理解し得ないものがある。
　以上のことを算術教育に比較すれば算術教育に於ても一時は生活々々と児童の直接生活のみを重視した、所謂題目主義生活単元主義の生活算術は最早行詰りを演じ、新算術教科書に於て数理思想の開発と生活指導の二大眼目を掲示して居る現状から考へても、形式と内容を止揚したより高次の生活を目標とすることに間違ひはないと思ふ。

いわゆる綴り方教師でない「算術教師」の発言であるが、それだけに「内容」と「形式」との二元的な考え方に対する批判として興味深い論考である。「生活」と「表現」とを一元的に捉えていこうとする注目すべき論考である。

昭和十三年の『綴方学校』一月号は、「新年特別号」として百田宗治の単独執筆になる「文の観方・詩の観方」が全頁にわたって掲載されている。この特別号は同年三月に第一書房から刊行された百田宗治著『子供のための教師のための綴方読本』の宣伝を兼ねて、この本の中から詩十六編、綴り方十編を選んでそれぞれの作品についての解説や批評を加えたものである。一種の綴り方小読本とも言えるもので、当時の百田の綴り方観・児童詩観が如実に窺えて興味深いものがある。次の一文は、尋常二年の児童の書いた「いねおひ」という作品についての百田の「批評」である。百田は、この一文を「知的把握に富んだ低学年農村文」という見出しのもとで書いている。少し長くなるが引用してみよう。[23]

観方のいきいきとして優れたところ――（あんちやんが、はをほぜりほぜり出て来たので）（空がうみのやうだ。大林のてんこつにも雲は一つも出とらなんだ）（いねをかまふと、いねがさばさばいふ）等。

考へのよいところ――（ぼくは「ぬすとのするこつたぜ」と言はうと思つたが、やめて「おかあさんが、たんぼへ行けと言はんしたけい、たんぼへ行かいや。」と言つたら）、（ぼくが「あんちやんようひとるなあ」と言つたら「うん、ようひとるぞ」と言つた）、（ぼくが「右がはのぶんからおろさいや、ようひとるぜ。」と言つたら……）、「だいじないねだけい、そろつとおろせよ」と言つた。ぼくは「ほんとに、おとうさんらがげんきだいてつくつたいねだ。わるいことしたなあ。」と思つたので、こんどはそろつとおろした）、「なんぼふいてもおちざつたので、ふろばのところの水でかほをあらつた）

忘れずに書いてよかつたこと――大水でうもれた田んぼのことから、今年の稲作を二人で話し合ふところ。会話のとらへ方もすぐれてゐる。

書きかたの巧みなところ――（あんちゃんはばたばたかけて来て、ひゆつとなげた。あんまりさきまでなげたので、ぼくが「いやあ、なげたあや。」と言つたら、あんちゃんはむねをはつて、「なんぼでもなげるわい」と言つた）（あんちゃんは足をびりびりさせながら、じぶんたあせいの高いやあな稲をやつと上へ上げておろしてゐる。ぼくは「あんちゃんがおちたあや」といふと、おちるかもしれんと思つて、「ほーら、あんちゃんがおちたあや」と大きなこゑで言つたら、あんちゃんは、「だまつとれ」と言つた。ぼくがあんちゃんのおろいたいねをあつめてゐると、「ぼたん。」と音がした。「ありや」と思つて見ると、あんちゃんがおちとつた）

生活感情の出てゐるところ――（ぼくが「お前は子もりか」と言つたら、てるみくんは「うん」といつた。ぼくがまた「こもりはしんぱいでいけまいが」と言ふたら、「うん、いけん」と言つた）、（ぼくは「あゝ、けふあんちゃんと、おうてもどつたいねこいでゐるなと思つた）前に「考へのよいところ」で挙げた箇所もこゝへ入れてよい。

二年にしては珍しく心意の働きに於て卓出した文と云へよう。生活行動の仔細な把握もある。観察・記述の上でも優れた作品であるが、それ以上に生き生きとした一種の生活的な知性の働きが完全にこの文の全体を支配してゐる。さういふ特質は、始めの行の「あんちゃんが、歯をほぜりほぜり出て来た」などの単純で抜目のない描写にも既に伺はれるが、兄が匿れて栗を食つてゐるのを見付けて、（「ぬすとのすることつたぜ」と言はうと思つたが、やめて）の意識の働きや、槍投げの遊びに負けて（「ぼくは「いねをおろさいや」と言つて、はでのとこへ）の心理の自意識的な転換に添つた記述、よく乾いてゐる右側の稲から下ろさうといふ頭の働き、稲を負つて帰る途中、友達が子守をしてゐるのに出逢つて帰る途中、友達が子守をしてゐるのに出逢つて懸ける「子もりは心配でいけまいが」といふ言葉、風呂場のかげで休むときのこまかい行動、それから最後の父親の稲をこぐ音を聞いて、「あ、、あんちゃんとおうてもとつたいね、こいでゐるな」と思つた。といふあたり、そのあまりに自意識的な生活行為の把握に驚かされる箇所などもある位である。しかも一方高い稲の上で稲下ろしをやつてゐる兄に、「あんちゃんが落ちたあや」と声を懸けたら兄が落ちるだらうといふやうな悪戯つ気を出して見るが、見事に失敗して兄に叱りつけられる。と、ぼたんと音がして、今度は兄が本当に稲の上に落ちたいふやうな、真摯な、ユーモアを含んだ場面の描写等に巧まぬ自然さをも点出させてゐる。

明敏な生活の把握と、珍しい知性の反映とで、農村二年文中の一異彩と呼ばれてよい作品であらうと思ふ。

この「批評」文の前にも「文材の観方」という一文があり、百田によるこれらの解説・批評文は、児童の綴り方作品と同じぐらいの分量で書かれている。百田は、作者である児童の生活行動の仔細な把握に基づいた生活認識面と生き生きとした自在な叙述型式面との調和的な書きぶりを一つ一つ克明に取り上げて指摘している。

百田のこのような綴り方作品に対する批評は、他の十五編の綴り方作品はもとより、十編の詩作品に対する批評にも一貫しており、そこには明らかに作者の「生活」面、すなわち綴り方の題材・内容面と「表現」面すなわち叙述形式面とを一体的に捉えていこうとする姿勢が窺えるのである。

昭和十三年七月号では、「役に立つ綴方指導細目のありかた」（佐藤富雄稿）という論考が掲載されている。この論考は、綴り方の指導細目作りについて提案したもので、論者の佐藤は「指導要項」として「生活指導の要点」と「表現指導の要点」とを箇条書きで記載している。そして、「指導題目の設定」に際しては、「そこに題材となるべき児童の生活と、表現形式の結合したもの」として組織しようとしている。

先に見た平野婦美子の「綴る生活の指導法」の連載が始まるのは昭和十三年九月号からである。この中で平野が「『綴る力』をさづけることとそのことが、人間として社会生活をしてゆくための重要な生活指導だ」と述べているのも「生活」と「表現」との結合を図っていこうとする注目すべき試みの一つである。

なお、昭和十四年十月号では輿水実の連載「教師の読書指導1」において、「国語表現学への手引き」が掲載されている。「国語表現学」という標題を冠した書物は昭和十年前後から出現していた。輿水はこれらの四種類の書物を紹介している。垣内松三、城戸幡太郎、山崎謙、輿水実らの執筆になる書物である。これらの書物が当時の綴り方教育界にどこまで受容されていたかを『綴方学校』誌の中から認めることは難しい。しかし、この時期に改めてこれらの「国語表現学」関係の書物が取り上げられていることは、これまで見てきた『工程』・『綴方学校』誌における動向と照らし合わせると、これらの書物の内容との影響がなかったとは言えないだろう。

昭和十四年十二月号では、吉田瑞穂による「指導要項別　児童詩の観方と扱ひ方」という論考が三十余頁にわたって掲載されている。ここでは最早特に「児童生活詩」といった呼び方はなされていない。集団生活や現実生活の中で、生活認識の指導と関わらせる形で具体的な表現指導の方法が提起されている。

昭和十五年二月号では、「綴方指導案の新研究」という特集が組まれている。この中の七本の論考には、以前のように観念的に「生活指導」を強調するのでなく、より具体的な「表現指導」技術面に触れているものが見られる。例えば、「具体的な事実の中で、児童をして具体的に表現と生活の問題を思考させることによつて、表現の技法を体得させるのでありたい[24]」とか、「よりよい表現とは美的な又は効果的な文章の技巧上の意味ではない」とし、「ある生活事象が児童によつて綴られる場合、児童が考へ足りなかつたもの、書き残したもの、又は書き忘れたものへ、拾ひ上げる心と眼と手を与へてやり、その事象の観方、考へ方を正しく範囲づけてやることである[25]」といった文言にも、「生活」と「表現」とを一体的に指導していこうとする志向を窺うことができる。

注

（1）日本作文の会編『生活綴方事典』昭和三十三年九月、明治図書、五八四〜五八五頁。
（2）百田宗治「僕の頁」（『工程』昭和十一年一月号、四頁）。
（3）千葉春雄「綴り方と文学の相克」（『工程』昭和十年四月、一頁）。
（4）百田宗治「文学者と綴方」（『工程』昭和十年六月号、一頁）。
（5）同前論稿、一頁。
（6）窪川稲子「『母の耳』の表現力」（『工程』昭和十年五月号、四七〜四八頁）。
（7）妹尾輝雄「綴方教育の目的観への再認識」（『工程』昭和十年四月、一五頁）。
（8）百田宗治「生活詩の観方　上」（『工程』昭和十年九月号、六八頁）。
（9）中村正一「文章技術と生活の吟味——小鮒寛氏の迷妄を啓く」（『工程』昭和十年九月号、五八〜五九頁）。
（10）百田宗治「第二の維新——児童散文詩の問題に関連して」（『工程』昭和十一年二月号、五頁）、同「続　第二の維新」（昭和十一年三月号、四頁）
（11）波多野完治「表現学と綴方教育」（『教材集録』昭和十年六月号、波多野完治著『児童生活と学習心理』昭和十一年十月、賢文館、二七五〜二七六頁、所収）。
（12）国分一太郎「自己に鞭打つの書——綴方教育の反省」（『教育・国語教育』昭和十一年十二月号、一三六頁）。
（13）留岡清男「酪聯と酪農義塾」（『教育』昭和十二年十月号、六十頁）。
（14）角虎夫「綴方の城を出る」（『綴方学校』昭和十二年十月号、六頁）。
（15）百田宗治「新綴方教育論」（『綴方学校』昭和十三年三月号、四七〜四八頁）。
（16）藤井正夫「生活綴り方理論の脱皮を要請する」（『綴方学校』昭和十三年十月号、六八頁）。
（17）拙稿「昭和戦前期綴り方教育の到達点とその継承を巡る問題」（『学芸国語国文学』第二八号、平成八年三月）。
（18）角虎夫「綴方の再出発を如何にするか」（『綴方学校』昭和十四年四月号、三三頁）。
（19）波多野完治「綴方教師と新児童観」（『綴方学校』昭和十四年一月号、七頁）。
（20）平野婦美子「綴る生活の指導法１」（『綴方学校』昭和十三年九月号、十一頁）。
（21）輿水実「国語の頁８　綴方と言葉直し」（『綴方学校』昭和十四年四月号、二五頁）。
（22）高橋渉「数学趣味者の綴方指導報告」（『工程』昭和十一年九月号、六八頁）。

(23) 百田宗治「知的把握に富んだ低学年農村文」(『綴方学校』昭和十三年一月号、四六〜五〇頁)。
(24) 小笠原文治郎「具象化指導の尋二綴方教授案」(『綴方学校』昭和十五年二月号、一六頁)。
(25) 高橋研二「推敲中心の尋三綴方指導案」(同前誌、一八頁)。

第Ⅹ章　昭和戦前期『国語教育』誌にみる「表現」概念の位相

第一節　『国語教育』誌の性格

『国語教育』誌の性格に関しては、第Ⅰ章第二節で触れておいたので詳細については省略する。大正五年一月に保科孝一（東京高等師範学校教授）の編集で育英書院から創刊され昭和十六年三月まで刊行された。保科の経歴に関しても第Ⅰ章に記しておいたのでここでは省略に従う。

滑川道夫は保科の功績に関して、「国語教育に言語学を導入し、音声・語法の指導・平明な国語表現・基礎能力重視・文学教育の尊重を主張し、国語教育に与えた影響は大きい」と述べ、「『国語教育』誌上に実践者の研究を採り上げ研究を奨励した点も見落とせない貢献である」（『日本作文綴方教育史2大正篇』昭和五十三年、国土社）と評価している。

本誌に登場した執筆者は本章で対象とした昭和戦前期の分だけでも膨大な数に上る。執筆分野は国語教育全般にわたる。本発表で対象としている綴り方・作文教育関係の分野だけでも、例えば、主幹の保科孝一の他に、五味義武、下山懋、田中豊太郎、飯田恒作、白鳥千代三、西原慶一、滑川道夫、太田誠之助、竹澤義夫、緒方明吉、今田甚左右衛門等である。これらの執筆メンバーは高師附属小訓導や全国の師範学校附属小訓導及び各地の公立小学校訓導達であった。

本章で考察の対象とする昭和戦前期における綴り方・作文教育界では、大正期に出現した「生活の表現」が定着・進展を見せつつ、一方で表現のための生活指導論が取り上げられていく。この時期には、秋田で『北方教育』（昭和五年二月）が創刊され、中央では『国語教育』誌の他に、『綴方教育』（菊池知勇主宰、大正十五年四月）、『綴方生活』（志垣寛→小砂丘忠義主宰、昭和四年十月）、『教育・国語教育』（千葉春雄主宰、昭和六年四月）、『実践国語教育』（西原慶一主宰、昭和九年四月）、『工程・綴方学校』（百田宗治主宰、昭和十年四月）等が相次いで創刊され綴り方教育の発展に寄与している。

こうした国語教育・綴り方教育の実践・研究誌が相次いで創刊される中で、『国語教育』誌は綴り方・作文教育論に関する論考の掲載を手控えていったように見える。大正期の誌面に見られたような「表現」概念に関わる考察、とりわけ「形式」面と「内容」面に関する扱いを巡る考察は少なくなっている。代わって、実践事例を通して具体的な指導の実際を紹介する論考が目立つようになっている点に注目していきたい。

第二節　主幹・保科孝一にみる内容主義批判

『国語教育』誌の主幹・保科孝一は毎号執筆している巻頭論文「主張」（昭和二年二月号）の中で「内容主義の行づまり」という論考を掲載している。この論考は「読み方教授における内容主義と形式主義」について論じたものである。次のように述べている。[1]

大正時代に至つて読み方教授の内容主義が力づよく叫ばれるようになるとともに、従来の形式主義は時代遅れの旧式教授のごとくに考えられ、これを改めないものはともに談ずるに足らずとまで冷笑されたから、

> われも人もあらそつて内容主義に走り、形式主義を弊履のごとく捨て、しまつたのもその一例である。しかしながらいまさらあらためて言うまでもないが、読み方教材の取扱には形式と内容の並び存することは車の両輪のごとしとも言うべきで、その一方をまつたく捨て去ることはもとより出来るものではない。もつとも車の両輪はともに平等なものでその平衡を失することが出来ないものであるが、読み方教材の取扱における形式と内容とはかならずしもそうでない。形式・内容両方面からまつたく平等に考察するものもあるが、教材によつては形式よりも内容の考察に重きを置くべきものもあり、あるいは内容よりも形式の取扱に重きを置くべきものもある。内容の考察に重きを置くとしても、それは形式を通じてであつて、これを顧みずして進むことの出来ないのは無論である。ところが内容主義の叫びがますます盛なるに従て形式の取扱はおいおい顧みられなくなつた。語句の解釈説明にすこしく熱心に指導するものがあると、旧式の教法として冷笑され、これを等閑に附して作者の想定でもやれば新し味のある教授とほめたたえられるようになつて来たのである。

この中で保科は、大正時代に入ってからの「内容主義の高調」に従って「形式の取扱の閑却」という事態に陥ってしまった弊害を訴え、「形式を通して内容へ」と進める教授を主張している。

保科のこの考え方は綴り方教授においても適用されている。保科は昭和四年四月号の「綴方教授に対する要望」と題した論考において、「綴方教授の最大緊要事は表現に対する指導である」として「指導の語句や形式をできるだけ豊富にしていくことが綴方教授のもつとも重大な要件で、これを閑却しては綴方教授の目的は到底達成せられない」と主張している。

保科が主張するように、この時期には大正期以来高まってきた内容尊重論が一層強まり、ともすれば内容主義に偏重していく風潮があった。そうした傾向に対するいち早い警告と見なすことができよう。

第三節　主要な執筆陣にみる「表現」概念の位相

1　田中豊太郎による「表現」概念に関する考察

田中豊太郎（東京高等師範学校訓導）は昭和三年四月号の「綴方に於ける取材の開拓」と題した論考において次のように述べている。(2)

生活即綴方といふが、生活事実が直に綴方になるといふ訳ではない。生活事実をかうして意味の世界とした時に、その事実は綴方の題材になるのである。

故に、常々から生活事実を味はつて見、考へて見る様な機会を多く作らなければならない。常々から綴方の題材を注意して見出すといふ心掛を強く感じさせなければならない。「綴方の題材を」と思つて見た時、事実の世界は意味の世界になるからである。

（中　略）

綴方は子供の生活の表現である。われわれはそれを本質的に深めることに努力しなければならない。

子供の生活の事実は間断なく営まれてゐる。

しかしそれが直に綴り方になると思つて楽観しては居られない。その生活事実を、綴方化して来なければならない。綴方の題材と化して来なければならない。その訓練が最も大切だと思ふ。

生活を綴方の題材と化して来ること、生活を綴り方化すること、この作用が深まつて来れば、綴方の作品もよいのが産れる筈である。それはまた、生活の方から考へるならば、生活を綴方化する作用、その態度で生活を観る様になることは、生活に深みが出来て来ることであるし、生活に容《ママ》積的発展を促すことになるのだと思ふ。

表はし方の指導も、その上に立たなければならない。

田中はこの中で、平素より「生活事実を味はつて見、考へて見る様な機会を多く作」ることによつて「事実の世界」を「意味の世界」に転換する「生活の綴り方化」という考え方を提起したのである。

2　坂本功による「表現」概念に関する考察

坂本功（青森師範学校訓導）は昭和三年五月号、同年六月号の「綴方教育鑑賞指導の建設」と題した論考において、綴り方における鑑賞指導の在り方として「表現欲求の刺激」「表現作用の鍛錬」ということについて言及しつつ次のように述べている。(3)

表現欲求の刺激は其の表現内容の選択と其取扱方による体験指導によつて決定するのであるが、表現能力の指導はその教材――題材の中より、表現問題の把捉の仕方を錬磨することによつて確定される。表現問題の把捉する仕方を私は仮に表現作用と呼んでゐるのであるが、表現作用は決して表現内容や表現態度（思惟・表出・抒情・物語的態度のこと）と分離すべきものでなく一如の世界を形成してゐるのであるが、立方体に於ける三次元の世界の一次元を考へるが如く便宜上分割した姿を示すものである。

（中　略）

元来文章は旧式的な分類ではあるが、内容と形式から出来てゐる。内容即ち思想があつてそれに形式を選んで、はじめて文章が形成されるのである。然らば文章以前の思想とは何か、形式化せられる以前の内容とは何か。事実この文章以前の思想とは抽象的に考へたものであるが実際は渾沌茫漠たるものである。この茫漠たる思想――題材を悟性が働きかけて統一し体系立てる時表現となるので、この瞬間は内容か、形式か、内容が形式に移る時と呼ばうか、形式を盛る時と呼ばうか、即ちその時と言ふよりはそこには、そこにはと言ふよりはその時と言ふべき時間の計算と空間の区画を許さぬ哲学的にのみ思惟し得る状態を仮に形象と名けるならば、この形象を構成する仕方を表現作用と言ふのである。

坂本は、「表現能力の指導はその教材――題材の中より、表現問題の把捉の仕方を錬磨することによつて確定される」と述べて、「表現問題の把捉する仕方を私は仮に表現作用と読んでゐるのであるが、表現作用は決して表現内容や表現態度（思惟・表出・叙情・物語的態度のこと）と分離すべきものでなく一如の世界を形成してゐるのであるが、立方体に於ける三次元の世界の一次元を考へるが如く便宜上分割した姿を示すものである」と論じている。

坂本の右の考え方には、垣内松三の「形象」理論の影響が見られるが、綴り方の「内容」と「形式」面とを渾然と一体化する作用のことを「表現作用」と捉えているところに注目させられる。

3　五味義武による「表現」概念に関する考察

五味義武（東京女子高等師範学校訓導）は昭和三年七月号から同年九月号、十一月号、十二月号の四回にわたって「綴方における生活指導」という論考を連載している。この中で五味は綴り方における「生活内容」の深化・

洗練ということについて具体的に考察を加えている。
まず五味は昭和三年七月号において次のように述べている。[4]

生活の内面的進化はこれ迄にも述べたやうに、外的生活から内的生活への進展誘導に立ち、何か思想的内容を齎らせようとするのである。多くの生活が単なる外的経験に終り、所謂素材として何等心の営みのないやうなものも少くないが、これを主観化し思想化して所謂価値ある文材に発育し醸成せしめるのである。換言すれば自己の経験生活に対し充分に心意を働かせて、内に精神生活・思想生活の内容を発展し培育せしめんとすることであつて、外的素材がかういふ主観的内容により、肉をつけ血を通はせたら、やがて活きた文材となつて深い生活内容を生み出して来る。これが生活指導として最も重要なる方策であるが、然らば如何にして主観化するか、又その主観化の様相や方法はどうか、更に素材より文材への発展は如何等になれば、更に改めて透徹して考究されなければならない。

この中で五味は「生活内容」の拡充・深化のためには「外的素材」を「主観化し思想化して所謂価値ある文材」へ醸成せしめていくことが必要となると主張している。
さらに五味は十一月号において次のように述べている。[5]

児童の綴る内容には経験し観察した事項がそのまゝ直に発表されるものもある。所謂極めて単純な再現的内容として、昨日あつた事柄を今日すぐ書くといふやうな類である。低学年の発表には殊にこれが多く、見たこと、したこと、あつたこと等、それ等がそのまゝ思ひおこされて、何等思想的内省も経ずに表されるのであるが、かういふものは素材が素材のまゝ文章になつた客観的内容として、そこに素材が文材にまで練られ、竟に成長し成熟した跡は窺はれない。

（中　略）

即ち児童の発表はそのまゝに過せば或る意味に於て素材的再現に止まると見てもよい。素材以上一歩も出ない状態に於て、無内容の生活、無価値の思想を書くだけに終つてしまふ。現に児童は思想が貧弱だといはれ、くだらぬことしか書けないといはれてゐるのがそれであつて、自然に放任したら、強ちさういふ譏も免れない。けれど児童相当な境地に於て想を練るといふのが発表の修練であり、練つて独自の思想を創為し、価値ある表現に導くといふのが文章発表の本旨であるとするならば、あくまでこの点に専任して内容そのものゝ深化啓発を企及せねばならない。これが想を洗練して価値ある発表に導く素材より文材への醸成であらねばならない。

この中で五味は先ず、「児童の発表はそのまゝに過せば或る意味に於て素材的再現に止まると見てもよい」と述べて、「素材」を「文材」にまで成長発展させるためには、「児童相当な境地に於て想を練る」ことが必要であり、それが「想を洗練して価値ある発表に導く」ということなのであると主張している。

また五味は、「生活内容」の深化・洗練のためには「表された文章を鑑賞し討究することにより、その優れた生活内容が如何にして生れ、如何にして表現されるやうになつたかを洞察して、創作的心境を究明し開拓する」ことが必要であること、すなわち「その想の生れた跡及び生育し成長した消息」（十二月号）を明らかにすべきであると提案している。

五味の綴り方教育における「生活指導」論は当時、高唱され始めていた所謂「生活指導」論とは異なり、綴り方のための「外的素材」を「主観化し思想化」して「価値ある文材に発育し醸成せしめる」ための「想の練熟醸成」に視点を置いた限定的な生活指導論であったところに留意しておきたい。

4　粟野柳太郎による「表現」概念に関する考察

粟野柳太郎（茨城県下館小学校訓導）は昭和二年四月号の「綴方の方言問題に就いて」と題した論考において、綴り方に使用される方言に関して次のように述べている。(6)

> 次には子供が話しいゝ、描きいゝといふことである。田舎のお上りさんが所謂東京言葉を苦慮しつゝ要心しつゝ話す苦しさ不自由さ……不自然さそれは正しく苦痛である。と同様に幼い語彙の貧弱な子供達に彼等自身の日常語以外の言葉で物をかゝせるといふことは、恰も我々が英語を考へ考へ話すのと同じ様に云はんと欲することを一々筆の先で翻訳しつゝ（違う言葉に）かいて行くわけで、それが少くとも幼い子供達にとつては如何に多大の桎梏であり苦痛であるかわからないだらうと思ふ。
>
> 如何に文は人なりだ、思ふまゝにかくべしと云ふても、さてその思想感情乃至内面的創造活動の表現に当つて、常の自分の言葉でない言葉に一々云ひ換へさせてかき表はす様な表現上の制限苦痛が伴うてはのびのびした純真な個性的な作品が出来よう筈がない。
>
> 従来綴方の成績向上の一障害は確にこゝにもあつたと思ふ。私共の綴方教育の目標の一たる自由表現法の会得の為には、もつともつと表現形式から解放させねばならぬ。
>
> 幼き者の表現は努めて楽に興味を以て表現せずには居られない様に表現をどこまでも楽に自由に愉快に仕向けねばならぬと思ふ。

それが為には彼等の常に使つてゐる自分の言葉でかゝせることである——為に方言も暫く便宜上表現の自由を得る迄黙認されねばならぬと思ふ。

事実郷土の言葉でかゝれた作品の優れた点として

1. 情景の躍動
2. 地方色《ローカルカラー》の描出
3. 個性の表現
4. 親しみ多いこと、実感があること
5. かきいいこと

作品として見た方言の価値を否むことは出来ない。

彼の漱石や雨情氏其他の芸術家が推賞して止まない故長塚節氏の小説「土」などは、関東の一隅の悲惨な農民生活を描いたもので、よみにくいそしてわかりにくい方言交りの文章ではあるが、郷土芸術として日本で稀に見る立派な作品であることは人も知る通りである。

次に我等の日常の教育について子供との接触といふことから考へるとき、その地方の言葉、家庭の言葉、郷土の言葉そのまゝが彼等児童自身の言葉であることを知るとき、方言でなければ彼等の生活にぴつたりと合つて行かぬことを知る。

ここで粟野は綴り方に方言を使用することを積極的に肯定することを通して、「幼き者の表現は楽に興味を以て表現せずには居られない様に表現をどこまでも楽に自由に愉快に仕向けねばならぬ」と訴えている。その上で粟野は「子供の生活尊重は当然彼等の言葉の尊重に帰する」と指摘している。ここでは、粟野が綴り方の方言問題を論じることで、綴り方における「内容」（＝生活）と「形式」（＝方言）の一元的意義に迫っている点に注目しておきたい。

5　宮川菊芳・森本安一による「表現」概念に関する考察

宮川菊芳（東京高等師範学校訓導）は昭和三年七月号（綴方号）の「綴る本質と綴方の本質」と題した論考において次のように述べている。[7]

現代の綴方教育における欠陥は、「表現法の指導」と言ふ方面が著しく疎外されてゐることである。生活の指導とか表現態度の指導とかいふ方面は耳にたこの出来るほど聞かされてゐるし、綴る実際的の修練といふことも相当によく行はれてゐるが、この表現法の指導、表現手段の獲得といふ方面は反対に軽視されてゐるやうに思はれる。

ここで宮川が述べている「表現法の指導」とは、「表現をより有価値にする手段」である「修辞的な方面」の指導を指している。いわば狭義の「表現」概念を指しているのだが、「生活指導」方面に偏重した綴り方教育への批判的提言として興味深い。

森本安一（徳島県女子師範学校訓導）も同年同号の「文創作の原理と発展の融合点に立つ私の綴方教育」（懸賞論文）と題した論考において次のように述べている。[8]

最近の綴方教育界に於て最も強調されてゐる部面は生活指導といふ事であらうと思はれる。これは、綴方が生活の表現であるといふ以上、当然なさねばならぬ問題であり、創作に於てよき生活からはよき表現がうまれることとは、今更贅言を要さぬ事ではあるが、ただよき生活の指導のみでは完全な文章は生れるとはいへない。生活の指導と表現の指導とは、恰も鳥の両翼、車の両輪の様な関係にあることを忘れてはならない。私は先日登校の途上青田の中の筋道で十七、八の一人の唖娘が母につれられてこちらへ来るのに出会つた。娘は町の者で、あまり田舎に来たことはないらしい。れんげ草の一面に咲いた田の面を指したり、青い麦田の彼方に見える、白壁の土蔵を見ては色々と手まねをして自分の思想や感情を其の母に見せてゐる。母は一々うなづいてゐるが、私には何の事を言つてゐるかと言ふ事は、おぼろげには推量する事ができるが、唖娘は芳醇方に溢出せんとする生活想を持つてゐるのであるが、悲しい哉、其の表現の能力を欠いてゐるのである。私は最近綴方教育の新刊書を四、五冊も漁つたが、どれも皆等しく生活とは如何、生活指導とは如何にすべきかといふ様な記事で充満されてゐるが、表現の指導に於ては明確な実際指導に役立つ様な記事を見出す事ができなかつた。勿論、修辞学的な綴方に対する反動とは思はれるが、余に反対なる思想に惑溺してゐる様にも思はれる。生活の指導は想の指導であり、言葉以前の指導であり、根源的な指導ではあるが、やはり、表現の自由さ表現力の啓培創作態度の馴致を経て後に始めて、一層価値ある事を思はねばならぬ。

森本はやはり前出の宮川菊芳と同様、「現代綴方教育の欠陥」として「生活指導偏重のあまり、表現方法の指導が疎かにされてゐる」という点を指摘している。

森本は「生活の指導は想の指導であり、言葉以前の指導であり、根源的な指導ではあるが、やはり、表現の自由さ表現力の啓培創作態度の馴致を経て後に始めて、一層価値ある事を思はねばならぬ」と述べて、綴り方教師が確固たる「文章観」をもち「文章創作の原理」に関して知悉しているべき事を提案している。

森本の場合も先の宮川と同様に「表現方法の指導」を大切にすべき事を訴えている。しかも、それは「生活の指導と表現の指導とは、恰も鳥の両翼、車の両輪の様な関係にあることを忘れてはならない」として、表現方法の指導と生活の指導とを一体的に捉えている点を見落としてはなるまい。

6　下山懋による「表現」概念に関する考察

下山懋（埼玉県大宮高等女学校校長）は昭和十二年四月号から十一月号まで「綴方研究試論」を七回にわたって連載している。

下山は連載の㈠「綴方の常道と本体」において次のように述べている。(9)

それならば綴方の本体は何であらうか。児童か、教師か、教室か、文章か。教室はただ容器にすぎない。教師は児童の案内者であり助言者である。児童は綴方教育の主体であつてこれを綴方の本体と見ることは出来ない。綴方教育に於て欠くことを得ないものは文章である。

綴方教育とは、学校に於て、教師の指導の下に児童が文章作成を学習することであつて、綴方とは、児童が文章作成を学習する教科なのである。文章を除いて綴方は存在しない。文章は常住なる綴方の本体である。

故に綴方の研究は、まづ文章の研究から始めなければならない。文章の本質の上に立たなければならない。かつての綴方研究は教師側の仕事にばかり注がれてゐた。しかし児童の方面ばかりの研究でも不可である。勿論、教師本位の綴方より児童の側へ研究をうつすことは綴方研究の重要所であるが、その前に、綴方の本体である文章の本質に十分なる理会を持つことが必要である。然るに今日、この方面の研究は誠に不十分であるといはなければならない。

下山は「綴方の本体」とは「文章」そのものであると主張して「教師本位の綴方より児童の側へ研究をうつすことは綴方研究の重要所であるが、その前に、綴方の本体である文章の本質に十分なる理会を持つことが必要である」と訴えている。

さらに下山は「文章の本質は語られたもの」㈡であるから、綴り方初期の指導は「書記体」で書くというより「自分の生活のことば」で「語る」ところから始めるべきであると主張する。

下山はまた連載の㈣「文章の本質――表現」の中で「表現は作用」であるとして次のように述べている。[10]

表現の本体はなにか。それは実体でなく作用である。ことばとか文字とか語法とか文章とか、或は生活とかの如く実在的なものではない。生活は表現と並称されるが一方は実体でこれは作用である。故にこれを文字とかことばとか語法とか文法とか文章とかいふものの如くに考へることも誤りであつて、表現とはこれらの形式的材料によつて想を表現する作用なのである。文章を内容と形式に分けて考へて、表現即形式とするのは誤りである。形式は実体を有し、表現ははたらきである。

それならば表現はどんな作用であるか。これは作用であるが故に一口に定義しがたいが、

生活の中から文の想となるべき事柄をとり出して思想にまで仕上げる作用である。

或はまた、

生活の中から生れ出た事柄に形式を附与して、まとまつた思想を形成する作用である。

とか、若しくは、

生活経験が心的活動によりて文章にまで到達形成される経路である。といつても大した誤りではない。

下山は「表現とはこれら（文字とかことばとか語法とか文法とか文章等）の形式的材料によつて想を表現する作用」なのであって「文章を内容と形式に分けて考へて、表現即形式とするのは誤りである」と指摘している。さらに下山は「作用」「はたらき」としての「表現」を①「生活の中から文の想となるべき事柄をとり出して思想にまで仕上げる作用」、②「生活の中から生れ出た事柄に形式を附与して、まとまつた思想を形成する作用」、③「生活経験が心的活動によりて文章にまで到達形成される経路」と定義づけている。

下山は「表現」を「内容」と「形式」に分けたり、「形式」そのものであるとする考え方を否定している。その上で、右の定義からも理解されるように、「表現」というものを生活経験が「思想」（＝内容）や「文章」（＝形式）として定着形成されるまでの過程として把握したのである。「表現」概念をより広い意味に捉えている点に注目すべきである。

下山はさらに連載の㈤「文章の本質――表現」（副題「――生活より表現へ――」）の中で「表現と形式」との関わりに関して次のように述べている。[11]

われわれの生活した事象が表現される場合には、文字又はことばによつて、もしくは構想といふことである形式附与によつて、はじめて文章が外的に構成されると考へたことは誤りであつて、記述以前に完成された想があり、その想はちやんとした組織即ち事象としての構造を持つものであることである。過去の生活が思ひ浮かべられた時に、そこには構成を持つ組織された事象即ち想が存在してゐるのである。つまり表現以前にすでに組成された想が存在してゐるのであるから、形式は想の現はれると同時に附与されてゐるのであつて、形式の附与がなければ、われわれは事象の要素となつた個々の断片をめちやくちやに思ひ出しはするが、まとまつた生活としての事象は作り上げられないで、終りに至るまで生活として再現することが出来ないであらう。生活の事象を文の内容といふならば、内容となるべき生活事象は意識面に思ひ浮かべられると共に、断片的な個々は聯繋統合して形式に統制されてはつきりとした事象の出現を成し、所謂文の想となるのである。故に文の想とは、生活内容はその材料であり、形式は事象としての組成であることが明かである。これ文章に於て内容形式の二者不分離といひ、文章一元の声ある所以で、生活の表現とは再現と形式附与による組成によつて基礎づけられた作用なのである。

下山は、「生活の事象を文の内容といふならば、内容となるべき生活事象は意識面に思ひ浮かべられると共に、断片的な個々は聯繋統合して形式に統制されてはつきりとした事象の出現を成し、所謂文の想となるのである」と述べ、それ故に「文の想とは、生活内容プラス形式であつて、生活内容はその材料であり、形式は事象としての組成であることが明かである」と主張している。その上で、下山は、「これ文章に於て内容形式の二者不分離といひ、文章一元の声ある所以で、生活の表現とは再現と形式附与による組成によつて基礎づけられた作用なのである」と規定している。

下山による以上の論考には、「表現」概念に関する本質的な考察が加えられていて、ここに見られる考え方は昭和戦前期の『国語教育』誌において綴り方・作文教育に関わる理論的バックボーンとなっていたと見なすことができよう。

なお、下山は昭和十三年一月号から同年十二月号まで「綴方指導文と其の見方」という連載を計十一回にわたって行っている。この連載では尋常一年から六年までの綴り方作品を取り上げながら鑑賞批評の実演を行っている。先の「綴方研究試論」が理論編であるとすれば、この連載はその理論に基づいた具体的実践であると見なすことができる。

7　白鳥千代三による「表現」概念に関する考察

白鳥千代三（東京市佃島小学校長）は昭和十二年八月号に「綴方鑑賞指導案の一例」を発表している。この指導案に取り上げられている綴り方作品は鈴木三重吉の主宰になる『赤い鳥』誌の綴り方で有名になった豊田正子の「蝉取り」（尋六、豊田正子作）である。この作品の指導者は『綴方教室』（昭和十二年八月、中央公論社）の著者の一人大木顕一郎（東京市葛飾区尋常高等小学校訓導）である。白鳥が二、三年前に大木から見せてもらった作品とのことである。ちなみに、この「蝉取り」は豊田正子著『続綴方教室』（昭和十四年一月、中央公論社）の冒頭に収録されている。

白鳥のこの指導案は「題目」に「感覚的　描写文の指導」と掲げられ、そのための「文例」と豊田の「蝉取り」という作品が提示されている。

白鳥はこの作品を教材化するに際して、「この文のよさを鑑賞することによつて、普通に陥り易い、説明的筋書き的の書振から、幾分でも具象的感覚的の書方に近よせたいといふ意図の下に取扱つて見たい」と述べて、「蝉取り」の中から指導の観点として次のような二点にわたって詳しく抽出している。[12]

一、感覚的描写の勝れた点

○桶の水をザアーとあけながら。○簡単服で手をふきながら。○手枕でぐうぐう寝てゐる。○何でも皆カランカランに乾いてゐるやうな気がした。○トタン屋根がギラギラ光つてゐる。○新しいカンカン帽をちよつと持上げて汗をふきながら。○手拭を水道の水でピシヤピシヤにぬらして首にかけて。○二人は乾いた道にパツパツと埃を上げて駆出した。○どこを見てもちかちかして暑さうだ。皆、足を埃だらけにして木の下を駆けずりまわつてゐる。○曇硝子のやうな色をした母指位の大きさのつくつくはうしが、太い灰色の幹にはりついて、高い声で啼いてゐる。桐の木が白い地面に涼しさうな、青つぽい影をうつしてゐる。弟の顔も青色だ。桐の葉がじつとして動かない。何だか深い呼吸でもしてゐさうだつた。○ベツベツと右手の母指と人差指につばきをつけた。○ねぢり菓子のやうに黄色をしたモチが上面の汚れて黒くなつたモチとまじつて出てくる。○透明な翅を陽に光らして、すうつと飛んでいつて。○おさへつけられたやうにジイジイ啼いてゐる。さつきピシヤピシヤにした手拭もいつの間にか頭にかぶつたまま乾いてゐる。○白生地に襟だけ細い空色のすぢの通つた洋服を着て、足を高くあげてぴよんぴよんとんで来た。○酸つぱいぬかみその茄子でお茶漬をかつこんで。

二、心理描写の勝れてゐる点

○稔ちやん、お前ゆくんなら一緒に行つてやるけど、行くかい。○お前だつて遊んだのに、あたいばかり用すんのなんかつまんないや。○うん、あの時、もし竿が短かけりやよかつたんだけど、長かつたから、逃がしたんだよ。尚ほ構想の点では、書出しから蝉を取つて帰る処までは、自然に書かれてゐるが、終りの小島さんといふ友達の出てくる所は、蝉取りから脱線の気味がないでもない。ここには児童が気がついて批評するなら、賛成しておくがよい。しかしそこに子供らしい不用意さ、整はなさがあつて、この文をやはり子供の文だといふ気易さを与へる。この文の指導点は構想の不備よりも、寧ろ描写の勝れた点の鑑賞にあるであらう。

この論考は文章表現技術を中心とした指導の実際が簡潔に提示されていて実際指導の参考になるものであったと言えよう。

昭和十年前後になると、次節でも詳しく見ていくが、『国語教育』誌では文章表現技術指導の方面に相応の力点を置いた論考が連続して登場してくる。白鳥のこの論考もその現れの一つと見ることができる。

8　佐藤義山による「表現」概念に関する考察

佐藤義山（東京市第五吾嬬尋常小学校訓導）は昭和十一年七月号に「綴方教育に於ける生活指導」の大切さを説く一方で「表現学に立せる表現指導」に関して具体的な提案を行っている。[13]

表現学とは文章の母胎たる生活への明確なる認識であると共にこの距離の精到克明な測定であるといはれ、表現とは精神的なるものの外面化であり、人生の根本的要求の一つである。児童が自らを表現し、他の表現を理会しなかつたならば、綴方教育といふものは、成立ち得ない。故に教育実践家の表現指導が作用表現とぴたりと合つたものでなければならぬといふことを自覚しなければならない。現在綴方教育に於て、綴方といへば、「生活指導」といはれてゐる。此の「生活指導」の綴方によつて、生活指導を培ふことを教へられた。更に表現学によつて、生活を文章に蒸留する技術を学び生活と文章とを緊密に連結させなければならぬ。

佐藤は垣内松三の『国語表現学概説』（昭和九年八月、文学社）における「綴方作文の指導が表現の事実そのものの指導として、直ちに、表現の事象の裡に行はれなければならないことが意識せられるやうになつたのは最近の事である」という文言を引用しつつ、「表現学に立脚せる表現指導」の在り方を究明していくべく右のような提案を行ったのである。

佐藤は「精神的なものを外面化する為には何等かの形象によらなければ表現することは出来ない」として、「表情、言語、絵画、文字等の形象によりて始めて精神的なるものを表現し思想として発表することが出来る」と述べて、こうした考え方を支えているのが「表現学」であると述べている。

その上で佐藤は、「絵画と文字との形象を遺憾なく発揮させる」ために「綴方科と思想画」との合科的な作業を為すことを提案している。佐藤は「綴方科と図画科との関係」について考察を加え、「低学年の長篇文」の指導において「思想画」との合科を行って「表現力」の育成を図るべき提案を行っている。

佐藤のこの提案は映像と文字との関わりに関する実際的考察として注目に値する論考である。

第四節　「教授の実際」にみる「表現」概念に関する考察

この時期の『国語教育』誌には、昭和九年四月号から各学年の月別の「綴方指導」の実際が紹介される「教授の実際」という欄が設けられている。主な執筆陣を挙げると、田中豊太郎（東京高等師範学校訓導、昭和九年四～七月号）、田上新吉（広島高等師範学校訓導、昭和九年四～六月号）、竹澤義夫（学習院助教授、昭和九年九～十年三月号）、西原慶一（成蹊小学校訓導、昭和十年四～十一年三月号）、佐藤末吉（東京高等師範学校訓導、昭和十年一～三月号）、秋田喜三郎（神戸市視学、昭和十年五～九月号）、滑川道夫（成蹊小学校訓導、昭和十一年四～十二年三月号）、太田誠之助（滋賀県押立尋常高等小学校訓導、昭和十二年四～十三年三月号）となっている。

これらの「綴方指導」の実際案を見ると、指導事項として「生活を観照する態度」「心持ちの描写」「観察力」

「想像力」「客観的叙写」「綴方題材」「行動の写実」「対話文」「人物描写」「叙述の具象化」「推敲の仕方」「構想の指導」「批正の指導」「作品の処理」等が取り上げられている。

これらの指導事項を眺めると、個々の指導の実際においては文章表現技術指導面に相応の力点が掛かってきている様子が窺える。特に生活綴り方教師の一人であった滑川道夫の実際案等には「尋常三年の綴方指導形態」の報告であったが、「表現の技術指導」という言葉が繰り返し出現している点に注目しておきたい。

そこで、これらの「教授の実際」案の中から滑川道夫による実際案について見ておこう。昭和十一年五月号に掲載された「尋三綴方指導（五月）」の中の「指導過程」を紹介している部分で、滑川は次のように述べている。(14)

5. 教師の指導

（イ）家人の留守にいたづら盛りの作者と中学生がおばけごつこにはしやぎ騒いでゐる生活が文中に躍動してゐる点と長文を最後まで根気よく書き続けた点を先づ賞したい。

（ロ）三年生としてはなかなか精しく叙述した作品であるが、少しも推敲された跡、読み返したとさへも思はれない文である。そこに児童の注意を集注させて、以下表現の不適確なところやその他の表現上の欠点を吟味しつゝ、学年相応に表現技術に関心を持たせる。

（ハ）人物をはっきりと表はすこと――作者と二人の中学生は比較的よく描けてゐるが、その中学生は下宿人か、それとも親戚の人か、家との関係、お父さん、お母さんはその晩どこへいらつしやつたか、それとも両親の無い家庭か、しいちやん、おとくさんはどういふ関係のある人か等を明かにすること。

（ニ）「尚男さんが悦郎さんをやじりました。」どんな言葉でやじつたのかが分からないから、「怒つた」わけも分からない。そこを会話体に書くといい。

（ホ）ばけるくふうをいろいろとしてゐるところをはつきりわかるやうに書いてゐて大変いゝが、尚男さんが、始めにばけたのは何か、悦郎さんは白いはちまきをしてばけたのは何にばけたのか、「見れば山猫です」といふのは作者にはよくわかつてゐることだらうが、どんなふうなところが山猫に見えたか。そんなところをもつとくわしくわかるやうに書くことが大事です。

（へ）「悦郎さんとは庭にある下駄をはいて外ににげました。」その時の外の様子はどうだつたでせう。また悦郎さんと、どんなことを話したでせう。そこをかくともつといい文になつたに違いありません。（会話をかくといふことは表現上大事なことを理会させる）

（以下略）

この実践の狙いは「『おばけごつこ』を鑑識せしめ、分析的に表現面を考察研究する態度と表現技術の理会とを得させようとする」とある。対象とする児童は尋常三年なので、「会話体」による描写表現の技術を克明に指導しようとしている指導者の意図が窺える報告である。

滑川はこの他にも、「不的確な文章」についての「批正指導」や「具体的生活描写の手法を研究し心理描写への初歩的指導」、「人物描写の指導」等といった表現技術指導の実際について詳細に報告している。ここで取り上げられている「表現」指導とは、文字通り狭義の表現技術面を指している。したがって、綴り方の内容面との関わりについての言及は特に窺えない。狭義の表現技術指導への配慮が窺える資料として取り上げておいた。

第五節　「児童文合評」にみる「表現」概念の位相

この時期の『国語教育』誌では昭和六年三月号から昭和八年十月号まで、本誌同人による「児童文合評」が行われている。この合評会における同人達の批評の言葉の中にこの時期における小学校教師たちの綴り方指導に際しての「表現」概念に関する考え方が窺えるので以下に取り上げて見ていくことにしたい。

昭和六年七月号の合評会で取り上げられた作品と指導者及び批評者達の言葉である。(15)

牛　方

東京府浅川尋常高等小学校尋三　石　井　省　次

ぼくは土よう日の時、学校からて《ママ》みたら、かあちゃんが「あんちゃんが来なければ、省次が牛方にいくんだから、早くおまんまたべて、ゆきちやんと一しよに、立花屋の自転車屋へいくんだから」といつた。ぼくはいやだから、わざとおそくたんとたべていました。かあちゃんがはんとりへ字をかいていました。ぼくはさけを一きれたべちやつて、二つめのはんぶんかいてたべました。やつとこたべきれてみると、かあちゃんが又もちをやいてみました。ぼくはそれをたべるんだと思つて、おどろいて、「なぜそんなにやくのよう。」ときいたら、かあちゃんはおもちのへんじをしないで、「省次、じやあ、かへりがあぶないから、あんちゃんがきたら、省次とかわつてくるやうにしべえ。」とゆつた。そうしたら、とつちゃんが来て、「省次とかわらなくてもいゝから早くいきな。」といつた。かあちゃんは「もうすこしまつてな」といつたからまっていると、とつちやんは「早くいきなよう。」とゆつたからすぐいきました。だからすぐひき出しました。ゆきちやんは「牛はなんともしねえからな。」といつた。

たもさんとこの前へゆくと、とみちやんが来て「雀ちやん牛方かあ。」といつていきました。又いくと、さくらがあのしもで、あんちやんにあひました。あんちやんは「省次かわらうか。」とゆつたから、「とつちやんがかわらなくてもい、とゆつたからいいよう。」といつた。あんちやんは「ぜにをもつてるからかわらうか。」といつたけれど、ぼくは「立花屋だからいいよう。」といつてわかれた。だんだんいつて、ちゆうだいしよのしもへいつたら、ひろちやんと、いづみさんと来たからぼくは「おうい」とよんだら、なんともへんじをしないからいつた。

たちばな屋の前へいくと、自どう車が一だいありました。立花屋へゆきちやんがいつて「まきがきたがどこへおくんですか。」ときいたら、「のきばへおいてくれ」とゆつた。ゆきちやんは、せまいからどうしべえとかんがへてた。そうしたらそこのおしようさん（お師匠さん）が出て来て、そこへまるたをわたしておいた。ぼくはそこへ牛をひいていつて、ゆきちやんにおろしてもらつて、かへりはじめた。学校の前へいつたら、ねえちやんなんかがとんで来て、「とくちやんがのつけるつちゆつたから、とまれよう。」といつたから、とまつてやつた。さくらがあらの、おもいところへいつたら、まつちやんが「牛もこれだけのつたらおもかんべなあ。」ねえちやんが「十かんつとしたつても、四十かんだからなあ。」とゆつた。こかしわぎのとくちやんは、「おらあからだは大きくても、かるいんだから。」

さくらがあらのまがりつとへいつたら、にいちやんがむかいに来たから、ぼくは「あんちやん、なぜむかいに来たのよう。」とゆつた。あんちやんは、「とつちやんが、なぜかわつてこねえのようといつたからきたんだあ。」といつて、かわつてくれました。ぼくは車に乗つて、こみなあばしのしもへゆくと、自どう車が来た。とつちやんの前で、ぼくはおどかしてやるべえと思つて、「うちの前までいくと、とつちやんにしかられる。」といつたら、まつちやんが「金ちやんとめてくれ。」といつた。あんちやんはとめてやつた。みんなそうそうおりて、へえきなかほをしてかへつていつた。

『牛方』に就いて

大石啓作（指導者）

一

省ちやんがこうして正直にもすなおに書けるやうになつたのが、先生はほんとうにうれしい。この気持ちでどんどん作つてください。先生はいつでも、よろこんで見ます。けれどもね、もう三年も終りに近い。いつまでも今のまゝの言葉遣ひであつてはならない。こんど書く時は、言葉遣ひをよく気をつけて、ふぞろいにならないようにして下さい。たとへば——いつた。きいた。と、いきました。くれましたのような所を。

そうそうも一つ大事なことがあつた。それは「ねえちやんなんかが来て『のせてくれ』と」ゆうところの、「のせてくれ」は、ねえちやんと一しよに来た誰かがいつたのでしようから、言つた人の名を出すとよかつた。それから後の「ねえちやんなんかがとんで来て『とくちやんがのつけるとゆつたから……』」のねえちやんは、とくちやんなのだから、こゝもねえちやんでない方がはつきりする。よく考えてごらん（作品の後に書いて返したもの）。

二

（前　略）

作者が「やつとこ」食事をすませて見ると、母親は餅を焼いていた。「なぜそんなにやくのよう」とゆう程たくさん焼いていた。平生いつくしんでくれる母親のことだ、それも食べさせられるのだろうと思つてたずねて見たが「かあちやんはおもちのへんじをしないで」他の事を言つた。痛い観察ではないか。なかなかゆだんが出来ない。その急所をつかれた妥協でもあるまいが、「あんちやんが来たらかわるようにしべぇ」と母親は言つた。けれどそれは父親の意志ではなかつた。母親は「もう少しやつてな」と言つたが、父親は「早くいきなよう」と、どうにも行かねばならないような強い表現であつた。両親の間にはさまれて、途方にくれていた作者はとうとう父親の「いきなよう」で「すぐいきました」けれど、こゝのすぐは命令を体しての上のすぐではなかつたらしい。言わるゝまゝの意で、自己の持つているすべてのものを振捨てて、風に吹かれる落葉のように無理に動き出したのであつた。そうして引くべき牛の前に立つた時、又あらためて父の言附を聞いたような気持になつたので「だからすぐ出かけました」と続けたのだろう。だが表現は、まことにぎこちない。しかしこの作の中で作者の心の一番混乱しているのは此所だと思う。その心の混乱が、おのずと文の上に表現されて来たのではなかろうか。もしこゝを「すぐいきました。そうしてすぐ出かけました」としても、「ゆつたから、すぐ出かけました」としても、「ゆつた。だからすぐ出かけました」としても、文は原作よりもなだらかにはなるが、原作のような読みごたえがない。やつぱりぎごちない原作のまゝが一番いゝらしい。

牛方を読んで

平戸　喜太郎

尋常三年の子供が牛方をするといふこと、それだけでも何ともいへない敬虔な心地がする。而かも最初は「いくのがいやだからわざとおそくたんとたべていました」といつてゐる子供が、次ぎには「とつちやんが早くいきなようとゆつたから、すぐいきました。だからすぐひき出しました」とかいて出かけ、帰り道に於ては、友達をのせてやり、彼等の対話に注意を払つて面白く描写し、最後に「ぼくはおどかしてやるべえと思つて……みんなそうそうおりてへえきなかほをしてかへつていつた」と滑稽味を残して結んでゐる。一二回読んだ時は何となくまはりくどく牛のやうな鈍大な気持がしたが、四五回読みを重ねると極めて純真な素朴な田舎の子供らしさが私を引きつけた。

（以下略）

牛方を読んで

竹澤義夫

作者は眼にうつる事象をありのまゝにのこりなく描き出さうとしてゐる。さういふ意図の上からみると大体成功してゐるというてよい。ことに三年生としては珍しく筆致の暢びた子供であると思はれる。

が、綴り方が単にありのまゝにのこりなく写すといふ丈けでなく、客観的事象の上に制約を設けて適当に切り取る――取捨なり選択を加へて構成するといふ点を重視すると、この文の様なのべつ幕なしの表はし方は上出来といはれまい。然しながらあるがまゝに、眼前の印象を拘へて忠実に写すといふ態度を推称するとすればむろん上の部の文となるのだ。

この作者はまだ三年生なのだ。この学年あたりではつとめて筆致を伸ばす――ぐんぐん書かせる風に指導しなければなるまい。さうして見ると、この文はまあよい部類に入れてよからうと思ふ。

一二所感をいふと、作者の小賢しい気持がよく出て居る様だ。牛方に行くのがいやなので、わざと飯をゆつくり食うあたり、母の餅を焼くのに困惑を感ずるあたり、父に叱られると嘘ついて車に乗つてゐる女生徒を威して下すあたりなどかなりませた子供らしい気がする。立花屋へ行くのも薪を持つて行くといふのをあとで分らせたり、姉のとくちやん、兄の金ちやんの名をそれとなく知らせてゐる様な書き振りなどもかなり面白い。

欲をいへば会話に推敲の不足してゐることである。兄の言葉の「ぜにをもつてゐるからかはらうか。」は「帰りに銭を持つて来るのは省次ではあぶないから俺が代ろう」といふ意味なのか。又省次の答の「立花屋だからいいよう。」は「立花屋と自宅とは近い距離だから銭を自分が持つて来るにしても心配はいらない」といふ意味なのか。かうした不明の箇所がかなりある。作者には分つてゐるだらうが、読者には一向わからない。

兄の行動は全篇を通じてよく出てゐるが、「ゆきちやん」はどうなつたのか、行方不明だ。

あらさがしをしたらいくらもあろうが、僕は三年生としてはこれ位に気持もうつし、情景もはつきり現わしてゐる点に於てよく出来てゐるといふて差支ないと思ふ。

この「児童文合評会」では、指導者の大石啓作による指導評が附されている。作品の後に附された作者に宛てた指導評では、正直な素直な書き振りについて褒めてやった後に、「言葉遣い」の統一や不十分な書き方をしている点について指摘してやっている。

その後に附された指導評は本誌の読者に向けた内容である。ここでは、作者の「心の混乱が、おのずと文の上に表現されて来たのではなからうか」と、「ぎこちない原作」の書き振りが作者の心の混乱振りを反映していると捉えているのである。作品の「内容」面と「形式」面とを一体的に捉えて評価しているのである。

評者の一人・竹澤義夫は「綴り方が単にありのまゝにのこりなく写すといふ丈けでなく、客観的事象の上に制約を設けて適当に切り取る――取捨なり選択なりを加えて構成するといふ点を重視すると、この文の様なのべつ幕なしの表はし方は上出来とはいはれまい」と講評している。描写の在り方についての指摘である。

また、昭和六年十一月号の合評会では、竹内文路（東京元町小学校訓導）が「表現作用」を「1．想の内容、2．内面的形式（想の形式と表現技巧）及び外面的形式（主として書写力）」の三つの要素から捉えつつ、尋常二年の子の綴り方を取り上げて、「彼は、2の要素（内面的形式）が1の要素（想の内容乃至質）よりも劣るのであつて、豊富な想をもちながら、その想を整頓し、形を整へるとゆうようなことが得手でないのである」と講評を加えている。綴り方作品の叙述形式面と叙述内容面との一体的な関わりについて指摘している箇所として注目させられる。

児童文に対するこうした講評の中に本誌の同人達による綴り方の「内容」面と「形式」面とを一体的に捉えていこうとする姿勢の一端を窺うことができる。

とは言え、前回考察を加えた大正期における『国語教育』誌の論調と較べて、今回取り上げた昭和戦前期における論調は、本誌の主幹であった保科孝一の内容主義批判にも拘わらず全般的には「内容」面に偏重する傾向が見られたようである。少なくとも、綴り方・作文の「内容」面と「形式」面とを一体的に捉えていこうとする論調は大正期よりもやや影を潜めたように見える。

その原因は本誌が綴り方の専門誌ということでなく、国語教育の総合誌であったということ、そして、昭和戦前期における本誌では大正期に較べて綴り方・作文に関する論考が少なくなってきたこととも関係しているかもしれない。

それにしても、同時代に刊行されていた『工程』・『綴方学校』誌では昭和十一年頃から始まる「生活主義の綴り方教育への反省」を促す論調が高まる中で、「文章表現指導の再認識」が叫ばれ、「〈生活〉と〈表現〉一体化論への志向」（拙稿「『工程』・『綴方学校』誌における『表現』概念の位相」『茨城大学教育学部紀要（教育科学）』第五十二号、平成十五年三月）が出現してきている。

また、『国語教育』誌と同様の国語教育の総合誌であり同時代に刊行されていた『実践国語教育』誌では昭和十年十一月号において増大特集として「表現学の教壇実践」が組まれている。この中では金原省吾、輿水実、大場俊助といった各方面の研究者によって「表現」概念に関する学理的な究明が行われ、実践者による「表現学的綴り方の実践的研究[16]」が目指されていたのである。

こうした動向と較べても、昭和戦前期における『国語教育』誌において、綴り方・作文の「内容」面と「形式」面とを一体的に捉えていこうとする論調や「表現」概念に関する学理的・実践的解明への志向がやや稀薄であったのは、本誌の同人達の問題意識とも関わる面があったかもしれない。

注

（1）保科孝一「内容主義の行づまり」（『国語教育』昭和二年二月号、二〜三頁）。
（2）田中豊太郎「綴方に於ける取材の開拓」（『国語教育』昭和三年四月号、四五〜四六頁）。
（3）坂本功「綴方教育鑑賞指導の建設」（『国語教育』昭和三年五月号、四一〜四二頁）。
（4）五味義武「綴方における生活指導」（『国語教育』昭和三年七月号、四二頁）。
（5）五味義武「綴方における生活指導（三）」（『国語教育』昭和三年十一月号、四六〜四八頁）。
（6）粟野柳太郎「綴方の方言問題について」（『国語教育』昭和二年四月号、八一頁）。
（7）宮川菊芳「綴る本質と綴方の本質」（『国語教育』昭和三年七月号、二十頁）。
（8）森本安一「文創作の原理と発展の融合点に立つ私の綴方教育」（『国語教育』昭和三年七月号、七七〜七八頁）。
（9）下山懋「綴方の常道と本体（一）」（『国語教育』昭和十二年四月号、四七〜四八頁）。
（10）下山懋「綴方の常道と本体（四）」（『国語教育』昭和十二年七月号、四四頁）。
（11）下山懋「綴方の常道と本体（五）」（『国語教育』昭和十二年八月号、五九〜六十頁）。

(12) 白鳥千代三「綴方鑑賞指導案の一例」(『国語教育』昭和十二年八月号、四七頁)。
(13) 佐藤義山「綴方教育に於ける生活指導」(『国語教育』昭和十一年七月号、四六〜四七頁)。
(14) 滑川道夫「教授の実際　尋三綴方指導（五月）」(『国語教育』昭和十一年五月号、四四〜四五頁)。
(15) 本誌同人「児童文合評」(『国語教育』昭和六年七月号、三五〜四一頁)。
(16) 拙稿「『実践国語教育』誌における『表現』概念の位相」(『茨城大学教育学部紀要（教育科学）』第五三号、平成十六年三月、十一〜十三頁)。

第Ⅱ部　田中豊太郎の綴り方教育論にみる「生活」「表現」概念の統一止揚への軌跡

第Ⅰ章　田中豊太郎という人物とその著書・論文にみる「表現」概念の位相

第一節　「表現」概念を巡る問題の所在

第Ⅰ部においては、国語教育・綴り方教育関係の諸雑誌等にみる「表現」概念の位相に関して、主要な考え方を取り上げて考察を加えてきた。「表現」という用語の概念に考察の焦点を絞ってきたのは、研究への仮説として、広義の「表現」概念の中に、綴り方・作文教育の歴史の中でその対立概念と目されてきた「生活」概念が包含されていくという立場を筆者が取っているからである。すなわち、昭和戦前期から戦後期にかけて綴り方・作文教育の教育内容を巡り、その主要な対立点となってきた「生活指導か表現指導か」という論点を克服していく考え方が、広義の「表現」概念の中に潜んでいるという仮説を立ててきたからである。

こうした仮説は、すでにこれまで取り上げてきた国語教育・綴り方教育関係の諸雑誌等の諸論考によってある程度までは立証されてきたと考えている。ただ、それらは綴り方教育思潮として、断片的・断続的に出現していたということもまた事実である。確かに、第Ⅰ部で取り上げてきた諸論考の中には、「生活指導か表現指導か」という対立の図式を克服していく考え方、すなわち広義の「表現」という概念の捉え方の中に綴り方の「内容」面と「形式」面とを統一止揚するための極めて有益な知見も存在していた。しかし、前述したように、これらの考え方はその時々の教育思潮の中で断片的・断続的に出現していたということであり、持続的な思索に基づいて系統的・体系的に構築されていった綴り方の教育内容論ではなかったのである。

ところが、こうした思潮の中で、同時期である昭和戦前期の綴り方教育の実践において一貫してその「形式」面と「内容」面との統一止揚を目指していた人物がいたのであった。その人物が田中豊太郎という一人の教師である。

そこで、第Ⅱ部においては、大正期から昭和戦前期にかけて東京高等師範学校の訓導として活躍した田中豊太郎が展開していた綴り方教育論に見られる「形式」「内容」一元論の構築に向けた歩みを辿っていくことにする。田中はその綴り方教育論において一貫して「生活指導」と「表現指導」、すなわち「内容」面と「形式」面との統一止揚を持続的・継続的に目指していった極めて稀有な人物である。そこで、田中の綴り方教育論において、「表現」概念の位相、すなわち、「生活指導」（＝「内容」面）と「表現指導」（＝「形式」面）とが一元化され、「表現」という概念によって統一止揚されていくまでの軌跡を辿りつつ考察を加えていくことにする。

ところで、この「表現」という用語は、綴り方・作文教育の歴史の中で極めて多義的に用いられてきている。狭義には、文・文章の書き表し方という、文字通りの形式的側面を意味することもあれば、広義には、綴り方・作文自体ないしは綴り方・作文教育の全体を意味することもある。そこには絶えず用語としての曖昧さがつきまとい、綴り方・作文教育の歴史において、しばしば深刻な対立論争を引き起こしてきたことはこれまでも度々言及してきたところである。

第Ⅱ部では、この「表現」という用語の概念に関する位相を、田中豊太郎という一実践家の綴り方教育論を辿りつつ明らかにしていくことを目的としている。

ではなぜ、大正十年代から昭和戦前期に至るほぼ二十年間に及ぶ田中豊太郎の綴り方教育論を「表現」という視点から考察していこうとするのか。まず、ここでもその理由について改めて言及しておくことにしよう。

その理由は、本節の冒頭に述べたように、本研究の仮説に関わる課題に関連している。綴り方・作文教育の歴史の中で、その対立概念と目されてきた「生活」概念が広義の「表現」という概念の中に包含されていくはずであるという立場を筆者が取ってきたからである。

従来の綴り方・作文教育研究の中では、「表現」概念と並んでその重要性が論議されてきた「生活」概念に関する究明の方が飛躍的に進んでいる。その成果は例えば、中内敏夫の『生活綴方成立史研究』（昭和四十五年十一月、明治図書）、滑川道夫の『日本作文綴方教育史』（「明治篇」昭和五十二年八月、「大正篇」昭和五十三年十一月、「昭和篇Ⅰ」昭和五十八年二月、国土社）等に見ることができる。

これに比して、「表現」概念の究明は大きく立ち遅れていると言える。もはや、綴り方・作文教育における「表現」概念を明らかにすることによってしか、歴史上しばしば論議されてきた「生活指導か表現指導か」という対立の論点を克服することができないと考えられる。この「生活指導か表現指導か」という対立論争において、「生活」概念と「表現」概念とはどのような関係に置かれるものなのか、両者は本当に対立するものなのか、あるいは、一方が一方に従属するものなのか、果たして両者は一元化できるものなのかという問題が存在しているからである。

なお、今日の作文教育実践、国語科作文指導においても、「理解」「表現」という場合の「表現」概念の曖昧さという問題が解消されているわけではない。「表現教育」「表現指導」「表現力」といった用語も曖昧なままに使用されているという実態がある。

「表現」という用語の概念を巡る問題の所在は極めて広範であり根も深い。こうした問題を解明していくために、綴り方・作文教育の歴史的文脈の中で実態的側面からの検討を行っていこうとするものである。

検討の直接の対象に選んだ田中豊太郎という人物は、綴り方教育界においてちょうど「生活の表現」「生活の指導」ということが唱道され始めた大正十年頃に、東京高等師範学校の訓導として綴り方教育に打ち込み始めている。一方、綴り方教育界においては、昭和十年代の綴り方教育界において「生活教育」の在り方を巡って大きな論争が起こっている。いわゆる「生活教育論争」である。[1]

こうした情勢の中で田中は、「穏健な探究のなかに、たえず進歩を求めて、生活に即した綴り方教育実践の系統化・体系化に努力した[2]」と評価され、その人となりについては、「少しも指導者ぶらないで同志・友人として接するので地方の若い教師から慕われ、田中ファンは非常に多い[3]」と紹介されるだけの影響力を持つ存在であった。以後、田中は「生活の指導」と「表現の指導」との一元化を図ろうとする努力をほぼ二十年間の長きにわたって持続的に行っていくことになる。

とかくその時代の流行に目を奪われることの多い教育界にあって、一つの実践課題をこのように長期にわたって追い求めていこうとする教師は極めて稀である。こうした人物が、その綴り方教育実践研究の営みの中で、「表現」という用語をどのように意識し使用してきたかを明らかにしていくことに少なからぬ意義があろうと考えたのである。

ところで、これまで、田中豊太郎も含めた高等師範系の教師の綴り方教育論を巡って、次のような評価が存在した。

すなわち、広島高等師範学校訓導であった田上新吉の『生命の綴方教授』（大正十年）にあらわれた「生活の表現」「生活指導」論、及び大正十二年五月に開催された全国訓導綴り方協議会以降、全国に広まっていった生活重視の綴り方教育論はいわゆる「生活主義の綴方教育[4]」の流れに与するものであるとの評価である。

こうした綴り方教育思潮の特質を示す言葉に、滑川道夫によって初めて用いられたとされている「表現のための生活指導論[5]」という標語がある。子どもの生活経験を豊かにすることによって表現活動を活発にするという考え方である。そして、こうした「生活」概念は、やがて昭和四、五年頃に東北地方から発生した「現実的な生活性」を重視する考え方とは質を異にするものとして峻別されている。[6]

なお、この「現実的な生活性」を旗印とする綴り方教育は、やがてこれまでの「表現のための生活指導」から「生活のための表現指導」、すなわち生産的生活を高めるための生活技術としての表現技術を身に付けさせなければならないとする主張のもとに、綴り方を中心とする一層広範な生活教育運動へと突き進んでいくことになる。[7]

このような生活教育の一環としての綴り方教育思潮に照らして、田中豊太郎の綴り方教育論を見ていけば、確かにそこには「生活」概念の著しい違い、例えば生産生活に対する消費生活、あるいは、厳しい現実生活に対する普通の子どもの生活といった違いを認めることは容易なことである。

このような「生活」観の相違は、「価値」観、「世界」観の違いから生まれてくるものである。したがって、綴り方教育の歴史的な展開を「生活」観という視点の方に傾斜をかけて見ていくこと自体に問題が生じてくる。綴り方教育における「生活」概念は、「表現」概念との拮抗関係を抜きにしては問題にすることができないと考えられるからである。

田中豊太郎は、綴り方教育界における「生活指導」と「表現指導」との対立を統一止揚しようとする歩みの中で、この「生活」概念と「表現」概念との拮抗関係について実践的な考察を巡らし、「表現」概念の究明に持続的・継続的な努力を続けていた。

以上が田中豊太郎の綴り方教育論を「表現」概念という視点から考察していこうとする理由である。

第二節　田中豊太郎の綴り方教育論に関する著書・論文にみる「表現」概念の位相

著書	「表現」概念に関わる顕著な特色・変化	「表現」概念に関わるキーワード
大正十年四月『綴方教授の実際的新主張』（丸山林平との共著）大日本学術会	・田中豊太郎の執筆になる部分は指導の実際が尋常一年~高等科まで述べられている。 ・思想と一体となった表現技術の必要が強調されている。	表現法
大正十三年九月『生活創造綴方の教育』目黒書店	・表現（内省）によって生活態度を陶冶し、自己成長に奉仕することが綴り方教育の目的。	表現 内省的態度 観照的態度 表現法 表現慾

東京高等師範学校附属小学校教育研究会編『教育研究』誌に掲載された論文一覧		論文中の「表現」概念に関わる主な内容項目
大正 10・10	・綴り方研究の出発	・文の形式的能力、修辞学の力を重視
10・12	・綴り方研究の背景	
11・9	・子供の生活と芸術心境	
12・2	・生活・体験及び表現	・文章を書くこと、対象をみつめること、体験をすることは循環的に連続して発達する。
12・4	・綴り方内容論	
12・11	・綴り方の指導に就いて（臨時増刊）	
13・8	・綴方教育の新潮	
13・9	・文芸的精神と綴方の教育	
13・10	・初期に於ける綴方指導	
	・綴方教育雑感	

		綴文慾 綴方能力（人格・感受力・洞察力・想像力・表現力・内省力・筆者力）
	・観照生活の深化によって綴文能力（感受力・洞察力）の発達を促すことができる。	観照生活
昭和五年五月『綴方教育の理論と実際』明治	・「生活の綴り方化」⇄「綴り方の生活化」という循環的な	生活の表現 表現力（表現能力）

14・1	・子供の作品に見る内容	・綴り方作品の内容（表現内容）
14・10	・子供の作品に見る内容（その二）	・綴り方作品の内容（表現内容）
14・12	・農村と綴り方教育	
15・8	・綴方に於ける生活指導の意義	・綴らせるということがすでに生活の指導であるという考え方。「綴る生活」という言葉が出て来る。
15・9		
15・12	・生活の表現といふこと	・〈表現法の指導〉も強調。
16・1	・綴り方教育の将来	
昭和2・4	・効果から見た綴り方作品	・〈生活〉と〈表現〉との相乗作用
2・8	・綴り方に於ける鑑賞及び文話	・「綴方生活」という用語の出現。
2・12	・綴方教育上の研究問題	・生活指導と表現指導との循環的な考え方の萌芽が見られる。「生活」「表現」概念を究明すべきこと
3・1	・綴方指導の一単元	

図書	考え方を提唱。この循環による生活の発展と表現力の進歩を目指す。	表現指導（生活の綴り方化）
昭和六年七月『綴方教授の実際的新主張』（改訂増補版）丸山林平との共著、日東書院	・田中豊太郎の執筆になる部分は基本的に前掲書とほぼ同様の部分。 ・貧弱な表現を改めるための鍵を「観照」という作用におく。	観照
昭和六年九月『綴方教育の分野と新使命』郁文書院	・綴り方教育の分野が極めて広大なものであることを確認し、その領野を表現の基礎となる文字の書き方・記載法などからより高次なものへとたどって検討してい	文字の記述力・語句を駆使する力 文章記載法 文法・語法 表現の指導 題材の取り方 表現手法

		を主張。
3・5	・綴方と観方の指導	・「観方の指導」が〈生活の指導〉〈表現の指導〉の両方に関わることを指摘。
3・9	・綴方を児童の生活の表現たらしめよ	・「児童の生活の表現」の内容に関する考察。
3・11	・児童作品に見る自然	
3・12	・児童作品に見る自然	
4・4	・生活の綴り方化	・「生活の綴り方化」「綴り方の生活化」という言い方で「生活」「表現」指導の循環的な考え方を明確に打ち出す「綴り方作品」＝「表現」という考え方も見られる。「生活の綴り方化＝「表現指導」」である。
4・6	・綴り方の生活化	・「綴り方の生活化＝「生活指導」＝「綴り方の態度を日常生活中に浸潤させるこ
	・社会事象と児童の綴	

	る。「表現」概念に関する段階的な把握が窺える。	文体 表現慾 文章観 生活観
昭和七年五月 『綴方指導系統案と其実践』賢文館	・「表現」概念がより具体的に把握されてきている。「表現」及び「表現指導」の中身が具体的に明示されている。尋一から尋六までの各月ごとの「指導要項」に「表現指導」の内容が詳しく記されている。	綴文生活 表現力 表現 表現法 表現指導 取材 構想 記述 推敲

4・8	方	と」
4・9	・綴方題材論	・「題材の取り方の指導」が「生活指導」と「表現指導」とを奥深いところで結びつける。
4・11	・児童作品の相互研究	・文章観の向上。
4・12	・読方と綴り方	
5・1	・児童生活と綴り方教育	・「児童生活の表現」が児童の「生活創造」に果たす意義。
5・4	・尋五綴り方の伸び行く相	
5・5	・綴り方指導の基礎及び背景	・「表現力」を培うための「読み方指導」
5・7	・児童作品の一考察	・「綴り方の生活化」（＝生活指導）に必要な能力・態度及び指導方法。
5・7	・綴り方の生活化（臨時増刊）	
5・8	・児童作品に見る社会観念	・社会意識の陶冶のみを綴り方教育の正道と考える行き方を批判。
5・11	・綴方指導の一努力点	・貧弱な表現を改めて

昭和十二年五月『小学教育大講座④綴方教育』非凡閣	・「生活の綴り方化」⇅「綴り方の生活化」という循環的な考え方は変わらず。 ・「表現」概念と「文章観」との関係がより緊密になってきている。	生活の綴り方化 綴り方の生活化 綴文過程 観照 想化作用 表現の工夫
昭和十四年六月『綴方の研究授業』賢文館	・「表現」概念にかかわる内容では特に変化は見られず。 ・平明な表現、達意の表現を指導すべきことが強調されている。	生活の綴り方化 綴り方の生活化
昭和十六年三月『綴方教育体系第四巻　綴方教	・綴り方指導の着眼点を生活指導と表現指導とに分けるのでな	見方の指導 表現の指導 綴り方生活

6・1	・郷土と綴り方教育	いくための鍵を「観照」という作用に認めている。
6・6	・綴り方を研究発表と見る	
6・7	・綴り方をより生活的ならしめる	・「綴り方の生活化」＝「生活の中の綴り方的訓練」＝「鑑賞的な態度」—「思索的な態度」—「研究的な態度」—「生活を観照態度」を植え付けていくこと。
6・10	・積極的研究の態度と綴り方	・観照的態度の実際指導」＝同一題材による継続的綴り方。
6・12	・昭和六年に於ける綴り方教育	
7・1	・綴り方指導者自身の問題	
7・2	・綴り方指導系統案の要望	
7・3	・綴り方指導系統案の要件	
7・7	・綴り方の生活化方案	・「綴り方の生活化」のための具体案。
7・10	・郷土教育から見た綴方教育	

育の指導過程』晃文社	く、「見方の指導」と「表現の指導」と言い替えて表している。ここに「生活」概念と「表現」概念との接近が窺える。つまり、「生活の指導」と「表現の指導」との一元化の方向が暗示されている。本書では、直接「生活の指導」という用語が見られなくなり、代わりに「綴り方生活の過程」に沿った指導過程が想定されている。	
昭和十七年三月『国民学校国民科綴方精義』教育科学社	・国民学校の綴り方施行規則「綴り方は児童の生活を中心として事物現象の見方につき適正に指導し、	見方・考え方 平明なる表現 創造力 綴文過程（表現の道）

7・11	・郷土研究と綴方作品	・「表現形式の指導」を中心とした表現指導のあり方を批判。
8・1	・国語教育の帰趨	
8・7	・取材指導の一方法	
8・11	・子供の実生活と新読本及び綴り方	
8・12	・「調べる綴り方」の考察	
9・1	・綴り方教育の現状批判と将来への発展	
9・4	・綴方指導の実際問題	
9・9	・尋常一年の綴方指導	
9・12	・綴方指導系統案の活用と指導文例	
10・1	・尋四以後の綴方生活の発達	・「綴り方生活」＝「子供の生活内容及びそれを想化する作用、それを表現する構想及び記述」と規定している。
10・2	・尋五綴方の実相と指導要項	
10・5	・綴方教育から見た新読本巻五	
10・6	・ある日の「尋六児童作品」の取扱	
10・7	・高学年に於ける理知的文の指導	・子供の「綴方生活」の行き詰まりの原因の究明。対策＝「日

	それを平明に表現する力を養ふ」という目的に沿って指導の在り方が述べられている。 ・基本的な指導の方向はこれまでと変わらない。	表現指導 表現生活

		常生活の題材化」を図るために、「理知的な見方」を養うこと、すなわち「洞察力」「思索・内省の態度」などを養い、また「社会事象への着眼」に導くことを提唱。
10・11	・綴り方教育に於ける表現指導	・「生活」概念を広い意味での「表現」に含めて考えているところが見られる。「素材生活」と「綴方生活」とを「観照」という作用において一連続と見ている。
10・12	・作品の内容と観照の態度	・「素材生活」（＝生活内容）→（意味付け）→「生活観照の内容」＝「綴方作品の内容」（＝表現内容）

11・1	・学校教育としての綴方教育	・「表現力」＝「取材力」「構想力」「記述力」「推敲力」
11・2	・綴方指導に於ける実生活の指導	・「綴り方で要求する、第二の生活」＝物事をよく観察する生活。
11・4	・綴り方指導過程の問題検討	・綴り方指導過程上に「生活」と「表現」との一元化の方向が窺える。
11・5	・児童作品処理の仕事	・子供の「綴方生活」の中での推敲の訓練。
11・6	・綴り方指導に於ける鑑賞・批評・文話	・「鑑賞・批評・文話」が「綴方生活」全体に影響を与えて、ものごとの見方、考え方、味わい方という生活の態度を暗示する。
11・8	・綴方指導系統案・指導細目の問題	
	・綴方入門期の指導	
11・9	・綴方教育の内容改善	
12・1	・綴る力を培ふ	・「綴る力」の基礎としての「文字力」「書字力」。
12・12	・綴り方の健康なる発達のために	
13・1		

			13・4	・時局下の小学綴り方教育	・綴り方教育思潮＝「生活の再現」→「生活の表現」→「生活の指導」→「生活の構成」へ。「生活構成」「生活指導」一辺倒の行き方に批判的。
			13・10	・綴り方教育の動向と所感	
			14・1	・健全なる綴り方指導	
			14・7	・綴り方指導（臨時増刊）	
			14・12	・綴り方教育上の問題二三	
			15・1	・国民学校案と綴り方	
			15・3	・他教科と綴り方	
			15・5	・行事と教育と綴り方	

注

（1）「生活教育論争」については、久木幸男他編『日本教育論争史録第二巻〈近代編〉（下）』（昭和五十五年七月、第一法規）や滑川道夫編『国語教育史資料第三巻〈運動・論争史〉』（昭和五十六年四月、東京法令）の「第六章　生活綴方論争」などを参照せられたい。

（2）倉沢栄吉他著『近代国語教育のあゆみ1』（昭和四十三年十一月、新光閣）の中の滑川道夫稿「綴り方教育の開拓的努力——田中豊太郎の人と業績——」九二頁。

（3）西原慶一著『日本児童文章史』昭和二十七年十二月、東海出版社、七一八頁。

（4）「生活主義の綴方」という用語は、滑川道夫著『表現理解国語教育新論』（『実践国語教育』臨時増刊第五巻五号、昭和十三年五月、啓文社、一九八頁）に見える。飛田多喜雄著『国語教育方法論史』（昭和四十年三月、明治図書）では「生活主義の綴方と指導過程」（一三九～一五一頁）として詳しく論述されている。

（5）滑川道夫「生活綴方の発展」（『生活綴方と作文教育　教育建設第三号』昭和二十七年六月、金子書房、三五頁）。
（6）前掲書、注（2）、八九頁。
（7）前掲書、注（5）、三八～四一頁。

第Ⅱ章　田中豊太郎の初期綴り方教育論にみる「表現」概念の位相

第一節　田中豊太郎における綴り方教育研究の始発

田中豊太郎は大正十年十月号の『教育研究』誌に「綴り方研究の出発」と題した論考を発表している。この中で田中は綴り方教育研究に本格的に取り組んでいくことを表明している。この時に田中は二十七歳であった。爾来、田中は昭和戦前期の国民学校時代まで二十数年間にわたって綴り方教育の実践研究に一貫して取り組んでいくことになる。

この論考の中で田中は次のように述べている。[1]

文にしても、絵にしても芸術品はあるがまゝのものを模写したのではない。其の人の芸術観を表現したものである。芸術観を通してこそ、事象が芸術品となり、文章観を通してそこに文章が生れる。文の形式的能力があつて始めて、文の形となつて表はれる。子供の発表欲は、子供に出来た文章観によつて、文章の発表欲となるのである。精神さへあれば、形式は自然に湧いて出て来る、など落ち着いてゐてはならぬ。形式指導をせずして、自然のまゝに出て来るなど、生温く考へてはならない。文章はやはり、作らなければならない。有為的に作つたものである。子供には其の有為的に作る方法を教へなければならぬ。内容を表はし切るためには、読者に精神を妥当に伝へたいためには、大なる生みの悩みを感じるのであるが、それが如何にも内容に従つて、自然に出て来た様に見えるまでに練習せしめなければならない。形式が内容の忠実なる妻とならせることが形式指導の到達点である。

私はこれを指導するために、修辞学の力を借らなければならぬと思つてゐる。修辞学の教ふる所は伝統的だと嘲る人があつても。


この論考の中で田中は「文章観を通してそこに文章が生れる」と述べ、「文の形式的能力があつて始めて、文の形となつて表はれる」とし、「精神さへあれば、形式は自然に湧いて出て来る、など落ち着いてゐてはならぬ。形式指導をせずして、自然のまゝに出て来るなどと、生温く考へてはならない」と論じている。田中はまた、形式が「如何にも内容に従つて、自然に出て来た様に見えるまでに練習せしめなければならない」と述べてその指導のためには「修辞学の力」を借りなければならないと指摘している。

田中における綴り方教育研究の始発の時期に、すでに綴り方文章観における「形式」「内容」一元論の萌芽が見えていることに注目させられる。

ところで田中は、この論考に先立って東京高等師範の同僚であった丸山林平と共著で『綴方教授の実際的新主張』（大正十年四月、大日本学術会）を刊行している。

この中で田中は次のように述べている。(2)


綴り方の本質が純真な自己表現であるからには其の表現すべき純真な自己即ち人間を造ることが指導の第一義であることは当然である。其の二は実際的指導又は表現法の指導である。自己を——自己の思想を——

自己の生活を――最も適切妥当に表現する力の養成のための表現法の指導である。

又新しい人達には第二の表現法の指導と云ふことについていやがるかも知れぬと思ふ。根本さへ養はれて居れば法は自然に産れ出るのだ。方法を授けて文を綴らせるなどは文を殺すものだと思はれるかも知れぬ。併し発表と云うことも一つの技術である。思想は充ち満ちてゐてもいざ文章となると更にまとまつたものの書けぬ人がある。大思想家必ずしも大雄弁家ではない如く。発表の技術に熟練のない人は自分のほんとうの思想を表現しきることが出来ないものである。思ひあまつて筆及ばず、と云う具合になる事がある。それでは読む人によつては、そこまで気を回して悟つて呉れるかも知らぬが、大部分の人にはその本意が知られない、かくては折角の表現もまづいために肝心の思想を殺してしまふ様なことになる。思想と全く一体になつた、適切妥当な表現が出来る様になるには技術を要するのは疑ひない所である。

（中　略）

田中は「発表の技術に熟練のない人は自分のほんとうの思想を表現しきることが出来ないものである」と述べ、「思想と全く一体となつた、適切妥当な表現が出来る様になるには技術を要するのは疑ひない所である」として、「自己を――自己の思想を――自己の生活を――最も適切妥当に表現する力の養成のための表現法の指導」の要について論じている。

この時期、田中には「思想」と「表現」とを二元的に捉えていて、「表現」が「思想」をも包含していくものであるという認識には至っていない。しかし、技術を媒介として両者を一体化していく必要を説いてはいたのである。

また田中は大正十二年二月号の『教育研究』誌に「生活・体験及び表現」という論考を発表している。

この中で田中は次のように述べている[3]。

我々は表現することによつて、最も確実に自己の体験の姿を自証することが出来るのである。体験は表現によつて完成すると云つてゐる人もある。

（中　略）

表現することによつて、体験が促進されることは信ずるのである。吾々は書くことによつて、思想が纏められ、心の隅々にあるものまでも、拾い集めて一つの体系の中に繰り入れることは実際経験する所である。人々は対象を描くことによつて、初めて対象を真によく見詰める態度が養はれるのである。

綴り方は文章を書くことによつて、対象を深く見詰める態度が養はれ、体験を得る機縁が作られ自己生長を促すことが出来るのである。文章を書くこと、対象を見詰めること、体験すること、これは互々循環的に連続して発達するものである。かくしてだんだんと生長して行くのである。

田中は「体験と表現」との関わりについて、「文章を書くこと、対象を見つめること、体験すること、これは互々循環的に連続して発達するもの」であり、「かくして、自己はだんだんと生長して行くのである」と論じている。田中は綴り方の対象たる生活を深く見つめる態度を養い、体験を得る機縁が作られることで自己成長が促されていくと考えていたのである。

田中の綴り方教育研究の始発において、綴り方の「形式」「内容」一元化への萌芽と生活を深く見つめる態度の養成が子どもの成長を促すことに通じるという考え方が窺えるところは注目しておきたい。

第二節　「観照作用」への着眼と「観照生活」の深化

田中は大正十三年九月に『生活創造綴方の教育』を著している。この中で田中は綴り方を「生活の表現である」と規定する理由に関して、「よく、『何を表現するか』と云ふ問に接することがあるが、厳密には『何を』と云ふよりは、『何が』表現させるかと考へなければならぬこと」になると述べて「吾々の生活が表現を強要するのである」（一七頁）と論じている。

また田中は本書の中で、「表現の価値と生活創造との関係」に関して、まず結論的に次のように述べている。(4)

○人間は、体験によつて生長するものである。
○その体験は、有意的、有目的活動でなく、哲学以前のものであるが故に内省によつて始めて自分自らが自証することが出来る。
○内省によつて自証してはじめて、その体験は真実、自己のものとなり、体験は完成する。＝生活創造
○表現するためには——完全なる表現をするためには、——深く内省しなければならない。
○表現は内省する態度の洗練である。
○故に表現は、生活創造の武器たる内省的態度を洗練し、人間を促進するものである。

ここで田中は、「体験」「内省する態度」「表現」の三者を循環的に捉えている。そして、「表現」というものを「内省的態度の洗練」と見なしている。つまり「表現」という作用が「内省的態度」の洗練を媒介として生活形

成、人間形成に機能していくものであると規定しているのである。

田中はまた、「綴方教材としての形式」について次のように論じている。[5]

従来、文の修飾にのみ余りに腐心して飾りたてることを戒めるために、「馬糞を錦の風呂敷で包んだつて駄目だ」といふ様な譬喩を以てした。これは一見文の内容を固定したものと考へ、それを包むに形式といふ一つの風呂敷があるかの様に考へさせ、内容と無関係に形式を如何様にも造ることが出来る様な考へであるが、そんな事はたゞ説明の便宜としてのみ存在することで、作品の本体からは言ひ得べきものではない。綴方作品の内容とは、作者の語らうとする情感し、認識してゐる心持である。

形式とは、其の心持を語り出した処の文章である。心持を語るための言語が文字にまで形となつて表はれたものである。

そして作品の内容たる心持は、何によつて作者が意識するかと云へば言語によつてである。吾々が色々な事を思考するのは言語によつて、頭の中でするのである。高尚なる思索も、深い内省も頭の中で巡る言語の歩みに外ならない。文章（形式）はその頭の中の言語の歩みを、文字にまで形として置いたものである。

（中　略）

形式と内容とはこれ程に相即したものである。文の形式が散文の形式をとるには、そこに散文的な内容があるからである。詩として表現されるのは、内容に詩をさせるものがあるからである。同じ散文にしても、華麗の形式もあれば、乾燥した形式もある。これまた内容からの反映に外ならない。その内容は各作者の個性的色調によつて各々の内容に個性的色調が表はれるのであるから、形式はまた作者の個性の反映であると言ふ事も出来る。

「文は人なり」といふ有名な言葉は、文の内容に個性的色調があるといふ意味でもあると同時に、文の形式にも個性的色調が表はれるといふ意味を有する。しかも、それは内部的には一の連続的関係である。即ち作者——内容——形式（文体）この三つは一連続の関係にあると思ふ。

田中は「綴方作品の内容とは、作者の語らうとする情感し、認識してゐる心持である」とし、「形式とは、其の心持を語り出した処の文章」であり「心持を語るための言語が文字にまで形となつて表はれたものである」と、両者の関係について明らかにしている。しかも、「文の内容に個性的色調がある」のと同時に「文の形式にも個性的色調が表れる」とも述べて、「作者——内容——形式（文体）」が「一連続の関係」にあることを指摘している。綴り方の「形式」面の意義を綴り方作品の「内容」面と一体的に、しかもその「形式」「内容」と「作者」とを明確に一連続の関係として押さえている点にも大いに注目させられるところである。

ところで、田中は本書の中で先に取り上げた「内省的態度」を「観照的態度」と言い替えて、この「観照的態度」が「綴文能力乃至綴方の作品と如何なる関係」にあるかについて考察を巡らせている。

田中は夏目漱石の「文学論」において論じられている「認識力の変化」「識別力の発達」に関して言及しつつ、次のように述べている。[6]

漱石氏が言ふ識別力と言ふ言葉を、わたくしの言ふ観照的態度、観照眼と考ふれば、この所論を全部肯定することが出来る。

即ち、観照眼の発達によつて今まで見えなかつた人事自然の現象を世の隅々自然界の隅々にまで発見する様になるのである。かくてｆ即ち主観的情緒を以て、自己と交渉をもち、自己の生活の内容とせる材料を多くするのである、つまり生活の拡充となるのである、これはやがて、綴方教育より考ふれば文材が多くなることである。内容が豊富になる事である。

　これによつて考ふるに、観照生活は芸術制作の根源を養ふ生活である。綴方制作の根源を培ふ生活である。そして又、観照的生活の深化は、綴文能力の発達と言ひ得る。何故なれば綴文能力として、最も大切な感受力は、観照生活の深化につれて鋭敏に自然界人事界に向つて働き、今まで見えなかつたもの、感じなかつたものを感ずる様になり、彼の洞察力は、観察眼の発達につれて、其のものの本体にまで立ち入つて、其の真相を知り、其の物の新意義を発見する様になり、かうした新経験は驚異となつて、心の中に躍り立ち表現欲を旺盛ならしめるからである。


田中は自らが考えていた「観照的態度」「観照眼」というものを漱石の言う「識別力」と重ねて、これを発達させることが「生活の拡充」につながり、これが「綴方教育より考ふれば文材が多くなること」つまり「内容が豊富になる事」であると論じている。

　そして田中は「観照生活の深化は、綴文能力の発達と言ひ得る」と指摘している。田中はこの「綴文能力」については、「人格」「感受力」「洞察力」「構成的想像力」「表現力」等を含めた広い意味での表現能力と考えていた。

　田中はこの時点ですでに、「綴り方に於ける生活指導」を「綴文能力の発達」を促す「観照生活」の指導にあると考えていたと理解される。この事実は、当時の田中が綴り方教育における「生活」概念を観照的態度の洗練としての「表現」概念が包み込む関係にあると理解していたことを示している。

第三節　「生活指導」と「表現指導」との循環的な考え方の萌芽

田中は大正十五年九月号の『教育研究』誌に「綴方に於ける生活指導の意義」という論考を執筆している。この中で田中は次のように述べている。[7]

1　「綴る生活」の指導という発想

綴り方に於ける生活指導は、時間的にしては、綴る以前の生活指導と、一旦作つた作品による生活指導とに分れ、その指導する方面よりしては概念的実質的指導と具体的内面的指導とに分けることになる様である。

しかし、時間的に見たる綴る以前といひ以後といつても、それは僅か一つの文に就ていへばさうであるが、少し大きく考へれば、具体的内面指導に於ては、一つの循環的発展であるから、何時も来るべき綴り方作品の基礎をなしてゐるので、つまりは、生活の内容を豊かにし随つて、綴文の動機を高めるところの鍵を与へることだと思ふ。綴る以前以後の問題のみでなく、綴る仕事それ自身も生活であつて、綴るといふ仕事に従事してゐることが、立派な生活の指導になつてゐることも考へなければならない。何となれば、これに従事してゐる間は只管に生活を凝視し、内省し、生活内容を創造し、同時にその態度を洗練してゐるのであるから。さうして、こゝで洗練された態度は、次の生活に及んで、その生活を内省して、生活内容を豊かにして、次の文を産む動機を高めるのである。かく考へれば綴り方といふ教科の全体が生活指導でなければならない。

田中は「綴り方に於ける生活指導」に関して、「時間的にしては、綴る以前の生活指導と、一旦作つた作品による生活指導とに分れ」るとしつつも、「綴る以前以後の問題のみでなく、綴る仕事それ自身も生活であつて、綴るといふ仕事に従事してゐることが、立派な生活の指導になつてゐることも考へなければならない」と、綴り方教育における「生活指導」観を披瀝している。田中の考え方は「自然なり人生を鑑賞し、凝視し、内省する態度を培ふこと」が「綴り方に於ける生活指導」であり、「何物をも教へ込む」ことではなく、「子供自身の有つてゐる態度に洗練を加へて行くことにあると思ふ[8]」というものであった。

要するに、田中は「綴り方に於ける生活指導」を「綴ることに関る生活の指導であつて、綴らせるといふことが、既に生活の指導」になっており、「綴る生活をよりよくすることに尽きる」と考えていたのであった。ここにすでに、後述する「綴方生活」という考え方が示されていたと見なすことができよう。

田中の初期綴り方教育論の中にこのような生活指導観が見えること自体に注目しておくべきであろう。ここに、「生活」と「表現」とを一元化する契機が潜んでいるわけであるが、このことに関して、この時点では田中自身、なお十分に自覚的であったわけではない。

2　「生活」と「表現」の相乗作用

田中は昭和二年四月号の『教育研究』誌において「効果から見た綴り方作品」という論考を執筆している。この中で田中は次のように述べている。[9]

綴方の作品を効果の上から見る場合にも、ある人は実用的効果を重視するであらう。人は言葉、文章といふ形式的効果を重視するであらう。また或る人は、人生的乃至生活的効果を重視するであらう。

私は、右の分類が三つに画然と出来るものだとして、何れをとるか、と言へば、最後の生活的効果をとるのである。綴り方の作品を見る時に、その作品が、その作者の生活にとつて、どれだけ力になつてゐるか、その作者がその作品を産んだ為に、どれだけ生活に躍進があつたか、この作品を産出すといふ過程の中に、作者の生活はどれだけ深められ高められ、且つ伸展させられてゐるだらうか、と考へるのである。

（中　略）

綴り方は生活の表現である。生活の表現なるが故に、生活的に効果があると思ふ。あり合せの知識の整頓では、形式的効果は別として、内容的にただそれだけである。生活を表現して文にするといふ過程には、作者が生活の中に何物かを自ら見出してゐるのである。この見出した緊張した心持が文を運ばせるのだと思ふ。あらゆる事象、物象を相手にして生活してゐて、その中から何等かのその作者にとつて新しい意味を見出したのである。この見出したといふ感想を具体的に展開して、自ら眺めた時に、確かにそれは作者のものになると思ふ。

この中で田中は綴り方作品の効果というものを見る場合に、人によって「実用的効果」を重視する見方、「言葉、文章といふ形式的効果」を重視する見方、「人生的乃至生活的効果」を重視する見方があろうと述べて、どちらを取るかと問われれば、「生活的効果」というものを取ると表明している。

しかし、一方で田中は「生活を表現して文にするといふ過程には、作者が生活の中に何物かを自ら見出してゐるのである」と述べ、「この見出した緊張した心持が文を運ばせるのだと思ふ」と指摘している。

田中がここで考えていた「生活的効果」が表れている綴り方とは次のような作品である。[10]

後　悔

　学校へ行かうと思つて、何の気なしに泉君の家の前を通つたら、目白が籠の中でピーピー鳴いていた。僕が立止つて見てゐると、泉君のお母さんが縁側へ出て来て「勝美ちやんうらあ泉はなあ、お前に昨日棒でやられた所がいたくつて、ゆうべは頭がいたいせーつけから、きつと骨へでも棒がさはつたずら《ママ》と思ふ。」といつた。僕は「うん」といふばかりだ。「さうだから今日は、早引でひまをもらつてこらせべーと思つてゐるけれども、こんだふざけ半分にやつと時には、本気でおこらないでくれよ、ゆうべお前つちへ行かうと思つたてけれども、お前にいへばお前だつてでかいから、話ぐらいわかるから、行きつこな居たけれども、こんだ本気でおこらないでくれよ。」と云つた。僕は「うん」といつたきりだまつて居た。

　戸ぶくろの上の籠の中に居る目白が無心にないてゐる。僕はしばらく立つてゐた。「なぜあんなことをしたずら《ママ》。棒で顔をやる気ではなかつたけれども、棒が重かつたために、もち上つた拍子に力があまつて先の方が上つて、目の下へあたつたのだ、きづがうんとひどくなつて医者にでも切つてもらふんだなんてきくと――あまりひどくなると……?」僕は仕方がないから歩き出した。寒い風が吹いて木の枝をゆする。豆腐屋の屋根では、雀がやかましい程に鳴いてゐる。それにまじつて、豆をつぶす発動機が、大きな音を立てて動いてゐる。僕はさつきの事や昨日の事を思出して、胸の中がどきどきして歩けなかつた。耳へ手をあててしよんぼり歩いてゐると、後から自動車が追こして行つた。

　炭焼澤橋の近くに来ると、包道君と亀善君がとんで来た。包道君が「急いで行かう。」といつた。僕は包道君について亀善君と一所にずんずんと小飛に歩いたけれども、五六間はさうして歩いたが、さつきのことを思出して止つてしまつた。そんな事を強いるうちに、包道君等におくれてしまつた。僕は、「泉君を待つてゐて一所に行かうか……、おれはなぜあんなことしたづら……、これからあんなこと決してせずに少しばかにされても、あまりおこらずに居よう」とさつき泉君のお母さんが言つた言葉が身にしみて涙がこぼれそうだ、僕は時々後をふり返つた。泉君は来るか。と思つて、石にこしかけては後の方を見てゐた。そのうちに後から来た生徒にずんずん追ぬかれてしまつた。「まだこないかなあ！いせーで来れば良いけれど」と思ひながせら立上つてブラブラ歩いた。あたりにはもう二三人きりしか見えない。土手の霜が高く上つた太陽に照らされてぴちぴちとくつれる。

役場の所までゆつくり歩いて来たが、泉君は後から来なかつた。もう一鈴だか二鈴の鳴る音が聞える。今までの事ばかり心配してゐた僕はかねが鳴つても、とんで行く気になれない、校内へ入つて見ればもう二鈴なのか、会礼の場所に大ぜいならんで居る。第一時の修身の時間は自習だつた。「泉君にもしもの事があつては……。」と本も出さずに考へてゐた。不意にガラス戸のあく音に皆がその方に顔をそけた。僕もひょっと顔を上げて見ると、青い顔をした泉君が、左の目の下へなんだかはつて、其の近所は真黒くはれ上つた、いかにもいたいやうな、気持の悪い様を顔ではいつて来た。「泉君があんなになつたのもみんな僕の為だ。」と苦しみなやんだ。

（以下略）

この綴り方は高等科の児童の作品である。この作品に関して田中は、「その内容となつてゐる作者の心持も、外部的に見ても内部的に見ても美しいものだと思ふ」と述べて、「この心持をかうした作品を表現して、自ら眺めたならば、必ず作者自らの生活にある糧を得てゐると思ふ」と評価している。「生活的効果」という意義について触れているのである。

続けて田中は、次のようにも述べている。(11)

話は急に変るが、こんなに生活的な効果ばかり言つて所謂国語の形式的方面の効果を考へないのか、といふと決してさうでない。

私は、作者自らにとつて、最も効果の多い作品を産ませる為には、自らが発見したところの意味を、最も具体に表現させようと努めてゐる。

この具体的に表現させるといふことの中に、生活的効果もよりよく挙つて来ると思ふ。それと同時に、形式的効果よりもよく挙ると思ふ。何となれば、最も具体的に、その場の心持、その場の情景を表はさうとすればする程、用語の一端にまで繊細な注意を払つて、最も妥当な言葉を選ばなければならない。文の構成にも自然、意を用ひなければならない。これは内から迫られてやることであり、自らが選択し、自らが構成するのである。

その上で田中は「作者自らにとつて、最も効果の多い作品を産ませる為めには、自らが発見したところの意味を、最も具体に表現させようと努めてゐる」と述べて、「この具体的に表現させることの中に、生活的効果もよりよく挙つて来ると思ふ」と論じている。

要するに田中はここで、「生活」と「表現」との相乗的な効果ということに考えを巡らしていたのである。

3　「綴方生活」という用語の出現

「綴方生活」という用語の正式な初出は『生活創造綴方の教育』の中で「第九章　綴方指導の方法」の「第一節　子供の綴方生活の営みと方法的単元」という箇所に見られる。しかし、「綴方生活」の内実に関する考え方はほとんど見られない。これより後に執筆された論考「綴方に於ける生活指導の意義」（大正十五年九月号）には

「綴る生活」という用語が出てきている。その意味するところは第1項で取り上げた通りである。

昭和二年八月号の『教育研究』誌に執筆された「綴り方に於ける鑑賞及び文話」という論考において「綴方生活」という用語が再び出現している。

この中で田中は、「実生活の広がりが、直に綴方生活の広がりとなる」ので、子どもの「生活を広める方は、比較的容易である」が、「生活を深めるといふ方面は、容易ではない」と論じている。

4　「生活」「表現」概念を究明すべきという主張

田中は昭和二年十二月号の『教育研究』誌に「綴方教育上の研究問題」と題した論考を執筆している。この中で田中は次のように述べている[12]。

綴方指導はその目的を達する為に、二つの方面があるといふのである。その一つは表現法の指導で、他の一つは生活の指導である。しかもこの二つは別々なものでなくして、生活を指導することによつて表現せんとする慾求を高め、表現せんとする内容を豊かにしなければならないと主張し、表現法を指導することによつて、また表現せんとする慾求を高めることは勿論、生活を凝視する態度、を促進するもので、これがまた生活指導になつてゐるのであるといふことも究明されて来てゐる様に思ふ。

田中は、綴り方指導がその目的を達するための二方面として「表現法の指導」と「生活の指導」を挙げて、これら二方面の指導が「別々なものでなくして、生活を指導することによつて表現せんとする慾求を高め、表現せんとする内容を豊かにしなければならないと主張し、表現法を指導することによつて、また表現せんとする慾求を高めることは勿論、生活を凝視する態度、内省する態度を促進するもので、これがまた生活指導になつてゐるのであるといふことも究明されて来てゐる様に思ふ」と指摘している。ここにも、「生活」「表現」の一元観に立つ考え方が窺える。

田中はまた、この論考の中で次のようにも述べている[13]。

第一、綴り方は子供の生活の表現であるとか、生命の表現であるとか言つてはゐるが、その意味の本当のものは如何なるものであるのかさへ、はつきりと捉へられてゐるか否かを疑はなければならないものがまだまだ大分ある様に思ふ。これが指導者の頭に、否指導者の腹に、しつかりとわかつて居れば、綴り方指導の実際上のことも、さうそれた方面に向ふ筈はないと思ふのである。こゝに「子供の文を如何に見るべきかの」問題が起つて来るのである。即ち指導者の綴方観、もつと狭く、もつと実際に即して、子供の文に対しての文章観の問題である。この問題の究明は、「生活」といふ意味の如何なるものかを捉へ、更に「表現」といふ真の本質を考へ、なほ更に「子供の」といふ意味から「子供の生活」「子供の表現」の特質を知らなければならないと思ふ。で、この「子供の」といふことを指導観に立つて考へた時には、更に発達的に見ることが必要になつて来るので、系統案の必要なことも当然起つて来るのである。

第二には、生活指導といひ表現指導といひ、またその両者の関係も言葉の上では言つてゐるが、これも本当には了解せられてゐるだらうか否かを疑ふのである。この問題の解決は今一歩、「人」「作者」「想」「言葉」の関係を究明することによつて、明瞭になつて来ると思ふ。

田中はまた、「綴り方は子供の生活の表現であるとか、生命の表現であるとか言つてはゐるが、その意味のほんとうのものは如何なるものであるのかさへ、はつきりと捉へられてゐるか否かを疑はなければならないものがまだまだ大分ある様に思ふ」と指摘している。その上で、「この問題の究明は、『生活』といふ意味の如何なるものかを捉へ、更に『表現』といふ真の本質を考へ、なほ更に『子供の』といふ意味から『子供の生活』『子供の表現』の特質を知らなければならないと思ふ」と指摘している。

さらに、「生活指導といひ表現指導といひ、またその両者の関係も言葉の上では言つてゐるが、これも本当には了解せられてゐるだらうか否かを疑ふのである」とも指摘している。

この論考の中で、田中は「生活指導」と「表現指導」との循環的な考え方に関する萌芽的な見解を述べ、併せて「生活の表現」とか「生命の表現」と呼ばれているものの内実を明らかにし、「生活」「表現」概念の究明に向かうべき事を主張している。

田中の綴り方教育研究の始発の時期における問題意識として、極めて重要な内容を含んでいると見なすことができる。

第四節　「観方の指導」という発想

田中は昭和三年五月号の『教育研究』誌に「綴方と観方の指導」と題した論考を発表している。この中で田中は次のように述べている。[14]

綴り方教育は、観方の指導に終始する。
表現法の指導も綴り方指導上では忽にすることの出来ないものであるが、誤字や脱字の注意や句読点や仮名遣や語法や文法の様な国語上の約束、換言すれば所謂形式上の指導のことは別として、言葉の選択から、文の構想、すべて文の綴り方の指導になつて来ると、この観方の上に立つて、これに即してやられるものである。

観方の鋭い生活、観方の透徹した生活の表現された文は、自ら深みのある文、精鋭の文になつて表はれ、繊細な観方をした文は、繊細な表現となつて表はれ、外面的な観方をしたものは、浅薄な文となつて表はれるのは当然である。

故に、深みのある、新しみのある、内容の豊かな文を得させようとするには、先づ観方の指導から考へなければならない。観方の指導が行届いて来ると、それだけ生活内容も豊かになつて来て、表現慾を高めることになる訳である。随つて、綴り方学習そのものに熱を高めることになると思ふ。

かう考へると、観方の指導は、綴り方指導のためには方便の様になるが、それは或る一つの作品を作らせるまでと固定して考へたならばさうも考へられる。けれども、綴り方教育の目的を大きな立場に於て人間的教養に寄与すると考へた時には、観方の指導をするために綴り方教育をしてゐることになるので寧ろ作品を作り出すといふことが方便になるとも考へられる。しかし私は、何れを方便とし、何れを目的とするか、何れが主で、何れが従であるかといふ様な固定的な考へ方をしたくない。それは、一つの具体的な営みを概念的に眺めたに過ぎないからである。

観方の指導――作品――作品の指導――観方の指導と一貫した内部的な連続である。生活自体は、かうした中に不断の伸展をしてゐるのであるからである。

田中は「綴り方教育は、観方の指導に終始する」と断定している。田中は「観方の鋭い生活、観方の透徹した生活の表現された文は、自ら深みのある文、精鋭の文になつて表はれ、繊細な観方をした文は、繊細な表現となつて表はれ、外面的な観方をしたものは、浅薄な文となつて表はれるのは当然である」と指摘する。

したがって、「深みのある、新しみのある、内容豊かな文を得させようとするには、先ず観方の指導から考へなければならない」と述べて、「観方の指導が行届いて来ると、それだけ生活内容も豊かになつて来て、表現欲を高めることになる訳である」と指摘している。

田中は「観方の指導」が決して綴り方指導のための方便ではなく、観方の指導――作品――作品の指導――観方の指導と一貫した内部的な連続」であり、「生活自体は、かうした中に不断の伸展をしてゐるのである」と論じている。

田中はまたこの論考の中で、「観方」ということに関して次のように述べている。[15]

綴り方で希ふところは、物事を如実に観て、それを如実に表現させるといふことである。

素材になる生活が芸術的とか美的とか文学的とかいふ場合は勿論であるが、たとひ科学的な生活といはれる様な生活をしてゐる場合でもそれを科学的に整頓して、科学的知識を抽象してそれのみを記述しようとしないで、その生活そのものを対象として、その歓び、その苦しみ、その憧憬れを表現の動機として、具体的に表現するならばやはり生活の如実な表現である。

この如実に観るといふことは、ありのまゝに見るといふことであるが、このありのまゝに観る、ありのまゝの相を見るといふことは、極めて平凡な様な、その実、際限のないものだと思ふ。

感覚的に、外面的に見ることも、見ることには違ひない。

しかし如実に観るとは、どこまでもどこまでもその本当の相を観ることである。

参考の為に、私の覚え書の中から、観るといふことについて述べられてゐる人々の言葉を三、四、列べて見よう。

○余は外形を見ざることを断言する。
　余は肉眼を通して見る。肉眼をもつて見るにあらず。
　肉眼は窓に過ぎない。
○眼をもつて観念を見る。
○見るとは精神の統一的活動であり、実現である。
○見るとは、視覚表象の機械的、輪郭的正確でなく、印象を渾沌の状態に置かず、之を統一し、透徹し、その背後にある一般者を直視することである。
○人の葛藤を見ると時には、郷土、時代、境遇等を超越した深い人生の意味が、個性的な姿として現はれる刹那がある。この時、個物形成の資料が尽く高揚されて、その精神が完全に活かされ、個体が超越的普遍を指示し、観念が具象的に感ぜられた時に見るといふ。
○見るまゝとは、感ずるまゝである。
○みること、、感ずることとの深き統一

……………………………

かうして考へて見ると、観るとは肉眼を鋭くして、物事の外面的な様子、外面的経過のみを観るのではない。その背後にあるものから、観る人の心に感ずるものを観るのである。だから感ずる心が深ければ深い程、物事の背後にある深いものを観ることになると思ふ。
　それにしても、いくら奥底を観るといつても、その機縁をなすものは、感覚である。だから理科的興味からでも、地理的興味からでも、または歴史的興味からでもよい、物事を注意して観察し精細に観る様にすることは必要である。

かうして、その観方を深めて行けばよいのである。

田中は「綴り方で希ふところは、物事を如実に観て、それを如実に表現させるといふことである」と述べている。その上で、「如実に観る」は「ありのまゝに見るといふこと」であるが、「ありのまゝの相を見るといふことは、極めて平凡な様な、その実、際限のないものだと思ふ」と指摘している。

田中は「観るといふこと」に関する諸家の考え方を引き合いにしつつ、「観るとは肉眼を鋭くして、物事の外面的な様子、外面的経過のみを観るのではない」として「その背後にあるものから、観る人の心に感ずるものを観るのである」と結論づけている。

その上で田中は、「観方を深める」ということは、「外面的なものから、内面的なものを見ることである」「類型的なものから、個性的なものを見ることである」「より普遍的なものを見出して行くことである」[16]とその意義づけを行っている。

田中は「観方を深める」ことの意義に関して右のように述べて、次のような児童作品を掲げている。[17]

うちの庭の草木　（尋　三　男）

うちのお座しきから庭を見ると、ずゐぶん面白く見える。

庭の両がはには「えへん、わしより大きなからだのものはないなあ。」と言つた様な大きなからだをしたいゝ、しひの木が、風が吹けば大きな音を立てながら、葉を一ぱいちらしてゐばつてゐる。

しひの木のけらいの中でも、松やかしの木は大きい方だ。松の木は、葉をかさのやうに広げて、大きな枝を、いろいろな所にのばして、どつしりと立つてゐる。かしの木は、いろいろな所に生えてゐるが、大てい大きなのばかりだ。それから、畠の方へ行く道にある大きな三またのしひの木は、枝を四方にのばして、葉は二重にも三重にもしげらせて下の方の草木を見下してゐる。

庭のまん中は、しばやクローバで一ぱいだ。クローバは、こいみどり色をしてゐる。暑い時に、クローバの上にころがると、水をかけたやうに、よい気もちがする。

庭のいろいろな所に、もみぢが生えてゐて、今はうすみどりの葉を、枝にたくさん茂らせてゐる。しひの木は、おざしきから見ても、お茶席から見ても、大きな木だ。それはたしかだ。さつちよこ立ちをして見ても、庭中で一番大きな木だ。僕と妹は、

「しひの木のおならは大砲だらう。」

など、言つたこともある。

この作品に対して田中は、「この作者が日常毎日見てゐる自分のうちの庭から、これだけのものを見出して来て、これだけ顕明に表はしてゐること」を指摘している。その上で田中は、「観方の指導は、子供の心に触れたものを、よく感覚の目で見、その間に心に感じる具体的な情緒を捉へさせる様にしなければならない」と訴えている。

田中は綴り方教育における「観方の指導」という考え方によって、これが「生活の指導」と「表現の指導」との双方に関わることを指摘しようとしたのであった。この「観方の指導」は後に田中の中では、「生活の指導」

と「表現の指導」とを一元化して行く際の極めて緊要な考え方となっていくものである。

田中が、綴り方教育研究の始発の時期に、綴り方と「観方の指導」との関わりに着目して、「綴り方教育は、観方の指導に終始する」と断定して、観方の指導の徹底により「生活内容」が豊になり、「表現欲」も高まるという考え方を抱いていたことは刮目に値する。

すでに、この時期に、田中の中では、「生活」「表現」概念の統一への志向が芽生えていたと見なすこともできよう。

注

(1) 田中豊太郎「綴り方研究の出発」(『教育研究』大正十年十月号、三四頁)。
(2) 丸山林平・田中豊太郎著『綴方教授の実際的新主張』大正十年四月、大日本学術会、一三五〜一三六頁。
(3) 田中「生活・体験及び表現」(『教育研究』大正十二年二月号、五八頁)。
(4) 田中『生活創造綴方の教育』大正十三年九月、目黒書店、三十頁。
(5) 同前書、一〇七〜一一〇頁。
(6) 同前書、二五〇〜二五一頁。
(7) 田中「綴方に於ける生活指導の意義」(『教育研究』大正十五年九月号、九九頁)。
(8) 同前誌、一〇〇頁。
(9) 田中「効果から見た綴り方作品」(『教育研究』昭和二年四月号、六七〜七十頁)。
(10) 同前誌、七十〜七一頁。
(11) 同前誌、七一〜七二頁。
(12) 田中「綴方教育上の研究問題」(『教育研究』昭和二年十二月号、五一頁)。
(13) 同前誌、五二頁。
(14) 田中「綴方と観方の指導」(『教育研究』昭和三年五月号、五八頁)。
(15) 同前誌、六十〜六一頁。

(16) 同前誌、六一頁。
(17) 同前誌、六二頁。

第Ⅲ章　田中豊太郎の綴り方教育論にみる「児童の生活の表現」

第一節　児童の「生活の表現」に関する考え方

田中豊太郎は昭和二年十二月号の『教育研究』誌に発表した「綴方教育の研究問題」と題した論考の中で様々な綴り方教育用語の概念を究明すべきことを訴えている。

それは、「綴り方は子供の生活の表現であるとか、生命の表現であるとか言つてはゐるが、その意味のほんとうのものは如何なるものであるのかさへ、はつきりと捉へられてゐるか否かを疑はなければならないものがまだ大分ある様に思ふ」という指摘である。その上で、田中は「この問題の究明は、『生活』といふ意味の如何なるものかを捉へ、更に『表現』といふ真の本質を考へ、なほ更に『子供の』といふ意味から『子供の生活』『子供の表現』の特質を知らなければならないと思ふ」と指摘している。さらに田中は、「生活指導といひ表現指導といひ、またその両者の関係も言葉の上では言つてゐるが、これも本当には了解せられてゐるだらうか否かを疑ふのである[1]」とも指摘している。

田中がこうした問題意識を持って、自らその究明を志していったことは、田中の綴り方教育研究の歩みを辿る上から極めて重要な課題と言ってよいだろう。

田中はその綴り方教育用語の中でも「生活の表現」（後に「生活表現」とも呼ばれた）と呼ばれていた用語の意

味するところについて自ら考察を加えている。大正十五年十二月号の『教育研究』誌には「生活の表現といふこと」と題した論考を発表している。

この中で田中は次のように述べている。(2)

一体、綴り方でいふところの生活とは、如何なる意味を有つてゐるものであらうか。わたくしは、今これを幾分でも明かにして行きたいと思ふ。

（中　略）

生活を分けて、個人生活、家庭的生活、社会的生活、国家的生活、人類的生活としたり、児童の生活を論ずる場合に、学校生活、家庭生活、社会生活などゝ分けてゐるのを見ることもあるが、これはただそれだけであつて外面的な場所から来てゐる位にしか思はれない。随つて、何等の深みあるものとも感じられない。たゞ、これ等の分類によつて、教材の選択をする場合の、ある目標をなす位の便利があるだけだらうと思ふ。

これほど不可解な言葉を、今日の社会では、あらゆる方面で平気で使つてゐる。そして、堂々たる論鋒を進めてゐるのである。わたくしも、勿論平気で使つてゐる。それでは、全然わかりもしないで使つてゐるのかといへば、決してさうではないような気がする。わたくし自身でも、もう疾つくの昔からわかり切つてゐる様な腹で使つて来てゐるのである。それは、確かにさうである。恐らく誰人もがさうだらうと思ふ。そこで、わたくしは、別な立場からこれを語つて見たいと思ふ。

わたくしは、数多くの子供の綴り方作品を読んでゐる。その時に於て、これこそ本当に生活の表現であるといふ感じを十分に抱かさせられるものと、反対に、何等の感激をも与へてくれない文にめぐり遭ふこと、がある。ひとしく生活の表はれであるべき作品でありながら、かうした二つ異つた感じを抱かなければならないのである。

（中　略）

綴り方に於ては、この生活事実を、素材といつてゐるが、その素材たる生活が、単純で、平凡で、しかもその素材に対して作者の心が何等の交渉なく、ただ単に素材を羅列したまでのものであるからである。

そこで、わたくしは言ふことが出来る。

綴り方に於ける生活とは、肉体的・外面的・表面的生活でなくて、内面的、心的生活であると。

（中　略）

そこで、また言ふことが出来る。

綴り方に於ける生活といふのは、概念的なものでなくて、具体的なものであると。

（中　略）

そこで、またわたくしは言ふことが出来る。

綴り方に於ける生活といふのは、作者自身が直接に経験してゐることである。

わたくしは、自分の主観的な感じを内省して、以上の様な条件を抽出して来た。即ち綴り方で生活の表現といふ生活は、外面的、肉体的生活にあらずして、内面的、心的生活であり、概念的、なものにあらずしても具体的、全的生活であり、知的整頓にあらずして、直接的、実感に出た生活であるといふのである。

しかも、語を重ねるならば、その子供の現実に即してゐるといふことである。

更に言ふならば、その子供の現在に即して、情感し意欲し、認識したことが、如実に、ありのまゝにあらはれてゐる時に、これこそ本当に生活の表現であつて、綴り方の本物であるといふ感を深うするのである。

（中　略）

ところが、今日の綴り方に於て、子供の生活を存分に如実に、具体的に表現させてゐるだらうか。それを表現し得る様に、導いてゐるだらうか。

よく聞く言葉だが、「どうも想が伸びないで困る」といふのは、想がないのだらうか。それだけの生活内容がないのだらうか。当の子供だつて、決してこれでこの事に就いては、委曲尽してゐると決して満足はしてゐないだらうと思ふ。少し注意してゐて、反省を促して見ると書くべき事柄は多分に有つてゐる様である。言はれて見ればさうだと肯くところを多分に持つてゐて、書けないでゐることがいくらでもある様である。

そこに、表現法の指導の大切なことを痛感させられる。表現法といへば、文の技巧上のことを教へる様に聞えるが、もしそれで不都合ならば、文を書く心持と言はう。その指導をしなければならない。

田中は先ず「綴り方でいふところの生活」が如何なる意味を持っているのかということを明らかにしようとしている。田中は「生活」という「不可解な言葉を、今日の社会では、あらゆる方面で平気で使つてゐる」ことの理不尽さを指摘している。田中のこうした問題意識は、田中が綴り方教育における「生活」概念と「表現」概念との一元化を志していくことと無関係ではない。

田中は、この「生活」概念の分かりにくさを指摘しつつも、その意味するところを「数多くの子供の綴り方作品を読んでゐる」立場から明らかにしている。

田中が規定した「綴り方に於ける生活」とは、①「肉体的・外面的・表面的生活でなくて、内面的、心的生活」、②「概念的なものでなくて、具体的なもの」、③「作者自身が直接に経験してゐること」である。

田中は「綴り方に於ける生活」をこのように規定した上で、綴り方で言う「生活の表現」とは「その子供の現在に即して、情感し意欲し、認識したことが、如実に、ありのまゝにあらはれてゐる」もののことであると指摘している。

そして、このような「子供の生活を存分に如実に、具体的に表現」させていくために、「表現法の指導の大切なこと」を主張している。それは「文の技巧上のことを教へる」ことでなく、「文を書く心持」の指導であると指摘している。

田中は、「生活のよくあらはれた文」「生活の表現」と言える模範文として、次の児童作品を提示している。(3)

沼　津　　（尋常二年　女子）

（一）

水やう日に、学校からかへると、お母様に、

「三日つづいてお休みよ。」

といひますと、

「うそ、そんなはずない。」

と、おつしやひました。私は、

「だつて、ほら、やすくにじんじや、それから日ようでせう。」

といひました。

「それじや、明日は。」

とおつしやつたので、私は、

「ええと、ええと……」

いつてゐました。そこへ、お姉様が、かへつていらつしやいました。それからすこしたつて、私が二かいでべんきやうしてゐますと、下で、

「ええ、もしもし、とりつぎをねがひます。」

といふこゑがしました。私は、きつと沼津へ電話をかけてゐるのだらうと思ひました。そのばんに、お父様がいらつしやいました。そのばんは、九時ごろまでおきてゐました。なぜ、そんなにおそくまでおきてゐたかといふと、沼津へ行くさうだんで、そんなにおそくまでおきてゐたのです。

いよいよ沼津へあしたの朝の五時二十五分のきしやでいくことにしました。

いよいよ、その日の朝になりました。四時半におきて、かほをあらはうと、せんめんじよに行くと、犬のポンスケが、「ワンワンワン」とほえました。私は、びつくりしてポンスケとにらめつこをしてゐましたが、なんだかポンスケを一匹おいて行くのはかなしくなつて、

「ポンスケ、おとなしくして、まつていらつしやいね。じきにかへつて来るはよ。」

といひました。犬は、人間のことばをしらないので、ただワンワンといふばかりです。その時、

「正子、早くつかはないと、つぎがつかへてゐますよ。」

と、お父様のこゑ。私はびつくりして、あつと思ひました。

（二）

いよいよ五時十五分になりました。

自動車屋へ電話をかけて、二だいたのみました。すこしたつて、東京えきへつきました。いそいで汽車へのりますと、汽車は、きてきをならしながら、うごいていく、すこしたつと、しな川でした。すこしして、

ゆうべのつかれがでて、すやすやとねむつてしまつた。ねてゐると、

「正子や、沼津ですよ。早くおきて、おりませう。」

と、おつしやつたので、おりました。

金やうは一日、にもつや色色のものをといだり、にたりしてゐました。

土やうは、一日、くりをひろつたりしてゐました。弟は、いがで手をつつついて、

「いたい、いたい。」

といつてゐました。

私は、土やう日だけで、二百十ばかりとりました。お姉様は三百八十ばかりとりました。弟は十八しかとりませんでした。妹はたつたの一つでした。お休みのうちに、八百ばかりとりました。

お柿は三十六ばかりとりました。かへりしなに、内で八年ばかりゐた女中が
「またいらつしやいね。」

といつて、なみだをふきふき、おくつてくれました。


田中は、右の作品に対して、「文中には、休みになつたうれしさも躍つてゐる」と述べ、「母との押問答」「家庭団欒の様子」「愛犬と別れを惜しむところ」などに「女の子らしい純情」が表れ、「最後の女中の心持を察してゐるところにまた言ひしれぬ人情美が光つてゐる」と評して、「かうしたすべての心持を織り込んだ文が望ましい」と、その見解を披瀝している。

また田中は、どんな平凡なところにでも、児童が心を引きつけられる事柄には「作者の意欲が強く輝いてゐる」と指摘して、「最も力強く生活の表現たらしめるには、何等の捉はれなく、自由に大胆に表現させることで

ある」と述べている。要するに、「腹から出た言葉で書かせること」であり、「綴り方に於ては生活を解放することが最もよく生活の表現たる文を産ませる基である」と結論づけている。

当時すでに、綴り方指導において、子どもの綴り方に表れた「生活の表現」を巡っては様々な見方が出現していた。そうした動向を踏まえて田中は、その考え方について論じつつ、実際の児童作品を示して自らの見解を披瀝したのである。

さらに田中は、昭和三年九月号の『教育研究』誌において「綴方を児童の生活の表現たらしめよ」と題した論考を執筆している。この中で田中は「児童の生活の表現」という言葉の意味するところの曖昧さを指摘しつつ、田中自身もその直接的な定義は避けて、「児童の生活の表現を旺盛ならしめる上の実際問題に関係する範囲」からの考察に限定して次のように述べている。(4)

一体、この文が児童の生活の表現だといふ時に、どんなことを考へて言つてゐるかを、私自身の心の中を探ねて見たいと思ふ。

第一は、実生活に於て作者たる児童自身が、直接実行してゐることに就て感じたり、考へたりしたことが基になつて表現されてゐる時。

第二は、実生活に於て作者たる児童自身が、対象を凝視して、そこから何等かの意味を見出（感じたり、考へたり）してゐることである。（見たこと、聞いたこと。）

第三は、右二つとは多少性質が異つてゐるが、所謂児童の創作にかゝるもので、想像、空想などによつて創作的に構成したものである。

この三つの分類は極めて常識的であるから、互に分類の股が交錯してゐるであらう。また、実際少し入りくんだものになつて来ると、その何れに属させるかも困ることがあらう。況してや、この非論理を攻める腹で眺めたならば、一たまりもなく乱れてしまふかも知れない。けれども、その特色のある尖端をとつて眺めるならば、この何れかにすることは、分類の適確を目的とするのではなくて、これによつて少しでも、児童の生活の表現といふ意味を明瞭に掴みたいといふ目的からである。

田中はその意味する範囲を①「実生活に於て作者たる児童自身が、直接実行してゐることに就て感じたり、考へたりしたことが基になつて表現されてゐる時」、②「実生活に於て作者たる児童自身が、対象を凝視して、そこから何等かの意味を見出（感じたり、考へたり）してゐること」、③「所謂児童の創作にかゝるもので、想像、空想などによつて創作的に構成したもの」と分類して、児童の作品に即して考察を加えている。

田中は右の①にいう「生活の表現」に関しては、「直接に経験して、その中に何等かの心的経験をもつてゐて、それを客観視し、何等かの意味を感じ、それを味はひ、それを発見した悦びが表現された時にいふことが出来ると思ふ」と結論づけている。

要するに、田中は「素材になる児童の生活が、たとひ如何様な性質のものであつても、これを生活として眺めて、心持で纏めて見ると、すべて綴り方の内容になるものである」として、綴り方における「直接経験の範囲」を拡大して捉えているのである。

続いて田中は直接経験を書いた綴り方だからといって全てが「生活の表現」であるかと言えばそうではないとして、そこには「直接経験する時の深さ、強さ」が必要であると主張している。

田中がこのような考え方を裏付けるために示した児童の綴り方は、次のような作品である。(5)

はじめてごはんたき——成功の悦び

父兄会の日、学校から帰つて、おひるごはんを食べて、お父様とお兄様と私で鵠沼へ行くことにした。

一時三十五分の汽車で行くつもりだつたのに、東京駅へ行つて見ると、一時四十分になつてゐた。お父様が、

「とうとうおくれてしまつたね。」

とおつしやつて笑つていらつしやつた。お兄様が、

「僕、車掌さんに今度は何時だか聞きませう。」

とおつしやつてお兄様は、車掌さんの所へ行つて、何やら言つてゐたが、また帰つて来て、

「二時三十分の豊橋行ですつて。」

といつて来た。お父様が、

「ぢやまだ中々だね。」

とおつしやつた。私も、

「待つてゐるのいやね。」

と言つた。その間に窓から外を見てゐると、汽車の煙をはく所が面白かつた。いよいよ二時三十分の豊橋行が出ることになつた。

汽車が出るといつもより早かつた。

いつもは、一時間と二十五分ぐらゐなのに、今日は一時間と五分で藤沢へついた。乗合自動車にのつて、終点まで行つて、いきなり海岸へ出た。海岸へ行くと、とても寒かつたので、すぐ帰つて来た。かへつて来てからひちりんで火をおこして、おやかんでお湯をわかした。

火はすぐおきた。その間にお兄さんとお父さんは、おにはの草をとつていらつしやつた。お湯がわいたのでお父様に、

「お湯がわいたから何をするの。」

ときいたらお父様は、

「こんどはごはんたくのだよ。」

とおつしやつた。私が、

「これにいくはい。」

といつて、どんぶりを出した。お父様は、

「さうだね。三ばいぐらゐでいいだろう。」

とおつしやつた。つづけて、

「知子には、ごはんたけないだらう。」

とおつしやつたので、私は、

「大丈夫よ。たけるからたかしてよ。」

といつた。お父様は笑ひながら、

「うむ。」

と一言おつしやつた。それから少しひちりんの火を強くして、おかまをかけた。水が少ないといふので、私の手のゆびからちよつとくらゐにした。

少しすると、だい所の方でごはんがこげくさいので行つて見ると、まだふかなかつた。お父様も、

「ずゐぶんこげくさいね。きつとこげたよ。」

とおつしやつた。私は、

「もうおろしてもいい。」

ときくと、お父様は、

「もういいだろう。」

とおつしやつた。私がおろして見ると、やつぱりこげてゐた。お父様が、

「それでもごはんはおいしいね。」

といつて、私をほめて下さつた。お父様はまた、

「知子はまだ一度目なのによくたけたね。」

とおつしやつた。私が、

「しんがない。」といつたら、兄様が、

「しんはないからおいしいよ。」

と言つて食べていらつしやつた。

私は、その時はうれしかつた。


この作品は、尋常四年の女子の綴り方である。初めてのご飯炊きをして、焼け焦げを作ってしまっても、父や兄から褒められて、その「成功の悦び」を書き表したものである。

田中は、この作品を「飯炊といふ仕事を直接経験し、成功の悦びを心的に体験してゐる」と見なして、これは「文のよしあしは別として、立派にこの作者の生活の表現であるといふことが出来る」という判断に立っている。

そして、逆に、「直接に経験してゐること」だからといって、「朝起きて、着物を着換へ、便所に行つて、顔を洗つて、食事をして、学校へ行つて」といったことを書いただけでは、「その中に何等かの心的経験をもつてゐて、それを客観視し、何等か意味を感じ、それを味はひ、それを発見した悦びが表現され」ていなければ、「生活の表現」とは言えないのではないかと主張している。

なお、田中は前掲の②と③については本論考の中では直接言及はしていない。しかし、田中は昭和三年十一月号に発表した「児童作品に見る自然」という論考の中で、児童の生活の内容を構成している対象の一つである「自然」の捉え方について考察を加えている。田中の意図は児童の生活と言っても、その対象は「人生」面だけではなく、「自然」であっても十分に「生活の表現」足り得ることを言わんとしたかったのである。

要するに、田中は綴り方の作者たる児童が自然を「架空的に、観念的に」作り上げるのでなく「切実に感じてゐるところを、如実に表現」し、「実感をもつて眺め」ていれば、立派に「児童の生活の表現」[6]と言えると主張しているのである。耳を傾けるべき提言と言えよう。

田中は、「児童の生活の表現」という概念を定義的に述べるのでなく、実際に児童が綴った作品に即しながら考察を加えていったのである。

第二節　「生活指導」と「表現指導」の循環的な考え方

1　「生活の綴り方化」という考え方

田中は昭和四年四月号の『教育研究』誌に「生活の綴り方化」という論考を発表している。この中で田中は綴り方教育の目的について言及した上で、「生活の綴り方化」ということに関して次のように述べている。[7]

綴り方教育は、児童生活を対象にして、その間を往来してゐる様な感がある。即ち児童生活綴り方を産み出させ、児童生活を指導して、よい綴り方を掘り出して来、その子供の綴り方作品を指導して、その子供の生活の伸展を図り、他の作品を鑑賞批評させて生活の伸展を図るのである。しかしながら、この往復は、決して同じ道を変化なく反覆するのではなくて、常に一段と高い処を往来してゐるのである。実際さうでなければならないのである。私はこの往復が、一段々々と高い処を歩む様になつたならば、生活の指導になつて居り、また表現の指導になつてゐるのだと考へるのである。

で、この往復を名づけて、

一つを、生活の綴り方化、――生活から綴り方へ

他の一つを、綴り方の生活化――綴り方から生活へと、かう呼んで置かう。

さうすれば、綴り方教育といふ仕事は、児童の生活を綴り方化し、また綴り方を生活化する、即ち児童の生活の中に綴り方の態度を浸潤させることであるといふことが出来る。

（中　略）

生活の綴り方化とはそもそも何を意味してゐるかといへば、言ふまでもなく、生活を表現させて、綴り方作品を産み出させることである。こゝに表現指導が必要なのである。また、綴り方を生活化するには何を意味してゐるかと言へば、綴り方作品即ち表現を読んで、表現の中に生動してゐる作者の生活を見させ、それに力を得、暗示を受け、心の目を開かせて、次の瞬間から営む生活の中に、何等かの力添へをさせることである。こゝでも表現の指導を受けるのである。

つまり、生活の綴り方化、綴り方の生活化の中に、生活指導も、表現指導も内在してゐるのである。

一体、文といふものは、内容と形式とが対立するものではないことは言ふまでもない。強ひて感覚的に見

えるものを形式といひ、精神的に考へるものを内容といふのだと考へればさうも言へるけれども、形式あつての内容であり、内容あつての形式である。内容即ち心の歩みが、文字といふ形式になつた時に文となるのであつて、品物とそれを包む風呂敷の様な関係ではないと思ふ。

文は心の歩みそのものである。

思索は経路そのものである

鑑賞は深さそのものである。

心の歩み、思索、鑑賞、それは生活であるが故に、文はその時の生活内容そのものである。この場面の描写が巧に出来てゐるといふことは、この場面の観察が周密であり鑑賞が深かつたからである。そして、この時々のことを賞することは、同時に生活内容を賞することである。

かく考へると、生活指導と表現指導上とは相即不離の関係にあるもので、生活の指導をすることによつて、生活内容をより多く掴み出し、生活内容をより深く味はふ様になるのだと思ふ。

田中が考えている綴り方教育の目的とは、「児童生活綴り方を産み出させ／児童生活を指導して、よい綴り方を掘り出して来、／その子供の綴り方作品を指導して、その子供の生活の伸展を図り、／他の作品を鑑賞批評させて生活の伸展を図る」ということである。

ここでは「表現の指導」と「生活の指導」との往復が指摘されている。田中はこの往復を名づけて「一つを、生活の綴り方化、――生活から綴り方へ／他の一つを、綴り方の生活化――綴り方から生活へ」と呼んでいる。

田中はこのように述べた後に、綴り方教育独自の仕事としての「表はし方の指導、即ち表現法の指導は、如何に考へ、何時、何処でやるべきか」という疑問に対して次のように言及している。

すなわち、「生活の綴り方化」とは「生活を表現させて、綴り方作品を産み出させること」であるから、そこに「表現指導」が必要になり、「綴り方を生活化」することは「綴り方作品即ち表現を読んで、表現の中に生動してゐる作者の生活を見させ、それに力を得、暗示を受け、心の目を開かせて、次の瞬間から営む生活の中に、何等かの力添へをさせること」であり、ここでも「表現の指導を受ける」のであると述べている。要するに、「生活の綴り方化、綴り方の生活化の中に、生活指導も、表現指導も内在してゐる」とする見解を披瀝している。

田中は「文といふものは、内容と形式とが対立するものではない」ということ、「生活指導と表現指導上とは相即不離の関係にあるもの」であるという立場を明らかにしているのである。

さて、田中は以上のように述べた上で、「生活の綴り方化即ち生活を表現させる」上での着眼点を三点挙げている。①「表現慾を高めること」、②「生活を題材化する力を養ふこと」、③「表現法の指導をすること」である。これらのうち、③については、「如実に書き表はさせることの指導」と「構想の指導」との二点が強調されている。

これらの観点からも、田中が「生活指導」と「表現指導」との関係を相即不離なものとして捉えていこうとしていた姿勢が窺えよう。

2　「綴り方の生活化」という考え方

続いて田中は、昭和四年六月号の『教育研究』誌に「綴り方の生活化」と題した論考を発表している。

この中で田中は、次のように述べている。(8)

綴り方教育の任務は、表現法の指導に終始してはならないのは、もう論を俟たないのである。それは、綴り方教育独自の任務であるところのよい作品を得させるといふ上から考へても、また大きくは、綴り方教育の人間的教養上の価値から考へても、表現法の指導、生活を文に表はす指導の奥に、その表はすべき生活の問題があり、それがまた大きく人間的教養上の価値から考へて、緊要な問題であるからである。

（中　略）

よい綴り方作品を得ようとするものは、取来つた生活を表現することを指導すると共に、今一段その以前に立ち入つて綴り方に持来るべき生活に目をつけなければならない。そして、綴り方に取来つて、それをよく表現すれば立派な作品になるべき生活にまで仕立て丶置くことを考へなければならない。

つまり、よい作品になる様な生活を営ませて置くことである。更に換言すれば「これは立派な生活の表現である。」「これは優れた生活を有つた文である。」と言はれる様な生活即ち綴り方作品の上で要求するところのよい生活を、題材として取来る前に於て、営ませて置くことである。

わたくしは、これを前の「生活の綴り方化」に対して、「綴り方の生活化」と叫びたいのである。それは綴り方の態度を、日常生活中に浸潤させることである。

（中　略）

然らば、

綴り方作品として要求する生活とは如何なるものか、

綴り方教育として、如何なる態度を日常生活に訓練づけるべきであるか、

この問題の考究が極めて重要なことである。

で、この問題の考究は、われわれが、如何なる作品を優れた作品と言つてゐるかの内省によつて営まれる

と思ふ。

そこで更に然らば、如何なる生活を有つて作品をわれわれは「よい文だ」、といつてゐるであらうか、それを考へて見たいのである。綴り方作品の上で、よい生活を有つたものだと言はれる様な生活の見極めがついて居れば、われわれは、文に書き表はさせる以前に於て、子供等にその生活を営ませて置けばよいからである。

で、わたくしが、望ましい綴り方作品として、要求する条件の二三を列挙して見よう。

その一つとして子供の実生活の表現であるといふものに就て考へて見ようと思ふ。

すべての綴り方が、広い意味から言へば子供の実生活の表現には違ひないが、特に子供の生活意欲・生活感情の端的に素朴に表はれた生活を言ふのである。子供の喜・怒・哀・楽・煩悶・憧憬……などの意欲・感情が十分に盛り込まれた生活の意味である。理知的な判断で、自らの行為を反省したり、他を批判したりしたものでなく、子供自らが、身も心も打ち込んで営んだ生活の具体的なまゝの表現である。

（中　略）

要するに、実生活の表現といふ綴り方に対して、その実生活に対して綴り方が要求するところは、身を以て事に当つて具にその快苦を味はひ、自己の心持に忠実になつて、その都度々々を存分に働くといふことである。即ち真剣な体験、深い体験をすることである。

その真剣な体験、深い体験をもつた実生活は、そのまゝ直接に題材とし、綴り方化するだけで、そこには極めて具体的な、個性の鮮明な文が産れて来るのだと思ふ。

（中　略）

次に綴り方は、子供の日常生活に対して、鑑賞的態度を要求する。

優れた子供の作品といふ中には、如何に子供の鑑賞的態度が深く浸潤してゐるかを思ふ時、これは決して一朝にしてなるものではなく、日頃からその心をもつて、鑑賞的態度を養ひ、鑑賞の眼を鋭く磨いておく必要を感ずるのである。

で、鑑賞的態度といつてもいろいろ広汎に使はれてゐるので、右に述べた自分の実際生活を文にしようとして題材に取ることも、既に自分で自分の生活を鑑賞してゐるといふ様に考へられ、他人の作品を読み味はふことも鑑賞といふのであるが、こゝでいふ日常生活の中に鑑賞的態度を浸潤させるとは、極狭い意味で、物事をよく見、よく味はふといふことにして置く。

その最も根源になるものは、感覚を鋭く働かすことである。

よく見ることである。

よく聞くことである。

よく体感することである。

物事をよく細に観察して、その妙味を味はせることである。さらには自分の浸つてゐる気分を味はせることである。

（中　略）

普通にはよく右の様な文を表現のうまい文だとして、その表はし方のうまさ――言葉づかひのうまさを賞してゐるが、なるほどそれに違ひないが、その表現のうまさは、空虚な言葉の綴りあはせではないのである。鑑賞の生活がよく行届いた為に、見たものゝ姿をそのまゝ表はし、感じたところをそのまゝ述べてゐるのである。さうして文が輝いてゐるのである。香つてゐるのである。それを、本を忘れて、言葉でだけ、表はし方だけを賞するから、生活から産れた文が出来ないのである。活きた感覚の言葉、作者の息のかゝつた言葉は、作者の生活が鑑賞的になつてゐるところから吐き出されて来るものである。

ここで田中は、綴り方教育の任務が「表現法の指導に終始してはならない」と述べて、「表現法の指導、生活を文に表はす指導の奥に、その表はすべき生活の問題があり、それがまた大きく人間的教養上の価値から考へて、緊要な問題であるからである」と指摘している。

その上で田中は、「綴り方作品として要求する生活」を「特に子どもの生活意欲・生活感情の端的に素朴に表はれた生活」の意味のことであると規定している。そして、こうした「生活意欲・生活感情」を育むために「身を以て事に当つて具にその快苦を味はひ、自己の心持に忠実になつて、その都度々々を存分に働くといふこと」即ち「真剣な体験、深い体験をすること」であると述べている。

また、綴り方では「子供の日常生活に対して、鑑賞的態度を要求」しているとして、「日常生活の中に鑑賞的態度を浸潤させるとは、極狭い意味で、物事をよく見、よく味はふといふこと」であると規定している。

田中は、この「鑑賞が進んで来れば、それだけの生活で可なり高潮した心持となり、終にはそれだけで題材にまでなり文となつて産れるのである」とも述べている。そして、綴り方作品の「表現のうまさは、空虚な言葉の綴り合はせではない」として、それは「鑑賞の生活がよく行届いた為に、見たもの、姿をそのまゝ表はし、感じたところをそのまゝ述べてゐるのである」と述べている。

さらに、「本を忘れて、言葉でだけ、表はし方だけを賞するから、生活から産れた文が出来ないのである」と述べて「活きた感覚の言葉、作者の息のかゝつた言葉は、作者の生活が鑑賞的になつてゐるところから吐き出されて来るものである」とも主張している。

田中は「綴り方の生活化」の考え方の中でも、綴り方の題材となるべき児童生活を「よく見ること」「よく聞くこと」「よく体感すること」といった「鑑賞的生活」として捉えていたのである。それは、綴り方の題材を価値あるものとするべく「鑑賞の生活態度を日常生活の中に植えつけ」ていくこととする考え方に基づいたものである。

なお、田中は昭和五年七月に刊行された『教育研究』増刊号でも「綴り方の生活化」という論考を発表している。この中で田中は「綴り方の生活化の方法」について、①「作品の鑑賞・批評に就いて」②「文話について」③「生活環境及他教科の教育」④「綴り方学習帳の問題」の四点から具体的な提案を行っている。

ともあれ、田中は以上の論考の中で「生活指導」と「表現指導」との循環的な考え方を明確に打ち出しているのである。

第三節　「生活指導」と「表現指導」とを結びつける題材の取り上げ方の指導

田中は昭和四年九月号の『教育研究』誌に「綴方題材論」と題した論考を発表している。この中で田中は次のように述べている。[9]

綴り方教育といふ事業の大半は、題材の取り方の指導にかゝつてゐると言つてもよい。何となれば、綴り方教育独自の任務であるところの、子供に作品を産出させるといふ仕事も、よい題材を、しかも豊富に持つた時に、最も旺盛にすばらしく進めることが出来るし、はたまた綴り方教育究竟の目的であるところの子供の生活の創造を促進するといふことも、子供が日常生活を、綴り方の題材として何時取られても面白い内容となる様なだけに営み、且つ日常生活中に題材を求めようとする様な態度で望ませること、換言すれば、生活を観照する様な態度を取らせることによつて伸展して行くからである。つまり、綴り方教育の二大方面（これは便宜上の分け方であるが）たる表現の指導も、生活の指導も、この題材の取り方によつて奥深く結ばれるものであるからである。

〇題材をどの方面から取らせたらよいか。

〇題材はどうすれば、望ましきものを取らせることが出来るか。

この二つの問題は、題材の取り方即ち取材指導の実際問題となつて来る。しかもそれは、綴り方教育の実際方法として、前者は子供自らの創作を指導することに関係し、後者は鑑賞・批評及文話のことに関係して来ると思ふ。しかし、これも便宜上の分け方であつて、内面的には互に相前後した一貫した一円周上にあるものであることは言ふまでもない。

（中　略）

この意味から考へて、題材を子供自らが発見し、選択するといふことが、如何に大なる意義をもつてゐるかが明であらう。子供は題材を発見せんがために、自然なり人生なりの事象に注意する。注意してそれを眺める。眺めては味はふのである。考へるのである。また自分自身の生活経験を客観視するのである。客観視して味はふのである。理知的には内省するのである。だから、自ら題材を発見する訓練は、人生自然の事象を直観し、鑑賞し、また自らの生活を観照し、内省する訓練であつて、この作用の結果するところは、表現に向つてはよい文章の元になり、生活に向つては生活創造の鍵を与へることになるのである。


ここで田中は「綴り方教育といふ事業の大半は、題材の取り方の指導にかゝつてゐると言つてもよい」と述べている。そして、「綴り方教育究竟の目的であるところの子供の生活の創造を促進するといふこと」も子どもが日常生活を「観照する様な態度を取らせることによつて伸展して行くからである」とし、「綴り方教育の二大方面（これは便宜上の分け方であるが）たる表現の指導も、生活の指導も、この題材の取り方の指導によつて奥深く結ばれるもの」であると主張している。

田中は、まず「題材をどの方面から取らせるか」という問題に関して、「生活の表現である綴り方は、子供の営む生活の全部面が綴り方の題材でなければならない」と述べている。

続いて、田中は「題材はどうすれば、望ましきものを選ばせることが出来るか」という問題に関して言及している。

田中は、「題材を子供自らが発見し、選択する」ことの意義に関して、「子供は題材を発見せんがために、自然なり人生なりの事象に注意する。注意してそれを眺める。眺めては味はふのである。考へるのである。また自分自身の生活経験を客観視するのである。客観視して味はふのである。理知的には内省するのである。だから、自ら題材を発見する訓練は、人生自然の事象を直観し、鑑賞し、また自らの生活を観照し、内省する訓練であつて、この作用の結果するところは、表現に向つてはよい文章の元になり、生活に向つては生活創造の鍵を与へることになるのである」と論じている。

田中はこのように、「題材の取り方の指導」が「生活指導」と「表現指導」とを奥深いところで結びつけていることを指摘している。

田中におけるこの「題材の取り方の指導」は、第二章で見てきた田中の初期綴り方教育論における「観方の指導」につながっている考え方であり、これ以降の田中の「生活指導」と「表現指導」とを一元的に統一止揚していくための中核的な考え方となっていくものである。

第四節　児童の生活実感と表現形式

田中は昭和五年一月号の『教育研究』誌に「児童生活と綴り方教育」という論考を発表している。この中で田中は次のように述べている。[10]

児童の生活の表現を綴り方といふ以上は、この素材たる生活事実に対して、局限してはならないと思ふ。好きこのみを言つては居られないのである。この素材を題材として客観視し、内観し、観照した時に、最も広い意味に於ける美といふものになるのであらうが、綴り方が文学的なものであるから、素材に於いて美的な生活内容を有つたものに限ると考へたりしてはならないと思ふのである。

（中　略）

こゝに於て、私は更に考へるのである。

以上に述べた様に、児童の営む生活のすべてが、綴り方の題材になり得べきものであり、またさう考へるべきものであることを是認しても、中でも、取り分けて、児童の生活の表現といふ感じを強うするものは何であらうかと、いふことである。美しい景色を見てその美しさを嘆賞することも、児童の生活の一面に違ひない。他人の善行を見てそれに感激をもつことも、何かを研究して自ら会得するところあつて歓ぶことも、これすべて児童自らが営んでゐることならば児童の生活に違ひないのである。

ところが、児童の生活の表現といふことを、格別強く主張するからには、今少し格別の要求がある様に思はれてならないのである。

（中　略）

それでは一体、何を今日の綴り方は求めてゐるのであらうか。

前に述べた様に、生活の分野を広く考へることもその一つであるが、更に、子供の子供らしい生活を特に強調してゐるのではないだらうか。私は、さう考へるのである。

子供の、あの溌剌たる生活意欲を、

あの端的な、素朴な、率直な純真な生活感情を、

あの透徹した理知を、

文に盛らせようと要求してゐるのである。

つまり、児童の生活の中に流れてゐる実感を、勇敢に表現させようとしてゐるのである。それは必ずしも美ではない、善でもない、唯、生活の中からにじみ出た実感である。ありのまゝなる生活の相である。

（中　略）

次に掲げた文例などに於ても子供の生活のありのまゝの相がどんなものであるかの一端はうかゞふことが出来ると思ふ。

文例（一）

◇　なまいきな猫

此の頃猫が、毎晩の様にうちの台所へ上つて来ては、そこ、ここにある食物を食べる。この猫は実になまいきなねこだ。僕はしやくにさわつてしようがないので、いつかこのにくいねこを、こらしてやらうと思つて、毎晩台所のあたりにかくれてゐてようすを見てゐる。昨日の晩のことだ、やはり台所のあたりにかくれて、くはいちゆう電灯をもつて、まちかまへてゐると台所のすみの方で、がたがたがたがたと音がするの

で、そーつと、のぞくやうにして見たが、まつくらで、一寸先も見えない、たゞ猫の目だけがくらがりにきみわるくぎよろりぎよろりと光つて見える。僕は、「猫のやつ、来たな、今にみろ」と心の中で思ひながら、そーうとそばにあつた竹きれを、取つて身がまへてゐると猫はそれとしらず、だんだんと僕の方へ、ちかづいて来た。

僕はいきなり、

「このやろーッ」とさけぶや、手に持つてゐた竹でねこのせ中だと思ふ所を力一ぱい打つた。

ねこは

「ぎあぅー。」といつたかと思ふと、戸棚の上へ飛上つた、ぼくはすかさず、かい中電灯でねこの方をてらした。ねこもこれには、おどろいたか又一だん高い、はいちやうの上へ、飛上つた。僕は、

「にがすものか。」と、又竹で打たうとすると、ねこはもと来た穴から一もくさんに逃げて行つてしまつた。僕は

「いくらなんだつて、これだけこらせば、もうあの猫来ないだらう。」

と思つて、茶の間の方へ行くと、また台所の方でがたがたと音がするので、かい中電灯をてらして行つて見ると、こんどはねこではなくねずみがねずみ取にかゝつてあばれていたのだつた。

ここで田中はまず、「児童の生活の表現が綴り方といふ以上は、この素材たる生活事実に対して、局限してはならないと思ふ」と述べている。

田中は、「児童の営む生活のすべてが、綴り方の題材になり得べきもの」であると考えても、「取り分けて、児童の生活の表現といふ感じを強うするものは何であらうか」と自問し、それは「児童の生活の中に流れてゐる実

感」「子供の生活のありのまゝの相」であると規定している。

そして、田中は「綴り方に於ける生活指導の要点」に関して、「物事をよく味はつて見る／物事をよく考へて見る」ということを最重要なこととしつつ、「児童生活の解放」によって「鑑賞眼を教養すること、思索的生活を培ふことが最もよく児童生活を充たし、深みに導く所以だと思ふ」と述べている。

一方、田中は「児童の生活の表現といふ以上は、今一つ考へるべきことは児童の表現」、端的に言えば「児童の表現形式」であると指摘している。すなわち、「児童の生活を考へると共にその生活内容を児童は如何なる表現の過程を通り、如何なる表現形式を為すのであるかを考へなければならない[11]」と述べている。

このように述べて、田中は「児童文に対する見方を今少しく解放的な立場からして行かなければならないと思ふ」として、「子供の子供らしい生活をそのまゝ／子供の子供らしい実感をそのまゝ、／存分に、大胆に、勇敢に書かせたいのである」と主張している。

要するに、田中は「生活表現の綴り方」が「その基底になるところの児童生活そのものについて、解放的心持を要求する」として、「綴り方は、かく解放された児童観の上に立つて、その題材について解放し、その表現について解放して、局限と拘束とをより少くしようと考へるのである」と主張している。

田中がここで言わんとしているのは、児童の綴り方に対して教師が「解放的な心持をもつて接するところ[12]」に綴り方の題材も表現も自由で伸び伸びとしたものになってくるのだということである。

このように考えることによって、「児童生活の表現の意義が児童生活の創造促進の意義をもつて来るのである[13]」というわけである。

以上のような考え方にも、田中が綴り方の「表現」というものを単に形式的側面からのみ捉えるのでなく、綴り方の内容である児童生活と一体的に捉えていこうとしていた姿勢が窺えるのである。

しかしながら、これまで見てきたところによっても理解されるように、田中の中ではなお、綴り方における「生活の指導」と「表現の指導」とを一元化するに足る考え方に到達していたわけではない。

注

(1) 田中豊太郎「綴方教育の研究問題」(『教育研究』昭和二年十二月号、五二頁)。
(2) 田中「生活の表現ということ」(『教育研究』大正十五年十二月号、七十~七三頁)。
(3) 同前誌、七四~七六頁。
(4) 田中「綴方を児童の生活の表現たらしめよ」(『教育研究』昭和三年九月号、七四頁)。
(5) 同前誌、七四~七五頁。
(6) 同前誌、一〇二頁。
(7) 田中「生活の綴り方化」(『教育研究』昭和四年四月号、一〇一~一〇二頁)。
(8) 田中「綴り方の生活化」(『教育研究』昭和四年六月号、四二~四七頁)。
(9) 田中「綴り方題材論」(『教育研究』昭和四年九月号、六九~七一頁)。
(10) 田中「児童生活と綴り方教育」(『教育研究』昭和五年一月号、六八~七十頁)。
(11) 同前誌、七一頁。
(12) 同前誌、七二頁。
(13) 同前誌、七五頁。

第Ⅳ章　田中豊太郎の綴り方教育論にみる「表現」概念の広がりと具体化

第一節　「観照的態度」の指導

田中豊太郎は昭和五年十一月号の『教育研究』誌に発表した「綴方指導の一努力点」と題した論考の中で次のように述べている。(1)

生活内容の豊であるか、貧弱であるかといふことは、もとより経験の深さ、体験の深さによるのである。即ちよく鑑賞してものごとを味ひ、よく内省してものごとについて、考へてゆくかどうかによつて決せられるものである。

しかし、ここで問題にするのは、その生活経験も等しく豊であるにも拘はらず、その表現が実に貧弱であるのをどうすればよいかといふのである。

この問題を考へるのには、文学上で所謂形式と内容といふ問題がある。形式は内容に即するものであつて、文学の形式として現はされてゐるものは、その内容の形であつて、形式と内容は不即不離なものである。この理論から考へて行くと、表現として形をなしてゐる文章を見た時に、この作者はこの事柄については、これだけしかの内容をもつてゐないといふことになる。これだけの形式即ち文章になつただけの内容をもつてゐるのであるとみなければならないのである。

（中　略）

心の中にあるものを掴み出す作用を名付けて観照といふのではないだらうか。即ち、自己を見つめる作用である。自分を自分が第三者となつて、客観的に見るのである。さうして心の隅々にあるものまでも掴み出して来るのである。

だから、前に述べたクローツェの言も、直観をこの観照の意味に用ふるならばわれわれも理解することが出来ると思ふ。

（中　略）

話はつひ深入りし過ぎたきらひはあるが、今問題としてゐる生活内容も豊富にもつてゐると思はれながら、その表現が貧弱であるのを如何に指導すればよいかといふことも、大体この観照の問題によつて解決出来るのではないであらうか。

田中はこの中で、「心の中にあるものを掴み出す作用を名付けて観照といふのではないだらうか」と述べ、「観照」を「自己を見つめる作用」と捉えている。田中は子どもが「生活内容も豊富にもつてゐると思はれながら、その表現が貧弱であるのを如何に指導すればよいか」という課題を「観照」という作用によって克服しようと考えている。ここには田中が「観照」という作用を「表現」概念と結びつけようとしている様子が窺える。

田中は、この「観照眼」を深め鋭くする方法として、参考文の鑑賞という手段があると述べている。そこで、「参考文の選定」に関しては、「実際生活に対して暗示する様な参考文例でいへば、今までにある生活以上に進んで鑑賞的態度を培ひ、物の見方、考へ方、味ひ方を深める作用を有するものでなければならないが、素材生活を観照する態度を鞭撻する参考文例としては、要約していへば、文章として表現すべき箇所を意識させる役目を果すものであればよい」として、次のような文例を提示している。(2)

〔文例〕　魚　　尋六　男

本を買つた帰りに魚屋の横を徹と、江戸ツ子の兄い達が

「ヘイ、いらせえやし」

と入つて来たお客さんに言つてゐた。そのいせいのよい言葉につり込まれて、ふと横を見た時、魚屋の天井にあんかうがぶらさがつてゐた。実にへんなかつこうをしたやつだと思つた。

金魚屋の水鉢の中で贅沢にそだつてゐる金魚を、魚を知らないどこかの山の中の人が見てから、このあんかうを見た時に、同じ魚だと思ふ人はないだらう。あのがま口の様によく開く大きな口を見たならば、生物でないとおもうふかもしれない。油ぎつたこんにやくの様なくちびるが、よく町をぶらぶらしてゐる馬鹿の子供のあごの様に、しぜんにたらんとたれた下あごの上にくつゝいてゐる。

こんな魚が深海で、他の魚をとつてたべてゐるりかうなやつとは思はれない。しかし、その奇妙な頭を長い間じつと見てゐると、どこか一寸まのぬけたその形にしたしみを感じる。

家に帰る道で、あんかうのみそしるはうまかつたなあと思ふと同時に、あんなものが、どうしてあんなにうまいんだらうと思つた。

家へ帰つて見ると、げんくわんの石鉢の中で、金魚が、どうです、あんかうなんかくらべものにならないでせう、と言ふ様な顔をしてゐるので、せつかくこないだ、一番しつぽの長いのを買つて来たのもわすれて、たゝきつけてやりたいぐらゐしやくにさわつた。

田中はこの文例に対して、「鑑賞眼の発達に於いて、ものの見方、味ひ方、考へ方に於いて、六年生としては可成進んだものである」と評価し、「実際生活に対して暗示するといふ、即ち生活に対して積極的に新しい方面を示してゐるものとして取扱ふべきものだと思ふ」と述べている。

これに対して、もう一つ次のような作品を提示している。(3)

〔文例〕　猫　尋三　男

ある日、僕が朝おきて見ると、どこの猫だかわからない猫が一匹来てゐました。

僕はいそいで顔をあらひ、その猫をかはいがつてやつた。かはいゝ猫なので、すぐすきになつた。

ちようど朝ごはんの時、猫のすきなさかながでた。そのさかなはいわしでした。僕はいはしがきらひなので猫にやつた。猫は喜んでたべました。

やがて、ごはんをわつてから学校にいそいだ。道でも猫のことをしんぱいしました。それは弟が猫を、ぶつたり、けつたりするからです。

学校から帰つてみますと、猫がゐませんから弟にきゝますと、

「かへつたよ。」

といひましたので、すこしあんしんしましたが、ぶつたり、けつたりしたかと思つて

「和ちやん猫をぶつた。」

といひますと、

「ぶたない。」

といつたので、やうやくあんしんしました。

しばらくして、おもてへあそびにいきますと、どこかで猫がないてゐますので、いつてみると、黒猫と、さつきの猫とけんくわをしてゐます。これはおもしろいとばかりみてゐますと、たちまちさつきの猫がまけてしまひましたので、そばにあつた小石をひろつて、黒猫にむかつてなげました。石はうまく猫にあたりました。ふいをくらつた黒猫、あともみずに一もくさん。さつきの猫は白猫だ。

白猫は、ぼくのそばに来て、僕をみつめた。あまりかはい、ので、さつきもらつたおくわしを猫にやつた。猫は僕のかほをぢつと見て、やがておくわしをたべました。

それから毎日家へ来てはあそんでゐました。或日いつものやうに、家であそんでゐますと、あやまつてだいじなおさらをわつたので、おかあさんにひどくしかられたのがもとで、家へこなくなりました。

この作品に描かれている生活経験について田中は、「日常生活に於いては実際に誰でもが、普通に経験してゐるところである」と述べ、「その経験をよくここまで掴み出して来たといふことの参考になるもの」であると指摘している。

すなわち、「普通の子供では、かうした、寧ろありふれた日常生活に対しては、これが文材になるものであるか、どうかとさへ意識に高まつて来ないのである」という。

要するに、こうした点が「素材生活を観照する態度を鞭撻する参考文例」になろうと言うのである。この文例を読んだ子どもに「自分にだつてそれに似た様な経験はある」と思わせ、「その経験を詳しく書けば面白い文が生まれるのだ、といふ、寧ろ奮発心を揮ひ起させ」ていくことになるというわけである。

田中のこの「観照作用」への着眼と「観照的態度」による「観照生活」の深化という考え方はつとに田中が大正十三年九月に刊行した『生活創造綴方の教育』の中で提唱されていたものであった。

田中は昭和六年七月号の『教育研究』誌に「綴り方を生活的ならしめる」という論考を執筆している。この中で田中は、綴り方教育の目的に関して「生活の中に綴方的訓練を――鑑賞的な態度――思索的な態度――研究的な態度――そして生活を観照する態度を植えつけて行くことが、最後の到達点であるとも考へることが出来る」と述べている。さらに、田中は大方の綴り方教育研究者が綴り方教育の目的を「表現にありとするものと、生活の進展、自己生長、生活の創造など、するもの、あるのは、結局同一のことを言つてゐる」[4]として、両者が循環的に関わっていると指摘している。ここには「表現指導」を通じての「生活指導」、すなわち表現生活の指導に通じる考え方が示されていると見なすことができる。

第二節　「表現」概念の広がりと段階的な把握

田中は昭和六年九月に『綴方教育の分野と新使命』という著書を刊行している。本書では書名からも分かるように、綴り方教育の分野が極めて広範囲にわたるものであることが確認されている。本書の目次部分にはその分野の範囲が次のように示されている。[5]

第二章　綴り方教育の分野と新使命
第一節　文字の記述力
第二節　語句を使駆する力
第三節　文章記載法の訓練
第四節　文法・語法の練習

第五節　表現の指導
（一）題材の取り方の指導
（二）表現手法の指導
第六節　文体及び文の種類
（一）文語体と口語体
（二）散文と韻文
（三）各種の普通文
（四）書簡体と日記
（五）劇・童話
第三章　綴り方教育の内面的分野と新使命
第一節　表現慾の喚起
（一）綴らんとする心
（二）表現慾と作品への憧憬
（三）創作の興味
（四）題材と表現慾
（五）生活態度と表現慾
第二節　文章観の養成
（一）文章観
（二）正しい文章観

（三）文の鑑賞力、批評力
第三節　生活観の培養
（一）所謂生活指導
（二）生活の門戸解放
（三）生活の拡充
（四）思索的生活の深化
（五）研究的態度

右の目次からは、表現の素地的な能力であるところの「文字の記述力」「語句を使駆する能力」「文章記載法」「表現手法」、表現方法面である「題材の取り方」「表現手法」、表現形態面である「文体」「ジャンル」、さらにより高次の内面的分野としての「表現慾」「文章観」「生活観」までの分野が段階的に列挙されていることが理解される。

1　「表現の指導」について

上記の分野のうち、「題材の取り方」と「表現手法」の指導については「表現の指導」として本書全体の三割強の紙幅を費やして具体的に論述されている。「題材の取り方」の指導に関しては、「綴方教育の重大な目的」として「日常生活を、題材として見るやうな生活態度を植えつけることが、その内面的領域であるとも見ることが出来る」と指摘している。ここで田中は「取材の指導と観照」に関しても言及している。

田中は次のように述べている。[6]

生活が題材になるまでには、どうしても観照の門をくゞらなければならないのである。観照といふ言葉は、鑑賞と同義に使用されてゐる場合もある様であるが、私は、これを「客観的に眺める」といふ意味に使用したいのである。自分の生活を第三者として客観視することである。自分を客観化することである。

一切の生活は、客観化された時に、初めて自分の生活でありながら、自分の対象となつて、様々な意味に見えて来るのである。或は美的に、或は道徳的に、……と。

田中は「生活が題材になるまでには、どうしても観照の門をくゞらなければならない」と述べる。田中は「観照といふ言葉」を「鑑賞と同義に使用」される場合もあるが、これを「客観的に眺める」という意味に使用したいとして、「自分の生活を第三者として客観視すること」「自分を客観化すること」であると規定している。田中はさらに「表現手法の指導」について、「表現の手法は自己の表現せんとする目的を達する上に必要なものである」と述べている。その上で田中は、小学校の綴り方教育において特に留意したい「表現の手法」としては、「言葉の選択」「構想の手法」「叙述の手法」「説明の手法」「描写の手法」「論述」を掲げて解説を加えている。

2　「表現慾」「文章観」「生活観」について

田中は「綴り方教育の内面的分野と新使命」として「表現欲の喚起」「文章観の養成」「生活観の培養」の三点から言及している。

「表現慾の喚起」に関しては「綴らんとする心」「表現慾と作品への憧憬」「創作の興味」「題材と表現慾」「生

活態度と表現慾」等について言及している。

「文章観の養成」に関しては、「正しい文章観」として「自己の生活を表現する事」「自己の構想に依る表現」「自己の言葉に依る表現」「深い意味の表現」「新し味のある表現」「よくわかる表現」「個性のある表現」「地方性」「時代性」等について言及している。また、文章観の建設のためには「文の鑑賞力、批評力」を養っていかなければならないことにも触れている。

「生活観の培養」については、特に「生活の拡充」という点に関して「観察力」「感受力」「想像力」「味はふ心」を挙げている。また、「思索的生活の深化」という点に関しては「洞察力」「内省的態度」「批判力」「研究的態度」を挙げて解説を加えている。

以上に見てきたところにも自ずと、「表現」概念の段階的な把握に伴うより広範な捉え方が看取されるのである。

第三節　「表現」概念の具体化

田中は昭和七年五月に『綴方指導系統案と其実践』という著書を刊行している。本書の中では、「系統案」というものへの要請が「子供の生活内容の発達、子供の表現力の進歩、そして子供の綴文生活の発達段階を探り当てようとすることであつて、この発達段階に則る指導をしようとする期待に外ならない」と述べられていて、「綴文生活」という用語の出現に注目させられる。

1　「表現」概念の広狭両面からの使い分け

また、田中は本書の中で「私の求める系統案の職能」に関して次の二点から述べている。(7)

第一には、子供の生活状態と表現力とを無理がなく誘導啓発するもの。

系統案といふは、つまりは綴り方教育を順序正しく組織的にやつて行かうとするものであるから、綴り方の教育の任務としては私は常に、子供の生活態度を綴り方に適ふ様に訓練すること及び表現力を錬磨することの二つを挙げてゐるのであるから、当然この二つの方面に順序正しく適合する様なことを考へるのである。

（中　略）

綴り方指導の系統案は、綴り方教育を学年の発達に即して、子供の生活態度を培ひ、子供の表現力を錬磨して行かうとするのものであるから、この両方面に触れたものでなければならないことは言ふまでもないことである。

第二に綴り方指導の系統案の内容として考へなければならない方面は、子供の生活観の向上と文章観の建設に逐次的順序をもったものでなければならない。

綴り方の教育をして行くための系統案であるから、綴り方の教育が狙つてゐるもの、即ち子供の生活観の向上と子供の文章観の建設を図るものでなければならない。それは前項の生活態度と表現力とを培ふものといふことで説明は出来てゐる筈であるが、強ひて分けると、生活観といひ文章観といふのは言ふ如く見識であつて、生活の中に観念として植えつけられたものをいふのである。

このように、田中は「綴方指導系統案」に対して「生活観の建設と文章観の構成」との両面を盛り込むことを求めていたのである。田中はいまだ、広義の意味での「表現」概念の内容面と形式面とを二元的に捉えてはいたが、この両面を共に重視していこうとする姿勢は明確に打ち出していたのである。

さらに田中は本書において、「どの学年頃で生活を統整するのであるか」「どの学年頃では、記述力がどの程度に発達してゐるか」「表現の手法を自覚的に使駆するのは何学年頃であるか[8]」と述べて、「子供の表現力の想定」が「系統案」を立てていくに際して必要となることにも言及している。

本書においては、「表現」という用語が独立して用いられており、その意味する範囲は「表現欲・創作欲」「題材に対する選択」「構想力」「描写の手法」「言葉の選択力」「論理的記述」「記述力」「推敲力」等を含む幅広いものである。一方、「表現の指導」という用語の場合は、「表現の手法」「材料を選ぶこと」「個物を詳述することによつて全体の気分を出す工夫をすること」「活きた言葉を選ぶこと」「事件の叙写」「説明」「記述」等のいわゆる表現技術的側面を指し示している。尋常一年から尋常六年までの各月ごとの「指導要項」には「表現指導」の内容が詳しく記されている。

このように本書では、「表現」と「表現の指導」の中身までが具体的に明示されている。ここでは明らかに、「表現」と「表現の指導」という二つの用語が広狭両面からの概念として使い分けられていると見なすことができる。

2　「綴方指導系統案」の中身から見た「表現」概念の諸相

では、次に各学年の「系統案」の中で、田中が「表現」概念を具体的にはどのように把握していたのかを眺めておこう。

田中は尋常三年の綴り方の傾向について、「生活及取材」の傾向として、「第一には表現目的を稍自覚して来たこと」「第二には観照的生活が深まつて来てゐること」「第三には理智的に物事を考察する様になつて来たこと」[9]の三点を挙げている。

また、尋常四年の綴り方の傾向について、「表現について」の項では「第一には、表現慾、創作慾が旺盛であること」「第二には、題材を選択する傾向が表はれて来たこと」「第三には、文題のつけ方を目新しくしようとすること」「第四には、表現の手法に工夫する様になつて来たこと」「第五には、記述が著しく伸びて来たこと」「第六には、推敲の習慣がつき、自己批正が大分よく出来る様になつた[10]」ことの六点が上げられている。

なお、右の四番目の「表現の手法」に関してはさらに具体的に次のように述べている。[11]

1　題材にとる生活を選択すると共に、その題材に従属する個々の材料をも選択する様になつて来た。だから、不必要なことまでも書かなくなつて来た。

2　構想を周到にする様になつて来た。

やはり屈託なく経験の順序に従つて、自然に自由に書いて行くのであるが、題材に取つた目的を意識して来た為に、その中心想を表はすのに、材料の配置を考へる様になった。

一つの経験を初めから終りまでを、素材のまゝに逐一書かうとしないで、中心想に対して特に役立つことだけ、即ち特徴のある材料――中心想に脈絡のある材料だけを選んで、

或は目次を立てゝ書くとか、或は一二三といふ様に分けて書くとかの工夫をする様になつた。

3　表現の形式が多様になつて来た。

普通の散文体で書くことの外に、対話の形をとつたり、自由詩の形をとつたり、擬人文を書いたり、和歌や俳句なども書く様になつた。

4　描写の手法も稍上手になつて来た。
観察が微細になり、洞察が鋭くなつたために、よく個々の材料の機微なところまでも掴み、また特徴をよく掴んで書くために、描写が容易にうまく出来るのである。


こうしたところにも田中が「表現」概念を広狭両面から捉えていた様子が窺えよう。

ではここで、「尋常四年綴方指導の実際」について、具体例を見ておこう。[12]

【参考文例】　　泉多摩川行

このあひだ泉多摩川へ行つた。小田原急行に乗つて泉多摩川でおりた。うちでお兄様がちづを書いて下さつたのでちづを見た。ていりゆう場から左へ行けとおつしやつたから左へ行つた。泉多摩川へ行つたのは僕とお姉様だけだ。そのへんはずゐ分けしきがよかつた。時々上の方でちくちくちくちくと鳥の鳴声がきこゑる。見ると上の方に三角の鳥がゐる。お姉様が、

「おばあさん、このへんに、つくしのたくさんはえてゐる所はありませんか。」

と聞くと、おばあさんは手でしはだらけの顔をなでながら、

「さあ、まだすこし早いかもしれませんがなあ、山の下に行きやすこしあはえてるでせう。」

と言つた。おなかがすいたのでくはの木の所へ行つてべんたうをたべた。ちよつと見ると僕たちの前へつくしがによきにょきはえてゐた。

「ずゐぶんはえてゐるなあ。」

と僕は言つた。お姉様は、

「さつきのおばあさんうそつきね。」とおつしやつた。べんたうを食べてから取りはじめた。おばあさんは、はやいと言つたが、もうずゐぶんのびてゐた。何本くらゐ取つたかわからないが、ふろしきづゝみに一ぱいとつた。

もうはいりきらなくなつたので、帰りじたくをした。すこしあるいて行くと、雲雀が雲の上でちくちくちく鳴いてゐた。すこしすると雲雀がちくちく言ひながらおりて来た。おりた所へ行つて見たが何にもなかつた。川原を歩いて白い石をひろつた。うちへかへつてから火を出すつもりでひろつた。うちへかへつてからつくしを見ると多摩川で見たよりも多い様に思はれた。

【指導要項】

一、この頃の郊外遠足や潮干狩や摘草や日曜の一日などといふ生活単元を叙述する手法として、大体標準的と言つてよいものである。普通の出来である。

二、順序よく平明に記述してゐる中に、忠実な叙写の為に、文の味を添へてゐることを悟らせたい。

三、文の中に出てゐる姉の動作、言葉が如実に写されてゐるのは、文に現実味を添へてゐる。一般に、固有名詞を使用すること、ある具体的な人物を文の中に活躍させると、文として面白味のあることを知らせたいと思ふ。

田中の著書『綴方指導系統案と其実践』の中では、各学年ごとの「指導系統案」として各月ごとの「指導要項」が附けられている。「指導要項」は「生活誘導と参考文題」及び「表現指導」とから提示されている。そして、右のような【参考文例】と【指導要項】とが各月ごとに数編ずつ掲げられている。この【指導要項】の中には、参考文例の中の題材としての特徴や叙述形式面の特質、そして、指導上のポイント等についても触れられている。

つまり、この指導系統案も、叙述内容面と叙述形式面とを調和的に指導していくように意図的に作成されていたのである。

ところで田中は、第六学年の「綴り方指導要点」の「表現の指導について」という箇所で次のように大変興味深いことを述べている。(13)

1　内容に即した表現をすることが、表現の手法として最上のものであることを自覚させ、これに対して努力する様にさせたいと思ふ。
この時代には、文章観も稍樹立し、之の手法に対する考へも出来てゐる為に、反つて様々の工夫をして、構想の上に、言葉の上に、わざとらしいことが表はれて来る。これは実に綴り方指導上、指導者を困らせる傾向で、五年六年といふ学年に於ては、むしろその傾向を阻止することに努力しなければならない様な有様である。

尋常五・六年時代になつて、文がいぢけて来るといふことも、大抵はこゝに原因することである。だから右に述べたことを目標として進みたいものである。

2　内容に即した表現といふ意味を実践するとして、
(イ)　気分によつて統一した材料を選ぶこと
(ロ)　材料は、表現目的に適ふ様な具体的なものを選ぶこと。
(ハ)　個物を詳述することによつて全体の気分を出す工夫をすること。
(ニ)　活きた言葉を選ぶこと。それには物事をよく観察し、感じのまゝの言葉をそのまゝ使用すること。

（ホ）事件の叙写に於ては、時、処、人物を具体的にして、背景から来る効果を自覚させること。
（へ）事件の進展を叙述する場合には、表現目的によつて、筋の精略に留意すること。
（ト）説明は簡単・正確を期すること。
（チ）日用文に於ける対者・用件による記述に留意させること。

以上の「綴方指導系統案」にみる考え方及び指導の実際において注目すべきは、ここで取り上げられている「表現」概念が狭義のもの、すなわち叙述形式面のものであるということ、そしてこの「叙述形式」面を叙述内容面と一体的に駆使していくことが求められているということである。つまり、田中はこの両者を一元的に捉えてそのための指導の方略について具体的に言及しているのである。ここで取り上げられている「表現」概念は狭義のものではあるが、「叙述内容」面と「叙述形式」面とを一元的に捉える考え方が具体的に示されている点で極めて重要な部分であると言える。

第四節　「生活」概念を包み込む「表現」概念

1　綴り方生活の指導としての「表現」概念

田中は昭和十年一月号の『教育研究』誌に「尋四以後の綴方生活の発達」と題した論考を発表している。この中で田中は「綴り方生活即ち子供の生活内容及びそれを想化する作用、それを表現する構想及び記述について、発達的に眺めることは、綴り方指導者として、最も重要なことである[14]」と述べている。この文言からは田中が「綴り方生活」を「子供の生活内容及びそれを想化する作用」さらにこれを表現するための「構想」と「記述」

というように包括的に捉えていることが理解される。

また、田中は尋常四年以上の綴り方の特質として「表現の動機」が尋常三年以下の「生活経験の自然の順序の叙述と、極めてよく似た型」は取っていても「表現目的」[15]が意識されてきていることを指摘している。

さらに、「構想」面の特色として「生活事実を忠実に叙述する様には見えても、それは或る『想』を表現せんが為の意識をもつて統制を加えてゐること」「或る特別な『想』をもつて、それに適ふ材料を自分の生活経験の中から止揚して、統制して表現する様になること」を指摘している。

その文例として田中は、次のような児童作品を掲げている。[16]

物売りの言葉

一、朝

朝はずゐ分いろいろな物売が来る。一番はじめに牛乳屋が来る。

「おはやうごぜいます。」

このころは、ちよいとすました声だ。

すこしするとこんど表で
「なつとうなつとう、なつとうなつとう。」

と言つて、なつとう売が来る。これはなかなかおもしろい。はじめはあまり長く言はないで、その次は「なあつと――」と長く、またその次はみぢかく「なつと」と言ふ。

夏はよく
「とんが、とんがらしよ――。」

と、とんがらし屋が来る。それからとうふやが「ぷうぷうぷうぽ――。」
となならしながら
「とうふとうふ――。」
と言ひながら来る。この時、あとの方の「とうふ――」と言ふ時は口がたこみたいになる。たまにはあさり屋が
「あさり、しゞめ――。」
と言ひながら来る。僕は伊澤君からかういふことをそはつてんから、よく聞いてゐるとやつぱりさう聞える。それは、「あさり、しんじめ――。」といふのである。僕たちが時々、「あさりしんじめ――。」と言ふと、あさり屋がぷんぷんおこる。

二、昼

昼ごろはとうふ屋の外にもう三つ来る。一つは鯉を売りに来る。

「こひや、こひ、こひや、こひ。」

と言ひながら来る。僕はこの声が大すきだ。なんしろゐせいがよくて、僕はこの口まねはとてもうまい。それから小間物屋が来る。「五銭」「十銭」といふ白い旗をたて、、鈴をならして来る。これはなかなか面白い。


「毎度おなじみの十銭五銭屋でございます。毎度ごひいきをねがひまして有難うぞんじます。本日は上等土びんが十銭、またまた上等なやくわんが十銭、おぼつちやま、おじようさのお湯のみコップが五銭でございます。いらつしやいいらつしやい」

とメガホンで客を呼ぶ。

　　もう一つは夏になるとふうりん屋が来る。

　　そしてふうりんに合せて、自分でも
　　「ちりんちりん、ふうりんふうりん。」

　と言ひながら来る。

　　物売の声はなかなかおもしろい。


　田中は、右の文例が「尋常四年以上の子供の鑑賞的態度の樹立されたことを物語り、また研究的態度の培養されて来たことを証明するものである」と述べ、この作品は「極めて平凡なものであるが、かういふ態度で、日常生活の中に散漫してゐる事実を、自ら或る表現目的の下に纏めて表現するのである」と指摘している。そして、「尋常四年頃からは、構想の指導として、材料の蒐集と共に、それに選択を加へて、表現目的に不必要なものは棄て、効果の多いものを選ぶ様に導くべきである」と訴えている。

　ここからは、広義の「表現」概念に通じる考え方が窺える。

2　「取材方面の開拓」の指導に関する提唱

　田中は昭和十年七月号の『教育研究』誌において「高学年に於ける理知的文の指導――取材の指導の一面として――」と題した論考を発表している。この中で田中は次のように述べている。[17]

　　私は、尋常四年の後期頃から尋常五年にかけて、子供の綴方生活が萎縮した様な形を示して来ることに対しては、寧ろ子供の生活及び文章観から見て当然のことではないかと思つて楽観してゐる。

それは萎縮の原因に対して、こんな考へをもつてゐるからである。

第一に、子供の文章観が発達して来た為に、題材の選択が行はれる。今まで、自分の身辺にあるもの、生活経験の中にあるものならば、何でも、手当たり次第に題材にとつてゐたものが、こんな題材について書いて見てもつまらないといふ頭が先に働くからではなからうか。

第二には、自分の生活経験を、そのまゝ再現すれば、立派な文になるといふ考へをもつてゐたものが、文章観の発達に連れて、こんな平凡な事を書いて見ても、大したことはない。こんなつまらないことを書いても人を「あつ。」と、思はせる様な文は産れないと、書く前から自分の作品を評価してかゝる様になつてゐるからではなからうか。

この、人を「あつ。」と、言はせようとか、何か変つた文題と、変つた考へ方をした文を書かうとする欲求は、綴方教育を考へるものからは、極めて意義深く吟味すべきことである。

人を、「あつ。」と、言はせようとする心の中には、何か変つた見方、考へ方をしたものを望んでゐるので、この心があるからこそ綴方は発展して行くものだと思ふ。しかし、これが物の見方の特異性とか、或は物の見方が深くなつたといふ方面に向ふならばよいのであるが、小手先の新しさや珍しさや、ふざけた様なことの方に向ふのであれば、これは綴方を堕落させるものになると思ふ。

綴方を渋滞させる第三の原因は、名文に対する憧憬れが強いといふことである。何とかして美しい文を書かうとする。読本で習つた文の中で、調子のよいのがあれば、この文の様に書きたいなあと思ふのでもあらう。雑誌などに出てゐる有名な人々の文の調子のよさにも心が惹かれる。即ち、この時代の子供等の読書生活からの影響ではなからうかと思ふ。この時代の子供等の読書は、もう多くは大人の作品である為に、洗練された大人の文を直に自分等の作る文の的とする。

この欲求もまた決して悪いものではないが、指導が行き届かないと、文の所謂あやと思はれる方面にのみ目が惹かれて、その結果は、自分の書く文の上にも、内容の伴はない癖に、形式美を整へようとする。そこに、内容を語るに必然性のない美しい言葉のみを漁り求めるといふことが起つて、言葉の選択の為の選択といふことが起ること、なる。言葉の選択といふことは凡そ文を書く程のものは意識的にせよ、習慣的にせよ、当然しなければならないのであるが、それは、どこまでも内容を語る為の必然的な要求からである。

田中は子どもの「綴方生活」の「萎縮の原因」を、第一には「子供の文章観」が発達してきたために「題材の選択」が行われるようになってきたからであるとする。第二には「人を『あつ。』と、言はせようとか、何か変つた文題と、変つた考へ方をした文を書かうとする欲求」が生まれてきたからであるとする。そして、第三の原因としては、この時期の子どもたちが「名文に対する憧憬れが強」くなっているからという点を挙げている。

このための対策として田中は、「日常生活の題材化」を図るために「理知的な見方」を養うこと、すなわち「洞察力」や「思索・内省の態度」を養うべきことを提唱している。また、「社会事象への着眼」に導くことも提唱している。つまり、「見方の指導」の一環として「取材方面の開拓」の指導を提唱したのである。

こうした考え方は、「題材の取り方の指導」の重要性を強調してきた田中のこれまでの行き方に一貫していて、しかも田中の綴り方教育論における「表現」概念の広がりを窺わせるものである。

3　「素材生活」と「綴方生活」とを結びつける「見方の指導」

続いて田中は昭和十年十一月号の『教育研究』誌に「綴り方教育に於ける表現指導」という論考を発表している。この論考は田中の「表現」概念の位相について考察していく上からは、田中の数多くの論考の中でも群を抜いて重要なものと判断される。

田中はこの中で改めて綴り方教育の独自の任務が「表現の指導」にあることを強調している。[18]

綴り方教育独自の任務は、表現の指導にある。

生活第一、表現第二といふ言葉は、綴り方なり文章が余りに技巧に馳つて、空虚な内容を言葉のあやをもつて飾り立てすることを戒めたもので、綴り方教育に対する極めてよい標語であるが、この薬が利き過ぎて表現のことなどはどうでもよい、文の内容をなしてゐる生活――殊に素材の生活が善ければよいといふ様に解して、綴り方作品の取扱の時にも、文の形式方面のことには触れないで、文の内容の詮議をする、その内容といふのも素材生活の善悪を、道徳的に批判するといふ様になつてしまつては、綴り方教育といふものゝ存在の必要さへも疑ふことになる。

生活第一、表現第二といふ場合の生活は、単なる素材生活を意味するものではなくて、その実は、表現といふ言葉を広く解するならば、表現といふ作用の中に包括せられることになり、少なくとも、表現に一連続に連るものである。

実際に表現法乃至は文の形式方面の指導を行ふ場合でも、単に抽出して、文の形式方面だけを指導することは、誤字・脱字がない様にとか、文字を丁寧に書く様にといふ様な純形式方面に属することだけであつて、それ以上になれば、句読点や鉤や文段の切目などを指導する場合にでも、文の中に持ち来る生活内容に連関して営まれるべきものである。

かう考へて来ると、生活第一、表現第二といふことも、上述の様に警告的な意義はあつても、本質的にはかうした二つに分けた言葉を使ふことからが、余程の考へものである。

（中　略）

そこで取材の指導の基本的指導としては、この観照的態度を養ふといふことだと思ふ。自分の生活を題材にするといふ態度を養ふことだと思ふ。

よく「生活を表現したものが綴り方であるから、日常生活してゐるものに取つては綴方の題材は絶間なくある筈である」といふ論理的な考へから文題のないといふ子供を頻りに責める気持もある様であるが、これなども論理的には無理のないことではありながら、事実「生活を営んでゐるが文題はない」といふ子供はあり得ることである。これはいふまでもなく、その「生の生活を題材化する」といふ、生活の中に意味を見出すといふ指導が行はれてゐないからである。そこでいふことは観照的態度の指導といふことは生の生活の中に何等かの意味を見出すといふ指導である。

（中　略）

綴り方は見方の指導であるといふ。これは素材生活に対していふ言葉であると共に、題材化するための生活の見方といふことも含んでゐるのである。素材生活における見方と、題材生活、綴方生活における見方とは一連続の仕事で、それ程ハッキリと区別することは出来ないが、素材生活における見方は、直接現実的な生の生活を営む時に物事をよく観察するとか、研究するとか、実験するといふ様なことであり、また味はつて眺めるといふことであり、考へみるといふことであるが、題材生活、綴方生活においての見方は、今述べてゐる観照といふことであつて、これが実生活から綴り方生活に入る門戸である。この指導がよく出来るならば、生れて来る作品も子供の生活に即した極めて面白いものとなつて来る。

田中は当時の綴り方は「生活第一、表現第二」という考え方の下で指導の際に「表現」面の指導がないがしろにされて、「素材生活」つまり「実際の生の生活の道徳的側面」を詮議するだけに終わっていることに疑義を投げかけている。田中は、綴り方教育における「生活」は単なる素材生活、つまり現実の生の生活ではなく、「表現といふ作用」の中に包括されていくものであり、「表現」に一連続に連なっていくものであると主張しているのである。

要するに、綴り方教育における「生活」とは全面的な生活ではなく、「題材生活」「綴り方生活」という限定されたものであり、それ故にこうした意味での「生活」概念は広い意味での「表現」概念に包み込まれていくものであるという考え方を明らかにしていたのである。

この際に、こうした「題材生活」「綴り方生活」において、「素材生活」つまり現実の生の生活を題材化していく姿勢として、「観照的態度」というものがあると述べている。そして、こうした方面の指導が「見方の指導」であり、これが素材生活と綴り方生活とを結びつけていくものであると主張していたのである。

注

（1）田中豊太郎「綴方指導の一努力点」（『教育研究』昭和五年十一月号、五一～五二頁）。
（2）同前誌、五四頁。
（3）同前誌、五五～五六頁。
（4）田中「綴り方を生活的ならしめる」（『教育研究』昭和六年七月号、二一三頁）。
（5）田中著『綴方教育の分野と新使命』昭和六年九月、一～三頁。
（6）同前書、八四頁。
（7）田中著『綴方指導系統案と其実践』昭和七年五月、二三～二四頁。二四～二五頁。
（8）同前書、三四頁。
（9）同前書、一八三～一八六頁。

(10) 同前書、二七一～二七五頁。
(11) 同前書、二七三頁。
(12) 同前書、二八四～二八六頁。
(13) 同前書、四五六～四五八頁。
(14) 田中「尋四以後の綴方生活の発達」(『教育研究』昭和十年一月号、一一七頁)。
(15) 同前誌、一一八頁。
(16) 同前誌、一二一頁。
(17) 田中「高学年に於ける理知的文の指導——取材の指導の一面として——」(『教育研究』昭和十年七月号、四三頁)。
(18) 田中「綴り方教育に於ける表現指導」(『教育研究』昭和十年十一月号、三五～三七頁)。

第Ｖ章　田中豊太郎の綴り方教育論にみる「生活」「表現」概念の統一止揚

第一節　綴り方指導過程上における「生活」と「表現」との一元化の方向

田中豊太郎は昭和十一年二月号の『教育研究』誌に発表した「綴方指導に於ける実生活の指導」と題した論考の中で次のように述べている(1)。

> 綴り方で要求する、第二の生活としては、物事をよく観察するといふことである。
> 綴り方の内面的指導は、見ることの指導、見方の指導であると言つてよい。
> かう言つた時には、見るといふことも、非常に広い意味をもつてゐるのであるが、優れた描写、明晰な説明の指導も、目でよく見、耳でよく聴き、鼻でよく感じ、舌でよく味はつてゐなければ出来ないことである。
> 感覚的によく観察することが、次に述べようとする鑑賞のもとであり、研究のもとであると思ふ。
> この感覚的な観察は、それがそのまゝ面白いものとして題材になることもあるが、大抵の場合は、一は物事を味はつて眺めるといふ鑑賞的なものとなり、他の一つは物事を調べて見るといふ研究的な見方になつて行くのである。即ち一つは鑑賞的に、一つは科学的になるのである。

次の文例なども、子供としては、可なりよく観察したもので、その為に、感想文といふものとなつてゐるものである。しかも、これも注意して感覚的観察をしたから産れたといふ外はないのである。

煙草屋

尋五、男

大塚の玉子電車の通る横に小さな煙草屋がある。横に大きなかまがあつて、しじゅう白い煙をはいてゐる。時々色々の人が買に来る。焼芋屋は絶えず薪をくべたり、ふたをあけて見たりしてゐる。

この芋屋はほんとうは縁日の金魚屋をするのであるが、冬になると、金魚も売れず、金魚すくひにも来る人がないので、焼芋屋をしてゐるのである。

今年も十一月に入ると、金魚の方をやめ、芋屋の方にかかつた。

僕はこの焼芋屋が夏の金魚屋の時、金魚の餌を買つたりするのでよく知ってゐる。体は小さく眼も細いが年よりである、至つてあいさうがよくない。

「明日金魚を持つて来てね。」

「へい。」

「いつごろまで金魚屋をするんですか。」

「もすこしです。」

と言ひにくさうに小声で言ふ。

お父様は、

「あの人はあいさうがない。」

と言つてをられるが、さうかも知れない。けれども夏の縁日の時などは金魚すくひにわいわい子供が来る。

インチキな針金に糸を通して金魚をすくふのである。もし途中で糸が切れたら、一銭とられ、すくつた金魚ももとのところへもどすのである。もつとしたい時は一銭出してまたすくふ、けれども一銭々々まうけるのでは損はしないかと思つて聞いて見たら、

「いやいや何十円と毎日まうけます。」

「それから熱帯魚の餌にみぢんを持つて行くと大まうけです。」

と言つて、へんな帳面も見せるので、見ると、××公爵といふ名もあるのでおどろいた。

「焼芋の方も毎日まうけてきた。」

と言つた。

（以下略）

田中はこの中で、「綴り方で要求する、第二の生活」として「物事をよく観察するといふこと」を挙げ、「綴り方の内面的指導は、見ることの指導、見方の指導」であることを改めて強調している。田中は綴り方指導の方面から考えた子どもの「第二の生活」を「物事を観察する」こととして捉えていたのである。

その上で田中は、「感覚的によく観察すること」が「鑑賞のもとであり、研究のもとである」として、尋常五年の子どもが書いた綴り方を取り上げて、「感覚的観察」の在り方を提示している。

また、田中は昭和十一年四月号の『教育研究』誌に「綴り方指導過程の問題検討」という論考を発表している。この中で田中はまず「綴り方の指導過程は、その基本姿勢を文を綴る内面過程」においていると規定している。

その上で田中は次のように述べている。[2]

子供の生活を指導するとか、生活内容を培ふといふ様なことは、結局は綴り方の時間だけの仕事ではなくて、その大部分は子供の日常実生活の中に営まれ、また知識内容にしても、観察・鑑賞の態度を養ふにしても、これが綴り方だけの仕事ではなくて、理科にも関係し、修身にも関係し、読方にも図画にも唱歌にも関係してゐるので、寧ろその方面で養はれることが多いのである。そのために綴り方教育の負担を軽くしようと考へるのではない、責任を遁れようとするものでもない。けれども、また何もかも綴り方教育で行はなければならない様に考へて、綴り方教育こそは全教育を掌るものであるといふ様に買ひかぶることも、綴り方教育の発展のために考慮すべきことだと思ふ。なる程、綴り方教育は子供の日常営んでゐる実生活を対象とし、また他の教科で授けたこと、訓練されたこと、それ等総てを対象とするものであるから、生活なり他教科の教育を統合する様にも考へられるけれども、それは文を綴るといふ一角度からの統合であつて、私は寧ろ綴り方が他教科の恩恵を蒙つてゐるのであると見るのである。さうして綴り方教育はその独自の目的であるところの文を綴ること、といふことに範囲を狭めて考へ、しかも日常の子供の実生活や、他教科の教育に根本的な脈絡を通じて、綴り方教育によつて人間教育の一面を担当しようと考へるのである。

この中で田中は、「子供の生活を指導するとか、生活内容を培ふといふ様なことは、結局は綴り方の時間だけの仕事ではなく」て、広く子どもの日常生活や各種教科の指導の中で遂行されていくものであると述べている。その上で田中は「綴り方教育は子供の日常営んでゐる実生活を対象とし、また他の教科で授けたこと、訓練されたこと、それ等総てを対象とするものであるから、生活なり他教科の教育を統合する様にも考へられるけれども、それは文を綴るといふ一角度からの統合」であるから「綴り方教育はその独自の目的であるところの文を綴ること、といふことに範囲を狭めて考へ、しかも日常の子供の実生活や、他教科の教育に根本的な脈絡を通じて、綴り方教育によつて人間教育の一面を担当しようとするのである」とその考え方を表明している。

要するに田中は、綴り方教育の目的を文を綴ることの生活という限定されたところにおくべきことを訴えているのである。

このように、田中は「綴り方で要求する、第二の生活」を「物事をよく観察する」こととし、「文を綴ること」が綴り方教育の独自の目的であるとして、綴り方指導過程上に「生活」と「表現」との一元化を図ろうとしている。

第二節　文章観と「表現」概念との密接な関わり

田中豊太郎は昭和十一年六月号の『教育研究』誌に「綴り方指導に於ける鑑賞・批評・文話」という論考を発表している。この中で田中は「鑑賞・批評・文話の地位」は「第一には、一般的に文章観を高めること」「第二には表現慾を昂めること」に通じると指摘している。さらに、「鑑賞文例・指導文例」による綴り方の「鑑賞・批評・文話」は「指導文例・参考文例の作者が何を対象としてゐるか」「その対象を如何に観察し、鑑賞し、思索し、想像してゐるか、即ち如何にその対象に対して生活してゐるか」「それをまた如何なる構造をもつて表現してゐるか」「更にはそれを如何なる言葉をもつて表現してゐるか[3]」といった方面について指導することであると表明している。

要するに、田中は「生活の対象、生活の仕方、表現の態度、表現の手法・言葉、それらについて見させること」によって、「内容的に綴り方指導が行われる」のであると、「内容」面を包含した「表現」指導の在り方を提起していたのである。

また田中は、昭和十二年五月に『小学教育大講座4綴方教育』という著書を刊行している。本書には八十頁余にわたって「児童文に対する文章観」という章が立てられている。この中で田中は第一番目に「文の真実性」という点を掲げて次のように述べている。[4]

私は今、たとへ誤つた考へであつても、作者の真実な表現を要求すると言つた。

それでは、作者の真実な表現でさへあれば、たとへ誤つた考へのものでも綴り方として認めるかといふと、私は綴り方としてはこれを認めて行きたいのである。綴り方はそれを要求してゐるからである。それを標榜してゐるからである。さうしてその表現に対して指導して行くことが綴り方の教育である。教育といふ立場からは、たとへ誤つた表現であつても、それが作者の真実の叫びであれば取り立てゝ綴り方として認め、しかも尚ほ、これに指導を加へて正しいものにして行くといふことが教育なのである。だから、とにかくにも作者が真実な表現をしてくれなければならないのである。綴り方教育はそこに出発するのである。往々にして綴り方と綴り方教育とを混同して、真実な表現でさへあれば、それが誤つた考へであつたり、片手落の考へ方をしてゐても、これが子供の真実であるからと言つて認めようとする。それではならないのである。綴り方教育も教育である。子供を正しく、深く、美しく育て上げようとする教育である。だから、それをその儘承認してはならないのである。けれどもまた、綴り方といふ意義から言へば生活を表現してゐるので、作者の身になつて見れば、これで真剣な表現をしてゐるのであるから、一応は認めなければならない。さうしてこれを正しく、美しく、深く導くことの手がゝりとすべきである。作品の内容批評によつて、子供の生活を指導するといふことは、こゝに意義がある。

この中で田中は、「教育といふ立場からは、たとへ誤つた表現であつても、それが作者の真実の叫びであれば取立て〻綴り方としては認め、しかも尚ほ、これに指導を加へて正しいものにしていく」ということが求められてくると指摘している。

また田中は、「真実な表現とか文の真実性といふものは、何と言つても作者自身の生活で書いた文といふことが要求される」と述べている。

なお、田中はこの「作者自身の生活で書いた文」については、「作者自身の直接経験の表現」であるとし、その直接経験とは「特殊な経験ばかり」ではなく、「寧ろ日常生活として毎日繰返してゐる生活の中に意味を見出し、これを味はい、これを表現させるところに最も深い意義が存在してゐる」と主張している。

要するにそれは、「実感の表現」「切実な心持の表現」であり、「生々しい生活その儘の感情、生活の中に醸されるその儘の心持をもつて書[5]」かれた綴り方でなければならないと訴えていたのである。

田中はそうした綴り方作品として、次のような文例を掲げている。[6]

紙　人　形　　　　　　　　　　尋　五

初子さんといふ近所のお友達と一しよに羽根つきをして、疲れたので休みながら羽子板の表を見て批評した。二つとも私ので、一つはかして上げたのだ。一つはやき絵で、一つは押絵だ。押絵のを見てゐるうちに、押絵の様な作り方で、何か作りたくなつたので、一しよに家にはいつた。

ボール紙・折紙・鋏とのりをそろへて、二人で別々に作りはじめた。切端の色紙にお人形を描いて、それを、毛・顔・腕・手首・胴・足・靴と切りはなして、それを一つ一つボール紙に描いて切らうと思つたら、お母様が、「ごはんですよ。」とおつしやつたので、初子さんは帰つた。

夕方になつて思ひ出したので、一人でやり始めた。ボール紙を切つて、それに色々の折紙をはつた。洋服は軍服にして、スカートにひだをつけた。袖は折返したやうにした。折紙がはなれたので、一つ一つはり合せた。腕と足は動く様に白いみつこ色で止めた。

お母様が紙人形を作り始める頃からお使ひにいらつしやつたことを思ひ出して急にさびしくなつたが、「このお人形が出来たら、お母様がお帰りになるのだ。」と、心に言ひながら作つた。

洋服とスカートをはり合せようとしたが、なかなかすつかりはれない。やつとはれたので、体に洋服をはりかけたらスカートがとれるので、なかなかすつかりはれない。やつとみんな張合せをすることが出来た。靴だけは小さくて、よくはれないのでやめた。顔は下手に書くと大へんなことになるので、書かずにおいた。

少し見てゐたら、御門の開く音がしたので、出て見たらやつぱりお母様だつた。お人形を茶色の折紙にのせてお見せしたら、

「紋付を着てゐるのですか。」

とおつしやつたので、

「洋服よ。」

と言つたら、

「白い糸でとめてあるので、紋付かと思ひました。黒つぽい着物の時は黒い糸でとめる方がよいのですよ。」

とおつしやつたので、さうさうと思つた。

夕ごはんをいたゞいてから、何だかうれしいので、またゆつくり見たら、えりとネクタイをはるのを忘れてゐたが、また折紙を出してはるのも大へんなので、そのまゝにして、床の間のメリーのそばにそつと寝か

して勉強にかゝつた。

このような文例を九編ほど掲げて、「作者自身の直接経験の表現」を例示している。右の作品については、「女の子の実際生活を、忠実に再現しただけで、これだけに興味のある文になつたのである」とし、「別に巧まない表現であるが、自分の生活経験だけに、全体に心持よく読むことが出来る」と書き添えている。

田中はこのようにして、田中自身の「児童文に対する文章観」を具体的文例を通して披瀝している。

さらに田中は、「綴り方は作者自身の発見する意味の表現である」と規定して、次のように述べている。(7)

綴り方は自然なり、人生なり、または人間の作つた文化なり、或は自分自身の生活経験なりを対象として、その中に意味を見出すことの修練である。

私は綴り方は見方の訓練であると言つてゐる。

綴り方の内面的な目的は見方の訓練である。

見方の訓練といふのは、自分自身が見たり聞いたり、実行したりした、そのもの丶中に意味を見出すといふことである。

その、意味を見出したといふことは、見出した自身に取つては一つの驚異である。心の高鳴りを感じるのである。心の高鳴り、心に感じた驚異、これが取材の動機となつて再びさういふ心持を振ひ起した素材を見直して、これを味はひ眺めるといふことを修練することが綴り方の内面的な目的である。さうしてこれを文の上に忠実に表現することが、綴り方教育の表現上の目的である。だから綴り方教育の目的は、内面的には見方の訓練であり、形式的にはそれを表現する表現の手法の指導であるといふことになる。

田中は、綴り方教育の目的は「内面的には見方の訓練であり、形式的にはそれを表現する表現の手法の指導である」と表明している。なおこの時点で田中は綴り方の叙述内容面と叙述形式面とを必ずしも一元化して捉えているわけではない。けれども、綴り方教育の目的に関しては「生活指導」という言い方をしないで、「見方の訓練」であると明確に規定している。

第三節　「生活主義の綴り方」に対する批判

田中豊太郎は昭和十三年十月号の『教育研究』誌に「綴り方教育の動向と所感」という論考を発表している。この中で田中は当時再び主張され始めていた「生活の再現か」「生活の指導乃至は生活の構成か」という論調を取り上げて、「生活指導とか、生活構成といふ事は教育全体の目的」であり、「もっと大きく言へば人生の目的である」として、「綴り方教育も当然生活構成とか生活指導を分担しなければならないけれども、生活指導、生活構成さへ出来たら綴り方教育の使命を果たした様にでも考へるのであれば、綴り方を重視しながら、その実は綴り方の自殺である[8]」と批判している。

田中はその理由を「生活の指導或は生活の構成といふことは、他の教科でもやつてゐること」であるとし、「綴り方が生活に対して及ぼして行くところは、見方、考へ方の態度とその内容の方面」すなわち「行動によつて体験して味はつたところ」「見たり聞いたりした所謂直観によつて味はつたところ」「研究調査など所謂調べることによつて味はつたところ」「想像とか思索によつて味はつたところ」等を表現することが綴り方であり、そのことで「自ら生活が磨かれ」ていき、「物事の見方考へ方が進展して行く[9]」のであると説明している。

当時の綴り方教育の思潮や動向に対するこうした考え方の中にも、田中が綴り方を書くことによって、「物事の見方、考へ方」を拡充深化させていくこと、そしてそれ自体が児童の生活を指導することに通じているとする考え方が明確に窺える。要するに、田中は綴り方生活の指導という考え方を確立させていたのである。

第四節　「生活の指導」と「表現の指導」の統一止揚

田中豊太郎は昭和十六年三月に『綴方教育の指導過程』という著書を刊行している。本書の中で田中は「綴方指導の着眼点」として「見方の指導」と「表現の指導」について論述している。ここにも、田中における「生活の指導」と「表現の指導」との一元化の方向が明確に窺えるので、以下に見ていくことにする。

1 「見方の指導」の位置づけ

田中は綴り方指導における「見方の指導」について次のように述べている。[10]

綴り方は子供の生活の表現である。

子供の生活経験の表現である。

子供が見たり、聞いたり、行つたりしたことを表現することである。

しかしそれがたゞ見たり、聞いたり、行つたりしたことは、実は綴り方の材料であつて、それをどう見てゐるか、考へてゐるか、どう感じて見てゐるかといふことが加はつてはじめて作品の内容となるものである。まだ、それがあつてはじめて、見たこと、聞いたこと、実行したことが、表現しようといふ動機にまで高まつて来るのだと思ふ。

普通、綴り方の内面的な指導は見方の指導であると言つてゐるが、この見方といふことも、その概念を厳密に考へると、生活事実中に於いて見ることを指す場合と、生活の内面に於ける見方を指す場合があると思ふ。具体的な生活にあつては、目をよく働かして見、耳をよく働かして聞くといふ生活事実をよくやつて居れば、自ら何等かの感じ、何等かの考へが湧いて来るものであり、また、何等かの感じ、考へがあるからこそ、よく見もするし、よく聞きもするのであるが、綴り方指導の概念を明らかにするために、私はこれを強ひて区別して考へるのである。

綴り方教育に於ける見方の指導といふのは、その内面的な働きの中にある見方の指導を独自の任務としてゐるのである。勿論、生活事実中の働きとしての見方も除外するのではないが、それは子供の自然の生活として行はれてゐるものであり、また内面的な見方の指導によつて促進されるものである。また、文に表現しようとする場合の必要から促進されるものである。

この中で田中は、「見方」ということに関して「生活事実中に於いて見ることを指す場合」と「生活の内面に於ける見方を指す場合」とがあると述べている。そして、綴り方教育における「見方の指導」とは「その内面的な働きの中にある見方の指導を独自の任務としてゐる」と規定する。

さらに田中は、この「内面的な働きとしての見方」を二つに分けて捉えている。一つは「未分化的な見方」すなわち「うれしい、楽しい、珍しい、をかしい、くやしい、悲しい、しやくにさはつた」等の「実感的な見方」、もう一つは「切実感をもつて居り、それが動機となつて表現されてゐるのであるが、科学的興味とか、芸術的鑑賞とか、道徳的感銘または道徳的批判といふやうに分化された内容をもつてゐるもの[11]」である。

そこで、「綴り方指導上最も根本的な問題だとする見方の指導」では、「各々の見方を鋭くし、確実にし、深くすると共に未分化的、実感的な見方から、次第に、これを高めて分化的に、さうして文化的、価値的見方に導いて行く」こと、言い替えれば「未分化的、実感的見方の中へ、次第に価値的見方を浸潤させて行く[12]」ことであると規定している。

続いて田中は、こうした「見方の指導」の内容となるものは様々な教科の指導からも与えられるが、綴り方教育においては、「子供自身が直接に人生なり自然に体あたりをした時に、どういふ見方、考へ方、感じ方をしてゐるかを見るのは綴り方教育に於てその機会を最も多く持つ」のであり、綴り方教育の狙いがこうした「機会を多くして、その実習をしてゐるのだ[13]」と述べている。

田中はこの「見方の指導」を促進するためには、「他の教科の教育を十分に行ふこと、教科書以外の読物を多く読ませること、殊に他人の習作たる綴り方作品を多く読ませること、さうして体験の機会を多く与えること[14]」であると指摘している。

本書のこの部分には、「生活の指導」とか「生活の構成」という文言は全く見られない。ただ、本書の冒頭で田中は、綴り方における「子供の生活」というものを「子供たちの見たり、聞いたり、行動したり……といふ、所謂、直観、体験、思索、想像等」のことであると規定している。そして、綴り方教育はこうした「生活の表現を助長促進して行くこと」を任務としており、「生活の表現といふことも生活の構成といふことも、この一連続の中に含まれてゐるものである[15]」と表明している。

したがって、本書において田中は、「見方の指導」がそのまま綴り方における「生活の指導」であると考えているのである。

2　「表現の指導」の位置づけ

田中は「綴り方教育独自の任務、独自の使命」は「表現の指導」にあると言わなければならないと断言する。先に見た「見方の訓練」「見方の指導」も「文に表現する、文章を書く」ことによって訓練陶治が促進されるのだと表明する。

その上で田中は次のように述べている。[16]

生活を作品にまで完成させるためには、どんな方面に着眼しなければならないかといふに、先づ前項で述べた様に見方の指導を第一とするのであるが、それを作品にまで完成するには、所謂綴り方生活の過程を考へ、その過程々々について指導するのでなくてはならない。即ち、

生活を題材として決定すること

題材によつて生活を統整すること——構想

記述上の順序を考へること

記述上の形式を選択すること

実際に記述すること

更に自ら批正、推敲を行ふこと

これ等の順序が、内面的には行はれてゐる筈である。

綴り方独自の任務とし、着眼点とするところは、この各々の過程に向かつて指導を加へて行くことである。これを広い意味の表現指導といつて、綴り方指導の重大な、そして独自の任務とするのである。

田中はこの中で、「生活を作品にまで完成させる」ためには「見方の指導を第一とする」のであるが、これを

作品にまで完成させるには「所謂綴り方生活の過程を考へ、その過程ゝ、について指導するのでなくてはならない」と指摘する。その過程とは、「生活を題材として決定すること／題材によつて生活を統整すること――構想／記述上の順序を考へること／記述上の形式を選択すること／実際に記述すること／更に自ら批正、推敲を行ふこと」である。

これらの綴り方の各々の過程に向かって指導を行っていくこと、これが広い意味での「表現指導」であると規定している。要するに、この指導過程の中に、「見方の指導」は含まれていると理解することができる。

さらに田中は、「綴方生活の指導過程」について「綴り方生活に関係をもつ全範囲に亘つて考へられなければならない」と述べている。

田中が考えるその指導過程とは次のようなものである。[17]

(1)　原体験の仕方の指導、即ち子供たちが自然や人生を対象としてどういふ様に体験すべきか、その時の物事の見方、感じ方、考へ方、味ひ方の内容を与へることを考へなければならない。

(2)　その原体験を如何にして自分の綴らうとする題材に捉へて来るかの指導もしなければならない。

(3)　取つた題材について、それを如何にして想として組立てるかといふ所謂構想・腹案の指導もしなければならない。

(4)　いよいよ記述するに当つて、如何なる言葉を選び、如何なる文字を用ひ、如何なる符号を使ふべきかの指導もしなければならない。

(5)　自己批正或は推敲の指導もしなければならない。

(6)　更には、他人の作品を鑑賞し批評する指導も必要なのである。

これらの指導のうち、(1)の「原体験の仕方の指導」は、綴り方教育だけが担当すべきものではなく、「生活全体、教育全体に関はるもの」であるとして、中心は(2)から(6)までの指導過程であると表明している。

本書においては、直接的に「生活の指導」という用語は見られなくなり、替わって「見方の指導」という用語が使用されている。しかも、この「見方の指導」も「綴り方生活の過程」に沿った指導過程の中に含められて、この時点で田中の中では綴り方教育における「生活」概念と「表現」概念とは統一的に止揚されたと言える。

なお、田中豊太郎には、昭和十七年三月に刊行された『国民学校国民科綴方精義』という著書がある。この本は、国民学校の綴り方施行規則の中の条文「綴り方は児童の生活を中心として事物現象の見方につき適正に指導し、それを平明に表現する力を養ふ」という目的に沿って先に見てきた「綴り方生活の過程」の指導の在り方が具体的に述べられている。指導の基本的な方向と内容とは、これまで見てきた田中の考え方とほとんど変わるところはない。

第五節　田中豊太郎綴り方教育論にみる広義の「表現」概念への発展的展開

これまでⅠ章からⅤ章まで、田中豊太郎の綴り方教育論にみる「生活」「表現」概念の統一止揚への歩みを辿ってきた。

田中の綴り方教育論には滑川道夫等によって指摘されてきた、いわゆる「生活主義の綴方教育」論に見られる「生活」観、「現実的な生活性」は存在しなかったと言える。田中の場合、その「生活」概念は、自らの綴り方教育論の始発において明確な限定がなされていたのであった。それは、綴り方教育における「生活」なるものを、生《なま》の生活としての「現実生活」「素材生活」と峻別して、「観照生活」あるいは「綴ることにかかわる生活」、つまり「綴り方生活」として把握していたのである。

田中は、この限定された「生活」概念、つまり「生活の指導」をいかにして「表現の指導」、すなわち「表現」概念と一元化させていくかということを一貫して追究してきたのである。その過程で考え出したのが「生活の綴り方化」「綴り方の生活化」という循環的な図式であり、実際の指導過程での「題材の取り方の指導」の重視という方向であった。その際に重視したのが「観照」という表現作用であった。

こうして、田中は次第に「表現」ないしは「表現の指導」という概念の中に、限定された「生活」概念、すなわち「題材化するための生活」という「生活」を含めていくようになる。

このような行き方は、領域概念としての「生活」という用語の使用を避けて、機能概念としての「見方」という用語を用い、「生活の指導」という用語に替えて「見方の指導」という用語に言い替えてきている点に如実に表れている。

要するに、田中は、自らの綴り方教育論の発展・深化の過程において、いわゆる「生活」概念を「題材生活」という概念に置き替え、この中の「題材の取り方の指導」ないしは「見方の指導」を広い意味での〈表現指導〉、すなわち「綴り方生活の過程の指導」に包み込んで、いわゆる「生活」と「表現」との一元化を図っていったものと見なせるのである。

そして、田中豊太郎の綴り方教育論におけるこうした発展・深化の道筋には明らかに、綴り方教育史の上で「生活指導」とか「生活表現の指導」ということが主張されだす以前に存在していた狭義の「表現」概念――表現技法や表現手法――を超えたより広義の「表現」概念への発展的展開があったと見なすことができるのである。

注

（1）田中豊太郎「綴方指導に於ける実生活の指導」（『教育研究』昭和十一年二月号、四八〜四九頁）。
（2）田中「綴り方指導過程の問題検討」（『教育研究』昭和十一年四月号、七五頁）。
（3）田中「綴り方指導に於ける鑑賞・批評・文話」（『教育研究』昭和十一年六月号、四四〜四六頁）。
（4）田中著『小学教育大講座④綴方教育』昭和十二年五月、九九〜一〇〇頁。
（5）同前書、一〇七頁。
（6）同前書、一一七〜一一八頁。
（7）同前書、一二三頁。
（8）田中「綴り方教育の動向と所感」（『教育研究』昭和十三年十月号、三五頁）。
（9）同前誌、三六頁。
（10）田中著『綴方教育の指導過程』昭和十六年三月、十九〜二二頁。
（11）同前書、二一頁。
（12）同前書、二二頁。
（13）同前書、二三頁。
（14）同前書、二四頁。
（15）同前書、一〜二頁。
（16）同前書、二四〜二六頁。
（17）同前書、二七〜二八頁。

終　章　本研究の総括と今後に残された課題

第一節　国語教育・綴り方教育諸雑誌等にみる「形式」「内容」一元論の総括

第Ⅰ部において、昭和戦前期を中心に刊行されてきた国語教育・綴り方教育関係の諸雑誌と諸本にみる「表現」概念の位相を辿ってきた。

本研究の中で、「表現」という用語の概念を巡って考察を進めてきた理由については序章や第Ⅰ部の冒頭においてすでに言及しておいた。本研究の仮説として、広義の「表現」概念の中に、昭和戦前期を中心とする綴り方教育の歴史において「表現」概念の対立概念と目されてきた「生活」概念が包含されていくという立場に筆者が立っているからである。すなわち、昭和戦前期から戦後期にかけて綴り方・作文教育の教育内容を巡り、その主要な対立点となってきた「生活指導か表現指導か」という論点を克服していく考え方が、広義の「表現」という概念の中に潜んでいるという仮説に立っているからである。

そして、この仮説をある程度まで立証し得る考え方がすでに取り上げてきた国語教育・綴り方教育関係の諸雑誌や諸本の中に数多く存在していた。

ここでは、そうした考え方を各章における要点を取り出しながら総括しておくことにする。

1　明治期の作文教授論にみる「内容」「形式」一元論の萌芽

明治期においては、まだ国語・作文教授理論に関する雑誌にみるべきものが出現していない。そこで、作文教授に関してその「内容」と「形式」を一元的に捉えていこうとする傾向の見られた書物を取り上げて考察を加えた。

上田萬年は明治二十八年八月に冨山房から『作文教授法』を刊行している。

本書の中で、上田は「作文教授の要と云ふものは、思想を達者に書き表はすのと、同時に又思想を健全に書き表はす」ことで、両者を兼備させるように教えることが「作文教授の大趣意」[1]であると主張したのである。形式主義教授が中心であった明治期にあって、作文の「形式」面を中心とした指導から「内容」面も一体として指導していくべき事を提唱しているところに意義を認めることができる。

なお、上田は本書の中で、ドイツのベネケが唱えた「四階級」説を取り上げて紹介している。上田が紹介したベネケの「四階級説」は、明治期の作文教授法に少なからぬ影響を及ぼしている。その主なものは、佐々木吉三郎著『国語教授撮要』（明治三十五年八月、育成会）や豊田八十代・小関源助・酒井不二雄共著『実験綴方新教授法』（明治四十五年三月、広文堂）等である。

さて上田が紹介したベネケの「四階級説」は、①「作文の材料」と「言葉」の「両方与へられてある場合」、②「材料は与へられてあるけれども、併し言葉は与へられてあるのでない」場合、③「言葉だけが与へられてある」場合、④「考も言葉も共に与へられてない」[2]場合、に分類されている。

上田はこの「四階級」を整理して「三つの階級」に改めて提案している。「第一階級　簡単に書き直すといふ事」、「第二階級　模様換へして写す事」、「第三階級　自ら文章を作り出す事」[3]である。

ところで、佐々木吉三郎の場合は、右の「四階級」を「第一類　内容と形式と二つながら与ふるもの」、「第二

類　内容のみを考へて、形式を工夫せしむるもの」、「第三類　形式のみを与へて、内容を工夫せしむること」、「形式も内容も二つながら与へざるもの[4]」の四つに分類整理している。

この「四分類」は、豊田八十代達の『実験綴方新教授法』においてもほぼ同様の形で踏襲されている。以上のベネケによる「四階級説」を援用した教授方法論は、上田の場合も佐々木吉三郎や豊田八十代達の場合でも、作文・綴り方の「内容」「形式」二元論が自覚的に論じられていた訳ではない。しかし、消極的な形ながらも、この四分類法に基づいた教授事例によって、作文・綴り方の「内容」と「形式」との一体的な関係が示唆されていた点は、明治期における「内容」「形式」二元論の萌芽と見なすことができよう。

2　大正期『国語教育』誌にみる「表現」概念の位相

大正五年から昭和十六年まで四半世紀にわたって刊行された保科孝一主幹による『国語教育』誌には、「表現」概念に関わる考察、とりわけ綴り方・作文における「形式」面と「内容」面の扱いを巡って両者を一元的に取り上げていこうとする論調が頻繁に出現しているところに注目させられる。

五味義武は大正五年の「綴方教授に於ける語句の指導」という九回に及ぶ連載論考の中で、明治期以来の「形式主義の綴方」においては、「文字や語句の方面は比較的多くの注意が払われ」ていたけれど、「思想を表はすために如何に語句の指導を行うべきかといふ所へは触れなかつたのである[5]」と、綴り方教授における語句指導の問題点について指摘している。

その上で五味は「思想と文章との一致」ということに関して、「元より文章に在ては内容を第一の要素とするが故に、内容即ち思想の開拓・養成・啓発・洗練等の意味から表はすべき想念の吟味に主力を注がねばならぬが、その想念を遺憾なく表出するといふにはそれを表はす語句の使用に負ふ所が少くない」と述べて、「表はし方の上から語句の指導を行つて十分なる発表をなさしめる事は、想念の啓発指導と相俟つて綴方教授上の二大事項と言つてもよろしい[6]」と主張している。

五味はこの九回に及ぶ連載論考の中で、具体的で詳細な実践事例を提示しながら、綴り方教授における「内容（思想）」面と「形式（文章）」面との一体的な指導を語句・語彙の指導を通して意識的に行っていこうとする注目すべき提案を行っている。

駒村徳寿は大正五年の「創作養護と実用主義」という論考の中で、「表現的能力」「表現の手段」「表現に関する部門」「表現指導」「思想を人格化」「独創的の精神文明を産出[7]」等の言葉によって、「表現」概念を教科の領域概念から綴り方の教科内容としての概念までを広く含めて捉えていた様子が窺える。少なくとも、この論考の中で用いられている「表現指導」という用語は、「内容」面と「形式」面とを共々包み込んだ意味で用いられている。

なお、本誌では、大正十四年に二回にわたって「児童文研究」が行われている。数編の綴り方作品に対して四人の教師が批評文を寄せている。その批評文の中に、当時の小学校教師達の綴り方指導に際しての「表現」に関わる考え方が窺えて興味深い。特に、児童の書いた綴り方作品の叙述内容面と叙述形式面とを切り離さないで、一体的に批評・評価を下しているところが注目させられる点である。大正期のこの時期において、綴り方の「表現」に関して、「内容」面と「形式」面とを一体的に捉えていこうとする考え方が窺える点に注目させられる。

大正期『国語教育』誌においては、「表現」概念に関わる考察、とりわけ綴り方・作文における「形式」面と「内容」面の扱いを巡って両者を一元的に取り上げていこうとする論調が頻繁に出現してきていたということが明らかとなった。

が窺える。

3　『赤い鳥』誌にみる「表現」概念の位相

大正七年七月に創刊された児童雑誌『赤い鳥』には、編集主幹であった鈴木三重吉の「表現」に関わる考え方が窺える。

三重吉は『赤い鳥』誌に投稿された児童綴り方作品の一つ一つに対して克明な選評を加えている。その選評は、筆者である子どもの現実の生活に対する認識の方向及び生活の問題そのものには向けられないで、あくまでもその文章表現能力の進歩発展にのみ向けられていた。それは、三重吉の言葉で言えば「叙写の能力」の優劣如何に限定されていたということである。要するに、三重吉の選評指導の中心が「表現指導」にのみあって、「生活指導」的側面にはほとんど触れられていないという点にあったということである。

三重吉の『赤い鳥』綴り方教育運動における文章観や綴り方教育観には、「叙写の腕」の優劣如何という一点に指導の目的を絞った文章表現指導を通して、子どもの「人間的成長」[8]を促していこうとする強い意志が貫かれていたのである。

三重吉はその晩年の著作である『綴方読本』（昭和十年十二月、中央公論社）の中で、「表現」という用語に関して、「表現といふのは、一般に理解されてゐるごとく、記叙の外形たる、表出と、その表出の中に盛り入れられてゐる記叙の実質的内容とを、併合して言つた術語である」と規定している。

三重吉は「表現」というものを「記叙の外形」としての「表出」、すなわち文章の形式的側面と「記叙の実質的内容」[9]とを併せた、「形式」と「内容」を一元化する概念として捉えているのである。

三重吉によるこの「表現」概念は、極めて明確であり適切でもある。

三重吉は昭和六年に復刊された『赤い鳥』誌に掲載された市毛道也という子どもの書いた「山の一日」という綴り方に対する選評を克明に記している。その選評には、「叙写にしても、すべて言葉に何の装ひを用ゐず、単朴なま丶の表出をもつてして、まざまざと実景と気分とを浮べてゐます」と述べ、「本当に理想的な、い丶表現（表出と内容の二つを合せた意味）です[10]」と評価している。

右の選評には、先に見た三重吉の『綴方読本』に述べられているところの、「記叙の外形」としての「表出」、すなわち形式的側面と「記叙の実質的内容」とを併せた「表現」概念が示されている。つまり、綴り方の「形式」面と「内容」面とを一元化する概念が明示されているのである。

『赤い鳥』誌の主宰者・鈴木三重吉の「叙写」指導に見られる「表現」概念には、綴り方指導における「形式」「内容」一元観が明確に示されていたことが明らかとなった。

4　『綴方教育』誌にみる「表現」概念の位相

菊池知勇が主幹を務めて大正十五年四月の創刊号から昭和十六年三月号まで通巻一八六号まで刊行された『綴方教育』誌は、日本で最初の綴り方教育研究誌であった。

この雑誌に拠った菊池の綴り方教育運動に関しては、国分一太郎、峰地光重、中内敏夫、滑川道夫らによる先行研究がある。しかし、これらの研究は、程度の差こそあれ、概ね「生活綴り方」運動論の立場か、「生活綴り方」成立史という史観からの考察が中心となっている。加えて、これらの先行研究には、菊池の綴り方教育論の中に「生活（の指導）」と「表現（の指導）」との一元化への志向を探るという視点は全く窺えない。

そこで、本研究においては、菊池が『綴方教育』誌に連載した各種論文を手がかりとして、その綴り方教育論にみる「生活」と「表現」の一元化への志向を検証してみた。

菊池が昭和四年四月号から同七年三月号まで計三一回にわたって連載した「佳い綴り方と拙い綴り方」という論考は、綴り方作品の鑑賞指導を行っていくための教材としての機能を有している。

各号に掲載されている教材では、児童作品の主に「取材（＝題材生活・綴り方生活）」面と「表現」面とから、それぞれの長所と短所とを具体的に分析・批評することで、実際に指導する際の参考事例を豊富に提供している。この「取材」面が「生活」面に該当すると見なすことができる。そして、この「生活」面と「表現」面とを一元的に捉えていこうとする姿勢が、それぞれの教材に窺えるのである。

例えば、菊池が加えた「批評」の中の、「自分の心の生活に対する態度の真剣さ、熱烈さがこの取材をさせたものであつて、それがこの文の生命である」といった言葉や、「表現は、もとよりとらへた心に副ふべきであつて、この文は、飽くまでも真摯にとらへた心をどこまでも正確に表現しようと努力してゐるのが見えてうれしい限りです[11]」といった言葉に、綴り方に取り上げられている子どもの「生活」と「表現」とを一体的に捉えて評価しようとする姿勢が顕著に窺えるのである。

もう一編、菊池が「二つの心の争ひをとらへた文」（尋五児童作）という作品に加えた「批評」文を見ておこう。菊池は「この心の争ひが、最終まで解決がつかず、今なお争つてゐるといふところに、この文の題材の特色があり、これをとらへた作者の並々ならぬ親切と、誠実と真実をもとめやうとする努力とがあらはれてゐます[12]」と述べ、この点を「綴り方に於ける生活指導の深みの思はれる取材ぶりです[12]」と評価しているところに、菊池の「生活指導」観が現れている。そして、この「取材ぶり」に関わらせて、その「表現ぶり」について、「題材の中心は、ある大きな周囲乃至輪郭の中の中心であつて、その周囲や輪郭を失つた中心は、もはや中心としての姿をさへ見失はなければならないのです[13]」と、厳しい注文を付けているところに、菊池の「生活」と「表現」とを一体化させようとする志向が如実に窺える。

さらに、菊池は昭和七年四月号から同八年三月号まで十一回にわたって、「児童作品の鑑識と指導」という論考を連載している。この連載も副題の「よき題材と表現と指導とをもとめる人のために」という文言から分かるように、教材としての役割を持たせた論考である。

菊池はこれらの連載論考の中の「熱心な観察」という参考事例の中で、「よい生活、佳い取材、よい表現、この三つがそろつた時に、綴方は申分のないよいものとなります」と述べ、「よい生活の大部分」は「行きとゞいた観察をしてゐること」であるとして、「観察の生活をよくしておくことが、綴方生活の第一の条件[14]」であると規定している。

菊池の場合は、右に言う「観察の生活」が綴り方における「生活」概念であり、この「生活」と「表現」との調和の取れた一体化を絶えず追究していたことがこれらの参考事例から読み取れるのである。

5　『綴方生活』誌にみる「表現」概念の位相

昭和四年十月に文園社（編集人・志垣寛）から創刊された『綴方生活』誌は、翌五年十月に「第二次同人宣言」を発表して郷土社（編集兼発行人・小砂丘忠義）発行となり、三年後に再び文園社からの発行となって、小砂丘の死去に伴い昭和十二年十二月に「小砂丘忠義追悼号」を発行して終刊となる。

『綴方生活』誌は、子どもの「生活事実」を重視し、「社会の生きた問題」「生活に生きて働く原則」に力点をおいて、「綴方が生活教育の中心教科」であるとする方針の下で活動を展開していた。とは言え、本誌においても綴り方教育における「表現指導」の在り方が全く論じられなかったわけではない。当初は、やはり「生活教育」に関わる言説が圧倒的に多かったのであるが、次第に綴り方の「題材」とその「表し方」との関わりを巡って、「生活」と「表現」との関わりについての言説が出現してくる。

創刊号に掲載された座談会「綴方の母胎としての児童の生活」の中で、上田庄三郎は、従来の綴り方教育論に対して「作品と生活とをあまりに直接的に考へすぎる傾」があったのではないかと疑問を呈し、「作品は決して生活の直接表現ではない[15]」と指摘している。上田は要するに、綴り方に書く内容が現実の「生活」そのものとは次元を異にするものであることを指摘しているのである。上田のこの考え方には、綴り方教育における「生活」概念の捉え方、及び「生活」と「表現」との関わりについて極めて重要な示唆が潜んでいる。

第二号で持たれた「綴方の素材と其の表現」と題した座談会でも、綴り方の「素材」と「題材」との違いに関する考察と関わらせる形で、「表現」の内実に関する議論が行われている。この座談会では、少なくとも「表現」という概念の内実を、単に形式的なものだけを指すのでなく、「個性が出」たもの、「対象に対して個性的な意味を感じた」時に「その意味を綴方の生命として表はしてゐる」もののことであると捉えている。「表現とは言葉での生活」とか、「表現になるまでには想の胚胎、構想がたしかにある」のだから、それは「言葉の生活」でなく「内的生活[16]」なのだといった議論が展開されている。

要するに、ここでは「表現」というものが、綴られている内容的側面から捉えられていたのである。

昭和五年三月に刊行された『綴方生活』増刊号では、千葉春雄による「言葉・心・学習」と題した講演が掲載されている。千葉はこの中で、綴り方教育実践において「形式内容」一元論の主張と一致しない実態が見られるのは、「表現そのもの、理解が未熟なために起るものである[17]」と断じている。

その上で千葉は「素材と作者と題材」の三者の関係について述べている。千葉はまず、この世の中の森羅万象である「素材」から綴り方の資料としての「題材」の取り出し方について論じた上で、この「素材から題材へ」という題材構成の過程を「第一次の表現[18]」と規定している。

さらに千葉は「文と事実との混同」について注意を促し、「文と事実とは必ずしも一致しない」と述べている。「事実は素材」であって、「素材から選択取材して新に構成したものが文である[19]」からだというわけである。千葉は、綴り方の「素材」としての「事実」と「文」との違いを指摘した上で、「素材」から取り出した「題材」と「文」との関係において「形式」「内容」一元論を展開している。すなわち千葉は、「素材から題材へ」「題材から文へ」という過程を一元的に「表現」と捉えているのである。「表現」概念を形式・内容一元の立場から捉えている注目すべき考察である。

ところで、小砂丘忠義は昭和十年三月に、田川貞二の論考「本格的綴方の解明」に対する考察の中で、田川が論じた綴り方の「題材的方面」と「表現的方面」との関わりについて論じている。この中で小砂丘は、「題材となつた時にはすでに表現がくつついてゐる」し、「表現を予想しないで題材は成立たぬ[20]」とも述べて、綴り方の素材たる現実から取り出した「題材」と「表現」とを一元的に捉えるべき考え方を表明している。

確かに、現実の「生活」と「表現」とをそのまま一元的に捉えることは厳密な意味では不可能なことである。しかし、「生活」（＝綴り方の素材）から取り出された「題材」が「表現」として一体であることは言うまでもないことである。

これまでは、綴り方の素材的部面である子どもの「生活」面にのみ軸足を置いてきた本誌の中で、その主宰者であった小砂丘自身が、綴り方の「表現」面に力点を置いた考察を行っている点は大いに注目させられるところである。

綴り方における「生活」教育を標榜していた『綴方生活』誌の中に、「生活」と「表現」との関わりについての言説が出現し、やがて綴り方の「表現」面に力点をおいた考察が出現してきていた事実が明らかとなった。

6　『北方教育』誌にみる「表現」概念の位相

『北方教育』誌は昭和五年二月に北方教育社（編集兼発行人・成田忠久）から創刊された。社の破産により、昭和十一年二月発行の第十六号を以て終刊となった。

北方教育者の創設に深く関わり、『北方教育』誌の中心的な執筆者となった滑川道夫は、創刊号に掲載された連載論考「形象的綴方教育論(一)」において、「現下の綴方教育を一瞥するならば理論と実際、内容と形式、生活と表現は共に二元の対立を示し、一端は天空に向ひ、一端は地上を逼つて隔絶してゐる」[21]と述べている。垣内松三が提唱した「形象論」によって、現下の綴り方教育における二元的対立の状況を一元的に捉えようとしたのである。

さらに滑川は第五号において、「表現作用とその指導」に関しても考察を加えている。滑川は、西原慶一の『綴方新教授原論』から「表現作用は、形式（表現それ自体、垣内氏の云ふ言表）と内容（意識表現内容又は意味）を一つの生に統率する形象の展開である」[22]という部分を引用して考察を進めている。しかし、残念ながらこの連載は第五号をもって中断されている。

替わって滑川は第八号から「綴方教育の現実的動向」という連載を始めている。滑川はこの連載の(二)において、「表現技術を軽視し、たゞ児童の自然発生的な修得にのみまかせきつてゐる現下の綴方教育は、その訓練なき、覚束なげな表現技術を踰跟させてゐるに過ぎないのである」と述べて、「生活と表現とのつながりによつてコンストラクトされる表現技術の指導を求めなければならぬ」[23]と主張している。

『北方教育』誌の中心的な執筆者であった滑川道夫が、垣内松三や西原慶一の全面的な影響下において、「形象理論」に基づきつつ、綴り方教育における「形式主義」的偏向と「内容主義」的偏向とを共に批判し、その統一止揚を目指して「表現技術の指導」の必要性を主張していたという事実は特筆に値する。

また、加藤周四郎は昭和八年一月発行の第十号から「生活綴方の現実の問題」と題した連載を計六回にわたって開始している。この論考は、それまで「生活科」「総合科」「人生科」等と様々に呼ばれてきた「綴方科」の性格を理論的に究明することを企図して執筆されている。その主要な目的は「生活綴方」における「生活」概念の解明にあったが、そこには付随的ながらも「表現」との関わりについての言及が見られる。

加藤は「綴方生活指導論の方法原理は、常に表現と生活の二つの指導面の合理的な発展でなければならない」と述べて、「表現」を綴り方の記述「形式」と記述「内容」との一体として捉えていこうとする考え方を提起している。

また加藤は連載の㈤で、「今の世の中」という尋四の児童の作品を取り上げて、「『い丶材料だが、い丶綴方じゃない。』と云ふことはこの材料もまた、綴方としての表現化の前にはい丶材料じやなかつたのである」と指摘している。続いて加藤は、「『題材をさがす』といふ努力――『つかんだ』と云ふ見方――『表現する』と云ふ態度――これ等はすでに表現に於ける生活なんであつて、バラバラの別なものじやない[24]」と断じている。

加藤のこの考え方には、綴り方の「内容（題材）」と表し方としての「形式」とを一体とする捉え方、すなわち「表現」即「生活」という考え方が明確に読み取れる。

『北方教育』誌の中にも、綴り方の「内容」面と表し方としての「形式」面とを統一止揚して「表現技術の指導」が提唱され、「表現」即「生活」であるとする一元観が出現していたことが明らかとなった。

7　『教育・国語教育』誌にみる「表現」概念の位相

『教育・国語教育』誌は昭和六年四月に千葉春雄の編集で厚生閣から創刊され、昭和十五年三月号まで刊行された。

昭和七年二月号では「児童文を如何に観るか」という特集が組まれている。この中で、宮川菊芳は「綴方の真使命は表現法の指導にある」と主張している。ここで宮川が言う「表現法の指導」とは「文字文章による表現生活を営ましめる[25]」ということを意味している。

この主張に対して、「生活指導論者」である佐々井秀緒と金子好忠が翌月の三月号で反論を加えている。特に金子は、「想と表現との止揚されたるもの」が「生活」なのだとの立場から克明な反論を加えている。

これらの反論を受けて、宮川は翌々月の五月号で再反論を行っている。ここでも宮川は、「生活指導」は他の教科と同様に綴り方科も分担し、同時にまた綴り方科独自の「表現法の指導」を重視していくべき事を訴えている。

なお、副田凱馬も宮川と同じ立場から、「綴方科をもつて、小学校の教育全部を覆ふのは不当である」とし、「もつと局限された綴方の独自性を考へねばならぬ[26]」と、金子の所論に反論を加えている。

また、鈴木徳成はこれらの論争を総括して、「綴方が生活を指導するためには、より一層表現指導の重大さを本質的なものとして肯定せねばならぬ[27]」と結論づけている。鈴木は、綴り方科における「表現指導」を「生活指導」とも相対立しない、より本質的なものとして積極的に肯定する立場を表明したのである。

ところで、本誌の創刊号では秋田喜三郎が「表現本位国語教育の提唱」と題して、従来閑却されがちであった「表現方面の生活」の指導の要を説いて、「綴方を国語の一分科として見ず、全国語の文章による表現法面を担当する役割を附与」すべきこととして、「表現本位の国語教育[28]」を提唱した。

本誌の創刊号において、いち早く「表現本位の国語教育」が提唱されていることは特筆に値する事実と言えよう。

田中豊太郎は本誌創刊の翌月号において、「生活の表現といふ綴り方の概念は正しいことである」と述べつつ、「綴方教育の独自的な本質は表現の指導にあることは間違ひない事実である」と主張している。田中はその理由について、「小学校教育に於て、数多くある教科は各々独自的な使命を持つてゐて、その独自的使命を各教科にふり当てるならば、綴方こそは、言語的または文章的表現に独自性のあることは明なこと、なつてゐる[29]」と強調している。

また、河野清丸も「形式・内容渾一観の理拠」と題した論考で、「形式と思つたものも、より形式要素の大なるものに対しては内容なり、より低いものに対しては形式となる」「結局形式から内容、又其の逆へと移動するとの意に外なるまい」「要するに形式と内容とは渾然たる一体で、形式なき内容も、其の反対も存しないのである」と述べている。

河野による綴り方の「形式と内容とは渾然たる一体[30]」であるとの指摘も、「表現」概念に関する一つの知見として注目しておいてよいだろう。

昭和十年代に入ると、綴り方教育の「表現学」的な考察が行われている。波多野完治は昭和十年十一月号から「表現学講座」と題した連載を行っている。この連載で波多野は、「具体的な文章と抽象的な文章――教育的表現学その一――」を皮切りに、「簡潔な文章」「作文と綴方」という論考を執筆している。

波多野は三回目の「作文と綴方」という論考で、綴り方を算術や図画・手工等の教科と比較して、「綴方のみが、児童に対しては、オリヂナリテイー（創意）の濫費を要求し、先生に対しては、非常に骨のおれる検査をするのである」と、その違いを明らかにしている。続いて、その理由について波多野は、「綴方の（つづる）といふ過程が、オリヂナリテイーの放出と同時に、言語的表現技術の訓練といふ二重の作業をおびて居るからであると考へなければならない[31]」と述べている。

そして波多野は「現代の綴方」には、「二つの教科」すなわち「作文教育（文体教育）と創作教育」とが同居していると結論づけている。波多野は、現下の綴り方教育において形式的な言語的表現技術面の訓練が欠落している点を指摘したのであった。

昭和十三年三月号では、大場俊助が「様式の基本概念」という論考を発表している。大場によれば、「様式」

は「内容と形式の統一」であり、その統一は「主体的、個性的、創造的、表現的な統一」であるという。昭和十三年十月号と翌七月号には、金原省吾の「文章の過去現在法」と「綴方表現」という論考が発表されている。いずれも、文章を表現学的に考察した論考である。

以上の、波多野完治、大場俊助、金原省吾等による綴り方教育に関する表現学的な考察は、綴り方教育における「表現」概念の本質的な解明に相応の影響を与えたものと見なすことができる。

このような綴り方教育の「表現学」的な考察が盛んになる中で、本誌には、「表現指導」論や「表現技術指導」論が台頭してきている。

その中で、田中豊太郎は昭和九年三月号の「綴方教育界に希望するもの」と題した論考で、「子供の、生活の、表現のといふ綴り方は子供の生活に対する理解と、子供の表現に対する理解がなければならない」と述べて、子どもの「生活の全分野」にわたって「あらゆる表現形式」をもって「表現の道が円滑になる様にしたい[32]」と主張している。

田中はここで、子どもの生活と表現に対する適切な理解をもって、特定の主義主張や文章ジャンルに囚われないバランスのとれた「表現」指導の在り方を提起している。

昭和十年六月号では、川村章が「表現力錬磨指導について」と題して、「表現指導の問題は綴り方独自の仕事である[33]」と結論づけている。翌年十一月号では、今田甚左衛門が「低学年児童文の表現様相と其の指導」と題して、低学年児童の「表現様相」について分析考察を行っている。

十二年二月号では、佐々井秀緒が「表現の指導」を、同年三月号には、妹尾輝雄の「新生表現指導論」と題した論考が掲載されている。加えて、同年六月号では、千葉春雄が「文集談義」の中で、「表現問題の再登場」という現象について言及している。

これに呼応して本号では、「表現の問題」という特集が組まれている。佐々木正「表現技術の訓練」、佐々井秀緒「表現を高める方策について」、村山俊太郎「表現をたかめるために」等、計十一編の論考が掲載されている。

以上見てきたように、『教育・国語教育』誌においては、綴り方教育の「表現学」的な考察が行われる中で、「表現指導」論及び「表現技術指導」論が台頭し「表現」概念に対する関心が高まってきた状況が明らかとなった。

8　『実践国語教育』誌にみる「表現」概念の位相

『実践国語教育』誌は昭和九年四月に啓文社より東京の私立成蹊学園・成蹊小学校訓導であった西原慶一によって創刊され、昭和十六年三月号まで刊行された。

本誌は主幹の西原慶一が終生師事した垣内松三の「形象理論」を中核として国語教育の振興に寄与すべく刊行されている。

創刊号では、当時興ってきた「調べる綴方」や「科学的綴方」の批判的考察を巡って諸家の論考が取り上げられている。この中で、上田庄三郎は「調べた綴方の本質と発展」の中で、「綴方の本質的使命は、文章による客観的表現の技術」であって、「平凡な日常的な表現技術の修練に中心的努力を集中すべき」であると述べ、「一年生の始めから綴方を技術的表現として意識的創作の必然の道にと、教養しようといふのが調べた綴方の科学的態度である」[34]と主張している。

昭和九年十月号では、「現代童詩教育の反省と展開」という特集が組まれている。この中で、須藤克三は従来の児童詩教育が「内容性を重視しすぎた」結果、「表現技術」が軽視されてきたとして、「童詩教育」が「究極は国語教育としての綴方教育の一営為である以上、最も効果的な言語表現をも重視しなければならない」[35]と主張している。

この時期に、児童詩教育の実践において表現技術への関心が高まってきた点は興味深いところである。表現学的綴り方の実践的研究は、全項で見た『教育・国語教育』と同様に本誌においても熱心に取り組まれている。

昭和十年十一月号では、増大特集として「表現学の教壇実践」が組まれている。西原慶一は巻頭言において、「ことばは生活の意義形式である」とし、「体験の再現であり精神そのものである」とも述べて、「児童のことばはこの現実の生活力によつて高められてゐる」[36]と指摘している。西原のこのような考え方にも、「ことば」と「生活」との一元的な捉え方が明瞭に現れている。

さらに、垣内松三も「表現の純粋志向性」という論考において、「表現されるものと、表現せられたものとが一枚になるには、その両方を繋ぐ作用を強めなければならない」と述べて、綴り方教育における「生活内容」中心の立場と「表現」中心の立場との乖離的状況について指摘している。そして垣内は、この両者が一元化されなかったのは「立場」の相違であって、「観点」[37]を異にするためではなかったと表明している。

綴り方教育に対するこうした「表現学」的な究明には、各方面の研究者が「表現」に関する学理的な解明を試みている。しかし、その内容は現実の綴り方教育の実践とは余りにもかけ離れたものであった。

むしろ、注目すべき考察は実践者のものに見出すことができる。その代表格が田中豊太郎の論考である。田中は「綴り方教育に於ける表現性の指導」の中で、「表現の指導」として考えなければならない問題を、「素材たる生活に意味を附与し、意味を創見して、素材たる生活を、文の対象たる題材として眺める態度を培ふといふこと」[38]であると表明している。ここには、田中の「生活」と「表現」とを一元化していく契機となる考え方が窺えて意義深い。

この田中と同様の考え方を表明しているものに名取広作の「手に輝く眼・児童の制作々用」と題した論考がある。名取はこの中で、「見ることと表現とは一つであつて表現を離れた単なる眼は最初から存在しないのである」とし、「眼に於て直ちに手が、手に於て眼が常に一つのものとして働いているのである[39]」と述べている。

また、土屋康雄は「表現学と綴方指導過程の問題」と題した論考の中で、「表現学が示唆する事項」は「『生活』と『表現』とを克服する高次の概念の設定にあると思ふ」と述べて、「読み方教育に於ける『内容』と『形式』の対立は形象の概念によつて、その拠つて立つ根拠を立証されたやうに、『表現』と『生活』との対立は『再現』の概念によつて克服されたやうに思はれる[40]」と論じている。

以上の論考は、綴り方教育の実践的なレベルにおいて、従来の「生活」か「表現」かという二元的な対立を統一止揚していくための理論的な手がかりに気づき始めている貴重な考察と考えられる。

垣内松三の「形象理論」を中核として国語教育の振興に寄与すべく刊行された『実践国語教育』誌において、表現学的な綴り方の研究を踏まえ、「生活」概念と「表現」概念との二元的な対立を統一止揚していくための理論的な手掛かりが明らかにされてきた事実が窺えた。

9　『工程・綴方学校』誌にみる「表現」概念の位相

『工程』誌は昭和十年四月に椎の木社より詩人・百田宗治によって創刊された。翌十一年十二月まで刊行され、十二年一月号からは『綴方学校』と改題されて昭和十五年三月号まで刊行されている。

編集主幹の百田が『工程』誌を刊行した第一の狙いは「文学者と綴方実践者とが、強力に結びついて、作文教育を推進しよう」とするところにあった。なお、『工程・綴方学校』は綴り方研究誌ではあったが、児童詩教育にも並々ならぬ力を注いでいたところに大きな特徴がある。主幹の百田が詩人であったからである。

主幹の百田は昭和十年九月号の「生活詩の観方　上」という論考の中で、北原白秋の命名になる「児童自由詩」といういき方に対して、「生活」性を強調した「児童生活詩」の立場が鮮明に打ち出されている。一方、これと「芸術」性との関わりに関しては、国分一太郎が言う「感性の法則が現実の法則と一致する処にまで生活の知性を磨かせる(41)」という一節を取り上げながら、両者の統一止揚に向けた考え方を示唆している。

とは言え、「児童自由詩」から「児童生活詩」へという流れの中で、「生活」概念に対置する「芸術」概念の是非が問われつつ、児童詩の持つ詩的「表現」への関心は薄められていく傾向が窺えた。

このように、『工程』誌の創刊当時には、綴り方においても児童詩においても「生活」優位の姿勢が強く打ち出されていた。しかし、創刊当時でも綴り方の「表現」への関心が皆無であったわけではない。

昭和十年九月号の「文章技術と生活の吟味――小鮒寛氏の迷妄を啓く」と題した論考の中では、「素材への拡充に依つて将来せられた大進軍の為に表現技術への関心が弱められ検討が粗略に取扱はれて来たことも事実で、誤つた生活の偏重から綴方の奇形児を制作する結果を生んでゐる(42)」と、その「生活」偏重の固定観念に基づく「佳い文」評価の在り方に対する痛烈な批判が出現している。「生活」と「表現」との調和的な指導への方針を打ち出した考え方として注目させられる。

なお、児童詩教育の立場からも、他ならぬ百田宗治によって「児童の正しい生活感性の培養とその歪曲されざる言語表現（或は文章表現）への達成(43)」が奨励され、「綴り方が記述による題材の認識であるに対して、表現そのものが認識の一作用」であるという考え方が提示されていたのである。このことから、児童詩教育においても、「生活」と「表現」との一元的な捉え方が明確に示されていたことが窺えて注目に値する。

ところで、『工程・綴方学校』誌には、国分一太郎・村山俊太郎・寒川道夫・峰地光重・鈴木道太・滑川道夫・吉田瑞穂等の錚々たる生活綴り方教師達が執筆陣として加わっていた。こうした事実からも窺えるように、

『工程・綴方学校』誌は当初、生活綴り方・児童生活詩に力点を置いた「生活」重視の傾向を強く帯びていた。しかし、前述しておいたように、この「生活」重視の傾向が必ずしも長く続いていたわけではない。

『工程』誌が創刊されて一年も経たない昭和十一年頃から、世上ではいわゆる「生活教育論争」の一環として、生活主義綴り方教育の在り方が民間教育運動に参加する教育学者や心理学者、教育実践家等の間で活発に論じられるようになっていた。

こうした思潮の中で、「生活綴り方」実践の見直しが行われている。昭和十三年十二月号では「生活綴方の新開拓・新定位」という特集が組まれ、これまでの生活主義の綴り方の主張は大幅に後退して、一様に「基礎的な表し方の訓練」「文を綴る力」の最低を身に付けさせていかなければならないとする意見に集約されている。

昭和十四年に入ると、四月号では「綴方の再出発」という特集が組まれ、この中で「国民教育としての学校教育の全体的立場からの綴方の教科性の探究は文章表現指導の対象としての文の形態についての反省をも促したやうに思われる[44]」といった反省の弁が述べられている。

また、波多野完治は同年一月号の「綴方教師と新児童観」という論考において、教育の「進歩的側面」と「秩序的側面」という視点からの考察を行い、「今の綴方はむしろ進歩の面だけが強調されて、秩序の面がおろそかになつた傾向がある、綴方における秩序とは、言語の正しい駆使の方法、自分の考へを文章化して行く技術で、日本人が長い間かかつてきづき上げて来た表現技法である[45]」と論じている。

なお、こうした動向に先立って、昭和十三年九月号の『綴方学校』から平野婦美子の「綴る生活の指導法」という連載が始まっている。平野は連載の第一回目に、「友人達（寒川道夫氏、国分一太郎氏、松本瀧朗氏）などが、農村児童大衆の表現技術の乏しさを（正直にいへば良心的になつて）表明し、最も基礎的な表現技術の指導に力を注ぎ直さうといひ出された」と述べて、「『綴る力』をさづけることとそのことが、人間としての社会生活をしていくための重要な生活指導だといふ理論に、私は同感したのだつた[46]」と表明している。

平野によるこの十二回にわたる連載は、五年間に及ぶ『工程・綴方学校』誌の刊行の中でも、これまでの「生活指導」に軸足を置いたいき方から、堅実で行き届いた「表現指導」を加味した実践を提起したものとして特筆に値するものであった。

こうして、『綴方学校』における論調には、生活主義の綴り方教育に対する反省を踏まえつつ、「表現」概念の中に、従来の「生活指導」が目指していた人間形成・生活形成という機能をも含むとの考え方が見られるようになっていったのであった。

さらに、こうした論調の中で、『綴方学校』誌の中に綴り方教育における「生活指導」と「表現指導」との結合を図ろうとするいき方が出現してくる。「生活」と「表現」一元化論への志向である。

その最も早い時期のものとしては、昭和十一年の『工程』誌九月号に出現している。その論考を執筆した者は、いわゆる国語人でもなければ綴り方人でもなかった。「算術教育」に軸足をおいていた教師による「数学趣味者の綴方指導報告」と題した論考である。

この教師は、「文章とは現実のさまざまな姿即ち体験を文字の上にもう一度表して見る一つの術である」から、「現れた結果と現実とがあまり異つてはいけない」と述べている。そこで、「綴方教育の生活内容の指導と、その生活内容を最も効果的に表現する表現技術の指導を包含した広義の生活指導即ち『内容と形式との対立でない』内容と形式を止揚した生活一元論的立場に立つ綴方教育を考へる[47]」と提唱したのである。

いわゆる綴り方教師でない「算術教師」の発言であるが、そこには「生活」と「表現」とを明確に一元化して捉えていこうとする見解が披瀝されていて意義深い論考と言える。

昭和十三年の『綴方学校』一月号は、「新年特別号」として百田宗治の単独執筆になる「文の観方・詩の観方」が前頁にわたって掲載されている。当時の百田の綴り方観・児童詩観が如実に窺えて興味深い。百田が児童の綴り方作品に対して加えている「解説・批評」文は、児童作品と同じぐらいの分量で書かれている。

この中で百田は、作者である児童の生活行動の仔細な把握に基づいた生活認識面と、生き生きとした自在な表現記述面との調和的な書きぶりを一つ一つ克明に取り上げて指摘している。ここには、明らかに作者の「生活」面、すなわち綴り方の題材・内容面と「表現」面とを一体的に捉えていこうとする姿勢が窺えるのである。

ところで、綴り方教育の表現学的研究は、西原慶一主宰による『実践国語教育』でも取り上げられていたが、『綴方学校』誌においても若干取り上げられている。輿水実が昭和十四年十月号において、連載論考「教師の読書指導1」の中で「国語表現学への手引き」を掲載している。ここでは、垣内松三、城戸幡太郎、山崎謙、輿水実等の執筆になる「国語表現学」と冠した書物が紹介されている。ただ、これらの書物が当時の綴り方教育界にどこまで受容されていたかを本誌の中に認めることは難しい。

『工程・綴方学校』誌の論調に、「表現」概念の中にいわゆる「生活指導」が目指していた人間形成・生活形成という機能が内包されるとする考え方、及び「生活指導」と「表現指導」との結合を図ろうとするいき方が出現してきた事実が明らかとなった。

10　昭和戦前期『国語教育』誌にみる「表現」概念の位相

大正五年に保科孝一よって創刊された『国語教育』誌は、昭和期においても、昭和十六年三月まで刊行を続けた。ここでは、昭和戦前期における本誌にみる「表現」概念の位相について総括を行っておくことにする。

本誌主幹の保科孝一は毎号執筆している巻頭論文「主張」（昭和二年二月号）の中で、「内容主義の行づまり」という論考を掲載している。

この中で保科は大正時代に入ってからの「内容主義の高調」に従って、「形式の取扱の閑却」という事態に陥ってしまった弊害を訴え、「形式を通して内容へ」と進めていく教授について主張している。保科はまた、昭和四年四月号の「綴方教授に対する要望」と題した論考において、「綴方教授の最大の緊要事は表現に対する指導である」として、「指導の語句や形式をできるだけ豊富にしていくことが綴方教授のもっとも重大な要件で、これを閑却しては綴方教授の目的は到底達成せられない(48)」と訴えている。

昭和三年七月号（綴方号）の中で、森本安一は「文創作の原理と発展の融合点に立つ私の綴方教育」（懸賞論文）と題した論考において、「生活の指導は想の指導であり、言葉以前の指導であり、根源的な指導ではあるが、やはり、表現の自由さ表現力の啓培創作態度の馴致を経て後に始めて、一層価値ある事を思はねばならぬ」と述べて、綴り方教師が確固たる「文章観」をもち、「文章創作の原理(49)」に関して知悉しているべき事を提案している。

下山懋は昭和十二年四月号から十一月号まで「綴方研究試論」を七回にわたって連載している。下山は連載の㈠で、「綴方の本体」とは「文章」そのものであると主張して、「教師本位の綴方より児童の側へ研究をうつすことは綴方研究の重要所であるが、その前に、綴方の本体である文章の本質に十分なる理会を持つことが必要である」と訴えている。

さらに下山は連載の㈡で、「文章の本質は語られたもの」であるから、綴り方初期の指導は「書記体」よりも「自分の生活のことば」で「語る(50)」ところから始めるべきであると主張している。

また下山は連載の㈣「文章の本質——表現」の中で、「表現とはこれら（文字とかことばとか語法とか文法とか文章等）の形式的材料によつて想を表現する作用」なのであって、「文章を内容と形式に分けて考へて、表現即形式とするのは誤りである」と指摘している。

続いて下山は「作用」「はたらき」としての「表現」を、①「生活の中から文の想となるべき事柄をとり出して思想にまで仕上げる作用」、②「生活の中から生れ出た事柄に形式を附与して、まとまつた思想を形成する作用」、③「生活経験が心的活動によりて文章にまで到達形成される経路[51]」と定義づけている。

下山は「表現」を「内容」と「形式」に分けたり、「形式」そのものであるとする考え方を否定している。その上で、右の定義からも理解されるように、「表現」というものを、生活経験が「思想」(＝内容)や「文章」(＝形式)として定着形成されるまでの過程として把握していたのである。

下山はさらに、連載の㈤の中で「表現と形式」との関わりについて、「生活の事象を文の内容といふならば、内容となるべき生活事象は意識面に思ひ浮かべられると共に、断片的な個々は聯繫統合して形式に統制されてはつきりとした事象の出現を成し、所謂文の想となるのである」と述べ、それ故に「文の想とは、生活内容プラス形式であつて、生活内容はその材料であり、形式は事象としての組成であることが明かである」と主張している。

下山はこうした考え方に基づいて、「これ文章に於て内容形式の二者不分離といひ、文章一元の声ある所以で、生活の表現とは再現と形式附与による組成によつて基礎づけられた作用なのである[52]」と規定している。

下山の以上の論考には、「表現」概念に関する本質的な考察が加えられていて、昭和戦前期の『国語教育』誌における綴り方・作文教育に関わる理論的バックボーンともなっていたと見なすことができよう。

昭和九年四月号からは、各学年の月別に「綴方指導」の実際が「教授の実際」という欄で紹介されている。取り上げられている指導事項を概観すると、「生活を観照する態度」「心持ちの描写」「観察力」「想像力」「客観的叙写」「綴方題材」「行動の写実」「対話文」「人物描写」「叙述の具象化」「推敲の仕方」「構想の指導」「批正の指導」「作品の処理」等が取り上げられている。

これらの指導事項を眺めると、個々の指導の実際においては、文章表現技術指導に相応の力点が掛かってきている様子が窺える。

滑川道夫による実際案を見ておこう。昭和十一年五月号に掲載された「尋三綴方指導（五月）」の中で、滑川は実践の狙いを「『おばけごつこ』を鑑識せしめ、分析的に表現面を考察研究する態度と表現技術の理会とを得させようとする」とある。対象が尋常三年の児童なので「会話体」による描写表現の技術を克明に指導しようとしている様子が窺える。

滑川はこのほかにも、「不的確な文章」についての「批正指導」や「具体的生活描写の手法を研究し心理描写への初歩的指導」、「人物描写の指導」といった表現技術指導の実際について詳細に報告している。

本誌では、昭和六年三月号から同八年十月号まで、本誌同人による「児童文合評」が行われている。例えば昭和六年七月号における合評会の指導評には、「綴り方が単にありのまゝにのこりなく写すといふ丈けでなく、客観的事象の上に制約を設けて適当に切り取る――取捨なり選択なりを加えて構成するといふ点を重視すると、この文の様なのべつ幕なしの表はし方は上出来とはいはれまい(53)」といった評が見える。描写の在り方についての指摘である。

また、昭和六年十一月号の合評会における指導評の中には、「表現作用」を「1．想の内容、2．内面的形式（想の形式と表現技巧）及び外面的形式（主として書写力）」の三つの要素から捉えつつ、尋常二年の子の作品を取り上げて、「彼は、2の要素（内面的形式）が1の要素（想の内容乃至質）」よりも劣るのであつて、豊富な想をもちながら、その想を整頓し、形を整へるとゆうようなことが得手でないのである(54)」と講評を加えている。

このような講評の中に、本誌の同人達による綴り方の「内容」面と「形式」面とを一体的に捉えていこうとする姿勢の一端を窺うことができる。

とは言え、本誌では、大正期の本誌において見られたような「表現」概念に関わる考察、とりわけ「形式」面と「内容」面に関する考察が少なくなっている。これは、昭和期に入ってから、国語教育・綴り方教育関係の実践・研究誌が相次いで創刊される中で、本誌が綴り方・作文教育論に関する論考の掲載を手控えていったことに原因があるかもしれない。

第二節　田中豊太郎の綴り方教育論にみる「形式」「内容」一元論の総括

第Ⅱ部において、田中豊太郎の綴り方教育論にみる「形式」「内容」一元論の展開の軌跡を辿ってきた。田中における「形式」「内容」一元論の展開は、具体的には綴り方教育実践における「生活指導」と「表現指導」との統一止揚という方向で行われていった。そして、これら両者の一元化への追究は、最終的には綴り方教育における「生活」概念を広義の「表現」概念の中に包含するという形で統一止揚されることになった。

その展開の軌跡を本節で総括しておくことにする。

1　田中豊太郎の初期綴り方教育論にみる問題意識

田中豊太郎の綴り方教育論にみる「生活指導」と「表現指導」一元化への志向は、つとに田中が綴り方教育の実践研究を志したその始発の時期から始まっている。

田中は「思想と全く一体となつた、適切妥当な表現が出来る様になるには技術を要するのは疑ひない所である」と述べて、「自己を――自己の思想を――自己の生活を――最も適切妥当に表現する力の養成のための表現法の指導[55]」の必要性について提唱している。

田中は「表現の価値と生活創造との関係」に関して、「体験」「内省的態度」「表現」の三者を循環的に捉え、「表現」というものを「内省的態度の洗練」と見なしている。つまり、「表現」が「内省的態度の洗練」を媒介として生活形成・人間形成に機能していくのであると主張したのである。また田中はこの「内省的態度」を「観照的態度」と言い替えて、この「観照的態度」や「観照眼」を発達させることが「生活の拡充」につながると考えている。

田中はこうした「観照的態度」や「観照眼」を発達させる生活のことを「観照生活」と呼んで、「綴り方における生活指導」とは「綴文能力の発達」を促す「観照生活」の指導にあると考えていたのである。

この時点で、田中はつとに綴り方教育における「生活」概念を、「観照的態度」の洗練としての「表現」概念が包み込む関係にあると考えていたと理解することができよう。

さらに田中は「綴り方に於ける生活指導」に関して、「時間的にしては、綴る以前の生活指導と、一旦作つた作品による生活指導とに分れ」るとしつつも、「綴る以前以後の問題のみでなく、綴る仕事それ自身も生活であつて、綴るという仕事に従事してゐることが、立派な生活の指導になつてゐることを考えなければならない」と、綴り方教育における「生活指導」観を端的に披瀝している。

要するに田中は、「綴り方に於ける生活指導」を「綴ることに関る生活の指導であつて、綴らせるといふことが、既に生活の指導」になっているのだと考えていたのである。ここに、すでに「生活」概念と「表現」概念とを一元化する契機が潜んでいたわけであるが、この点に関しては田中自身、なお十分に確信を抱いていたわけではない。

ところで田中は、昭和二年に執筆した論考の中で、「綴り方は子供の生活の表現であるとか、生命の表現であるとか言つてはゐるが、その意味のほんとうのものは如何なるものであるのかさへ、はっきりと捉へられてゐるか否かを疑はなければならないものがまだまだ大分ある様に思ふ」と指摘している。

その上で田中は、「この問題の究明は、『生活』といふ意味の如何なるものかを捉へ、更に『表現』といふ真の本質を考へ、なほ更に『子供の』といふ意味から『子供の生活』『子供の表現』の特質を知らなければならないと思ふ[56]」と指摘している。ここで田中が「生活」概念と「表現」概念との曖昧さを指摘して、その概念を明らかにしておくべきことを訴えたことは極めて重要な事実であった。

田中はさらに、「綴り方教育は、観方の指導に終始する」と断言している。田中は「観方の鋭い生活、観方の透徹した文は、自ら深みのある文、精鋭の文になって表はれ、繊細な観方をした文は、繊細な表現となつて表はれ、外面的な観方をしたものは、浅薄な文となつて表はれるのは当然である[57]」と主張している。

これらの文言の中から、田中のその初期の綴り方教育論において「生活指導」と「表現指導」との一元化への志向と、そのための手掛かりを、「観照生活」の指導、「観方の指導」に求めていこうとしていた様子が窺われるのは大いに注目させられるところである。

2　「生活の綴り方化」と「綴り方の生活化」という考え方

前項で、田中豊太郎がその初期綴り方教育論の中で「生活」概念と「表現」概念との曖昧さを指摘していたことに触れた。その後において、田中が指摘したこの課題に田中自身も応えようとしている。

田中は昭和三年に自ら「児童の生活の表現」という言葉の意味するところの曖昧さを認めている。その上で田中はこの言葉に関して、児童が対象を「架空的に、観念的に」創り上げるのでなく、「切実に感じてゐるところを、如実に表現」し、「実感をもつて眺め」ていれば、それは立派に「児童の生活の表現[58]」と言えると規定している。ただし、田中は「児童の生活の表現」という概念を定義的に述べるのでなく、実際に児童が綴った作品に即しながら考察を加えている。

昭和初期のこの時期に田中は「生活指導」と「表現指導」を循環的なものと捉えている。

田中は「文といふものは、内容と形式とが対立するものではない」とし、「生活指導と表現指導上との相即不離の関係にある」と述べて、「生活の綴り方化」すなわち「生活を表現させる」上での着眼点を三点挙げている。①「表現欲を高めること」、②「生活を題材化する力を養ふこと」、③「表現法の指導をすること」[59]である。これらのうち、③については、「如実に書き表はさせることの指導」と「構想の指導」との二点が強調されている。

続いて田中は昭和四年に「綴り方の生活化」という考え方を提起している。

田中は、「よい綴り方作品を得ようとするものは、取来つた生活を表現することを指導すると共に、今一段その以前に立ち入つて綴り方に持来るべき生活に目をつけなければならない」と述べて、「綴り方に取来つて、それをよく表現すれば立派な作品になるべき生活にまで仕立て、置くことを考へ」ること、これが、先の「生活の綴り方化」に対して「綴り方の生活化」であると主張している。なお、田中はここで、「綴り方作品として要求する生活」を「特に子どもの生活意欲・生活感情の端的に素朴に表はれた生活」のことであると規定している。また、田中は、綴り方では「子供の日常生活に対して、鑑賞的態度を要求」しているとして、綴り方の題材となるべき児童生活を「よく見ること」「よく聞くこと」「よく体感すること」といった「鑑賞的生活[60]」と捉えている。

こうした考え方を田中は「生活指導」と「表現指導」との循環的な考え方であると位置づけている。しかし、この時点ではなお、「生活指導」と「表現指導」との一元化に成功しているとは言えない。

捉えている。

3　「表現」概念の広がりと具体化

田中豊太郎がその初期の綴り方教育論において「観照的態度」による「観照生活」の深化という考え方を提起していたことは先に見ておいた。田中はこの考え方をさらに発展させて、「観照」を「自己を見つめる作用」と捉えている。

田中は、子どもが「生活内容も豊富にもつてゐると思はれながら、その表現が貧弱であるのを如何に指導すればよいか」という課題を、「観照」という作用によって克服しようとしていた。ここには、田中が「観照」という作用を「表現」概念と結びつけている様子が窺える。

田中は昭和六年に刊行した『綴方教育の分野と新使命』という著書の中で、綴り方教育の分野を表現の素地的な能力であるところの「文字の記述力」「語句を使駆する能力」「文章記載法」「表現手法」から、表現方法面である「題材の取り方」「表現手法」、表現形態面である「文体」「ジャンル」、さらに高次の内面的分野としての「表現慾」「文章観」「生活観」までを段階的に辿りつつ検討している。こうしたところにも、田中が「表現」概念を段階的により広範に捉えようとしている様子が窺える。

さらに田中は昭和七年に『綴方指導系統案と其実践』という著書を刊行している。この本の中で田中は「表現」という用語を独立して用いている。その意味する範囲は、「表現慾・創作慾」「題材に対する選択」「構想力」「描写の手法」「言葉の選択力」「論理的記述」「記述力」「推敲力」等を含む広範なものである。

一方、「表現の指導」という用語の場合は、「表現の手法」「材料を選ぶこと」「個物を詳述することによつて全体の気分を出す工夫をすること」「活きた言葉を選ぶこと」「事件の叙写」「説明」「記述」等のいわゆる表現技術的な側面を指し示している。

両者を比較して見れば明らかなように、ここでは「表現」と「表現の指導」という二つの用語が広狭両面からの概念として明確に使い分けられていると見なすことができる。
なお、田中は右の著書の中で、狭義の「表現の指導」に関して、叙述形式面を叙述内容面と一体的に駆使していくことを求めている。つまり、ここで田中は、狭義の「表現」概念ではあるが、叙述内容面と叙述形式面とを一元的に捉える考え方を具体的に提起しているのである。注目させられる提案である。
田中は昭和十年に「綴り方教育に於ける表現指導」という注目すべき論考を発表している。この中で田中は、当時の綴り方教育が、「生活第一、表現第二」という考え方の下で「表現」面の指導をないがしろにして、「素材生活」つまり「実際の生の生活の道徳的側面」を詮議するだけに終始していることに疑義を投げかけている。田中は綴り方教育における「生活」は単なる素材生活、つまり現実の生の生活ではなく、「表現という作用」の中に包括されていくものであり、「表現」に一連続に連なっていくものであると主張している。[61]
要するに、綴り方教育における「生活」とは、全面的な生活ではなく、「題材生活」「綴り方生活」という限定されたものであり、それ故に、こうした意味での「生活」概念は広い意味での「表現」概念に包み込まれていくものであるという考え方を表明していたのである。この時点で田中が、「生活」概念と「表現」概念とを一元的に捉えるための方向づけを行っていたと見なすことができよう。

4　「生活」と「表現」概念の統一止揚

田中豊太郎は昭和十一年に発表した論考の中で、「綴り方で要求する、第二の生活」として「物事をよく観察するといふこと」を挙げて、「綴り方の内面的指導は、見ることの指導、見方の指導」であることを改めて強調している。田中は綴り方指導の方面から考えた子どもの「第二の生活」を「物事を観察する」[62]こととして捉えていたのである。

また田中は別な論考の中で、「子供の生活を指導するとか、生活内容を培ふといふ様なことは、結局は綴り方の時間だけの仕事ではなく」て、広く子どもの日常生活や各種教科の指導の中で遂行されていくものであると述べている。

その上で田中は、「綴り方教育は子供の日常営んでゐる実生活を対象とし、また他の教科で授けたこと、訓練されたこと、それ等総てを対象とするものであるから、生活なり他教科の教育を統合する様にも考へられるけれども、それは文を綴るといふ一角度からの統合」であると規定する。したがって、綴り方教育は「その独自の目的であるところの文を綴ること、といふことに範囲を狭めて考へ、しかも日常の子供の実生活や、他教科の教育に根本的な脈絡を通じて、綴り方教育によつて人間教育の一面を担当しようとするのである[63]」とその考え方を明確に表明している。

要するに田中は綴り方教育の目的を、文を綴ることの生活の陶冶という限定されたところにおくべきことを訴えているのである。

このように、田中は「綴り方で要求する、第二の生活」を「物事をよく観察する」こととし、「文を綴ること」が綴り方教育の独自の目的であるとして、綴り方指導過程上に「生活」と「表現」との一元化を図ろうとしていたのである。

なお、田中は昭和戦前期を通して一定の影響力を持っていた「生活主義の綴り方」の行き方に対して、「綴り方教育も当然生活構成とか生活指導を分担しなければならないけれども、生活指導、生活構成さへ出来たら綴り方教育の使命を果たした様にでも考へるのであれば、綴り方を重視しながら、その実は綴り方の自殺である[64]」と手厳しい批判を行っている。

田中はその理由を、「生活の指導或は生活の構成といふことは、他の教科でもやつてゐること」であるとし、

「綴り方が生活に対して及ぼして行くところは、見方、考へ方の態度とその内容の方面」、すなはち「行動によつて体験して味はつたところ」「見たり聞いたりしたところ」「想像とか思索によつて味はつたところ」等を表現することが綴り方であり、そのことで「自ら生活が磨かれ」ていき、「物事の見方考へ方が進展して行く」[65]からであると説明している。

田中の場合は、その「生活」概念を自らの綴り方教育論の始発の段階で明確に限定していたのであった。それは、綴り方教育における「生活」なるものを、生の生活としての「現実生活」「素材生活」とは明確に峻別して、「観照生活」あるいは「綴ることにかかわる生活」、つまり「綴り方生活」として考えていたのである。

田中はこの限定された「生活」概念、つまり「生活の指導」を、いかにして「表現の指導」すなわち「表現」概念と一元化させていくことができるかということを二十数年間にわたって一貫して追究してきたのである。

こうして田中は、自らの綴り方教育論の発展・深化の過程において、いわゆる「生活」概念を「題材生活」という概念に置き替え、この中の「題材の取り方の指導」ないしは「見方の指導」を広い意味での〈表現指導〉、すなわち「綴り方生活の過程の指導」に包み込んで、いわゆる「生活」と「表現」との一元化を図っていったのであった。

田中豊太郎の綴り方教育論におけるこうした発展・深化の道筋には明らかに、綴り方教育の歴史の上で「生活指導」とか「生活表現の指導」ということが主張され始まる以前から存在していた狭義の「表現」概念、すなわち表現技法や表現手法等を超えた、より広義の「表現」概念への発展的展開があったと見なすことができるのである。

第三節　今後に残された課題

筆者の国語科教育学と綴り方・作文教育に関わる一貫した研究テーマは教科内容論・教育内容論を巡る「内容か形式か」という二元的対立を統一止揚する理論の究明にあった。

この研究成果は、全国大学国語教育学会での口頭発表を経て、本論文の序章第三節に掲げた拙著・拙稿として公にしてきている。

本論文は、これらの研究成果を骨格に据え、これに大幅な加除修正を加えて集成したものである。

本論文の中でこれまで見てきたように、昭和戦前期を通して、綴り方教育に関わる教育内容は、子どもの現実生活重視の立場か叙述・記述される綴り方の書き表し方を重視する立場かで、「内容」重視の立場と「形式」重視の立場との二極に引き裂かれて論議されてきた。それは、この時期に闘わされたいわゆる「生活教育論争」に象徴される対立・矛盾の構図として取り出すことができる。この「生活教育論争」の内実に関しては諸家による考察があるので、本論文では詳細にわたる考察は控えたが、第Ⅴ章において若干言及しているので、その部分を参照願いたい。

ともあれ、これらの論議の中にも、本論文の中で見てきたように、「内容」「形式」両面を一元的に捉えていこうとする立場も数多く存在していた。それは、「生活」（＝「内容」）、「表現」（＝「形式」）という二元的立場を「表現」という概念によって一元的に捉えていこうとする立場であった。「生活」と「表現」とは、相対立する概念ではないことを多くの人々が認識してはいたのである。

ただ残念なことには、これらの論議が筋道立った理論として提案されることはほとんどなかったということである。垣内松三が提唱した「形象理論」は解釈学理論に基づいた〈読み〉の理論であった。その理論は綴り方教育に裨益せられる部分もあったが、十分なものではなかった。また、昭和十年代に出現した表現学理論はまさに「表現」の名を冠した綴り方教育にとっては魅力的な待望の理論であったはずである。しかし、その内容は現実の綴り方教育の実践とはあまりにもかけ離れたものであった。勿論、仔細に見ていけば興味深い知見も得られないことはないが、この理論が綴り方教育の実践に裨益せられたと覚しき様子は残念ながら窺えない。

昭和戦前期のこうした状況の中で、綴り方教育の実践的な方面から、綴り方の「内容」（＝「生活」）面と「形式」（＝「表現」）面との統一止揚を継続的に追究していった実践家がいた。当時、東京高等師範学校訓導であった田中豊太郎である。

小学校の一教師が昭和戦前期において二十年間の長きにわたり、実践を通して綴り方の「生活」と「表現」との一元化を図る方途を追究し、いわゆる「生活の指導」を「表現の指導」の中に包み込むことで両者を「表現」概念として統一止揚する考え方に辿り着いたのである。

田中豊太郎のこの功績を実証すること、これが本論文の第一の目的であった。また、昭和戦前期を通して刊行されていた国語教育・綴り方教育関係の諸雑誌に見られる「内容」「形式」一元論、そして、その発展としての「表現」概念を巡る論議の中に、綴り方教育に関わる教育内容のあるべき実体を探り出すこと、これが本論文の第二の目的であった。

その成果については、この終章の第一節と第二節において総括した通りである。

そこで、今後に残された課題である。

まず第一には、昭和戦後期における作文教育の「内容」「形式」一元論の展開を辿ることである。実は、この作業には一応の目安が付けられている。本論文の序章において述べておいたように、筆者がこの研究テーマの追究に向かうことになった直接の動機は、筆者が大学院の修士論文としてまとめた「戦後作文教育史研究――昭和三十五年までを中心に――」（後に、『戦後作文教育史研究』昭和五十九年六月、教育出版センター、及び『戦後作文・生活綴り方教育論争』平成五年九月、明治図書、として公刊）にあった。この研究の中で、昭和二十年代後半から三十年代初頭にかけて、「表現指導か生活指導か」という争点を巡って展開されたいわゆる「作文・生活綴り方教育論争」を取り上げて考察が加えられている。この考察から取り出されたのは、この論争の根底に「生活観」を巡る対立、「表現指導か生活指導か」すなわち「形式か内容か」という二元的な対立の構図があったということである。

今回の研究を通して、昭和戦前期の綴り方教育においても、昭和戦後期の作文教育と同様の問題点が出現していたという事実が明らかとなった。

これら二つの時期に見られた綴り方・作文教育史上の問題点・課題を比較し、その異同と共通点とを洗い直して整序する作業が今後の第一の課題となろう。

なお、この第一の課題の中に、実は第二の課題も見えている。それは、序章の第四節で取り上げておいた大田堯の論や波多野完治の論の再検討である。

大田堯の論は「生活綴方の根本問題としての『生活と表現』」という論考によるものである。この論に関しては筆者自身が前掲書の『戦後作文教育史研究』において詳細な考察を加えている。

波多野完治の論は、彼の文章心理学理論の中でも最も基本的な概念と見なせる「緊張体系」論である。この論に関しても、すでに筆者自身による「波多野完治『文章心理学』の研究――作文教育基礎理論研究――」（『国語科教育』第三三集、昭和六十一年三月）と題した論考において詳細な考察を加えている。

これらの考察を再検討し、さらに今回の研究成果を踏まえる中から、これからの作文教育に活かすことのできる「形式」「内容」一元論に立った文章表現教育理論を構築すること、これが今後に残された第二の課題である。

注

(1) 上田萬年著『作文教授法』明治二十八年八月、冨山房、十二頁。
(2) 同前書、四三〜四四頁。
(3) 同前書、四五〜七四頁。
(4) 佐々木吉三郎著『国語教授撮要』明治三十五年八月、育成会、六〇六〜六一一頁。
(5) 五味義武「綴方教授に於ける語句の指導」(『国語教育』大正五年四月号、五七頁)。
(6) 五味義武「綴方教授に於ける語句の指導(六)」(『国語教育』大正五年十一月号、六三頁)。
(7) 駒村徳寿「創作養護と実用主義」(『国語教育』大正五年三月号、四五〜四六頁)。
(8) 大内善一「秋田の『赤い鳥』綴り方教育――高橋忠一編『落した銭』『夏みかん』の考察を中心に――」(秋田経済法科大学紀要『秋田論叢』第十三号、平成九年、後に拙著『国語科教育学への道』平成十六年七月号、溪水社、に収録)。
(9) 鈴木三重吉著『綴方読本』昭和十年十二月、中央公論社、五二五頁。
(10) 鈴木三重吉「綴方選評」(『赤い鳥』昭和六年二月号、九八頁)。
(11) 『綴方教育』昭和四年六月号、八一頁。
(12) 『綴方教育』昭和六年二月号、九六頁。
(13) 『綴方教育』昭和六年二月号、九六頁。
(14) 『綴方教育』昭和七年九月号、一二四頁。
(15) 座談会「綴方の母胎としての児童の生活」(『綴方生活』創刊号、昭和四年十月、五八頁)。
(16) 座談会「綴方の素材と其の表現」(『綴方生活』第二号、昭和四年十一月、五八頁)。
(17) 千葉春雄「言葉・心・学習」(『綴方生活』増刊号、昭和五年三月、八二頁)。
(18) 同前誌、九一頁。
(19) 同前誌、九二頁。
(20) 小砂丘忠義「時宜を得たる警告的提言」(『綴方生活』第七巻第三号、昭和十年三月、一二五頁)。
(21) 滑川道夫「形象的綴方教育論(一)」(『北方教育』第一号、昭和五年二月、三九頁)。

(22) 滑川道夫「形象的綴方教育論(五)」(『北方教育』第五号、昭和五年九月、八～九頁)。
(23) 滑川道夫「綴方教育の現実的動向(二)」(『北方教育』第十号、昭和八年一月、三頁)。
(24) 加藤周四郎「生活綴方の現実の問題(五)」(『北方教育』第十四号、昭和九年八月、八頁)。
(25) 宮川菊芳「児童文を如何に観るべきか」(『教育・国語教育』昭和七年二月号、四五頁)。
(26) 副田凱馬「金子氏の所説を読みて」(『教育・国語教育』昭和七年五月号、八五頁)。
(27) 鈴木徳成「生活指導か表現指導か――宮川・金子両氏の論戦観――」(『教育・国語教育』昭和七年七月号、五一頁)。
(28) 秋田喜三郎「表現本位国語教育の提唱」(『教育・国語教育』昭和六年四月創刊号、一〇九頁)。
(29) 田中豊太郎「綴り方教育反省二三」(『教育・国語教育』昭和六年五月号、一〇八頁)。
(30) 河野清丸「形式・内容渾一観の理拠」(『教育・国語教育』昭和六年八月号、一三四頁)。
(31) 波多野完治「作文と綴方」(『教育・国語教育』昭和十一年二月号、一四七～一四八頁)。
(32) 田中豊太郎「綴方教育界に希望するもの」(『教育・国語教育』昭和九年三月号、四十～四一頁)。
(33) 川村章「表現力錬磨指導について」(『教育・国語教育』昭和十年六月号、八一頁)。
(34) 上田庄三郎「調べた綴方の本質と発展」(『実践国語教育』昭和九年七月号、五五頁)。
(35) 須藤克三「叡智性の昂揚」(『実践国語教育』昭和九年十月号、四五頁)。
(36) 西原慶一「表現学の教育的地方体系化の勢」(『実践国語教育』昭和十年十一月号「増大特集・表現学の教壇実践」、三頁)。
(37) 垣内松三「表現の純粋志向性」(『実践国語教育』昭和十年十一月号、五頁)。
(38) 田中豊太郎「綴り方教育に於ける表現法の指導」(『実践国語教育』昭和十年十一月号、五三頁)。
(39) 名取広作「手に輝く眼・児童の制作々用」(『実践国語教育』昭和十年十一月号、五六頁)。
(40) 土屋康雄「表現学と綴方指導過程の問題」(『実践国語教育』昭和十年十一月号、六五頁)。
(41) 百田宗治「生活詩の観方　上」(『工程』昭和十年九月号、六八頁)。
(42) 中村正一「文章技術と生活の吟味――小鮒寛氏の迷妄を啓く」(『工程』昭和十年九月号、五八～五九頁)。
(43) 百田宗治「第二の維新――児童散文詩の問題に関連して」(『工程』昭和十一年二月号、五頁)、同「続　第二の維新」(昭和十一年三月号、四頁)。
(44) 角虎夫「綴方の再出発を如何にするか」(『綴方学校』昭和十四年四月号、三三頁)。
(45) 波多野完治「綴方教師と新児童観」(『綴方学校』昭和十四年一月号、七頁)。

(46) 平野婦美子「綴る生活の指導法1」（『綴方学校』昭和十三年九月号、十一頁）。
(47) 高橋渉「数学趣味者の綴方指導報告」（『工程』昭和十一年九月号、六八頁）。
(48) 保科孝一「綴方教授に対する要望」（『国語教育』昭和四年四月号、五頁）。
(49) 森本安一「文創作の原理と発展の融合点に立つ私の綴方教育」（『国語教育』昭和三年七月号、七八頁）。
(50) 下山懋「綴方の常道と本体（一）」（『国語教育』昭和十二年四月号、四八頁）、同「文章の本質――ことば」（『国語教育』昭和十二年五月号、四八～五一頁）。
(51) 下山懋「文章の本質――表現」（『国語教育』昭和十二年七月号、四四頁）。
(52) 下山懋「文章の本質――表現」（『国語教育』昭和十二年八月号、五九～六十頁）。
(53) 竹澤義夫「牛方を読んで」（『国語教育』昭和六年七月号、四一頁）。
(54) 竹内文路「『イナカ』について」（『国語教育』昭和六年十一月号、三二頁）。
(55) 丸山林平・田中豊太郎共著『綴方教授の実際的新主張』大正十年四月、大日本学術会、一三五～一三六頁。
(56) 田中豊太郎「綴方教育上の研究問題」（『教育研究』昭和二年十二月号、五二頁）。
(57) 田中「綴方と観方の指導」（『教育研究』昭和三年五月号、五八頁）。
(58) 田中「綴方を児童の生活の表現たらしめよ」（『教育研究』昭和三年九月号、一〇二頁）。
(59) 田中「生活の綴り方化」（『教育研究』昭和四年四月号、一〇二頁）。
(60) 田中「綴り方の生活化」（『教育研究』昭和四年六月号、四二～四六頁）。
(61) 田中「綴り方教育に於ける表現指導」（『教育研究』昭和十年十一月号、三五頁）。
(62) 田中「綴方指導に於ける実生活の指導」（『教育研究』昭和十一年二月号、十八頁）。
(63) 田中「綴り方指導過程の問題検討」（『教育研究』昭和十一年四月号、七五頁）。
(64) 田中「綴り方教育の動向と所感」（『教育研究』昭和十三年十月号、三五頁）。
(65) 同前誌、三六頁。

【参考文献】

A　本研究テーマに直接関わる先行研究（著書・論文）

・峰地光重著『最新小学綴方教授細目』大正十年八月、児童研究社。
・波多野完治著『文章心理学——日本語の表現価値——』昭和十年十月、三省堂。
・峰地光重著『綴方教育発達史』昭和十四年六月、啓文社。
・大田堯稿「生活綴方の根本問題としての『生活と表現』」（『作文と教育』昭和三十四年十月号）。
・峰地光重・今井誉次郎共著『学習指導の歩み　作文教育』昭和三十二年五月、東洋館出版社。
・川口半平著『作文教育変遷史』昭和三十三年十月、岐阜県国後教育研究会。
・飛田多喜雄著『国語教育方法論史』昭和四十年三月、明治図書。
・中内敏夫著『生活綴方成立史研究』昭和四十五年十一月、明治図書。
・滑川道夫著『日本作文綴方教育史1明治篇』昭和五十二年八月、国土社。
・滑川道夫著『日本作文綴方教育史2大正篇』昭和五十三年十一月、国土社。
・滑川道夫著『日本作文綴方教育史3昭和篇』昭和五十八年二月、国土社。
・高森邦明著『近代国語教育史』昭和五十四年十月、鳩の森書房。
・大内善一著『戦後作文教育史研究』昭和五十九年六月、教育出版センター。
・大内善一稿「田中豊太郎綴り方教育論における『表現』概念の考察」（全国大学国語教育学会編『国語科教育』第三十六集、平成元年三月）。
・大内善一著『戦後作文・生活綴り方教育論争』平成五年九月、明治図書。
・大内善一稿「綴り方教育史における文章表現指導論の系譜——菊池知勇の初期綴り方教育論を中心に——」（『秋田大学教育学部研究紀要・教育科学』第四十七集、平成七年一月）。
・大内善一稿「昭和戦前期綴り方教育の到達点とその継承を巡る問題」（東京学芸大学国語国文学会『学芸国語国文学』

第二十八号、平成八年三月)。

・高森邦明著『大正昭和期における生活表現の綴り方の研究』平成十四年十一月、高文堂出版社。

・大内善一稿「菊池知勇の綴り方教育論における『生活』と『表現』の一元化への志向」(『茨城大学教育学部紀要(教育科学)』第五二号、平成十五年三月)。

・大内善一稿「『工程』・『綴方学校』誌における『表現』概念の位相」(『茨城大学教育学部紀要(教育科学)』第五二号、平成十五年三月)。

・大内善一著『国語科教育学への道』平成十六年三月、溪水社。

・大内善一稿「『実践国語教育』誌における『表現』概念の位相」(『茨城大学教育学部紀要(教育科学)』第五三号、平成十六年三月)。

・大内善一稿「『綴方生活』誌における『表現』概念の位相」(『茨城大学教育学部紀要(教育科学)』第五四号、平成十七年三月)。

・大内善一稿「『教育・国語教育』誌における『表現』概念の位相」(『茨城大学教育学部紀要(教育科学)』第五五号、平成十八年三月)。

・大内善一稿「大正期『国語教育』誌における『表現』概念の位相」(『茨城大学教育学部紀要(教育科学)』第五六号、平成十九年三月)。

・大内善一稿「昭和戦前期の『国語教育』誌における『表現』概念の位相」(『茨城大学教育学部紀要(教育科学)』第五七号、平成二十年三月)。

B 本研究において直接取り上げた国語教育・綴り方教育書及び諸雑誌

※左記に掲げる諸雑誌に掲載されている主要論考は巻末の[資料編]に記載してあるので、以下では省略に従う。

・上田萬年著『作文教授法』明治二十八年八月、冨山房。

・佐々木吉三郎著『国語教授撮要』明治三十五年八月、育成会。

・豊田八十代・小関源助・酒井不二雄共著『実験綴方新教授法』明治四十五年三月、広文堂。

・保科孝一編『国語教育』（大正期・昭和戦前期）全誌（大正五年一月〜昭和十六年三月、育英書院）。
・鈴木三重吉編『赤い鳥』全誌（大正七年七月創刊号〜昭和十一年十月）。
・鈴木三重吉著『綴方読本』昭和十年十二月、中央公論社。
・菊池知勇編『綴方教育』昭和四年四月号〜昭和七年三月号までに掲載された菊池知勇稿「佳い綴り方と拙い綴り方」、同誌・昭和七年四月号〜昭和八年三月号までに掲載された菊池知勇稿「児童作品の鑑識と指導」。
・志垣寛、小砂丘忠義編『綴方生活』全誌（昭和四年十月号創刊号〜五年九月号まで文園社、昭和五年十月号〜八年八月号まで郷土社、昭和八年十月号〜十二年二月号まで文園社）。
・成田忠久編『北方教育』全誌（昭和五年二月創刊号〜昭和十一年二月・第十六号、北方教育社）。
・千葉春雄編『教育・国語教育』全誌（昭和六年四月創刊号〜昭和十五年三月号、厚生閣、昭和十二年八月号から厚生閣編）。
・西原慶一編『実践国語教育』全誌（昭和九年四月号創刊号〜昭和十六年三月号、啓文社）。
・百田宗治『工程』『綴方学校』全誌（昭和十年四月創刊号〜昭和十一年十二月号まで『工程』、昭和十二年一月号〜昭和十五年三月号まで『綴方学校』、昭和十五年四月号〜昭和十六年九月まで千葉春雄編『教育・国語』と合体し『教育』として発刊、厚生閣）。

C　田中豊太郎の綴り方教育論に関する著書・論文

【著書】
・丸山林平・田中豊太郎共著『綴方教授の実際的新主張』大正十年四月、大日本学術会。
・田中豊太郎著『生活創造綴方の教育』大正十三年九月、目黒書店。
・田中豊太郎著『綴方教育の理論と実際』昭和五年五月、明治図書。
・丸山林平・田中豊太郎共著『綴方教授の実際的新主張』（改訂増補版）昭和六年七月、日東書院。
・田中豊太郎著『綴方教育の分野と新使命』昭和六年九月、郁文書院。
・田中豊太郎著『綴方指導系統案と其実践』昭和七年五月、賢文館。

・田中豊太郎著『小学教育大講座④綴方教育』昭和十二年五月、非凡閣。
・田中豊太郎著『綴方の研究授業』昭和十四年六月、賢文館。
・田中豊太郎著『綴方教育体系第四巻　綴方教育の指導過程』昭和十六年三月、晃文社。
・田中豊太郎著『国民学校国民科綴方精義』昭和十七年三月、教育科学社。

【論文】

・田中豊太郎稿「綴り方研究の出発」（東京高等師範学校附属小学校教育研究会編『教育研究』第二二九号、大正十年十月）。
・田中豊太郎稿「綴り方研究の背景」（『教育研究』第二三二号、大正十年十二月）。
・田中豊太郎稿「子供の生活と芸術心境」（『教育研究』第二四五号、大正十一年九月）。
・田中豊太郎稿「生活・体験及び表現」（『教育研究』第二五二号、大正十二年二月）。
・田中豊太郎稿「綴り方内容論」（『教育研究』第二五六号、大正十二年四月）。
・田中豊太郎稿「綴り方の指導に就いて」（『教育研究』臨時増刊号、大正十二年十一月）。
・田中豊太郎稿「綴方教育の新潮」（『教育研究』第二七六号、大正十三年八月）。
・田中豊太郎稿「文芸的精神と綴方の教育」（『教育研究』第二七七号、大正十三年九月）。
・田中豊太郎稿「初期に於ける綴方指導」（『教育研究』第二七八号、大正十三年十月）。
・田中豊太郎稿「綴方教育雑感」（『教育研究』第二八二号、大正十四年一月）。
・田中豊太郎稿「子供の作品に見る内容」（『教育研究』第二九四号、大正十四年十月）。
・田中豊太郎稿「子供の作品に見る内容（その二）」（『教育研究』第二九六号、大正十四年十二月）。
・田中豊太郎稿「農村と綴り方教育」（『教育研究』第三〇五号、大正十五年八月）。
・田中豊太郎稿「綴方に於ける生活指導の意義」（『教育研究』第三〇六号、大正十五年九月）。
・田中豊太郎稿「生活の表現といふこと」（『教育研究』第三〇九号、大正十五年十二月）。
・田中豊太郎稿「綴り方教育の将来」（『教育研究』第三一〇号、大正十六年・昭和元年一月）。
・田中豊太郎稿「効果から見た綴り方作品」（『教育研究』第三一三号、昭和二年四月）。

【参考文献】

・田中豊太郎稿「綴り方に於ける鑑賞及び文話」（『教育研究』第三一七号、昭和二年八月）。
・田中豊太郎稿「綴方教育上の研究問題」（『教育研究』第三二一号、昭和二年十二月）。
・田中豊太郎稿「綴方指導の一単元」（『教育研究』第三二二号、昭和三年一月）。
・田中豊太郎稿「綴方に於ける取材の開拓」（『国語教育』昭和三年四月号）。
・田中豊太郎稿「綴方と観方の指導」（『教育研究』第三二六号、昭和三年五月）。
・田中豊太郎稿「綴方を児童の生活の表現たらしめよ」（『教育研究』第三三二号、昭和三年九月）。
・田中豊太郎稿「児童作品に見る自然」（『教育研究』第第三三四号、昭和三年十一月）。
・田中豊太郎稿「児童作品に見る自然㈡」（『教育研究』第三三五号、昭和三年十二月）。
・田中豊太郎稿「生活の綴り方化」（『教育研究』第三四〇号、昭和四年四月）。
・田中豊太郎稿「ある日の綴方指導」（『国語教育』昭和四年四月号）。
・田中豊太郎稿「綴り方の生活化」（『教育研究』第三四三号、昭和四年六月）。
・田中豊太郎稿「社会事象と児童の綴方」（『教育研究』第三四六号、昭和四年八月）。
・田中豊太郎稿「綴方題材論」（『教育研究』第三四七号、昭和四年九月）。
・田中豊太郎稿「児童作品の相互研究」（『教育研究』第三四九号、昭和四年十一月）。
・田中豊太郎稿「読方と綴り方」（『教育研究』第三五〇号、昭和四年十二月）。
・田中豊太郎稿「児童生活と綴り方教育」（『教育研究』第三五一号、昭和五年一月）。
・田中豊太郎稿「尋五綴り方の伸び行く相」（『教育研究』第三五五号、昭和五年四月）。
・田中豊太郎稿「綴り方指導の基礎及び背景」（『教育研究』第三五六号、昭和五年五月）。
・田中豊太郎稿「児童作品の一考察」（『教育研究』第三五九号、昭和五年七月）。
・田中豊太郎稿「綴り方の生活化」（『教育研究』第三六〇号、臨時増刊、昭和五年七月）。
・田中豊太郎稿「児童作品に見る社会観念」（『教育研究』第三六一号、昭和五年八月）。
・田中豊太郎稿「綴方指導の一努力点」（『教育研究』第三六四号、昭和五年十一月）。
・田中豊太郎稿「郷土と綴り方教育」（『教育研究』第三六七号、昭和六年一月）。
・田中豊太郎稿「綴り方教育反省二三」（『教育・国語教育』昭和六年五月号）。

・田中豊太郎稿「綴り方を研究発表と見る」（『教育研究』第三七三号、昭和六年六月）。
・田中豊太郎稿「綴り方をより生活的ならしめる」（『教育研究』第三七四号、昭和六年七月）。
・田中豊太郎稿「積極的研究の態度と綴り方」（『教育研究』第三七八号、昭和六年十月）。
・田中豊太郎稿「昭和六年に於ける綴り方教育」（『教育研究』第三八〇号、昭和六年十二月）。
・田中豊太郎稿「子供の文の観方」（『教育・国語教育』昭和六年十二月号）。
・田中豊太郎稿「綴り方指導者自身の問題」（『教育研究』第三八二号、昭和七年一月）。
・田中豊太郎稿「綴り方指導系統案の要望」（『教育研究』第三八三号、昭和七年二月）。
・田中豊太郎稿「子供の文の見方について」（『教育・国語教育』昭和七年二月）。
・田中豊太郎稿「綴り方指導系統案の要件」（『教育研究』第三八四号、昭和七年三月）。
・田中豊太郎稿「綴り方の生活化方案」（『教育研究』第三八九号、昭和七年七月）。
・田中豊太郎稿「郷土教育から見た綴方教育」（『教育研究』第三九三号、昭和七年十月）。
・田中豊太郎稿「郷土研究と綴方作品」（『教育研究』第三九四号、昭和七年十一月）。
・田中豊太郎稿「国語教育の帰趨」（『教育研究』第三九七号、昭和八年一月）。
・田中豊太郎稿「尋五綴方指導実際案」（『教育・国語教育』昭和八年四月号）。
・田中豊太郎稿「取材指導の一方法」（『教育研究』第四〇四号、昭和八年七月）。
・田中豊太郎稿「子供の実生活と新読本及び綴り方」（『教育研究』第四一〇号、昭和八年十一月）。
・田中豊太郎稿「『調べる綴り方』の考察」（『教育研究』第四一一号、昭和八年十二月）。
・田中豊太郎稿「綴り方教育の現状批判と将来への発展」（『教育研究』第四一二号、昭和九年一月）。
・田中豊太郎稿「綴り方教育界に希望するもの」（『教育・国語教育』昭和九年三月号）。
・田中豊太郎稿「綴方指導の実際問題」（『教育研究』第四一六号、昭和九年四月）。
・田中豊太郎稿「尋常一年の綴方指導」（『教育研究』第四二三号、昭和九年九月）。
・田中豊太郎稿「綴方指導系統案の活用と指導文例」（『教育研究』第四二七号、昭和九年十二月）。
・田中豊太郎稿「都会児の綴方作品と指導の態度」（『実践国語教育』昭和九年十二月号）。
・田中豊太郎稿「尋四以後の綴方生活の発達」（『教育研究』第四二九号、昭和十年一月）。

【参考文献】

・田中豊太郎稿「尋五綴方の実相と指導要項」(『教育研究』第四三〇号、昭和十年二月)。
・田中豊太郎稿「『尋四綴方指導案』に対して」(『教育・国語教育』昭和十年二月号)。
・田中豊太郎稿「綴方教育から見た新読本巻五」(『教育研究』第四三三号、昭和十年五月)。
・田中豊太郎稿「ある日の『尋六児童作品』の取扱」(『教育研究』第四三五号、昭和十年六月)。
・田中豊太郎稿「高学年に於ける理知的文の指導」(『教育研究』第四三六号、昭和十年七月)。
・田中豊太郎稿「夏休の国語綴方生活の指導」(『工程』昭和十年七月号)。
・田中豊太郎稿「綴り方教育に於ける表現指導」(『教育研究』第四四一号、昭和十年十一月)。
・田中豊太郎稿「綴り方教育に於ける表現法の指導」(『実践国語教育』昭和十年十一月号)。
・田中豊太郎稿「作品の内容と観照の態度」(『教育研究』第四四二号、昭和昭和十年十二月)。
・田中豊太郎稿「学校教育としての綴方教育」(『教育研究』第四四四号、昭和十一年一月)。
・田中豊太郎稿「綴方指導に於ける実生活の指導」(『教育研究』第四四五号、昭和十一年二月)。
・田中豊太郎稿「綴り方指導過程の問題検討」(『教育研究』第四四七号、昭和十一年四月)。
・田中豊太郎稿「綴り方教育研究上将来に俟つべきもの」(『実践国語教育』昭和十一年四月号)。
・田中豊太郎稿「児童作品処理の仕事」(『教育研究』第四四八号、昭和十一年五月)。
・田中豊太郎稿「綴り方指導に於ける鑑賞・批評・文話」(『教育研究』第四五〇号、昭和十一年六月)。
・田中豊太郎稿「綴方指導系統案・指導細目の問題」(『教育研究』第四五三号、昭和十一年八月)。
・田中豊太郎稿「綴方入門期の指導」(『教育研究』第四五四号、昭和十一年九月)。
・田中豊太郎稿「綴り方の生活化」(『実践国語教育』昭和十一年十二月)。
・田中豊太郎稿「綴方教育の内容改善」(『教育研究』第四六〇号、昭和十二年一月)。
・田中豊太郎稿「書く時の心もち」(『綴方学校』昭和十二年二月号)。
・田中豊太郎稿「生活内省の指導から表現指導へ」(『教育・国語教育』昭和十二年十一月号)。
・田中豊太郎稿「綴る力を培ふ」(『教育研究』第四七四号、昭和十二年十二月)。
・田中豊太郎稿「子供の文を見る態度」(『実践国語教育』昭和十二年十二月)。
・田中豊太郎稿「生活的教材と綴方への誘導」(『教育・国語教育』昭和十二年十二月号)。

・田中豊太郎稿「綴り方の健康なる発達のために」（『教育研究』第四七六号、昭和十三年一月）。
・田中豊太郎稿「綴方の指導過程に就て」（『教育・国語教育』昭和十三年一月号）。
・田中豊太郎稿「平凡を忠実に」（『教育・国語教育』昭和十三年二月号）。
・田中豊太郎稿「時局下の小学綴り方教育」（『教育研究』第四七九号、昭和十三年四月）。
・田中豊太郎稿「時局と綴り方教育」（『実践国語教育』昭和十三年四月号）。
・田中豊太郎稿「綴り方教育の動向と所感」（『教育研究』第四八七号、昭和十三年十月）。
・田中豊太郎稿「健全なる綴り方指導」（『教育研究』第四九二号、昭和十四年一月）。
・田中豊太郎稿「綴方教育雑感」（『教育・国語教育』昭和十四年二月号）。
・田中豊太郎稿「綴り方指導」（『教育研究』第五〇〇号、臨時増刊、昭和十四年七月）。
・田中豊太郎稿「綴り方教育上の問題二三」（『教育研究』第五〇六号、昭和十四年十二月）。
・田中豊太郎稿「国民学校案と綴り方」（『教育研究』第五〇八号、昭和十五年一月）。
・田中豊太郎稿「綴方教育実践上の苦心・工夫」（『実践国語教育』昭和十五年一月号）。
・田中豊太郎稿「他教科と綴り方」（『教育研究』第五一〇号、昭和十五年三月）。
・田中豊太郎稿「行事と教育と綴り方」（『教育研究』第五一二号、昭和十五年五月）。
・田中豊太郎稿「国民学校案と綴り方教育」（『実践国語教育』昭和十五年六月号）。

D　田中豊太郎と田中豊太郎の綴り方教育論に関する関連文献

・田中豊太郎稿「作文教育の歩んだ道」（『生活綴方と作文教育　教育建設第三号』昭和二十七年六月、金子書房）。
・西原慶一稿「第三篇　資料篇　第二章　国語教育者総覧　田中豊太郎」（西原慶一著『日本児童文章史』昭和二十七年十二月、東海出版社）。
・田中豊太郎稿「作文教育五十年――わたしの歩いた道とその周辺――」（作文の会編『作文教育』昭和三十一年九月号～三十二年六月号までの九回連載）。
・飛田多喜雄稿「田中豊太郎著『生活創造綴方の教育』『綴方教育の理論と実際』の〈解題〉」（『近代国語教育論大系17』

【参考文献】

昭和六十二年十二月、光村図書出版）。

・滑川道夫・田中豊太郎稿「綴り方教育の開拓的努力――田中豊太郎の人と業績――」（倉沢栄吉・滑川道夫他著『近代国語教育のあゆみI』昭和四十三年十一月、新光閣）。

・野地潤家編『作文・綴り方教育史資料下』昭和五十三年五月、桜楓社。

・中島國太郎稿「作文研究者・実践者――田中豊太郎――」（井上敏夫他編『新作文指導事典』昭和五十七年十一月、第一法規）。

・青木幹勇稿「田中豊太郎」（国語教育研究所編『国語教育研究大辞典』平成三年、明治図書）。

【資料編】

【第Ⅱ章　大正期『国語教育』誌における綴り方教育関係の主要論文一覧】

発行年月日	主要論文名（著者名）
大正五年一月号	・「国語教育の価値」（保科孝一）・「シユミーダーの説に基きたる新綴方教授法」（花田甚五郎）・「綴方研究上の諸問題（一）」（駒村徳寿）
大正五年二月号	・「綴る態度を養ひて構想教授に及べ」（丸山良二）・「綴方研究上の諸問題（二）」（駒村徳寿）・「シユミーダーの説に基きたる綴り方新教授法（前号の続）」（花田甚五郎）
大正五年三月号	・「創作養護と実用主義」（駒村徳寿）・「不良文の研究」（秋田喜三郎）・「シユミーダー氏の説に基ける綴り方新教授法（つゞき）」（花田甚五郎）・「綴る態度を養ひて構想教授に及べ（つゞき）」（丸山良二）
大正五年四月号	・「創作養護と実用主義（下）」（駒村徳寿）・「綴方教授に於ける語句の指導」（五味義武）・「読み方と綴り方との根本的聯絡について」（山田五郎）
大正五年五月号	・「シユミーダー氏の説に基ける綴り方新教授法」（花田甚五郎）・「綴方教授に於ける語句の指導（二）」（五味義武）・「綴方に於ける発表の意味（上）」（駒村徳寿）・「高等小学に於ける文章教授」（中川與一）・「読方と綴方との根本的聯絡について（承前）」（山田五郎）
大正五年六月号	・「綴り方教授に於ける語句の指導（三）」（五味義武）・「シユミーダー氏の説に基ける綴り方新教授法」（花田甚五郎）・「綴方に於ける発表の興味（下）」（駒村徳寿）
大正五年七月号	・「我が作文教授」（金子彦二郎）・「発表の心意活動発達の研究（上）」（駒村徳寿）・「綴方教授に於ける　語句の指導（四）」（五味義武）・「綴り方教授の一例」（芦田恵之助）
大正五年八月号	・「我が作文教授（承前）」（金子彦二郎）・「綴方教授に於ける語句の指導（五）」（五味義武）
大正五年九月号	・「関係的考察の上に立てる文章教授」（前川宇吉）・「発表の心意活動発達の研究（下）」（駒村徳寿）

大正五年十月号	・「綴方教授の目的および材料について」（槇山栄次）・「綴方教授研究上の諸問題」（駒村徳寿）・「尋四綴り方教授の二三」（和田虎之助）・「我が作文教授（承前）」（金子彦二郎）
大正五年十一月号	・「綴り方教授上範文について」（進藤勝）・「綴方教授に於ける語句の指導（六）」（五味義武）
大正五年十二月号	・「綴方教授の方法について」（槇山栄次）・「綴方教授に於ける語句の指導（七）」（五味義武）・「我が作文教授（四）」（金子彦二郎）・「間接指導及課外読物」（駒村徳寿）
大正六年一月号	・「綴方教授の系統案につきて」（芦田恵之助）・「綴方教授に於ける語句の指導（八）」（五味義武）・「学習材料と教科連絡」（駒村徳寿）
大正六年二月号	・「綴り方に於ける発表の心理過程及根本問題」（竹村定一）・「綴方教授に於ける語句の指導（九）」（五味義武）
大正六年三月号	・「綴り方に於ける発表の心理過程及根本問題（前承）」（竹村定一）・「綴方教授系統案の一例」（駒村徳寿）・「我が作文教授（五）」（金子彦二郎）
大正六年五月号	・「綴り方教授に於ける真の指導」（中原英寿）
大正六年六月号	・「小品文の価値とその指導」（五味義武）・「文章分類の必要と其の方針」（駒村徳寿）
大正六年七月号	・「小品文の価値とその指導（二）」（五味義武）・「我が作文教授（六）」（金子彦二郎）
大正六年八月号	・「国語教授上教授者の態度」（保科孝一）・「尋常一年綴方教授の実際」（丸山良二）・「綴方指導上最顧慮すべき諸問題」（五味忠度）・「小品文の価値と其指導（三）」（五味義武）
大正六年九月号	・「綴方に於ける短篇戯曲の本質価値及指導（一）」（竹村定一）・「小品文の価値と其の指導（四）」（五味義武）
大正六年十一月号	・「綴方に於ける短篇戯曲の本質価値及指導を論ず（二）」（竹村定一）
大正六年十二月号	・「綴方に於ける短篇戯曲の本質価値及指導を論ず（三）」（竹村定一）
大正七年一月号	・「着想・構想・表出の自然的発展」（千葉命吉）
大正七年二月号	・「作文教授と独創的精神の涵養」（岡部嘉一）

大正七年七月号	・「綴方の処理に於ける評語の研究」（新井順一郎）
大正七年八月号	・「自由作と指導」（中濱幸吉）
大正七年十月号	・「綴方教授の根底に横はれる疑義」（小林貞一）
大正七年十一月号	・「国語読本と綴方」（蓮井藤吉）
大正八年一月号	・「綴り方とは何であるか」（三浦喜雄）
大正八年二月号	・「綴り方をして系統あらしむる方案」（木下米松）
大正八年四月号	・「綴り方をして系統あらしむる方案（二）」（木下米松）
大正八年五月号	・「綴り方をして系統あらしむる方案（三）」（木下米松）・「綴り方教授の反省」（江本峰次郎）
大正八年六月号	・「余の文章観」（湯原元一）・「文章力の根底」（志垣寛）・「綴り方をして系統あらしむる方案（四）」（木下米松）
大正八年九月号	**【綴方号】**・「綴方教授今後の研究」（五味義武）・「素材と文材」（友納友次郎）・「綴り得たる不安と綴り得るの悦」（山路兵一）・「作文教授の諸問題」（玉井幸助）・「戯曲表現を試みるまで」（志垣寛）・「綴方教授に於ける第二次的の研究」（野澤正浩）
大正八年十月号	・「作文の教育的価値」（保科孝一）・「綴方教授最近の傾向を論ず」（田上新吉）・「創造と綴方教育」（千葉命吉）・「綴り方論」（河野伊三郎）
大正八年十一月号	・「文章鑑識の標準」（小林貞一）・「綴り方教授雑感」（中野宗太郎）・「自作と指導との特別」（依田泰）・「尋常第一学年の綴方」（上柳平三）
大正八年十二月号	・「描写と技巧」（湯川栄晴）・「綴方と手紙文」（安藤久太郎）・「作者の態度より見たる文章の分類と其の取扱」（田上新吉）
大正九年一月号	・「児童生活と綴り方」（小瀬松次郎）・「日用文の指導」（五味義武）・「作者の態度より見たる文章の分類と其の取扱（二）」（田上新吉）
大正九年二月号	・「国語教授改善の要件に就て」（保科孝一）・「日用文の指導（二）」（五味義武）・「尋五の

	綴方教授」（並河昇）・「文章創作会の実際」（福知勝）・「文に関する私の修養」（寿美金三郎）・「文に関する教師の修養」（柴原茂一）
大正九年三月号	・「綴方の基礎練習について」（保科孝一）・「文壇の論議と綴方教授との交渉」（小林貞一）・「日用文の指導（三）」（五味義武）
大正九年四月号	・「経験を顧みたる綴方教授改良の発足点」（野添徳志）・「私の題材観の主張」（河野伊三郎）・「日用文の指導（四）」（五味義武）・「綴方教授に於ける批正」（秋田喜三郎）
大正九年五月号	・「思想啓発の一手段としての個人課題」（久保文治）・「日用文の指導（五）」（五味義武）
大正九年六月号	・「綴方教授に於ける韻文の位置」（松本正男）・「日用文の指導（六）」（五味義武）・「創作的読方教授と綴方教授」（秋田喜三郎）
大正九年七月号	・「中等学校における手紙文の革新」（妹尾良彦）
大正九年八月号	・「文章に於ける個人の心象」（河野伊三郎）・「文に関する教師の修養」（松井実）・「綴方成績処理に就て」（山田市太郎）
大正九年九月号	【読方号】・「文章に於ける真実の主張」（河野伊三郎）
大正九年十月号	・「思想表現の自由とその訓練」（高垣惣太郎）・「創作力の発展と観察」の指導」（並河昇）
大正九年十一月号	・「自由作の批評と紹介の実際」（木下米松）・「我が校の綴方教育概要」（安藤久太郎）
大正九年十二月号	・「綴方教授に於ける表現主想の教授」（中野半吾）
大正十年一月号	・「児童文とは何ぞや」（迫田周吾）・「作文教授改革私見」（岡部嘉一）・「わかりやすく書け」（千代延春楊）
大正十年二月号	・「綴方教授と自己の開展」（高橋直槌）・「作文教授改革私見（続）」（岡部嘉一）
大正十年三月号	・「絵画と綴り方教授」（木下米松）・「綴方に於ける批正の一方面」（佐野恵作）
大正十年四月号	【課外読物号】
大正十年五月号	・「表現主義の綴り方に就て」（桂田金造）

大正十年六月号	・「綴方の本質と自由選題」（向山嘉章）・「一年生に対する最初の作文教授」（神原克重）・「綴方教授に於ける作品鑑識の各場合」（安藤久太郎）・「綴り方に於ける人物描写の指導」（宇佐美松太郎）
大正十年七月号	・「綴り方に於ける文章創作の心理過程」（田上新吉）・「綴方教材としての俳句の価値及其取扱」（画田藤十郎）・「私の作文教授」（山本伊之助）・「随意選題に於ける指導」（西野米次郎）
大正十年八月号	・「綴り方に於ける文章創作の心理過程（続）」（田上新吉）・「三つ作文」（向坊英文）
大正十年九月号	・「作文教授に於て余が努力して見たき三点」（神原克重）・「綴方に於ける指導に就いて」（向山嘉章）
大正十年十月号	・「作文教授の改善について」（保科孝一）・「小学児童にはどんな詩形が最も適当であるか」（野澤正浩）・「綴方教材としての童話」（早瀬松蔵）・「日記文から導いた綴方教授」（今泉重蔵）
大正十年十一月号	・「作文『忘れ得ぬ人』等に就いて」（山本伊之助）・「綴方教材としての童話（続）」（早瀬松蔵）・「『綴方教授の解決』を読んで」（小林貞一）
大正十年十二月号	・「作文教授の改善に就て」（平野秀吉）・「生命の綴方」（秋田喜三郎）
大正十一年一月号	・「綴方成績処理に就いて」（林国太郎）
大正十一年二月号	・「綴方根底の培養」（堀江道蔵）※この号から【児童文集】が掲載され始まる。
大正十一年三月号	・「発展観に立ちたる綴方教授のいとぐち」（白木豊）・「作文教授に於ける指導及処理の一般的考察」（前田倭文雄）
大正十一年四月号	・「表現の悩みを知るまで」（村上四郎三郎）・「作文教授に於ける指導及処理の一般的考察」（前田倭文雄）【児童文集】
大正十一年五月号	【児童文集】

大正十一年六月号	・「尋三綴方教授の実際と批評」（堤楯雄）　・「綴方教授批評会記録」（林国太郎）
大正十一年七月号	・「記述前後の指導（一）」（白鳥千代三）
大正十一年八月号	・「作文教授の改善について」（保科孝一）　・「記述前後の指導（二）」（白鳥千代三）
大正十一年九月号	【国語問題号】
大正十一年十月号	・「自己を知らする立場から」（林国太郎）　・「保科主幹と作文教授」（近藤義夫）【児童文集】
大正十一年十一月号	・「中等学校における作文の題材について」（保科孝一）　・「制限的自由選題の主張」（森本公平）【児童文集】
大正十一年十二月号	・「永続的研究の必要」（保科孝一）　・「生命伸展の綴方」（佐野恵作） 【児童文集】
大正十二年一月号	・「国語教育の使命」（佐久間鼎）　・「綴り方教授に於ける範文について」（村山四郎三郎）
大正十二年二月号	・「初年級の綴方は何んな風に伸びるか」（樋口三代基）　・「綴方成績の最良なる処理法整理案」（名古屋市小学校連合教育研究会）
大正十二年三月号	【児童文集】
大正十二年四月号	・「綴方教授系統案」（多牧宇蔵）【児童文集】
大正十二年五月号	・「尋五の綴方指導」（竹内文路）　・「これも綴方教授の一方法か」（大谷幸作）
大正十二年六月号	・「尋四綴方教授の一例」（白鳥千代三）　・「尋六の綴方指導例」（竹内文路）【児童文集】
大正十二年七月号	・「東京高師訓導協議会に於ける系統案の論議について」（小林貞一）　・「内容と形式」（玉井幸助）【児童文集】
大正十二年八月号	・「生命の綴方に於ける重要なる一考察」（細野要治郎）【児童文集】
大正十二年九月号	【児童文集】
大正十二年十月号	【児童文集】
大正十二年十一月号	・「作文をとほして見る」（千代延尚寿）【児童文集】

大正十二年十二月号	・「読方教授に於ける形式主義と内容主義」（片岡石夫）・「尋二綴方教授の一例」（樋口三代基）【児童文集】
大正十三年一月号	【童謡童話児童劇号】
大正十三年二月号	・「綴り方の研究法について」（飯田恒作）・「鑑賞と創作の一年」（井上助太郎）
大正十三年三月号	・「解決すべき綴方教授当面の問題」（峰地光重）・「綴方に於ける鑑賞教授の使命」（白井信一）【児童文集】
大正十三年四月号	・「『綴り方指導系統案の論争』を読んで飯田氏に質す」（小林貞一）・「綴る過程の考察とその指導」（高橋直槌）【児童文集】
大正十三年五月号	・「表現の語と形式について」（保科孝一）・「新しい綴方指導系統案の内容について」（峰地光重）【児童文集】
大正十三年六月号	・「生命の綴方に於ける真実性」（細野要治郎）
大正十三年七月号	・「尋一に於ける口頭綴方について」（峰地光重）
大正十三年八月号	・「綴方指導の根本問題」（粟野柳太郎）
大正十三年九月号	・「綴方指導の根本問題（続）」（粟野柳太郎）【児童文集】
大正十三年十月号	・「国語教育界の安定を図れ」（保科孝一）・「文字文章の生命化」（清水勝太郎）・「生命の綴方に於ける個の成長」（細野要治郎）・「綴方教授の回顧八カ年（特別研究入選）」（安藤久太郎）【児童文集】
大正十三年十一月号	・「現今綴方教授界の風潮を論じて該科教授の真使命に及ぶ」（井上助太郎）
大正十三年十二月号	※この号から「児童文研究」が掲載され始まる。【児童文集】 ・「理論に即して実際へ」（保科孝一）・「綴方教育の史的考察並にその新傾向」（峰地光重） 【児童文集】
大正十四年一月号	【国語科入学試験問題号】

大正十四年二月号	・「生活表現としての日用文の指導」（内田健一）【児童文集】
大正十四年三月号	・「プレイウェーメソッドによる綴方教授」（峰地光重）【児童文集】
大正十四年四月号	・「あらはし方についての文話」（梶原豊治）【児童文研究】【児童文集】
大正十四年五月号	・「綴方の本質に根ざせる綴方学習指導の提案」（佐々木紀）
大正十四年六月号	・「真実味を持つ文の力」（後藤廣）・「綴方指導の実際問題（上）」（粟野柳太郎）【児童文集】
大正十四年七月号	・「初歩の綴方教授」（坂本豊）【児童文研究】【児童文集】
大正十四年八月号	・「模倣より創作へ」（市川俊雄）・「綴方と手紙文」（安藤久太郎）【児童文集】
大正十四年九月号	・「二つの綴方教授書」（竹内文路）
大正十四年十月号	・「『あるがまゝ』といふこと」（谷岡義賢）
大正十四年十一月号	・「文章の極意」（瀬尾武次郎）
大正十四年十二月号	・「体験主義の綴方教育（下）」（朝倉壮夫）
大正十五年一月号	・「創作家の心理と綴方教授」（市川俊雄）・「綴方鑑賞教授の一例」（本郷兵一）
大正十五年二月号	・「初学年の綴方教授」（安藤久太郎）
大正十五年三月号	・「文章表現の三大心象」（内田健一）【児童文集】
大正十五年四月号	・「推敲の新価値論」（佐々木紀）・「中学生の作文教授」（竹中一雄）・「児童の文章鑑賞力の発達」（稲葉高之）
大正十五年五月号	・「尋三の綴方指導（上）」（竹内文路）
大正十五年六月号	・「作文教授の目的」（保科孝一）・「尋三の綴方指導（下）」（竹内文路）
大正十五年七月号	【自学自習号】
大正十五年八月号	・「『感想』指導の価値に就て」（河野通頼）
大正十五年九月号	・「質疑への答」（保科孝一）・「入学試験の作文を回想して」（鴨川宇吉）・「高学年の綴方

	指導」（大塚正明）
大正十五年十月号	・「綴り方の学習室から」（加賀谷良二）
大正十五年十一月号	・「作文科の虐待」（金子彦二郎）・「作文教授に対する私見」（徳本正俊）・「四たび作文教授の新生に就いて言ふ」（谷岡義賢）・「作文教授に就いての自己反省」（林謙治）・「中学生の作文」（前田周平）・「文題の指導」（竹中一雄）・「意識と作文」（徳田浄）・「作文教授雑感」（玉井幸助）・「生活表現の綴方へ」（秋田喜三郎）
大正十五年十二月号	・「綴り方に於ける生活指導に就きての一考察」（河野通頼）・「我が作文教授の実際」（阿部由二）

【第Ⅴ章　『綴方生活』誌における主要論文一覧】

発行年月日	主要論文名（著者名）
昭和四年十月創刊号	・「吾等の使命（巻頭言）」・「児童文のもつ研究問題的意味について」（千葉春雄）・「綴方に於ける動物描写の意味と其取扱」（峰地光重）・「教師への降伏状としての綴り方――生活悪導論――」（上田庄三郎）・「作品に表はれたる現代綴方の功罪」（小砂丘忠義）・「綴方教師の創作体験」（工藤恒治）・「綴方の母胎としての児童の生活（座談会）」（千葉春雄他四名）
昭和四年十一月	・「いかに児童文を見るべきか――児童文のもつ研究問題的意味（その二）――」（千葉春雄）・「文の批正と鑑賞」（五味義武）・「綴文欲求の発生とその指導（二）」（野村芳兵衛）・「具象的・特殊的・記述への指導――児童作品を通して――」（志垣寛）・「綴方の実際を見る――作品に表はれたる現代綴方の功罪――」（小砂丘忠義）・「綴方の素材とその表現（座談会）」（五味義武他五名）

昭和四年十二月	・「綴り方教育の新拓野」（上田庄三郎）・「児童文のもつ研究問題的意味について」（千葉春雄）・「文の批正と鑑賞（二）」（五味義武）・「綴文欲求の発生とその指導」（野村芳兵衛）
昭和五年一月	・「新しい文章と解剖」（渡邊義人）・「児童作品合評会」（五味義武他六名）
昭和五年二月	・「『よく観よ』論」（富原義徳）・「文章と立体――新しい文章の解剖（2）――」（渡邊義人）・「綴方座談会所感」（木村文助）・「綴方作品の内容に対する作者の責任について」（志垣寛）
昭和五年三月	・「児童文のもつ研究問題的意味について」（千葉春雄）・「綴方教育を如何に打開すべきか」（小砂丘忠義）・「多作主義への反逆」（増田実）
昭和五年三月（臨時増刊）	・「綴方教育の無限生長」（奥野庄太郎）・「鑑賞の指導」（五味義武）・「言葉・心・学習」（千葉春雄）・「文章の評価」（志垣寛）
昭和五年四月	・「全然別の次元から」（小砂丘忠義）・「児童文のもつ研究問題的意味」（千葉春雄）・「講習会回顧新時代への動き」（千葉春雄他六名）
昭和五年五月	・「児童文の持つ研究問題的意味」（千葉春雄）・「表現の指導」（鈴木頓雄）
昭和五年六月	・「文の指導と階級闘争の問題」（千葉春雄）・「作品評価論」（佐々井秀緒）・「座談会　生活様相の転換と文章形態の変化」（佐藤末吉他三名）
昭和五年七月	・「生活記録としての日記の指導」（佐藤末吉）・「生活と日記及び其の指導」（佐々井秀緒）・「日記文の指導」（千葉春雄）・「座談会　地方の新人に聴く」（志垣寛他十六名）
昭和五年八月	・「紀行文と其の指導」（秋田喜三郎）・「旅のこどもの綴り方」（富原義徳）
昭和五年九月	・「生活科としての綴方（一）」（野村芳兵衛）・「偶像崩壊覚え書き」（上田庄三郎）・「理論の小部分」（千葉春雄）・「座談会　教育に於ける綴方の位置」（西原慶一他五名）
昭和五年十一月	・「綴り方の小さい理論」（千葉春雄）・「生活科としての綴方（二）――自然観照の原則と方法――」（野村芳兵衛）・「座談会　自然観察と綴方」（今井誉次郎）

昭和五年十二月	・「生活科としての綴方（三）――生活指導と児童文・科学的態度の主張――」（野村芳兵衛） ・「座談会　農村の子供と綴方」（千葉春雄他八名）
昭和六年一月	・「児童文新評価標――生活の綴方（五）――」（野村芳兵衛）・「技術の問題――芸術の唯物主義に関する手記――」（門脇英鎮）
昭和六年二月	・「題材の階級的制限――自由選題主義の行詰り――」（上田庄三郎）・「新課題主義綴方を提唱する」（峰地光重）・「詩を生活へ」（稲村謙一）
昭和六年三月	・「綴方教育の実際的方面」（富原義徳）・「児童文を観る」（千葉春雄）
昭和六年四月	・「新しい綴方の計画とその出発――綴方の書きはじめの指導――」（今井誉次郎）・「程度より行動形態としての要求を」（横山晋）・「児童文批評の吟味」（小砂丘忠義）
昭和六年五月	・「文章の科学性について」（今井誉次郎）・「綴方教育に於ける文話の位置」（佐々井秀緒） ・「一つの文話形式」（小砂丘忠義）・「座談会文話の行方」（小砂丘忠義他三名）・「文話に対する吾等の検討」（野村芳兵衛）
昭和六年六月	・「綴方に於ける集団制作の理論と実際（一）」（滑川道夫）・「研究座談会　作業主義教育とつづりかた」（上田庄三郎他五名）
昭和六年七月	・「綴方に於ける共同制作の経験」（峰地光重）・「回答　綴方に於ける共同制作の是非」（木村文助他十一名）・「科学性をもつた綴方」（木村英治）
昭和六年八月	・「綴方生活に於ける集団制作の理論と実際（二）」（滑川道夫）・「共同作　天神様のお祭」（村山俊太郎）
昭和六年九月	・「児童文批評の規準」（横山晋）・「高知地方綴方座談会」（小砂丘忠義他二十名）・「綴方生活に於ける集団制作の理論と実際（三）」（滑川道夫）・「題材の吟味」（佐々井秀緒）
昭和六年十一月	・「生活技術と綴方教育（一）」（野村芳兵衛）・「自由主義綴方の検討」（小砂丘忠義）・「科学的綴り方を切望す」（佐々井秀緒）

昭和六年十一月	・「生活の綴方諸問題（一）」（野村芳兵衛）・「自由主義の没落より目的意識の綴方まで」（岩澤良治）
昭和六年十二月	・「生活の諸問題（二）」（野村芳兵衛）・「生活指導と推敲指導」（佐々井秀緒）・「研究座談会　文の社会的効果とその実際指導の要点」（稲村謙一他四名）
昭和八年一月	・「生活の諸問題（三）」（野村芳兵衛）・「綴方における生活指導の再検討」（峰地光重）・「研究座談会　文の社会的効果とその実際指導の要点（二）」（稲村謙一他四名）
昭和八年六月	・「綴方教育の実際問題」（野村芳兵衛）
昭和八年七月	・「綴方教育の実際問題（承前）」（野村芳兵衛）・「素材的価値考（一）」（稲村謙一）
昭和八年八月	・「生活指導と綴方指導（一）」（小砂丘忠義）
昭和八年十月	・「児童詩の発展相とその指導」（稲村謙一）・「文評価の再吟味」（小川隆太郎）・「生活指導と綴方指導（二）」（小砂丘忠義）
昭和九年一月	・綴方レアリズムの諸問題」（今井誉次郎）
昭和九年二月	※特に取り上げるべき論文なし。
昭和九年三月	・「誤られたる『調べた綴方』」（滑川道夫）・「新綴方教授法（一）」（今井誉次郎）・「添削推敲の指導について」（小砂丘忠義）
昭和九年五月	・「児童文に於けるリアリティ」（木村不二男）・「新綴方教授法（二）」（今井誉次郎）・「児童作品研究　共同の興味を書け」（田川貞二）
昭和九年六月	・「綴方新教授法（三）」（今井誉次郎）・「児童文に於ける性格描写」（木村不二男）・「児童詩におけるレアリズムの問題」（村山俊太郎）
昭和九年七月	・「調べた綴方の進路」（村山俊太郎）・「綴方実際教授法講座（四）」（今井誉次郎）・「児童作品研究　いい参考文例」（伊藤信一・田川貞二）
昭和九年八月	・「低学年綴方の題材指導」（村山俊太郎）・「新綴方教授法（五）」（今井誉次郎）・「座談会

	都市の文と村落の児童文」（木村不二男他六名）・「児童作品研究　生活を率直にかけ――児童文に於けるユーモアについて――」（田川貞二他二名）
昭和九年九月	・「調べた綴方の地位と役割」（小砂丘忠義）・「新綴方教授法（六）」（今井誉次郎）・「児童作品研究　綴方的な教化力」（池田和夫他二名）
昭和九年十月	・「新綴方教授法（七）」（今井誉次郎）・「綴方教育に於ける自由主義者」（井野川潔）・「児童作品研究　変態的な綴方としての懸賞文」（木村貞二他二名）
昭和九年十一月	・「生活形成の綴方教育――調べる綴方の再吟味――」（白尾舜二郎）・「二つの態度」（今井誉次郎）・「綴方実際教授法（八）」（今井誉次郎）・「歩いて来た道の自己批判――村での第一歩の綴方生活――」（加藤周四郎）・「生活させる綴方」（奥村健次郎）・「児童作品研究　『赤い鳥』の綴方的指導精神」（田川貞二他二名）
昭和九年十二月	・「試金石としての文集」（木村文助）・「児童文集の徹底的研究」（田川貞二）・「新綴方教授法（九）」（今井誉次郎）・「児童作品研究　絶対的な作品しかし生活力薄弱」（峰地光重他四名）
昭和十年一月	・「一九三四年の反省と三五年に論議されるべき問題」（村山俊太郎）・「綴方実際教授法（十）」（今井誉次郎）・「児童作品研究　綴方以前の教養を」（峰地光重他三名）
昭和十年二月	・「綴方実際教授法（十一）」（今井誉次郎）・「児童作品研究　新リアリズム的精神」（渡邊玄夫他三名）
昭和十年三月	・「郷土主義綴方の理論と其の実践的作品」（峰地光重）・「意識的表現技術として――調べた綴方の根本精神――」（上田庄三郎）・「綴方教育に於ける科学性の在り方」（村山俊太郎） ・「児童生活詩の再検討」（野口茂夫）・「芸術による人間教育としての綴方」（高橋忠一） ・「綴り方に於ける北方性の問題」（鈴木道太）・「リアリズム綴方序論」（今井誉次郎） ・「リアリズム綴方への理解と作品批判の眼」（小川隆太郎）・「本格綴方の解明」（田川貞二）・「時宜を得たる警告的提言」（小砂丘忠義）

昭和十年四月	・「文章技術の徹底的注入」（小砂丘忠義）・「綴方実際教授法（十二）」（今井誉次郎）
昭和十年五月	・「北方性の問題とリアリズム」（今井誉次郎）・「新綴方教授法（十三）」（今井誉次郎）
昭和十年六月	・「児童文評価の問題」（小砂丘忠義）・「無帽主義の綴方――リアリズム綴方につき城戸君に答へる――」（今井誉次郎）・「新綴方教授法（十四）」（今井誉次郎）
昭和十年七月	・「北方性とその指導理論」（北日本国語教育連盟）・「国語実力への北方的工作」（国分一太郎・高橋啓吾・大竹重信）・「新綴方教授法（十五）」（今井誉次郎）・「文章論への課題」（田川貞二）
昭和十年十月	・「現詩壇並びに児童詩の動向」（野口茂夫）・「現代児童詩の検討」（小川隆太郎）・「童詩教育の進むべき途」（村山俊太郎）・「生活詩の現在とその反省」（国分一太郎）
昭和十年十二月	・「赤い鳥綴方雑感」（木村文助）
昭和十一年一月	・「生活綴方の解釈と実践」（河野通頼）・「リアリズム綴方に於ける生活の評価」（田村牧夫）
昭和十一年二月	・「生活詩に於ける生活」（寒川道夫）・「特集　綴方実際教授打明け話」（諸家）・「芸術性の高揚――鈴木三重吉氏の『綴方読本』を読む――」（田川貞二）
昭和十一年四月	・「新しい文学と綴方教育」（村山俊太郎）・「功罪相半ばする書――芦田恵之助氏の『綴方教室』――」（田川貞二）・「綴方に於ける生活性の究明」（峰地光重）
昭和十一年五月	・「詩教育に於ける芸術性についての感想」（小川隆太郎）・「綴方学校の経営」（峰地光重）・「直観と表現」（今井誉次郎）
昭和十一年六月	・「綴方学校の経営（二）」（峰地光重）・「文話と文芸評論」（今井誉次郎）・「『わからせる』文話組織」（増田実）
昭和十一年八月	・「文集と綴方精神――綴方学校の経営（三）――」（峰地光重）・「綴方科学のために」（上田庄三郎）・「綴方は綴方の角度から――綴方観の小さな訂正として――」（小砂丘忠義）・「綴方作品の評価」（村山俊太郎）

昭和十一年十月	・「綴方教師としての修養――綴方学校の経営（四）――」（峰地光重）・「マンネリズム打開の一方法」（野口茂夫）
昭和十一年十一月	・「綴方教授に於ける周囲の問題」（峰地光重）・「綴り方形式の歴史性」（今井誉次郎）
昭和十二年一月	・「系統的実践指標としての綴方教授細目」（峰地光重）・「素材価値と作品価値」（今井誉次郎）・「人間教養と綴方教育」（峰地光重）・「綴方生活の根底としての人間性の意義」（木村文助）・「『綴方教師としての悩み』について――あまり平凡に一面的な――」（国分一太郎）・「綴方理論の実践的展開」（村山俊太郎）
昭和十二年二月	・「教育・文学・人間性」（木村不二男）
昭和十二年三月	・「児童詩と人間性の問題」（野口茂夫）
昭和十二年五月	※特に取り上げるべきものなし。
昭和十二年六月	・「綴方界是是非非（一）――自己挽回のために――」（小砂丘忠義）・「ここから出発する――尋五の表現を高めるために――」（村山俊太郎）
昭和十二年七月	・「綴方界是是非非（二）」（小砂丘忠義）・「書かずにゐられぬもの」（野口茂夫）
昭和十二年十二月（終刊号）	・「会話文指導の根基」（吉田政男） ※主幹・小砂丘忠義の逝去により、本号を以て終刊となる。

【第Ⅵ章　『北方教育』誌における主要論文一覧】

発行年月日	主要論文名（著者名）
昭和五年二月（第一号）	・「巻頭言（吾等が使命）」（同人）・「形式発生の二つの方向」（峰地光重）・「児童作品の研究」（須藤文蔵他五名）・「形象的綴方教育論（一）」（滑川道夫）・「児童文の表現の特質」（小林恒二）

昭和五年四月（第二号）	・「生活指導といふこと」（木村文助）・「綴方に於ける文学性と児童自由詩考（上）」（須藤文蔵）・「綴方教育に関する座談会——児童文を如何なる観点から評価すべきか」（成田忠久他二二名）・「児童作品の研究」（滑川道夫他七名）・「形象的綴方教育論（二）」（滑川道夫）
昭和五年五月（第三号）	・感覚形態（佐々木昂）・「形象的綴方教育論（三）」（滑川道夫）・「児童作品の研究」（工藤恒治他三名）
昭和五年七月（第四号）	・「表現に於ける『内省』の現実化と実践」（西原慶一）・「感覚形態（二）」（佐々木昂）・「形象的綴方教育論（四）」（滑川道夫）・「児童作品の研究」（工藤恒治他十名）
昭和五年九月（第五号）	・「綴方教育の新傾向と留意の点」（成田忠久）・「形象的綴方教育論（五）」（滑川道夫）・「児童作品の研究」（小林恒二他十一名）
昭和五年十二月（第六号）	・「児童作品の研究」（須藤文蔵他六名）
昭和六年六月（第七号）	・「深刻なる綴方の鑑賞と其処理」（木村文助）・「児童作品の研究」（白鳥省吾他四名）
昭和七年七月（第八号）	・「綴方教育の現実的動向」（滑川道夫）・「菊池知勇氏の文芸運動と綴方教育」（佐々木昂）・「村と子供——共同制作・部落調査の報告——」（加藤周）・「児童作品の研究」（近藤益雄他三名）
昭和七年十一月（第九号）	・「綴方の一分野としての童話に就いて」（近藤益雄）・「生活・文芸・綴方」（藤村周吉）・「綴方断想」（池田和夫）・「綴方に於けるリアリズムの問題」（佐々木昂）・「児童の作品研究」（工藤恒治他五名）
昭和八年一月（第十号）	・「綴方教育の現実的動向（二）」（滑川道夫）・「綴方の一分野としての童話に就いて（二）」（近藤益雄）・「生活綴方の現実の問題（一）——生活性と教育性と綴方性——」（加藤周

	四郎）・「生活指導とリアリティの問題」（佐々木敬太郎）・「作品批評に対する三つの観点」（佐々木昂）・「児童作品の研究」（加藤周四郎他九名）・「生活的表現への必然」（澤田一彦）
昭和八年五月（第十一号）	・「三年生の『教へてくれる』綴方」（国分一太郎）・「四年生或日の綴方」（佐々木敬太郎）・「雑誌の観方・綴方教育と学校劇」（小砂丘忠義他三名）・「生活綴方の現実の問題（一）――生活に於ける児童性とその綴方性――」（加藤周四郎）・「表現への生産的考察」（澤田一彦）・「綴方の一分野としての童話に就いて（三）」（近藤益雄）
昭和八年八月（第十二号）	・「指導の特殊性」（佐々木昂）・「高等科の綴方作業――課題市場の研究を中心として――」（加藤周四郎）・「取材指導に於ける発生的吟味」（近藤国一）・「生活綴方の現実の問題（三）――綴方に於ける生活実践の意識について――」（加藤周四郎）・「表現への生産的考察（二）」（澤田一彦）・「児童作品の研究」（稲村謙一他六名）
昭和九年一月（第十三号）	・「現下綴り方の批判と統制」（木村文助）・「実践解釈学と国語教育」（西原慶一）・「自由主義か統制主義か」（滑川道夫）・「生活綴方の現実の問題（四）――綴方に於ける生活実践の意識について（2）――」・「リアリズム綴方教育論（一）」（佐々木昂）・「古見一夫氏の『授業記録』と私の実践」（細部新一郎）
昭和九年八月（第十四号）	・「実践の方向性」（成田忠久）・「生活綴方の現実の問題（五）」（加藤周四郎）・「リアリズム綴方教育論（二）」（佐々木昂）・「修身と綴方との関係について」（堀井喜一郎）・「児童詩文の批評とその態度について」（佐々井秀緒）・「科学と芸術と――国語教育実践に関して蒲田氏とともに研究する――」（加藤周四郎）
昭和十年五月（第十五号）	・「綴方教育に於けるリアリズムの在り方と方向性」（滑川道夫）・「リアリズム綴方教育論（三）」（佐々木昂）・「生活綴方の現実の問題（六）」（加藤周四郎）・「北教・自己批判――昭和九年度回顧――」（成田忠久）

昭和十一年二月（第十六号）	・「生活教育に関連して——小川、野村氏の論戦——」（佐々木昂）

※この後、『北方教育』誌はパンフレット形式で昭和十一年十一月と十二月、昭和十二年六月と、三号を刊行して廃刊となる。

【第Ⅶ章 『教育・国語教育』誌における主要論文一覧】

発行年月日	主要論文名（著者名）
昭和六年四月創刊号	・「表現本位国語教育の提唱」（秋田喜三郎）
昭和六年五月号	・「綴方処理の実際」（丸山保雄）・「綴り方教育反省二三」（田中豊太郎）・「文話小見」（富原義徳）
昭和六年六月号	・「綴方に於ける生活指導理論の解消と艤装」（時本堅）・「綴り方教育と綴る態度」（飯田恒作）・「綴り方と文学観照」（河野伊三郎）
昭和六年七月号	・「綴り方指導・生活の研究」（川上民祐二）・「綴り方教育に就いて——一私見」（大木顕）・「人生への綴方」（木村文助）
昭和六年八月号	・「形式・内容渾一観の理拠」（河野清丸）
昭和六年十月号	・「低学年児童の創作心理と実際指導」（飯田恒作）・「綴り方教育方法の社会化」（上田庄三郎）・「児童文の研究方法」（中村忠一）・「詩話教育の提唱」（磯長武雄）
昭和六年十一月号	・「文学形象の空間性と時間性」（滑川道夫）・「生活再構築への綴り方」（佐々井秀緒）
昭和六年十二月号	・「文章表現の本質的考察」（石崎恒次郎）・「生活指導論再認識」（金子好忠）・「文学形象の空間性と時間性（二）」（滑川道夫）・「子供の文の観方」（田中豊太郎）
昭和七年二月号	・「児童文を如何に観るべきか」（宮川菊芳）・「児童文とその観方」（秋田喜三郎）・「児童

昭和七年三月号	文の観方に対する私の見解」（浅黄俊次郎）・「子供の文の見方について」（田中豊太郎） ・「児童文の観方についての所見」（田原美栄）・「文の技術と綴方指導案」（野村芳兵衛）
昭和七年四月号	・「綴り方精神の樹立」（富原義徳）・「児童文の観方再吟味」（佐々井秀緒）・「想と表現の止揚されたるもの・生活——宮川先生の所説を疑ふ——」（金子好忠） ・特集「問題一　綴り方教育をより科学的にしたいといふ思想或はより実用的にしたいといふ希望の正しい意味や御実施の結果についてお伺ひします」（※三十人の教師が解答を寄せている。特に山内才治と田中武烈の論考が参考になる。）
昭和七年五月号	・「児童文を観る」（吉田瑞穂）・「文の社会性と非社会性」（金子好忠）・「金子・佐々井両氏に答へる」（宮川菊芳）・「金子氏の所説を読みて」（副田凱馬）
昭和七年六月号	・「金子・佐々井両氏に答へる（二）」（宮川菊芳）・「駁論の駁論　宮川先生へ」（金子好忠）
昭和七年七月号	・「生活指導か表現指導か」（鈴木徳成）・「再び宮川氏へ」（佐々井秀緒）・「所謂『表現第一主義』を検討す」（金子好忠）
昭和七年九月号	・「現代綴り方指導意識と態度」（大富一五郎）・「綴り方に於ける一児童の発展経路」（下野宗逸）
昭和七年十月号	・「農村・生活構成の綴方」（岩間正男）
昭和七年十一月号	・「綴り方指導系統概説」（富原義徳）・「科学的綴り方教育試論」（佐々井秀緒）・「綴り方指導系統案の再建」（時本堅）
昭和七年十二月号	・「綴り方指導系統概説（承前）」（富原義徳）・「綴り方の社会性」（勝俊夫）・「自由詩指導の展開」（本保與吉）
昭和八年一月号	・「文学的表現と具象化」（工藤亨）・「綴り方指導系統概説（承前）」（富原義徳）・「自由詩指導の展開（下）」（本保與吉）
昭和八年二月号	・「比較法による綴方指導」（坂本功）・「綴り方指導系統概説（承前）」（富原義徳）

昭和八年四月号	・「綴方教育に於ける科学性の解剖」（土澤米吉）・「実用的綴方教育の提唱」（桑山誠一）・「綴方指導案例」（七人の教師の事例）
昭和八年五月号	・「綴り方指導の心理学的基礎」（大富一五郎）・「綴方指導案例」（六人の教師の事例）
昭和八年六月号	・「生活表現の綴り方教育」（山本義道）・「児童自由詩・序説」（柴崎覚）・「綴方指導案例」（六編）
昭和八年七月号	・「児童自由詩・序説〈9〉」（岩崎覚）・「生活技術としての綴り方」（村山俊太郎）・「綴方指導案例」（六編）
昭和八年九月号	・「綴方指導上の重要問題」（田中豊太郎）・「綴方教育に於ける科学の意義」（土澤米吉）・「児童詩の形式」（岩崎覚）・「児童詩写生考」（稲村謙一）・「詩を生活する心」（富原義徳）・「綴り方指導案例」（六編）
昭和八年十月号	・「素材に於ける自我の表現」（入江道夫）・「児童詩の形式〈2〉」（岩崎覚）・「児童言語考」（染谷四男也）・「綴方指導案例」（七編）
昭和八年十一月号	・「文表現に於ける環境と対象」（久保田誠一）・「綴方学習訓練の問題」（関厚）・「綴り方一年を顧みて」（近藤益雄）・「綴方指導案例」（六編）
昭和八年十二月号	・「綴り方指導の実践報告」（木村寿）・「綴り方指導当初の雑記」（木下龍二）・「綴方指導案例」（六編）
昭和九年一月号	・「科学的綴方の陣営」（木村英治）・「科学的綴方の再検討」（魚津貞輔）・「私の綴り方実査線報告」（池田和夫）・「児童詩の形式」（岩崎覚）・「綴方指導案例」（四編）
昭和九年二月号	・「児童詩写生考――妹尾輝雄氏の批判に対して――」（稲村謙一）・「児童詩批評の実際」（百田宗治）・「綴方指導案例」（六編）
昭和九年三月号	・「綴方教育界に希望するもの」（田中豊太郎）・「綴方生活指導考」（稲村謙一）・「児童自由詩の構成」（岩間正男）・「論議さるべき綴り方の問題」（佐々井秀緒）・「調べる綴り方の実際」（平井柳村）・「童話綴方のレポート」（林義男）・「綴方指導案例」（七編）

昭和九年四月号	・「児童自由詩構成（２）」（岩間正男）・「綴方生活指導考（２）」（稲村謙一）・「調べる綴方の理論と実践」（松本正勝）・「綴方指導案例」（八編）
昭和九年五月号	・「児童自由詩の構成（３）」（岩間正男）・「児童詩の絵画的要素」（磯長武雄）・「『綴り方採掘期』報告」（国分一太郎）・「綴方指導案例」（八編）
昭和九年六月号	・「児童文の発動性を考へる」（木下龍二）・「児童自由詩の構成（４）」（岩間正男）・「行動させる綴方教育」（山本義道）・「綴方教育打診」（松本瀧朗）・「綴方指導案例」（八編）・「調べる綴方について佐々井氏に問ふ」（池田宗矩）
昭和九年七月号	・「綴方の母体について」（鈴木道太）・「綴方能力の伸展」（平井柳村）・「綴方指導案例」（八編）・「調べる綴方に対する池田宗矩君の盲襲に寄す」（佐々井秀緒）
昭和九年九月号	・「童詩教育の進むべき道」（吉田運平）・「綴方指導案例」（八編）
昭和九年十月号	・「私の綴方教育観」（渡部政盛）・「児童詩指導意識の考察」（吉田瑞穂）・「綴り方の眼」（鈴木道太）・「児童生活詩の考察」（稲村謙一）・「綴方指導案例」（八編）
昭和九年十一月号	・「児童文の観方（一）」（依田新）・「綴方指導案例」（八編）
昭和九年十二月号	・「児童文の観方（二）」（依田新）・「児童詩に於けるマンネリズム」（吉田瑞穂）・「綴方指導案例」（八編）
昭和十年一月号	・「児童詩教育の展望」（百田宗治）・「最近の文学と生活・綴り方」（妹尾輝雄）・「児童文の観方」（依田新）
昭和十年二月号	・「児童文の観方（四）」（依田新）
昭和十年三月号	・「観察と構想の関係的考察」（今田甚左衛門）
昭和十年四月号	・「児童文の観方」（依田新）
昭和十年五月号	・「行動意欲と調べた綴方の開展」（佐々井秀緒）・「児童文に於けるリアリティの考察」（高野柔蔵）

昭和十年六月号	・「綴方の純潔」（稲村謙一）・「表現力錬磨指導について」（川村章）・「能動精神に立つ綴方教育」（荒木清）・「特別研究　観方の展開と綴方教育」（飯田恒作）
昭和十年七月号	・「表現と解釈」（波多野完治）・「吾等の系統的綴方教育案」（山蔦礁）・「綴方の純潔（承前）」（稲村謙一）・「綴り方作品行動の母胎としての児童的リアリズム素論」（林義男）・「綴り方の眼について」（鈴木道太）
昭和十年九月号	・「内的展開としての作文」（西山庸平）
昭和十年十月号	・「内的展開としての作文〈承前〉」（西山庸平）・特集「調べる綴方の再検討」（五編の論考）・「児童的リアリズムは育つか」（妹尾輝雄）・「考える綴方の出発点」（荒木清）・「綴方指導案」（八編）
昭和十年十一月号	・「具体的な文章と抽象的な文章〈国語表現学一〉」（波多野完治）・「『調べる綴り方』の新しき出発（承前）」（後藤金好）・「調べる綴方理論と其の批判者の批判（二）」（入江道夫）・「表現錬磨の機会」（平井柳村）
昭和十年十二月号	・「簡潔な文章〈国語表現学二〉」（波多野完治）・「芸術科学と綴り方理論」（入江道夫）・「児童文の構成実相と指導」（貝沼惣四郎）・「綴方の能動性」（佐藤富雄）・「綴り方と生活に於ける能動性」（木村雄一）・「綴方指導案」（八編）
昭和十一年一月号	・「児童的リアリズムのために」（角虎夫）・「芸術科学と綴り方理論（続）」（入江道夫）
昭和十一年二月号	・「作文と綴方」（波多野完治）・「『短い綴方』としての童詩を観る」（中村正一）・「生活行動詩の実践」（吉田運平）・「綴方指導案」（八編）
昭和十一年三月号	・「新文学精神から見たる赤い鳥綴方」（野村芳兵衛）・「人間教育と綴方読本」（佐々井秀緒）・「生活表現と生活組織」（鈴木道太）・「『赤い鳥』思想を洗ふ」（松本止勝）・「考へる綴方と真実性」（荒木清）・「児童的リアリズム再論」（林義男）・「取り残された子の綴方」（木村寿）

昭和十一年四月号	・「生活の全体的表現」（吉田瑞穂）・「生活詩の現段階」（稲村謙一）・「『生き方』に於ける芸術性と環境性」（村山俊太郎）・「綴方指導案」（八編）
昭和十一年五月号	・「生活者としての子供の詩」（野口茂夫）・「幾多論議の帰趨は何処にあるか」（佐々井秀緒）
昭和十一年六月号	・「綴方指導案」（八編）・「児童詩と情熱」（師井恒男）
昭和十一年七月号	・「綴方の根幹としてのリアリズム」（今井誉次郎）・「生活詩に於ける形象化の問題」（一木良雄）
昭和十一年九月号	・「児童散文詩についての覚え書」（角虎夫）・「綴方指導案」（八編）
昭和十一年十月号	・「文壇的批評と教壇的批評」（国分一太郎）
昭和十一年十一月号	・特集「生活課題の綴り方」（六編の論考）・「綴方指導案」（八編）・「描写技術の指導」（村山俊太郎）・「低学年児童文の表現様相とその指導」（今田甚左衛門）・「詩の主題及び表現について（一）」（野口茂夫）・「児童の批評精神と綴り方」（妹尾輝雄）
昭和十一年十二月号	・「創作心理学」（波多野完治）・「詩の主題及び表現について（二）」（野口茂夫）・「綴方初学講座」（坂本亮人）
昭和十二年一月号	・「創作心理学（二）」（波多野完治）・特集「具象化の指導」（八人の教師の論考）・「綴方指導案」（八編）
昭和十二年二月号	・「創作心理学（三）」（波多野完治）・特集　新綴方指導設営の全組織「書く生活」（寒川道夫）、「表現の指導を主として」（佐々井秀緒）、「構想の指導」（池田宗矩）、「批評の仕方」（佐々木正）、「推敲の導き方」（林義男）、「児童文のスタイル」（小川隆太郎）・研究文「米ひき」・「研究文批判」（十編）
昭和十二年三月号	・「創作心理学（四）」（波多野完治）・特集「価値ある題材と作品の研究」（五編）・特集「背景描写の指導」（八編）・「綴方指導案」（八編）
昭和十二年四月号	・「新生表現指導論」（妹尾輝雄）・研究文「兄の死」・「研究文批判」（八編）・「綴方指導案」（七編）・「創作心理学（五）」（波多野完治）・特集「生活台に立つ綴方教育報告書」

	（七編の論考）・研究文「牛を買っておこられたおぢいさん」・「研究文『兄の死』批評」（十二編）
昭和十二年五月号	・「創作心理学（六）」（波多野完治）・「綴方の生活性について」（甘粕石介）・「会話の指導」（五編）・「参考文例による指導の実際」（二編）・「現代綴方教育の課題」（四編）・研究文「眼鏡」・「研究文批判」（四編）・「綴方指導案」（七編）
昭和十二年六月号	・「創作心理学（七）」（波多野完治）・特集　表現の問題「表現技術の訓練」（佐々木正）、「表現を高める方策につき」（佐々井秀緒）、「表現組織への道」（松本瀧朗）、「表現を高めるもの」（小鮒寛）、「表現力培養第一期工作」（鈴木道太）、「生活から文章力を」（林義男）、「描写指導の方策」（稲村謙一）、「表現をたかめるために」（村山俊太郎）、「表現を昂めるもの」（高野柔蔵）、「表現方法に関する階梯」（高畑稔）、「擬人文と童話」（今田甚左衛門）・研究文「銅（あかがね）」・「研究文眼鏡　総合批判」（十四編）
昭和十二年七月号	・「創作心理学（八）」（波多野完治）・特集「綴方教育の新展開」（六編）・特集「客観描写の究明」（四編）・「児童文『銅』合評」（十七編）・「綴方指導案」（七編）
昭和十二年八月号	・「創作心理学（九）」（波多野完治）・「児童文『金魚』の合同研究」（五編）
昭和十二年九月号	・特集「綴方実験教室」（六編）・「児童文『猫塚』の合同研究」（五編）・「綴方実践プラン」（八編）
昭和十二年十月号	・「児童文『思出』の合同研究」（五編）・「綴方実践プラン」（八編）
昭和十二年十一月号	・特集　綴方の方法論「生活内省の指導から表現指導へ」（田中豊太郎）、「生活表現から表現生活への指導」（花田哲幸）、「綴文力増進のための長文指導」（滑川道夫）、「生活文指導から一般綴文技術へ」（今井誉次郎）・「児童文『子守』の合同研究」（五編）・「綴方実践プラン」（八編）
昭和十二年十二月号	・「生活的教材と綴方への誘導」（田中豊太郎）・「綴方教育の反省」（三編）・「尋四女子児童文合同研究」（五編）・「綴方実践プラン」（八編）

昭和十三年一月号	・「綴方の指導過程に就て」（田中豊太郎）・「最低の綴方教育」（平野婦美子）・尋六女子児童合同研究会」（五編）・「綴方実践プラン」（四編）
昭和十三年二月号	・綴方の新しい実践「平凡を忠実に」（田中豊太郎）・「綴方実践プラン」（四編）・「尋三男子児童文合同研究」（五編）
昭和十三年三月号	・「様式の基本概念」（大場俊助）・特集「綴方教育の問題と実践」（四編）・「綴方思潮解説」（滑川道夫）・「綴方実践プラン」（四編）・「尋四女子児童文合同研究」（五編）
昭和十三年四月号	・「国語教室に於ける文章の形式的訓練」（徳田浄）・「学級文化を高める綴方経営」（平野婦美子）・「綴方をめぐる生活教育の問題」（坂本礒穂）・「四月の綴方教室」（八編）
昭和十三年五月号	・「綴方教育の価値」（飯田恒作）・「綴方教師と児童観の問題」（野村芳井兵衛）・「五月の綴方教室」（八編）
昭和十三年六月号	・「五月の綴方教室」（八編）・「児童文の合同研究」（四編）・「綴方教育に対する私の考案――東京市仰高西小学校に於ける体験の報告(1)――」（輿水実）
昭和十三年七月号	・「児童文合同研究『或夜』」（四編）・「五月の綴方教室」（八編）・「綴方教育に対する私の考案（二）」（輿水実）・「綴方統計的研究――東京市仰高西小学校に於ける体験の報告(2)――」（輿水実）・特集「日記指導による児童の綴方生活打診」（四編）
昭和十三年八月号	・「生活綴方の観方と扱ひ方」（坂本礒穂）・「実用的綴方の理論と実際」（川村章）・「綴方に於ける秩序と無秩序(3)」（輿水実）
昭和十三年九月号	・「綴方教室八月のプラン」（八編）・「綴方に於ける形式負担(4)」（輿水実）・特集「生活教育と綴方の教科性の問題」（三編）・「児童文合同研究『馬』」（五編）
昭和十三年十月号	・「文章の過去現在法」（金原省吾）・「言語教育としての綴方の意味(5)」（輿水実）・「綴方教室十月のプラン」（八編）
昭和十三年十一月号	・「記述前の指導と記述後の指導(6)」（輿水実）・「児童文合同研究『父ちゃん』」（四編）

昭和十三年十二月号	・「様式と形象の問題」（大場俊助）・「児童の創作過程に関する問題」（輿水実）・「十二月の綴方設計図」（今田甚左衛門）
昭和十四年一月号	・「児童作品合同研究」（四編）・「一月の綴方計画」（池田和夫）
昭和十四年二月号	・「綴方科要旨の表現学的検討」（輿水実）・「綴方教育雑感」（田中豊太郎）・「二月の綴方設計図」（佐々井秀緒）
昭和十四年三月号	・「綴方教師に」（伊藤整）・「児童作品合同研究『ツクリザカ』」（四編）・「三月の綴方設計図」（増田実）
昭和十四年四月号	・「綴方に於ける思考の展開」（輿水実）・「綴方教育道のために・伊藤整氏に」（佐々井秀緒）・「四月の綴方設計図」（坂本礒穂）
昭和十四年五月号	・「五月の綴方設計図」（吉田瑞穂）
昭和十四年六月号	・「綴方作品合同研究『学校の見える丘』」（五編）・「六月の綴方設計図」（渡邊玄夫）

【第Ⅷ章　『実践国語教育』誌における綴り方教育関係の主要論文一覧】

発行年月日	主要論文名（著者名）
昭和九年四月号	・「科学的綴方の揚棄」（滑川道夫）・「児童の詩に於ける精神の問題」（久米井束）
昭和九年五月号	【綴方児童作品・児童詩の共同研究　第一回】・「児童の詩に於ける精神の問題（承前完結）」（久米井束）・「綴方教育現実の契機」（滑川道夫）
昭和九年六月号	【綴方作品共同研究　第二回】【児童詩の共同研究】・「綴り方教育の現実的契機（二）」（滑川道夫）・「表現に於ける『現実』の在り方」（西原慶

	一）・「文の拡充に就いて」（大木顕一郎）・「実践性」（金原省吾）【児童詩の共同研究　第三回】
昭和九年七月号	・「調べた綴方の本質と発展」（上田庄三郎）・「調べた綴方の再構築（一）」（村山俊太郎）・「共同社会人としての綴方」（佐々井秀緒）・「生活実践の綴り方指導の実際」（上田信一）・「児童の詩に於ける観点」（久米井束）【児童綴方共同研究　第四回】
昭和九年八月号	・「農漁村綴方の展開」（滑川道夫）・「生と動の溌剌たる展開」（木村文助）・「綴方教育の実践的還元」（武藤要）・「反省すべき農村綴方教育実相」（入倉政七朗）・「生活必要と農村の綴方」（佐々井秀緒）・「農村教育からの綴方反省小片」（国分一太郎）・「綴方教育実践上の児童性凝視」（刀禰勇治）・「綴り方教育に於ける北方的営為」（佐々木昂）・「調べた綴方の再構築（二）」（村山俊太郎）・「低学年綴方の出発」（秋月浩霊）
昭和九年九月号	・「綴方教育始期の指導形態」（滑川道夫）・「綴方界に於ける当面の問題」（小砂丘忠義）【児童綴方作品の共同研究　第五回】
昭和九年十月号	・「生活詩への展開」（稲村謙一）・「叡智性の昂揚」（須藤克三）・「新展開の姿相」（村山俊太郎）・「内面的考察の展開」（久米井束）・「童詩教育に於ける現実と真実」【児童綴方作品共同研究　第六回】
昭和九年十一月号	【児童詩作品共同研究　第七回】
昭和九年十二月号	・「都会児の綴方作品と指導の態度」（田中豊太郎）・「大胆率直なる綴文態度」（佐藤末吉）・「都市綴方の進むべき道」（上田庄三郎）・「街の綴方レアリズムへ」（加藤周四郎）【児童綴方作品共同研究　第八回】
昭和十年一月号	【児童綴方作品共同研究　第九回】
昭和十年二月号	【児童詩作品共同研究　第十回】
昭和十年三月号	【児童綴方作品共同研究　第十一回】

昭和十年四月号	・「児童の創作力を測定する方法」（綾哲一）・「綴方心理学につき」（西山庸平）・「文意表現過程の再考察」（綿貫数夫）・「綴方に於ける表現機能の心理性」（須藤克三）・「さまよへる者を」（飯田広太郎）・「綴文心理究明の一実践工作」（河上民祐）・「児童心理に立つ綴方学習の出発に就て」（菱田亮一）・「低学年綴方教育に於ける心理学的実践」（佐伯盛美）・「綴方指導の心理学的実践」（早川文吾）・「綴方心理管見」（上田庄三郎）・「生活指導と主題のとり方」（今田甚左衛門）【児童綴方作品共同研究　第十二回】
昭和十年五月号	【児童詩作品共同研究　第十三回】
昭和十年六月号	・「文章雑考」（中村新太郎）
昭和十年七月号	【児童綴方作品共同研究　第十四回】
昭和十年八月号	・「新生活詩の実践方向」（村山俊太郎）・「児童詩の本質」（久米井束）・「童詩の実践的契機」（武藤要）・「童詩制作覚書」（関瑞臣）・「長い詩に関して」（守家敏郎）・「童詩の教育について」（富原義徳）・「童詩界を批評する」（上田庄三郎）・「童詩制作指導の実践形態」（滑川道夫）・「国語教育に於ける童話の影響」（飛田多喜雄）・「童話指導の途上を行く」（池田和夫）・「童話制作背面的指導」（綿貫数夫）・「童話制作指導の態度」（須藤克三）・「低学年児童への詩話」（今田甚左衛門）・「新童詩読本（一）」（滑川道夫） 【児童詩作品共同研究　第十五回】
昭和十年九月号	・「新童詩読本（二）」（滑川道夫）【児童綴方作品共同研究　第十六回】
昭和十年十月号	・「高学年に於ける児童詩教育」（磯長武雄）・「新童詩読本（三）」（滑川道夫）
昭和十年十一月号	【増大特集・表現学の教壇実践】・「表現学の教育的地方的体系化の勢」（西原慶一）・「表現の純粋志向性」（垣内松三）・「表現理論の三方向」（輿水実）・「国語表現学の根本問題」（飛田隆）・「国語教育における表現学的方向」（大場俊助）・「綴り方教育に於ける表現法の指導」（田中豊太郎）・「手に輝く眼・児童の制作作用」（名取広作）・「表現の必然

	性と実践性」（武藤要）・「表現学と綴方指導過程の問題」（土屋康雄）・「作品と推敲・添削の実践根拠」（飛田多喜雄）・「動機について」（綿貫数夫）・「描写的表現と比喩」（今田甚左衛門）・「児童生活の表現としての児童文」（野村芳兵衛）・「生活を育てる者の表現学」（国分一太郎）・「綴方軌道に上すまで」（木村文助）・「「生活表現考」（鈴木道太）・「子供の詩の独立性」（与田準一）・「詩の表現的類型」（村山俊太郎）・「低学年に於ける童詩表現の問題」（久米井束）・「児どもの表現姿態について」（大胡源治）・「児童詩に於ける『行の切り方』に関する指導」（刀禰勇治）・「詩を捉へさせる指導」（稲村謙一）
昭和十年十二月号	・「低学年国語教育に於ける綴方」（金塚美與）・「感じを偽るな・新童詩読本（四）」（滑川道夫）
昭和十一年一月号	・「表現に於ける準備行為の重要性――実践表現学考・その二」（滑川道夫）・「考へる綴方」（荒木清）・「北方児童の生活姿勢に対する一考察」（高橋啓吾）【児童俳句作品共同研究　第十六回】
昭和十一年二月号	・「綴方と生活の問題」（西原慶一）・「取材を規制するもの」（滑川道夫）・「取材角度と綴方の方法」（村山俊太郎）・「綴り方の技術と形象」（中村新太郎）・「現代綴方教育の対立問題と其の止揚」（森本安市）
昭和十一年三月号	・「農村・高等科綴方序論」（赤山清）【児童綴方作品共同研究　第十七回】
昭和十一年四月号	・「綴り方教育研究上将来に俟つべきもの」（田中豊太郎）・「尋一第一学期に於ける綴方指導の実際」（今田甚左衛門）・「童詩指導に於ける詩話の精神と作品の鑑識」（富原義徳）・「児童詩への道」（小原義正）・「児童の散文詩に就て」（村山俊太郎）
昭和十一年五月号	・「取材を規制するもの（二）」（滑川道夫）・「低学年に於ける行動的表現」（岸武雄）・「児童文に於ける明るさと暗さ」（加藤周四郎）・「綴り方への道」（金原省吾）・「生活のある詩とない詩（新童詩読本五）」（滑川道夫）【児童綴方作品共同研究　第十八回】

昭和十一年六月号	・「型の意味」（金原省吾）・「生活・技術・リアリズム」（沢田一彦）・「構想時代に於ける推敲」（深沢泉）・「私の文集編集史」（池田和夫）・「文集都鄙考（一）」（上田庄三郎）・「主観詩と客観詩・新童詩読本（六）」（滑川道夫）・「新童詩への道（一）」（富原義徳）
昭和十一年七月号	・「推敲指導の形態（一）」（滑川道夫）・「生活綴方の新しい努力」（村山俊太郎）・「『ことば』と素質への省察」（関瑞臣）・「中学年綴方に於ける現実的傾向」（岸武雄）・「今後の童詩指導」（山田貞一）・「構想」（金原省吾）【共同研究・推敲指導のこつ】【児童作品共同研究応募資料】
昭和十一年八月号	※【特集・話し方・聴方指導設営】
昭和十一年九月号	・「推敲」（金原省吾）・「ことばは生活を創る――一、生活模写の綴方、生活創造の綴方」（西原慶一）・「推敲指導の形態（承前）」（滑川道夫）・「低学年に於ける行動性」（岸武雄）・「尋一第二学期に於ける綴方指導の実際」（今田甚左衛門）・「作品処理法」（光山千亮）・「文集都鄙考（二）」（上田庄三郎）【児童綴方作品共同研究　第十九回】
昭和十一年十月号	・「文章類型学（一）」（波多野完治）・「表現に於ける会話」（滑川道夫）・「綴方に於ける夢と現実」（村山俊太郎）・「中学年児童文表現様相と其の指導」（今田甚左衛門）
昭和十一年十一月号	・「よい綴方は環境を創る（二）」（西原慶一）・「文章類型学（二）」（波多野完治）・「空白の力・新童詩読本（八）」（滑川道夫）【児童綴方作品共同研究　第二十回】
昭和十一年十二月号	・「様式類型論」（大場俊助）・「綴方教育の進路を探る」（村山俊太郎）・「綴方の生活化」（田中豊太郎）・「『動かない』綴方に関連して」（須藤克三）・「表現意志への生活童詩」（守家敏郎）
昭和十二年一月号	・「課題綴方の表現的意義」（沢田一彦）・「尋二綴方に現はれたる誤記調査」（坂田芳郎）・「文章の類型学」（波多野完治）
昭和十二年二月号	・「国語合理化と国語教育――特に綴方教育の生活的大衆化実践のために（序説）」（村山俊太郎）・「日記の系統的指導と態度」（野村清策）・「文章の類型学（五）」（波多野完治）

昭和十二年三月号
昭和十二年四月号
昭和十二年五月号
昭和十二年六月号
昭和十二年七月号
昭和十二年八月号
昭和十二年九月号
昭和十二年十月号

【児童綴方作品共同研究　第二二回】
・「表現の一形式としての日記文」（今田甚左衛門）　・「『観ること』への検討と実践」（関瑞臣）　・「児童表現技術の研究」（岸武雄）
・「生活意志と表現意志」（西原慶一）　・「クローチェ表現学の再吟味」（輿水実）　・「児童文に於ける真実性」（野村芳兵衛）　・「綴方に於ける生活構成の意義」（滑川道夫）　・「肯定の綴方」（木村不二夫）　・「綴り方への反省」（村山俊太郎）　・「表現の具体性の要求」（赤坂六郎）　・「表現の如実性と解釈の心構」（米田政栄）　・「民間行事の綴方的表現」（八木鉄弥）　・「綴方に於ける生活主義の褪色」（上田庄三郎）　・「綴方で生活を創める」（西原慶一）　・「素直な綴方教育を」（下山つとむ）　・「『優良文集』選後綴方教育に希望したき点」（白鳥千代三）
【児童綴方作品共同研究　第二三回】
・「読方と綴方との接触面」（浅黄俊次郎）　・「読方からの綴方触手」（須田昌平）　・「読方と綴方との接面」（金原省吾）
【児童作品共同研究応募資料】
・「低学年日記の実践形態」（野村精策）
・「文の表現美指導と取材暗示」（光山千亮）　・「綴方教室に想ふ」（上田源治他十名）　【児童綴方作品共同研究　第二四回】
・「生活帳と綴方」（岸武雄）　・「読みと綴りの生活裁断性」（武藤要）　・「育みたい此の綴方態度」（磯野親男）
【児童綴方作品共同研究　第二五回】
・「課題制作再検討」（滑川道夫）　・「綴方に於ける事実性と真実性」（高橋景三）　・「生活綴方への一反省」（村山俊太郎）　・「綴方知性と伝統精神」（木村不二男）　・「生活詩にみる愛情の構図」（野村精策）

昭和十二年十一月号	・「小学国語読本の文章と表現指導（二）」（滑川道夫）・「綴り方リアリズムの実践」（稲村謙一）・「綴方批評の問題」（守家敏郎）・「表現能力の貧困を救ふ道」（古谷胖）・「綴り方の成績不振に対する一考察」（三部正彦）・「文の表現美と取材暗示」（光山千亮）
昭和十二年十二月号	・「表現の論理的構造」（大場俊助）・「子供の文を観る態度」（田中豊太郎）・「批評態度の内容」（与田準一）・「児童作品の批評に就て」（野村芳兵衛）・「作品批評の問題」（上田庄三郎）・「児童作品批評問題」（滑川道夫）・「事変綴り方の生活性」（村山俊太郎）【児童綴り方作品共同研究　第二六回】
昭和十三年一月号	・「文章の量と質」（飯田広太郎）・「児童詩の学年的特色」（吉田瑞穂）・「時局に於ける綴方教育」（今田甚左衛門）・「綴り方における誠実」（稲村謙一）・「指導にふれつつ児童の様相を覗く」（菱田亮一）・「綴方に於ける現実性と想像性」（古谷胖）・「綴方自由作への制限」（加藤満照）
昭和十三年一月号	※西原慶一編『形象理論と国語教育』（啓文社刊）
昭和十三年二月号	・「綴方教育に於ける愛情に就いて」（守家敏郎）・「標語の指導に関連して」（野村精策）・「児童文の様相を覗く（承前）」（菱田亮一）・「日記指導の意義と其の方向（一）」（山田清人）
昭和十三年三月号	・「国民的自覚の綴方」（西原慶一）・「文芸綴方に於ける生活指導の意義」（木村文助）・「日記指導の意義と其の方向」（山田清人）・「児童文の様相を覗く（三）」（菱田亮一）・「慰問文に見る児童の事変意識」（石垣貞郎）【児童綴方作品共同研究　第二七回】
昭和十三年四月号	・「時局と綴方教育」（田中豊太郎）・「綴方教育に於ける日本的性格」（滑川道夫）
昭和十三年五月号	・「教室文化としての綴方」（村山俊太郎）・「題材発見の為の一私案」（花村奨）・「低学年詩指導の記録」（村山ひで子）【児童綴方作品共同研究　第二八回】

昭和十三年五月	※臨時増刊『実践国語教育・表現理解国語教育新論』
昭和十三年六月号	【児童綴方作品共同研究　第二九回】
昭和十三年七月号	・「教室文化をたかめる綴方」（村山俊太郎）・「教育の心臓」（木村不二男）・「文章表現への導入」（岸武雄）・「綴り方の指導面と陶冶面」（武藤要）
昭和十三年八月号	・「高二女・綴方『連作』の指導」（桜谷敏郎）
昭和十三年九月号	・「自伝的綴方教育史（一）」（峰地光重）・「綴方に於ける観察の指導観」（野村精策）
昭和十三年十月号	・「自伝的綴方教育史（二）」（峰地光重）【児童綴方作品共同研究　第三十回】
昭和十三年十一月号	・「国語教育と様式学」（大場俊助）・「自伝的綴方教育史（三）」（峰地光重）・「感覚を通して魂へ」（滑川道夫）・「童詩教育の行くべき道」（土屋康雄）・「家庭愛の表現へ」（山田貞一）・「童詩をすすめる道」（村山俊太郎）・「童詩教育の行くべき道を語る」（吉田瑞穂）・「『空』をもたせよ」（関瑞臣）・「童詩教育の往きつくところ」（須藤克三）・「童詩教育覚書」（与田準一）
昭和十三年十二月号	・「自伝的綴方教育史（四）」（峰地光重）・「発音と文章表現」（岸武雄）・「『私の綴方生活』を編集して」（井野川潔）・「綴方人の討死」（滑川道夫）・「『赤い鳥』の指導精神とその発展」（西原慶一）
昭和十四年一月号	・「国語教育の新しい動向」（西原慶一）・「綴方教育方法上の諸問題」（滑川道夫）・「取材指導の新動向」（野村芳兵衛）・「綴方に於ける批正指導」（佐々木昂）・「推敲の指導」（関瑞臣）・「作品処理の問題」（成田忠久）・「日記指導の一方法」（今田甚左衛門）・「書簡文指導の方法的考察」（村山俊太郎）・「手紙文指導の一考察」（石渡勇）・「慰問文指導の新しき展開」（大胡源治）・「児童詩の新しき展開」（野口茂夫）・「童詩に於ける会話の在り方」（清水基美）・「低学年俳句指導実践報告」（佐々木信治）・「始期に於ける綴ることの実践指導」（野村精策）・「入門期の指導」（村山ひで子）・「読む書く行う綴るの一元的

	指導」（岩井川安次郎）・「始期指導の方法的考察」（須藤克三）・「生活綴方随想」（鈴木道太）・「共同制作の実践」（田中新治）・「綴方『連作』の指導」（桜谷敏郎）・「綴方文集から生活文集へ」（坂本礒穂）
昭和十四年二月号	【児童綴方作品共同研究　第三二回】
昭和十四年三月号	・「自伝的綴方教育史」（峰地光重）・「作品研究文集の実践形態」（野村精策）・「綴方意義論の再建設」（武知正之）
昭和十四年四月号	・「綴方の実験的研究」（大場俊助）・「事変下の綴方指導」（村山俊太郎）・「事変下綴方指導の力点」（岩下秋夫）・「真実を追求する銃後の綴方」（三戸轍）・「事変下の綴方指導」（土橋明治）・「低学年指導実践」（鈴木正之）・「中学年指導実践」（池田和夫）・「高学年指導実践」（高野柔蔵）・「新東亜建設への綴方教育」（滑川道夫）・「児童綴方作品時評」（西原慶一）・「銃後の童詩教育」（田中信）・「銃後の子供と詩」（松本瀧朗）【銃後の綴方作品共同研究　第三三回】【銃後の生活篇（五十篇）】【銃後の詩生活篇（二十篇）】【慰問通信篇（十五篇）】
昭和十四年五月号	【児童綴方作品共同研究　第三四回】
昭和十四年六月号	・「綴方史の回顧と検討」（木村文亮）・「尋一国語教育の出発」（村山俊太郎）
	※七月号～十月号まで刊行されず。
昭和十四年十一月号	※この号は綴り方関係の論文無し。
昭和十四年十二月号	・「児童詩のゆくべき道」（百田宗治）・「郷土綴方文化・『朝』の編集計画」（桜谷敏郎）
昭和十五年一月号	・「どこまでも続く文章の指導」（滑川道夫）・「奨めもならずさりとて」（木村不二男）・「綴方学習の一資料として」（今田甚左衛門）・「綴方教育実践上の苦心・工夫」（田中豊太郎）
昭和十五年二月号	※この号は綴り方関係の論文無し。
昭和十五年三月号	・「日記を指導して」（滑川道夫）

昭和十五年四月号	・「国民学校と綴方」（下山懋）・「国民科綴方の組織」（木村不二男）・「知的綴り方の出発」（稲村謙一）
昭和十五年五月号	・「国民学校国語科の教則について（一）」（石山脩平）・「国民科綴方の組織（二）」（木村不二男）
昭和十五年六月号	・「国民学校国語科の教則について（二）」（石山脩平）・「国民学校案と綴り方教育」（田中豊太郎）・「国民科綴り方へ向かふ」（今井鑑三）・「国民科綴方の表現指導」（今田甚左衛門）・「国民科綴方への努力」（野口茂夫）・「綴方と修身の連関統合について」（林進治）・「規制によつてたかまる表現」（石垣貞次郎）
昭和十五年七月号	・「国民科国語の教則について（三）」（石山脩平）
昭和十五年八月号	※この号は綴り方関係の論文無し。
昭和十五年九月号	※この号は綴り方関係の論文無し。
昭和十五年十月号	・「児童の言語生活と綴方」（高野柔蔵）・「田舎の綴方・都会の綴方」（林進治）・「綴り方のことば（一）」（西原慶一）
昭和十五年十一月号	・「鍛錬の綴り方」（大沼惇）・「綴り方のことば（二）」（西原慶一）
昭和十五年十二月号	・「全力的表現」（飛田隆）
昭和十六年一月号	・「標語の鑑賞と実践方途」（野村精策）・「慰問文指導の一考察」（坂田芳郎）・「高等科綴方の実践」（安藤玉治）
昭和十六年二月号	・「綴方様式学と表現指導」（大場俊助）
昭和十六年三月号	・「児童詩と生活」（吉田瑞穂）
【備考】右の論考の中には入れていないが、本誌には毎号のように「綴方指導実践案」が継続掲載されていた。	

【第Ⅸ章 『工程』・『綴方学校』誌における特集名・主要論文一覧】

発行年月日	特集名	主要論文名（著者名）
『工程』昭和十年四月号・創刊	「綴方教育目的観への再認識」	・「綴方と文学の相克」（千葉春雄）・「世代に於ける綴方の精神」（鈴木道太）・「綴方教育の目的観への再認識」（妹尾輝夫）
昭和十年五月号	「綴方と環境」	・「都会と田舎の児童文の比較」（福田清人）・「綴方環境論」（水野静雄）・「都市田園児童文とその相互輸血の問題」（佐々井秀緒）
昭和十年六月号	「児童詩の新動向と方言の問題」	・「文学者と綴方」（百田宗治）・「生活詩の解剖とその新方向」（角虎夫）・「生活詩における野生の問題」（国分一太郎）・「児童文の心理性と社会性」（野口茂夫）
昭和十年七月号	「佳い児童文の研究」（「調べることを方法とする佳い文の研究」「モラルを持った佳い文の考察」「科学的な佳い文の解剖」）	・「文章の時代的考察」（新居格）・「モラルの純粋性」（入江道夫）・「『調べる綴り方』の佳い作品に在るもの」（妹尾輝雄）・「作品の倫理性」（水野静雄）・「生活の姿勢と文の姿勢」（鈴木道太）・「モラルを持つ児童文の考察」（磯長武雄）・「佳い文の存在を規定するもの」（増田実）・「科学的な文の一歩前」（高橋敬吾）
昭和十年八月号	「佳い文推奨」「われらの文学」	・「教育者と文学」（小島政二郎）・「作家の生活と教師の生活」（鈴木道太）・「文学者の観た児童文への感想」（磯長武雄）
昭和十年九月号	「綴方実践の新示標」「日記文と手紙文の新研究」	・「綴る前の指導略図」（池田和夫）・「取材の実践的角度」（国分一太郎）・「構想指導の新示標」（今田甚左衛門）・「日記文及び手紙文の研究」（林義男）・「手紙・日記の展開的示標」（武藤要）

昭和十年十月号	「全日本児童詩集」 「低学年綴方の新出発」	・「文章技術と生活の吟味」（中村正一）・「生活詩の観方上」（百田宗治）・「純粋な基礎工事」（中村正一）・「尋一綴方の再出発」（高野柔蔵）
昭和十年十一月号	「綴る前の指導」 「低学年綴方への新視点」	・「実証的綴方教育論」（小鮒寛）・「社会的取材と調べの方法」（妹尾輝雄）・「綴る前の指導の再認識」（増田実）・「低学年綴方の出発点」（灘吉巌）
昭和十年十二月号	「文集の機能と活用」 「学校文集と学級文集」 「文集の形態と編集」 「文集作成過程の研究」	・「文集への考察」（佐々井秀緒）・「綴方指導の根幹としての文集」（林義男）・「学校文集と学級文集」（中村正一）・「文集の外容的部面」（池田和夫）・「文詩集の新形態」（稲村謙一）・「文集の編集技術」（磯長武雄）・「文集を作り上げるまで」（高橋敬吾）
昭和十一年一月号	「文学と綴方を繋ぐもの」 「児童詩指導の実践報告書」	・「綴方と文学の抱合」（村山俊太郎）・「綴り方人の姿勢と文学」（妹尾輝雄）・「綴方と文学を繋ぐもの」（野口茂夫）・「表現を高度化するもの」（小鮒寛）・「尋一に於ける『詩の発見』出発」（大島武雄）・「生活勉強武器としての詩指導」（鈴木正之）
昭和十一年二月号	「都市児童綴り方の問題」 「綴方読本批評」 「生活詩の芸術性」	・「第二の維新——児童散文詩の問題に関連して」（百田宗治）・「綴り方に於ける小都市的性格」（佐藤富雄）・「生活意欲と協働性の問題」（佐々木正）・「都市綴り方の貧困とその究明」（岩崎覚）・「都会児の文の病弊とその指導」（畦柳律治）・「綴方読本批評・平浅な感想」（佐々木昂）・「生活詩の芸術性について」（寒川道夫）・「生活詩に於ける感性的要素の問題」（得能芳雄）

昭和十一年三月号	「現代詩の観方」 「児童詩の現状批判」	・「続第二の維新」（百田宗治）・「詩の理解のために」（神保光太郎）・「素朴な構成」（寒川道夫）・「児童文に於ける生活と技術」（中村正二）・「覗き眼鏡的に」（磯長武雄）・「生活童詩への一関心」（村山俊太郎）
昭和十一年四月号	「継続的設営案の研究と実施」 「全面的施設経営」 「綴る前・取材の施設経営」 「記述と処理の施設経営」	・「綴方教育に於ける『経営』の意義」（峰地光重）・「生活詩工程」（寒川道夫）・「私案『週刊綴方』の経営」（吉田瑞穂）・「年間的継続設営の素描」（藤原信）・「純正綴方への施設経営」（吉田運平）・「綴る前の姿勢」（守家敏郎）・「処理の一方法としての『作品回覧』」（柳内達雄）
昭和十一年五月号	「児童詩読本」（百田宗治単独執筆） 「佳い詩　佳い文」（特版）	・「第一章　文章以前」「第二章　写生氾濫時代」「第三章　詩で生活を勉強する」「第四章　税の赤紙」「第五章　児童散文詩」「第六章　現実性の把握」「第七章　高一詩の姿勢」「第八章　暴力月夜」
昭和十一年六月号	「生活環境と児童綴方の問題」 「生活環境の種々相と児童文の在り方」	・「児童文に於ける生活環境性」（野村芳兵衛）・「児童の心理性を規定するものとしての生活環境」（妹尾輝雄）・「農村に於ける環境の種々相と児童文」（増田実）・「生産者居住地帯に咲く綴方」（松本瀧朗）・「全体性の具現としての行動」（寒川道夫）・「低学年綴方の実践指導態度」（灘吉巌）
昭和十一年七月号	「佳い詩　佳い文」（特版） 「文集再版」 「国語・綴方集団研究誌の現状とその在り方」 「生活環境と児童文」	・「1　もんぺの弟」（国分一太郎）・「2　ひなた」（坂本亮人）・「3　手旗」（鈴木道太）・「野党の声――綴り方同人誌について」（福永晶爾）・「国語教育運動と集団誌の発達」（武藤要）・「山村の生活環境と児童文」（高橋敬吾）

昭和十一年八月号	「佳い誌　佳い文」（特版） 「新文学読本」	・「師範教育と文学との接触面」（原一郎）・「綴方理論の大衆性」（磯長武雄）
昭和十一年九月号	「綴方教育大衆化の実践方策」 「われらの大衆営為を語る」 「綴方主任と全校施設」 「われらの子等の詩をどう導いたか?」	・「綴方実践の大衆化運動とその方策」（佐藤富雄）・「いかにして綴方実践の大衆化を図るか」（池田和夫）・「生活教育理論と綴方教育」（坂本亮人）・「綴方実践の大衆化運動とその方策」（磯長武雄）・「綴り方実践の大衆化運動とその方策」（佐々井秀緒）・「『学習綴方』の実践へ」（副田凱馬）・「数学趣味者の綴方指導報告」（高橋渉）
昭和十一年十月号	「全日本児童詩集」（特版）	
昭和十一年十一月号	「童心主義綴方の批判」	・「『愛情』の問題」（鈴木道太）・「綴方教育における童心主義の復活」（村山俊太郎）・「天使の詩と小国民の詩」（寒川道夫）・「童心至上主義への批判」（妹尾輝雄）・「童心主義への訣別」（東井義雄）・「港湾都市の片隅に於ける綴方営為」（日下三蔵）
昭和十一年十二月号	「この子を綴方でどう導く?」	・「物を言はない一年生の場合」（渡辺玄夫）・「生活分団の心理的な組織から」（東井義雄）・「開墾小屋と子供達とその生活勉強」（横山真）・「綴方に於ける浪漫性の在り方」（西田弘）
『綴方学校』昭和十二年一月号	「私達の子供はどうして綴方の勉強をしてゐるか」 （※同年九月号までは、児童向け雑誌の体裁）	・「これからの綴方のけいこ」（飯田恒作）・「よい綴り方　わるい綴り方」（佐々井秀緒）・「詩で生活を勉強する」（国分一太郎）・「働く生活」（渡辺玄夫）

昭和十二年二月号	「私達の子供はどうして綴方の題をみつけてゐるか」	・「綴方を書くときの心持」（田中豊太郎）・「『ほんたうの生活』を書け」（滑川道夫）・「生活勉強の綴り方」（妹尾輝雄）・「題を選ぶことの勉強」（吉岡一郎）・「取材帳と文題表」（階戸二郎）
昭和十二年三月号	「朱筆の入れ方　批評の仕方」	・「綴方のおさかなつり」（野村芳兵衛）・「章の綴方手帳」（吉田瑞穂）・「ある朝見たこと」（鈴木道太）・「問いかけとオヘンジ　低学年」（平野婦美子）・「批評の生かせ方　中学年」（角虎夫）・「基準を個的に高学年」（土橋明次）・「文の精神に向つて　高等科」（野村慶一）
昭和十二年四月号	「綴方第一学期の施設」	・「美しい心と綴る心」（河野伊三郎）・「お話を書き入れよ（文話）」（今田甚左衛門）・「新しい生活をみつめる眼（文話）」（佐藤富雄）
昭和十二年五月号	「詩の指導を始める人にわが実践を語る」	・「即生活の詩指導（低学年）」（小笠原貞雄）・「子供だけの世の中を書かう（高学年）」（林義雄）・「心を研き鍛へる態度（高等科）」（高野柔蔵）
昭和十二年六月号	「この文の観方と取扱ひ方」	・「綴方手帳のつかひかた」（飯田恒作）
昭和十二年七月号	「夏の自然と生活を扱つた文の観方と指導法」	・「晃君の日記のつけかた」（百田宗治）
昭和十二年八月号	「全日本子供の詩」（特版）	・「児童詩二十年」（百田宗治）
昭和十二年九月号	「児童作品　解説と指導要項」	・「尋一　イキモノトノ生活ヲカイタ文」「尋二　観察に工夫の働いた文」「尋三　描写のすぐれた文」「尋四　人の生活を書き込ん

昭和十二年十月号	「問題を含む詩」「高等科綴り方の在り方」（※この号から再び教師向けの雑誌の体裁に戻る）	だ文」「尋五　景色が生きて書けた文」「尋六　本気で家の様子を書いた文」「高等科　中味の力で押通した文」・「『ダンダンバタケ』と私の実践」（渡辺玄夫）・「子供の文章意識」（伊藤整）・「綴方の城を出る」（角虎夫）・「高等科綴り方の実践への意図」（及川均）・「高等科の綴り方を楽観する」（守家敏郎）・「子供の詩は育つ」（村山俊太郎）
昭和十二年十一月号	「事変と綴り方」「事変子供詩集」「工程　詩の本」（特版）	・「事変と綴り方」（百田宗治）・「生活教育と綴方教育」（坂本礒穂）
昭和十二年十二月号	「事変の綴り方」	・「慰問袋　詩集」「私たちのつとめ」「皇軍の勇士に送る手紙」・「事変を反映した子供の作品」（百田宗治）
昭和十三年一月号	「文の観方・詩の観方」（百田宗治単独執筆）	・「お話は文に・言葉は詩に」「書く興味を引出す指導」「生活詩の迫力は何処から来る」「詩の使ひ方・詩と知性」「円熟期の二作品」「詩で生活の姿勢を学ぶ」「働きの場面で・生活の現場で」
昭和十三年二月号	「全科と綴り方」「綴り方で結ぶ低学年教育の実践」「綴り方と他教科との連絡方策」	・「教科組織と綴方科の位置」（野村芳兵衛）・「全科の背景としての生活綴り方の意味について」（内山直治）・「綴り方と児童文化」（平野婦美子）・「低学年教育と綴り方」（渡辺玄夫）・「綴方教育に於ける他科との交流」（小笠原貞雄）・「『生活の綴り』と他教科」（東井義雄）・「綴り方と他教科との連絡方策」（野村清策）
昭和十三年三月号	「生活教育と綴方教育」	・「肉体と思念」（鈴木道太）・「生活教育と綴り方の独自性」（妹尾輝雄）・「綴り方に拠る生活指導の領域」（小笠原文次

昭和十三年四月号	「綴方第一着手」	郎）・「綴方指導の限界を何処に」（中井喜代之）・「生活教育と綴方教育」（高畑稔）・「生活教育と綴り方の立場」（松本瀧朗）・「教室の立場から」（東井義雄）・「綴方実践記録」（横山真）・「新綴方教育論」（百田宗治）・低学年綴方指導の第一着手」（今田甚左衛門）・「生活知性獲得の高等科綴方」（守家敏郎）・「詩指導の出発と第一工作」（村山俊太郎）・「都市綴方の第一着手」（吉田瑞穂）・「合科・綜合・未分科学習への考察」（滑川道夫）
昭和十三年五月号	「童詩教育の理論と実践」（渡辺玄夫単独執筆）	・「童詩教育の理論と実践」（渡辺玄夫）・「鑑賞児童選」（吉田瑞穂）
昭和十三年六月号	「この文をどう導いたか作品処理と生活処理の問題」	・「整然たる綴方理論の書」（坂本礒穂）・「百田氏一個の綴方読本にあらず」（佐々井秀緒）・「子供が教へる低学年の生活教育」（小笠原貞雄）・「『たんぽ』の子等と別れる」（日下清二）
昭和十三年七月号	「綴方主任のために綴方主任と綴方部は何を為すべきか」	・「綴方主任の仕事」（村山俊太郎）・「役に立つ綴方指導細目のありかた」（佐藤富雄）
昭和十三年八月号	「韻文・詩教材の観方」	※読本教材についての指導取り扱い解説。・「韻文・詩教材の観方要項」（百田宗治）
昭和十三年九月号	「経済統制下の子供はどう生きる」	・「綴る生活の指導法1」（平野婦美子）・「経済価値の認識を」（赤坂六郎）・「経済統制と綴方の指導」（村山俊太郎）・「綴方と国語表記の問題　国語の頁1」（輿水実）
昭和十三年十月号	「学級新聞と学級ニュースの実践報告」	・「綴る生活の指導法2」（平野婦美子）・「『学級新聞』とニュースの在り方」（妹尾輝雄）・「綴方と国語発音の問題　国語の

昭和十三年十一月号	「学級自治と生産的施設の実践報告」	頁2」（輿水実）・「『経済統制下の子供の生き方』を読んで――生活綴り方理論の脱皮を要請する」（藤井正夫）・「綴る生活の指導法3」（平野婦美子）・「働くことを教育的に組織する」（石橋勝治）・「標準語と方言の問題　国語の頁3」（輿水実）
昭和十三年十二月号	「生活綴方の新開拓・新定位」	・「生活綴り方の反省期」（百田宗治）・「綴る生活の指導法4」（平野婦美子）・「教養の基礎としての綴方」（稲村謙一）・「学級文化としての綴方」（寒川道夫）・「『生活綴方』それから」（松本瀧朗）・「うたがひながらの仕事」（近藤益雄）・「教養の基礎としての綴方技術」（吉田瑞穂）・「『生活綴方』その後」（鈴木道太）・「綴方と文体の問題　国語の頁4」（輿水実）・「綴方への疑ひ」（藤沢典明）
昭和十四年一月号	「綴方教師の文化的役割」	・「綴方教師と新児童観」（波多野完治）・「綴方と国語語彙の問題　国語の頁5」（輿水実）・「綴る生活の指導法5」（平野婦美子）・「児童文化と学校教育の一元的統制」（山田清人）・「児童文化と教師の問題」（村山俊太郎）・「教室の文化報告」（坂本礒穂）・「綴方教師から文化技術者へ」（国分一太郎）
昭和十四年二月号	「教育と児童文化の問題」「児童文評価のやさしい方法」	・「芸術か教育か」（飯塚友一郎）・「書写・記号・文章」（峰地光重）・「二つの最低基準」（野村芳兵衛）・「綴方と種々の文の理論　国語の頁」（輿水実）・「綴る生活の指導法6」（平野婦美子）
昭和十四年三月号	「卒業期の教室」「僕らの職場から」	・「綴方と五感の問題　国語の頁7」（輿水実）・「綴る生活の指導法7」（平野婦美子）・「卒業後の綴方指導」（藤原行孝）

昭和十四年四月号	「綴方の再出発をどうする」	・「綴る生活の指導法8」（平野婦美子）・「綴方と『言葉直し』　国語の頁8」（輿水実）・「綴方の再出発を如何にするか」（角虎夫）・「綴り方行詰まりのいろいろな場合とその打開策」（高橋敬吾）・「児童詩の教科性」（吉田瑞穂）
昭和十四年五月号	「綴方と文学の関渉」	・「綴る生活の指導法9」（平野婦美子）・「文学的評価と綴方的評価」（輿水実）・「綴方と文学の関渉」（滑川道夫）・「『綴方教室』の場合」（妹尾輝雄）・「私の『生活綴方』から」（多田公之助）
昭和十四年六月号	「作品処理のいろいろの場合」	・「文法的なものと心理的なもの　国語の頁9」（輿水実）・「綴方に於ける文評価の基準」（佐藤富雄）・「作品処理としての文集経営」（村山俊太郎）・「綴る生活の指導法10」（平野婦美子）
昭和十四年七月号	「文集制作の新研究」	・「国語と数学の近親性について」（山下徳治）・「言語教育に二義ある　国語の頁10」（輿水実）・「児童文集の新機構」（村山俊太郎）・「文集編集について――綴る生活の指導法11」（平野婦美子）
昭和十四年八月号	「小学作文教学法」「子供を描く教師の小説」	・「小学作文教学法」（徐子長著・国分一太郎訳）
昭和十四年九月号	「紙芝居　映画教育　放送教育」	・「言語観の問題　国語の頁11」（輿水実）
昭和十四年十月号	「子供の読物　教師の読物」	・「国語表現学への手引　読書指導1」（輿水実）・「綴る生活の指導法12」（平野婦美子）

昭和十四年十一月号	「方言矯正の諸問題」	・「方言学への手引」（輿水実）・「綴方と方言」（近藤益雄）
昭和十四年十二月号	「文集経営による綴方学習の記録」「指導要項別　児童詩の観方と扱ひ方」	・「文集経営による綴方学習の記録」（高橋研二）・「指導要項別　児童詩の観方と扱ひ方」（吉田瑞穂）・「私の低学年綴方指導」（佐藤茂）
昭和十五年二月号（一月号は休刊）	「綴方指導案の新研究」	・「絵から文へ――尋一後期の綴方指導案」（渡辺玄夫）・「具象化指導の尋二綴方指導案」（小笠原文次郎）・「推敲（生活的な）中心の尋三綴方指導案」（高橋研二）・「尋四・学習につながる文の指導案」（吉嶺勉）・「尋五・評価中心の綴方指導案」（多田公之助）・「職業実習記を中心とした高等科の指導案」（東井義雄）
昭和十五年三月号	「推敲指導の系統」	・「推敲指導の系統」（松田文次郎）・「綴方の引き出し方」（渡辺玄夫）

※『月刊文章』臨時増刊「全日本子供の文章」（昭和十二年四月）。
※『詩の本　工程』（昭和十二年九月）。※『詩の本　工程』（昭和十二年十月）。※『詩の本　工程』（昭和十三年一月）。
※『詩の本　工程』（昭和十三年二月）。※『詩の本　工程』（昭和十三年三月）。※『詩の本　工程』（昭和十三年四月）。

【第X章　昭和戦前期『国語教育』誌における綴り方教育関係の主要論文一覧】

発行年月日	主要論文名（著者名）
昭和二年二月号	・「内容主義の行ずまり」（保科孝一）

昭和二年四月号	・「綴方の方言問題に就いて」（粟野柳太郎）
昭和二年五月号	・「綴方に於ける生活の内容」（佐々木糺）
昭和二年十一月号	・「綴方指導論」（西野米次郎）
昭和三年三月号	・「綴方科に於ける生活の概念」（峪正治）
昭和三年四月号	・「内容・形式主義の彼岸――創作体験の問題――」（大澤雅休） ・「綴方に於ける取材の開拓」（田中豊太郎）
昭和三年五月号	・「綴方教育鑑賞指導の建設」（坂本功）
昭和三年六月号	・「綴方教育鑑賞指導の建設（つゞき）」（坂本功）
昭和三年七月号	・「綴方教授の回顧」（保科孝一）・「綴方教育研究の過去と現在と未来」（飯田恒作）・「綴方に於ける生活指導（一）」（五味義武）・「文創作の原理と発展の融合点に立つ私の綴方教育」（森本安一）・「綴る本質と綴方の本質」（宮川菊芳）
昭和三年九月号	・「綴方に於ける生活指導（二）」（五味義武）
昭和三年十一月号	・「綴方に於ける生活指導（三）」（五味義武）
昭和三年十二月号	・「綴方に於ける生活指導（四）」（五味義武）
昭和四年四月号	・「綴方教授に対する要望」（保科孝一）・「ある日の綴方指導」（田中豊太郎）
昭和四年五月号	・「綴方への一苦言」（下山つとむ）
昭和四年十二月号	・「綴方科に於ける教師の批正」（伊藤祐親）
昭和五年二月号	・「文話と其の系統案」（谷口徹美）
昭和五年六月号	・「綴方生活の一展開」（田川貞三）
昭和五年十月号	・「綴る以前の指導に就いて」（大谷幸作）
昭和五年十二月号	・「第三期綴方論」（木村文助）
昭和六年一月号	・「綴方上に於ける生活指導の疑点」（久保田進男）

昭和六年二月号	・「表現・内容に関する一考察」（吉田瑞穂）
昭和六年五月号	【児童文合評】
昭和六年六月号	【児童文合評】
昭和六年七月号	【児童文合評】・「綴方科における表現指導に就いて」（大谷幸作）
昭和六年十一月号	【児童文合評】・「綴方成績処理の実際について」（東條しづゑ）・「修辞法に就いての一考察」（紀平規）
昭和六年十二月号	・「綴方に於ける深化と表現」（日高厳）・「写生文を主張す」（大塩滋樹）
昭和七年二月号	【児童文合評】
昭和七年三月号	【児童文合評】
昭和七年七月号	【児童文合評】
昭和七年九月号	【児童文合評】
昭和七年十月号	【児童文合評】
昭和八年五月号	・「綴方教育の動向と生活教育」（後藤博美）　【児童文合評】
昭和八年六月号	【児童文合評】
昭和八年十月号	【児童文合評】
昭和九年二月号	・「綴方教育の常道」（濱口松夫）
昭和九年三月号	・「文話に対する新しい試みと其の実際」（大谷幸作）
昭和九年八月号	・「綴方に於ける適切な文話の実践」（太田誠之助）
昭和九年九月号	・「尋四　九月の綴方指導」（竹澤義夫）
昭和九年十月号	・「尋四　十月の綴方指導」（竹澤義夫）
昭和十年四月号	・「尋二の綴りかた（四月分）」（西原慶一）
昭和十年十二月号	・「現時綴方指導上の一私見」（古澤侃）

昭和十一年三月号	・「綴方教育に於ける現実主義の揚棄」（滑川道夫）
昭和十一年五月号	・「尋三綴方形態（五月分）」（滑川道夫）
昭和十一年七月号	・「綴方教育の新機構」（佐藤義山）
昭和十一年十月号	・「尋三綴方指導形態（十月分）」（滑川道夫）
昭和十二年二月号	・「尋三綴方指導形態（二月分）」（滑川道夫）
昭和十二年三月号	・「優良文集を一読して」（中野伝一）
昭和十二年四月号	・「綴方の常道と本体――綴方研究試論の一――」（下山懋）
昭和十二年五月号	・「文章の本質――ことば――綴方研究試論の二――」（下山懋）
昭和十二年六月号	・「文章の本質――生活――三」（下山懋）
昭和十二年七月号	・「文章の本質――表現――四」（下山懋）
昭和十二年八月号	・「綴方鑑賞指導案の一例」（白鳥千代三）　・「文章の本質――表現――生活より表現へ――」（下山懋）
昭和十二年九月号	・「児童の生活と表現（一）――綴方研究試論の六――」（下山懋）
昭和十二年十一月号	・「児童の生活と表現（二）――綴方研究試論七――」（下山懋）
昭和十三年一月号	・「綴り方指導文と其の見方」（下山懋）※（一）～（十一）回までの連載
昭和十三年十月号	【綴方作品合評座談会】
昭和十三年十一月号	・「児童文の破綻に対する一考察」（古浦一郎）
昭和十三年十二月号	【綴方作品合評座談会】
昭和十四年一月号	・「綴方研究教授」（白鳥千代三）　【綴方指導研究座談会】
昭和十四年三月号	・「会話文指導の系統と其の実践」（今田甚左右衛門）
昭和十四年四月号	・「綴方教育平凡道」（太田誠之助）

あとがき

本書では、まえがきにも述べておいたように大きく二つの課題の究明が目指されている。

一つは、昭和の戦前期から国語教育・綴り方教育の教育内容を巡ってしばしば論じられてきた「内容か形式か」という二元的な対立の論議に関して思潮史的な考察を加え、その論議の中から綴り方教育内容の「形式」「内容」一元論という主潮が出現してきたことを実証的に究明すること。もう一つは、こうした思潮の中にあって、二十数年間にわたる持続的・継続的な綴り方教育実践を通して、「表現」という概念の中に「生活」という概念が包摂されるということを明らかにしつつ、綴り方の「形式」面と「内容」面との統一止揚を目指した田中豊太郎という人物の息の長い実践的な研究の軌跡を究明することであった。

なお、これもまえがきにおいて述べておいたことであるが、教育の研究・実践に係る筆者の問題意識に関しても再度触れておきたい。やはり二つあるが、いずれも右に述べた筆者の課題意識に重なるものである。

一つは、綴り方教育の教育内容を巡って行われた「内容か形式か」、「表現指導か生活指導か」という対立の論議には、その根底に教育研究・実践用語の概念規定・用法を巡る問題が横たわっていたということである。この問題は、今日においても見過ごすことのできない極めて重要な研究・実践上の課題であるということである。

もう一つは、教育現場における教育実践がいつの時代にも時流に棹さし、国や都道府県の教育行政側からの施策やマスコミが煽る安易な方策にばかり眼を奪われて、眼前の子どもの実態や教師自らの実践の歩みの中で蓄積されてきた実践課題の解明に向けた地道な持続的・継続的な取り組みがないがしろにされていることである。本書において取り上げた東京高等師範学校の附属小学校訓導であった田中豊太郎の極めて息の長い持続的・継続的な実践研究の歩みは、これ自体が今日においても範とすべき研究・実践上の課題であるということである。

本書の構成は、序章と第Ⅰ部（Ⅰ章～Ⅹ章）、第Ⅱ部（Ⅰ章～Ⅴ章）、終章、巻末の【参考文献】と【資料編】とから成っている。

第Ⅰ部のⅠ章・Ⅱ章では、明治・大正期においてもすでに、作文・綴り方教育においてその教育内容である「形式」「内容」両面を一元的に扱っていこうとする論調が断続的に出現していた事実を明らかにした。

第Ⅰ部のⅢ章からⅩ章までにおいては、『赤い鳥』『綴方教育』『綴方生活』『北方教育』『教育・国語教育』『実践国語教育』『工程・綴方学校』『国語教育』の八誌に発表された関連論文を精査することによって、以下のような事実が解明された。

①綴り方による「生活」教育を標榜していた『綴方生活』誌の中に、「表現」概念を形式・内容一元論の立場から捉え直していこうとする言説が出現し、本誌の主宰者小砂丘忠義自らも綴り方の「表現」面に力点を置いた考察を行うという事態が出現してきたこと。②垣内松三による「形象理論」の影響を受けた綴り方教育論において、「形式主義」的偏向と「内容主義」的偏向とを共に批判し、その克服策としての「表現技術の指導」の必要性と「表現」即「生活」という主張が行われていたこと。③昭和十年代に入って綴り方教育の「表現学」的な考察が盛んとなる中で「表現指導」論や「表現技術指導」論が頻繁に論じられ、「表現」概念に対する関心が大きな高まりを見せてきたこと。④「表現」概念の中にいわゆる「生活指導」が目指していた人間形成・生活形成という機能を内包させるべきであるとする考え方が高まってきたこと。⑤「表現」という用語が「作用」「はたらき」という意味を内包し、生活経験が「思想」や「文章」として定着形成されるまでの過程であると見なす考え

方が表明されるようになり、「表現」概念に関する本質的な考察を踏まえた綴り方の「内容」「形式」一元論が強く打ち出されてきたこと。

以上、第Ⅰ部の考察を通して言えることは、こうした考え方が昭和戦前期の綴り方教育思潮として、断片的・断続的に出現してきていたという事実である。この中には極めて有益な知見も存在したが、これらは持続的な思索に基づいて系統的・体系的に構築された教育内容論ではない。

しかし、こうした思潮の中で、同時期の綴り方教育の実践において一貫してその教育内容としての「形式」面と「内容」面との統一止揚を目指していった人物がいた。田中豊太郎という教師である。

田中は小学校の一教師でありながら、二十数年間もの長い期間にわたりその折々の綴り方教育界の動向にも目配りを行いつつ、自らの実践を通してその教育内容としての「生活」面の指導と「表現」面の指導との統一止揚を持続的・継続的に目指していった極めて稀有な人物である。

そこで第Ⅱ部では五章にわたって、田中豊太郎の綴り方教育論にみる「形式」面と「内容」面との統一止揚への軌跡を、その十冊に及ぶ綴り方教育に関する著作と一〇〇編余に及ぶ論考とを辿りつつ考察を加えた。

第Ⅰ章では、田中豊太郎という人物とその著書・論文にみる「表現」に関する考え方の変遷を一覧表の形で概観した。

第Ⅱ章では、田中が二十代の青年教師時代にあって綴り方教育に関する実践的研究に志した頃の「表現」概念に関する考え方について考察を加えた。

第Ⅲ章では、田中が「児童の生活の表現」という用語に関してどのように考えていたかについて考察を加えた。

第Ⅳ章では、田中がその綴り方教育論の中で「表現」概念を広狭両面から使い分けるようになり、次第に「表現」概念が「生活」概念をも包み込むものであるとする考え方に辿り着いていく歩みに関して考察を加えた。

第V章では、田中が自らの綴り方教育実践の中で、その指導に際して「生活」の指導と「表現」の指導とを一元的に統一していこうとしていった歩みに関して考察を加えた。

以上の考察を通して、以下の様な事実が解明された。

①田中豊太郎における「生活」の指導と「表現」の指導との一元化への志向は、つとに田中が綴り方教育の実践研究を志した始発の時期から始まり、その中で彼が「生活」概念と「表現」概念の曖昧さを指摘しその解明に向かうべきことを提案していたということ。②田中が、「生活」概念と「表現」概念とを統一止揚するための手掛かりを「観照生活」の指導、「観方の指導」に求めていこうとしていたこと。③田中が、「生活」の指導と「表現」の指導とは循環的なものであるとし、「生活の綴り方化」と「綴り方の生活化」という考え方を提起し、「児童の生活の表現」という言葉の曖昧さも認めて、その解明に向かっていったということ。④田中が、綴り方教育における「生活」を「題材生活」「綴り方生活」という限定された生活であると規定し、それ故こうした意味での「生活」概念は広義の「表現」概念の中に包み込まれるべきものであると表明していたこと。⑤田中が、その二十数年間にわたる追究の中で、綴り方教育における「生活」を生（なま）の生活としての「現実生活」「素材生活」と峻別して、「観照生活」「綴り方生活」として捉え、綴り方の「生活」概念を「題材生活」とし、その中の「題材の取り方の指導」「見方の指導」を広義の表現指導、すなわち「綴り方生活の過程の指導」に包み込んで、「生活」と「表現」の統一止揚を図ろうとしたこと。

以上に掲げた田中豊太郎の長期間にわたる息の長い持続的な追究の成果に関しては、作文・綴り方教育の教育内容を巡って長く論議されてきた「内容か形式か」という二元的な対立の図式を統一止揚するための明確な道筋をつけたものと見なすことができる。

終章においては、以上の研究の総括を行うと共に、今後に残された課題について言及した。すなわち、昭和戦後期においても展開された「生活指導か表現指導か」という争点の下で論議されたいわゆる「作文・生活綴り方教育論争」の問題点を再度洗い直し、この論争の中から生まれた「形式」「内容」一元論と見なせる諸論を再検討し、これからの作文教育実践の指標ともなる「形式」「内容」一元論に基づいた文章表現教育理論の構築に向かっていくべきことを確認した。

本書のような歴史的研究の場合には史料収集が不可欠の課題となる。

史料収集は、大学院修士課程に在学中から少しずつ始めていた。

綴り方教育関係の史料については、巻末に記載した【参考文献】の内、「B　本研究において直接取り上げた国語教育・綴り方教育書及び諸雑誌」等から収集した。これらの諸雑誌は、国立国会図書館を始めとして、東京学芸大学・東京大学・筑波大学・秋田大学・茨城大学・早稲田大学・北海道教育大学函館校等の各図書館から収集した。収集に際しては、個人的にお世話になった方も数多くいる。その方々に対して、ここにお名前を挙げることは控えるが心より御礼を申し上げたい。

田中豊太郎に関する史料は、「C　田中豊太郎の綴り方教育論に関する著書・論文」に記載した通りである。田中の著書は、その大半を古書店から購入しながら収集した。田中の論文に関しては、東京高等師範学校附属小学校教育研究会編『教育研究』誌に発表されていた論考を始め、諸雑誌に発表されていた諸論考についてくまなく収集したつもりである。

本書の内容は、その一部において前掲の【参考文献】の内、「A　本研究テーマに直接関係する先行研究（著書・論文）」のうち、筆者が執筆した論考と重複する部分がある。これらの大半は、全国大学国語教育学会において自由研究として発表してきたものであり、その後、大学の研究紀要等に掲載されたものである。これらの論考は、当初より本書のための研究の一環として発表されてきたものである。本書にまとめるに際して、全体の構成に沿って内容の組み替えや加除修正を行っている。

本書の形になるまでには、全国大学国語教育学会での毎回の発表に際して、会員の方々から数々のご指導を頂戴した。とりわけ、毎回同じ分科会の席上、共に発表を行い司会も兼務させて頂くことが多かった菅原稔先生には、いつも貴重なご意見とご教示を頂戴した。また、研究の途上において数多くの先学同友諸兄からも様々なご指導ご助言を頂いた。ここに記して謝意を表したい。

本書は、二〇一〇（平成二十二）年度に東京学芸大学大学院連合学校教育学研究科に提出した学位請求論文をもとにしている。論文名は「昭和戦前期の綴り方教育にみる『形式』『内容』一元論の展開に関する研究――田中豊太郎の綴り方教育論にみる『生活』『表現』概念の統一止揚への軌跡を軸として――」であった。本論文により論文博士（教育学）の学位を授与された。審査員は、主査の大熊徹先生、関谷一郎先生、橋本美保先生（以上東京学芸大学）、府川源一郎先生（横浜国立大学）、寺井正憲先生（千葉大学）である。

学位請求論文の審査に際して、主査を務めて頂いた東京学芸大学大学院連合学校教育学研究科教授の大熊徹先生には、ご校務に忙殺される中を申請から書類受理、論文提出、審査に至るまで懇切丁寧なご教示・ご助言を賜った。衷心より御礼を申し上げたい。

また、東京学芸大学大学院教育学研究科修士課程に在籍していた折に、国語教育研究への道に導いて下さり、加えて、本研究に取り組む直接の動機を与えて下さった東京学芸大学名誉教授・井上尚美先生にも感謝とお礼の言葉を申し上げたい。井上先生には、学位論文審査のための論文発表会にもわざわざお出かけ下さり、私の拙い発表に耳を傾けて戴いた。重ねて感謝申し上げたい。

筆者の国語科教育学研究との出会いと取り組み、全国大学国語教育学会との関わり、勤務先での教育実践・研究への取り組み、最初の勤務大学であった秋田大学での教育研究、秋田県教員委員会・秋田市教育委員会において委嘱された仕事、次の勤務大学であった茨城大学での教育研究、茨城県教育委員会及び茨城県教育研究会国語部会において委嘱された仕事等、その際にお世話になった方々については、先に刊行して頂いた『国語科教育学への道』（平成十六年、三月、溪水社）、『国語科授業改革への実践的提言』（平成二十四年二月、溪水社）において述べさせて頂いたので、本書では省略に従うこととする。

筆者が秋田大学に在職し毎年、年二回の全国大学国語教育学会において自由研究発表を行っていた頃、学会初日の懇親会の後に会場近くの喫茶室で望月善次（当時、岩手大学に在職）、菅原稔（当時、兵庫教育大学に在職）、井上一郎（当時、神戸大学に在職、後文部科学省教科調査官）、鶴田清司（都留文科大学）の諸先生方と国語科教育学研究の事共を語り合ったことも懐かしく思い出される。各先生方からはその折々に研究への励ましを頂戴し公私にわたるご厚情を賜ってきたことに心より感謝を申し上げたい。

筆者の教育研究生活の上からお世話になって来た方々は数知れない。ここにその方々のお名前を記すことは控えるが、この場をお借りして御礼を申し上げたい。

また、私事にわたって恐縮であるが、私が家業を継がずに教職の道に進むことを許してくれ、私が秋田大学に赴任する際にも、留守を守ってくれた今は亡き両親と祖母には感謝の気持ちを記しておきたい。

そして、私が現職のまま東京での大学院生活に入った時に、共に上京し私の勉学生活を支えてくれ、秋田大学に赴任する際には、一緒に秋田の地に赴いてくれた妻と三人の娘達にもここに感謝の気持ちを記しておきたい。

本書の出版に際しては、独立行政法人日本学術振興会の科学研究費補助金（研究成果公開促進費）の交付を受けた。補助金交付を申請する段階から、溪水社社長木村逸司氏には格別のご高配を賜った。また、木村斉子氏には大変行き届いた校正をして戴いた。いつもながらのご厚情に対し末筆ながら心より御礼申し上げる次第である。

大内善一

二〇一二（平成二十四）年九月六日

事項索引

人名索引

〈著者略歴〉
大　内　善　一（おおうち・ぜんいち）

【略歴】

昭和22（1947）年2月20日、茨城県に生まれる。

東京学芸大学教育学部国語科卒業後、国公立小学校・中学校教員等を経て東京学芸大学大学院教育学研究科修士課程国語教育専修修了。秋田大学教育学部教授・茨城大学教育学部教授を経て、平成24年3月、茨城大学を定年により退職。同年4月より茨城キリスト教大学特任教授。国語科教育学専攻。日本学術会議教科教育学研究連絡委員会委員、中学校学習指導要領（国語）作成協力者等を務める。教育学博士。茨城大学名誉教授。


【所属学会】

全国大学国語教育学会（常任理事・全国理事・編集委員長）、日本国語教育学会（全国理事）、日本言語技術教育学会（理事）、日本教育技術学会（理事）、表現学会（編集委員）、茨城国語教育学会（会長）等を務める。


【単著】

『戦後作文教育史研究』（昭和59年、教育出版センター）、『国語科教材分析の観点と方法』（平成2年、明治図書）、『発想転換による105時間作文指導の計画化』（平成3年、明治図書）、『戦後作文・生活綴り方教育論争』（平成5年、明治図書）、『思考を鍛える作文授業づくり』（平成6年、明治図書）、『「見たこと作文」の徹底研究』（平成6年、学事出版）、『作文授業づくりの到達点と課題』（平成8年、東京書籍）、『「伝え合う力」を育てる双方向型作文学習の創造』（平成13年、明治図書）、『国語科教育学への道』（平成16年、溪水社）、『国語科授業改革への実践的提言』（平成24年、溪水社）。


【単編著・共編著・共著】

『「白いぼうし」の教材研究と全授業記録』（『実践国語研究』別冊119号、平成4年、明治図書）、『国語教育基本論文集成』（第8巻・第9巻、平成6年、明治図書）、『戦後国語教育実践記録集成〔東北編〕』全16巻（平成7年、明治図書）、『書き足し・書き替え作文の授業づくり』（『実践国語研究』別冊156号、平成8年、明治図書）、『新しい作文授業づくり・コピー作文がおもしろい』（平成9年、学事出版）、『コピー作文の授業づくり―新題材38の開発』（『実践国語研究』別冊180号、平成10年、明治図書）、『国語科メディア教育への挑戦』第3巻（平成15年、明治図書）、『子どもが語り合い、聴き合う国語の授業』（平成18年、明治図書）、『子どもの「学び方」を鍛える』（平成21年、明治図書）、『論理的思考を鍛える国語科授業方略』〔小学校編〕〔中学校編〕（平成24年、溪水社）他。

昭和戦前期の綴り方教育にみる「形式」「内容」一元論
——田中豊太郎の綴り方教育論を軸として——

平成24年11月30日　発　行

著　者　大　内　善　一

発行所　株式会社　溪水社
広島市中区小町1-4
電話082（246）7909／FAX082（246）7876
e-mail: info@keisui.co.jp
URL: www.keisui.co.jp

ISBN978-4-86327-202-6 C3081
2012 Printed in Japan